Reforma Trabalhista, Flexibilização e Crise no Direito do Trabalho

Reforma Trabalhista, Flexibilização e Crise no Direito do Trabalho

2023

Rita de Cássia Nogueira de Moraes Scarpa

ALMEDINA

REFORMA TRABALHISTA, FLEXIBILIZAÇÃO E CRISE NO DIREITO DO TRABALHO

AUTOR: Rita de Cássia Nogueira de Moraes Scarpa

DIRETOR ALMEDINA BRASIL: Rodrigo Mentz
EDITORA JURÍDICA: Manuella Santos de Castro
EDITOR DE DESENVOLVIMENTO: Aurélio Cesar Nogueira
ASSISTENTES EDITORIAIS: Larissa Nogueira e Letícia Gabriella Batista
ESTAGIÁRIA DE PRODUÇÃO: Laura Roberti

DIAGRAMAÇÃO: Almedina
DESIGN DE CAPA: FBA

ISBN: 9786556278124
Abril, 2023

Dados Internacionais de Catalogação na Publicação (CIP)
(Câmara Brasileira do Livro, SP, Brasil)

Scarpa, Rita de Cássia Nogueira de Moraes
Reforma trabalhista, flexibilização e crise no direito do trabalho / Rita de Cássia Nogueira de Moraes Scarpa. – 1. ed. – São Paulo : Almedina, 2023.

Bibliografia.
ISBN 978-65-5627-812-4

1. Direito do trabalho - Brasil 2. Justiça do trabalho 3. Reforma trabalhista - Brasil I. Título.

23-144826 CDU-34:331(81)

Índices para catálogo sistemático:
1. Brasil : Direito do trabalho 34:331(81)
Aline Graziele Benitez - Bibliotecária - CRB-1/3129

Este livro segue as regras do novo Acordo Ortográfico da Língua Portuguesa (1990).

EDITORA: Almedina Brasil
Rua José Maria Lisboa, 860, Conj.131 e 132, Jardim Paulista | 01423-001 São Paulo | Brasil
www.almedina.com.br

Para minha querida filha Isabella de Moraes Scarpa, a razão de tudo.

AGRADECIMENTOS

Ao meu orientador professor Otávio Pinto e Silva, por ter acreditado no projeto de pesquisa, por ter aceitado ser meu orientador, pelos ensinamentos, pelas discussões e reflexões fundamentais para a realização dessa pesquisa

Ao professor Paulo Eduardo Vieira de Oliveira e ao Dr. Jorge Pinheiro Castelo, que participaram da minha banca de qualificação, pelos comentários e pelas importantes reflexões trazidas que contribuíram para o seguimento das investigações.

À minha mãe Rosário e ao meu pai Jonias, pelo suporte dado, pelos incentivos e por sempre acreditarem em mim.

Aos meus irmãos Donata, Israela e Jonas pelo apoio e incentivo.

Ao meu querido sobrinho Ícaro, pelas inspirações e pelas conversas.

Às minhas cunhadas, Edilene e Rosilene, aos meus sogros Ugo e Rosa e à tia Ana pela paciência e compreensão.

Ao meu esposo, Éderson, pelo apoio, amor e companheirismo demonstrados ao longo dessa trajetória.

PREFÁCIO

Rita de Cássia Nogueira de Moraes Scarpa nos traz nesse seu livro interessantes reflexões sobre um tema que está nas origens do próprio direito do trabalho: a questão da jornada de trabalho.

Trata-se de pesquisa desenvolvida, em nível de mestrado, no âmbito do curso de pós-graduação em direito na Faculdade de Direito da Universidade de São Paulo (USP), sendo que a dissertação foi defendida perante banca examinadora presidida por mim e integrada por Cláudia José Abud, Jorge Pinheiro Castelo e Paulo Eduardo Vieira de Oliveira.

A partir de uma exposição histórica inicial sobre a regulação jurídica da jornada de trabalho, Rita buscou examinar como os impactos trazidos com o uso intensificado da tecnologia acarretaram profundas transformações nos modelos de produção a partir da década de 1970.

Nessa análise enfrentou conceitos delicados e polêmicos, como os de flexibilização, desregulamentação e precarização, mas sempre levando em conta a participação dos sindicatos na proteção dos interesses dos trabalhadores.

Desse modo, a autora faz um voo panorâmico desde a promulgação da CLT, passando por momentos como da elaboração da Constituição de 1988, de discussão pelo Congresso Nacional sobre acordos de compensação e banco de horas, até a reforma trabalhista de 2017, com uma visão crítica a respeito das diversas alterações legislativas implantadas.

A pesquisa também não poderia deixar de examinar a questão da flexibilização da jornada no contexto da pandemia: assim, foram visitadas as regras e condições criadas para enfrentar os momentos difíceis por que passamos durante a maior crise sanitária do século XXI.

Mostrando ainda a atualidade da pesquisa, abordou-se também o tema 1046 de repercussão geral, julgado pelo STF em junho de 2022, quando foi fixada a tese de que "são constitucionais os acordos e as convenções coletivos que, ao considerarem a adequação setorial negociada, pactuam limitações ou afastamentos de direitos trabalhistas, independentemente da explicitação especificada de vantagens compensatórias, desde que respeitados os direitos absolutamente indisponíveis".

Rita aponta que o fortalecimento sindical se coloca como base primordial para o processo de construção de um Direito do Trabalho mais dialogado e consentâneo à nova realidade, marcadamente mais flutuante e flexível: assim, defende que é necessário "repensar o poder sindical, a partir da ruptura da racionalidade neoliberal, porque somente mediante o resgate da representatividade sindical é factível a defesa da prevalência do negociado sobre o legislado".

Enfim, trata-se de estudo bastante atual a respeito de um tema antigo, mas de grande relevância para os trabalhadores, empresas e sindicatos. Basta pensarmos em como a tecnologia nos deixa conectados o tempo todo para concluir que reflexões como as propostas por Rita são indispensáveis quando se debate a atualização do direito do trabalho.

É sempre necessário lembrar o artigo 24 da Declaração Universal dos Direitos Humanos, quando proclama que todo ser humano tem direito a repouso e lazer, bem como a limitação razoável das horas de trabalho e a férias remuneradas periódicas.

Afinal, como nos ensinou o poeta Pablo Neruda, "hoje é hoje com o peso de todo o tempo ido, com as asas de tudo o que será amanhã".

São Paulo, Largo de São Francisco, verão de 2023

OTAVIO PINTO E SILVA
Professor Associado
Departamento de Direito do Trabalho e Seguridade Social
Faculdade de Direito – USP

LISTA DE ABREVIATURAS E SIGLAS

CF – Constituição Federal
CLT – Consolidação das Leis do Trabalho
CUT – Central única dos trabalhadores
EC – Emenda Constitucional
MP – Medida provisória
OIT – Organização Internacional do Trabalho
PMDB – Partido do movimento democrático brasileiro
PN – Precedente normativo
PT – Partido dos trabalhadores
STF – Supremo Tribunal Federal
TRT – Tribunal Regional do Trabalho
TST – Tribunal Superior do Trabalho

SUMÁRIO

INTRODUÇÃO

A Lei nº 13.467/2017, responsável pela reforma trabalhista, teve a pretensão de promover rupturas na principiologia intrínseca ao Direito do Trabalho, trazendo fissuras nesse ramo jurídico. Essa condição evidencia a importância de se estabelecer uma releitura da atual legislação trabalhista à luz dos Direitos Humanos e Fundamentais para resgatar a centralidade do Direito Laboral. A presente pesquisa investigou o atual processo de desconstrução do Direito do Trabalho, utilizando-se como recorte a flexibilização da jornada de trabalho e o banco de horas.

A presente análise procurou desestruturar o argumento esposado por ocasião da reforma trabalhista, qual seja: a necessidade de modernização do Direito do Trabalho para viabilizar a criação de emprego. Também, buscou mostrar que a reforma trabalhista, ao priorizar o negociado sobre o legislado sem trazer uma alteração legislativa que permitisse um fortalecimento efetivo do sindicato, alimenta o uso da flexibilização em uma perspectiva precarizante. Essa conjuntura estimula o processo de desmonte do Direito do Trabalho, suscitando a sua crise.

Para esse propósito, a pesquisa explorou o fenômeno da flexibilização, sob os enfoques da Lei nº 13.467/2017 e da MP nº 927/2020, que regulamentou as negociações trabalhistas durante a pandemia.

Igualmente, foi resgatado o contexto histórico que marcou a origem do Direito do Trabalho, bem como a conjuntura social, política e econômica que se apresentava no momento de formação da Lei nº 13.467/2017. A partir dessas digressões, foi possível verificar que a ideologia neoliberal orientou o processo de "modernização" do Direito Laboral e, também, compreender as razões da determinação da prevalência do negociado sobre o legislado, nos termos propostos pelos artigos 611-A e 611-B, ambos da CLT.

Inegável que a globalização e o avanço tecnológico implementaram mudanças na forma de produção, exigindo que o Direito atenda, de fato, às expectativas desse novo desenho social. Entretanto, esse cenário reclama a presença do direito social mais sólido e dialogado para que possa, efetivamente, trazer o equilíbrio na relação trabalhista e concretizar a justiça social proclamada pela OIT.

A pesquisa foi desenvolvida em quatro capítulos. No capítulo primeiro, foi feita uma breve incursão na história do Direito do Trabalho, passando pela queda do liberalismo e pela imposição do Estado de bem-estar social, com o objetivo de resgatar as origens e os fundamentos do Direito do Trabalho. Outrossim, foi explorada a conjuntura socioeconômica que marcou a década de 1970 e as seguintes quando surgem: uma nova globalização, a racionalidade neoliberal e o rápido progresso tecnológico. Esse panorama impactou nas relações de trabalho em razão de permitir a estruturação de um novo modelo de produção. Nesse mesmo capítulo, igualmente, foram abordadas as principais alterações produzidas pela Lei nº 13.467/17 concernentes à flexibilização da jornada de trabalho.

No capítulo segundo, foram examinados os conceitos de flexibilização, de desregulamentação e de precarização. Ademais, como a flexibilização guarda estreita relação com o poder negocial do sindicato, foram investigados os fundamentos e a extensão desse poder. Igualmente, construiu-se uma análise da flexibilização da jornada no contexto da pandemia. Por derradeiro, foram observados os limites da flexibilização a partir do diálogo entre o tema 1046, alterado pelo STF em junho de 2022, e os artigos 611-A e 611-B, ambos da CLT. Essa interface mostrou que, tanto o STF, quanto a CLT, afastaram-se dos limites da flexibilização, desrespeitando os direitos absolutamente indisponíveis e, por fim, a própria dignidade da pessoa humana.

Buscou-se, no capítulo terceiro, a partir do resgate da principiologia do Direito Laboral e da investigação da ideologia neoliberal, inspiradora da reforma trabalhista, mostrar que a flexibilização, nos termos estabelecidos pela Lei nº 13.467/2017, contribui para a desconstrução do Direito do Trabalho, especialmente no contexto contemporâneo. Assim, foram abordados: o conceito, as funções, os objetivos e os princípios do Direito Laboral. Outrossim, foi feito um levantamento sobre a construção da ideologia neoliberal de modo a traçar a sua conexão com a reforma trabalhista e com o processo de intensificação da flexibilização. Finalmente, foram consideradas as formas atuais de trabalho.

Por fim, no capítulo quatro, foi verificado que a flexibilização da jornada e a primazia do negociado sobre o legislado, nos moldes estabelecidos pela reforma trabalhista, trazem rupturas nos Direitos Humanos e Fundamentais, ao mesmo tempo em que ofendem o direito à saúde e aprofundam a fragilidade do sindicato. Essas verificações permitiram certificar que, de fato, a reforma trabalhista buscou promover uma crise do Direito do Trabalho e afastar a posição central que o trabalho humano ocupa não somente não legislação, mas, sobretudo, na sociedade.

Essas reflexões apontaram para a seguinte constatação: o instituto do banco de horas e a flexibilização da jornada estabelecidos pela Lei nº 13.467/2017 favorecem o processo de desconstrução do Direito do Trabalho.

A partir do resgate da etiologia do Direito do Trabalho, a pesquisa propôs revisitar a flexibilização da jornada e o banco de horas, buscando reinterpretá-los à luz da principiologia e dos objetivos dos Direitos Humanos e Fundamentais.

O sistema do banco de horas, ao autorizar a prática habitual de horas extras apartada do pagamento do adicional mínimo de 50%, afronta o direito à saúde por dois motivos: primeiramente, porque intenciona tornar ordinária a jornada extraordinária; em segundo lugar, porque desconsidera a necessidade de respeitar ao limite da jornada de trabalho, a fim de preservar a saúde do trabalhador.

A Lei nº 13.467/2017, ao possibilitar a redução de direitos trabalhistas por meio de negociação coletiva, conforme a norma do artigo 611-A da CLT, produz rupturas no artigo 7º, caput, da CF, bem como nas Convenções 98 e 154, ambas da OIT. Ademais, a Lei nº 13.467/2017 e a MP nº 927/2020, ao permitirem o estabelecimento do banco de horas por meio de acordo individual, intensificam a fragilização sindical, pois reduzem a atuação do sindicato, contrariando, novamente, as normas internacionais ratificadas pelo Brasil, em especial a Convenção 98 da OIT.

A exclusão da contribuição obrigatória, aliada à manutenção da divisão do sindicato por categorias, promove a fragilidade sindical, deteriorando a sua representatividade, mormente diante das novas formas mais precarizadas de trabalho que marcam a sociedade atual, tais como: o trabalho informal, o contrato temporário e a prestação de serviço terceirizada. Isso acontece porque essa nova organização dos trabalhadores dificulta a sua aglutinação como categoria profissional, condição necessária para a formação do sindicato.

A possibilidade de flexibilizar a jornada individualmente, conforme previsões do artigo 59, §§ 5º e 6º, da CLT e da MP nº 927/2020, teve como escopo precípuo atender às leis de mercado na medida em que não priorizou a atuação sindical nesse concerto. O objetivo foi facilitar a transição do empregador nas condições do contrato, sobretudo no que se refere ao fator tempo de trabalho que se coloca como um dos aspectos mais importantes para o capitalista diante do atual cenário produtivo. Para atender a esses desideratos puramente mercadológicos, o legislador da reforma, ao tratar da flexibilização da jornada, desviou-se das regras de ordem pública, expondo a classe trabalhadora a um conjunto de circunstâncias, práticas sociais e ajustes individuais que favorecem a intensificação da precarização.

Portanto, a reforma trabalhista produz um retrocesso social, distanciando-se da realização do trabalho decente e da busca da justiça social, segundo aprazado pela OIT.

A relevância da presente investigação transparece a partir da análise dos efeitos deletérios que a flexibilização, articulada nos moldes da Lei nº 13.467/2017, traz para o Direito do Trabalho, para os Direitos Humanos e, em última análise, para o próprio Estado Democrático de Direito. Destarte, o presente estudo se justifica no atual cenário, uma vez que o discurso neoliberal flexibilizatório, que dirigiu a reforma trabalhista e o movimento *pro*-modernização do trabalho, não possui esteio normativo. As mudanças na forma de produção e de organização das relações de trabalho favorecem o aprofundamento da precarização e do desemprego, conduzindo à destruição do Direito Laboral. Nesse contexto, impõe-se primordial a presença deum Direito Laboral que viabilize a realização da justiça social.

A ideologia neoliberal que pretende estabelecer uma relação de implicação entre desenvolvimento econômico e enfraquecimento dos direitos trabalhistas precisa ser combatida. É certo que a busca pela justiça social pressupõe a realização de uma sociedade menos desigual, despontando a necessidade de afirmação dos direitos sociais e humanos. Outrossim, o objetivo do Direito do Trabalho consiste, precisamente, em garantir a harmonização entre o desenvolvimento econômico e os valores inerentes à condição humana.

Portanto, a presente pesquisa se justifica porque se propôs a analisar a flexibilização da jornada de trabalho a partir do diálogo entre a realidade e o Direito. O estudo crítico do Direito do Trabalho é indispensável, uma vez que o seu objetivo maior é trazer a paz social. Neste momento de crise e de incerteza, é essencial reafirmar o papel do Direito Laboral, resgatando os seus principais objetivos: a busca pela melhoria da condição social e a concretização da justiça social.

Esta pesquisa é relevante do ponto de vista social, porque os seus resultados contribuirão para uma melhor aplicação do Direito do Trabalho e para a sua manutenção, impedindo-o de se desviar de seu objetivo principal que é servir como instrumento de realização dos Direitos Humanos. Do ponto de vista jurídico, esta pesquisa é relevante, porque, por meio dos seus resultados, foi possível, em meio a inúmeras reflexões, atentar para a efetiva aplicabilidade dos princípios trabalhistas e constitucionais, diante das alterações trazidas pela Lei nº 13.467/2017.

O Direito Laboral se impõe a partir das lutas das classes obreiras engajadas na busca de melhorias nas relações trabalhistas. A Revolução Industrial, do século XVIII, trouxe a necessidade de se harmonizar a relação entre os capitalistas e os trabalhadores. Essa conjuntura abalou a racionalidade liberal que orientava, até então, a regulamentação das relações de trabalho marcadamente assimétricas. Nesse cenário despontou, portanto, a demanda por um direito social que trouxesse o recuo das desigualdades inerentes à relação laboral: nasce, assim, o Direito do Trabalho.

Nesse horizonte, é possível inferir que a reforma trabalhista, ao intensificar o uso da flexibilização sob o discurso neoliberal de modernização das leis trabalhistas, não pode subsistir validamente. É preciso lembrar que o Direito do Trabalho não se traduz em uma proteção desarrazoada. Ora, a partir do resgate dos fundamentos do Direito do Trabalho, é possível aferir que a proteção trabalhista repousa na inerente assimetria das partes na relação laboral.

A ideologia neoliberal passa a ser empregada como mais um mecanismo de poder, segundo pontua Althusser[1]. Essa racionalidade, que informou a construção da Lei nº 13.467/2017, pretendeu outorgar alguma cientificidade à preleção precarizante dos direitos laborais e aos discursos flexibilizatórios.

O neoliberalismo, orientando-se pelo matiz liberal, constrói a sua lógica a partir da ideia de que: a busca pela isonomia e pelo bem-estar social ferem a liberdade plena. Essa ideologia desponta com força na década de 1970,

[1] ALTHUSSER, Louis. **A ideologia e os aparelhos Ideológicos de Estado**. 3ª ed. Lisboa: Editorial Presença/Martins Fontes, 1980. p.68

propondo solucionar as mazelas produzidas pela economia e pela organização social. Para atingir tal desejo, propugna pela supremacia da atuação privada em detrimento da estatal e pela redução de direitos sociais. A doutrina neoliberal possui como principal idealizador Hayek. A ideia por ele proposta é a de que: a economia deve dominar tudo e o Estado deve atuar de modo a permitir que o mercado funcione[2].

No final da década de 1980, o neoliberalismo avança, intensificando o discurso favorável à flexibilização dos direitos trabalhistas. Assim, a flexibilização é manejada com o fim de subjugar os direitos trabalhistas às novas demandas do mercado, permitindo que seja extraído o maior lucro possível. Amado[3] identifica uma tentativa de se articular o Direito do Trabalho como um instrumento da economia e do mercado, de modo a permitir o uso otimizado da mão de obra (ampla, especializada e barata) e facilitar a competitividade entre as empresas.

À luz desse cenário é que foram investigadas as alterações concernentes à flexibilização da jornada de trabalho trazidas pela reforma trabalhista. A dinâmica do banco de horas, mesmo antes da reforma trabalhista, já se apresentava flagrantemente inconstitucional, pois, ao inserir as horas extras em um "denominado banco" para compensá-las futuramente, o adicional de horas extras previsto no artigo 7º, XVI da CF não é pago. A Lei nº 13.467/2017 não só manteve esse instituto, como aumentou o caráter flexibilizatório da norma, ao estabelecer a possibilidade de ser fixado, por meio de mero acordo individual escrito entre trabalhador e empregador (artigo 59, § 5º da CLT). A mesma situação é observada na dinâmica de flexibilização do regime de jornada 12x36. Pela reforma trabalhista, neste caso, também, autoriza-se a negociação bilateral escrita, segundo o artigo 59-A da CLT.

Essas modificações evidenciam a prevalência do ideário neoliberal, uma vez que reafirma a necessidade de o trabalhador negociar com o empregador em igualdade, à margem da tutela estatal. Desta forma, o Direito Laboral se encontra em profunda crise de identidade, uma vez que se procura

[2] PAULANI, Leda Maria. **Neoliberalismo e Retórica: o capítulo brasileiro**. Disponível em: < http://www.anpec.org.br/encontro2004/artigos/A04A015.pdf >Acesso em: 26 set.2019.

[3] AMADO, João Leal. **O Direito do Trabalho, a crise e a crise do Direito do Trabalho.** Disponível em: < file:///C:/Users/Rita/Downloads/237-Texto%20do%20artigo-708-1-10-20170606.pdf > Acesso em: 20 set.2018.

afastá-lo, gradativamente, dos valores que lhe são inerentes, tais como: a igualdade e a dignidade da pessoa humana.

Nessa perspectiva, essa investigação buscou, a partir de uma releitura da flexibilização da jornada, sob o olhar dos Direitos Humanos e Fundamentais, resgatar a centralidade do Direito do Trabalho. Afinal, esse ramo do Direito não pode entrar em crise diante dos fatos econômicos e sociais hodiernos. Ora, é justamente a sua função harmonizar as relações entre capital e trabalho, por meio da garantia da melhoria da condição social e da busca da justiça social.

Dessa forma, os argumentos neoliberais inspiradores da flexibilização e da redução dos direitos laborais são um retrocesso social. Não há como se manter a reforma trabalhista nesse ponto, uma vez que afronta, sistematicamente, princípios laborais, normas constitucionais e os Direitos Humanos.

Portanto, essa pesquisa identificou que a Lei nº 13.467/2017, ao aprofundar a flexibilização da jornada de trabalho, mediante a prevalência do negociado sobre o legislado e a autorização de concertos bilaterais, distanciou-se dos Direitos Humanos e Fundamentais. Somado a isso, verificou-se que a reforma trabalhista acentua a fragilidade sindical, estimulando uma dinâmica precarizante.

A presente pesquisa foi construída a partir da utilização dos métodos dedutivo e indutivo. Igualmente, o método materialista histórico-dialético foi empregado para compreender o Direito do Trabalho, a ideologia da reforma trabalhista e a lógica da flexibilização arquitetada pela Lei nº 13.467/2017. A partir do diálogo entre os movimentos da história, da economia, da política foi possível repensar a flexibilização. Igualmente, foi utilizada como metodologia a pesquisa bibliográfica, passando pelas metodologias bibliográficas argumentativa e informativa. Também se adotou uma metodologia quantitativa, mormente nos capítulos dois, três e quatro, ao tratar da repercussão da Lei nº 13.467/2017 na desconstrução do Direito do Trabalho. Procurou-se, empiricamente, mostrar os efeitos práticos da reforma nas negociações coletivas e no poder negocial do sindicato.

CAPÍTULO 1
DA JORNADA DE TRABALHO

1.1. Breve escorço histórico

A humanidade, desde os seus primórdios, sempre foi marcada pelo trabalho. O estudo da jornada de trabalho possui especial relevância, uma vez que é elemento natural inerente a qualquer contrato de trabalho.

Na época da escravidão, o limite das horas de trabalho era determinado pela resistência física do trabalhador. Na Idade Média, por ocasião do feudalismo, os servos trabalhavam sem limitação temporal. Com o advento das corporações de ofício, passou a se estabelecer a fixação da jornada de trabalho direcionada pelo sol (noção de dia)[4].

A Revolução Francesa, embora tenha proclamado a liberdade de trabalho, trouxe um aspecto negativo, na medida em que reduziu a intervenção do Estado nas relações privadas[5]. O Iluminismo que orientou a Revolução Francesa imprimiu o liberalismo e o individualismo (laissez faire- laissez passez) nas relações jurídicas, intensificando a exploração dos trabalhadores[6]. Nessa época, a jornada de trabalho média praticada era de 18 horas de labor. Inspirada nesses ideários surge na França a lei *Le Chapelier* em 1791

[4] KNAPIK, Márcia Carneiro. **O Trabalho Humano: das sociedades comunais ao modo de produção feudal.** Caderno 2 da série "História Social do Trabalho". 2ª edição. Curitiba. 2005.Disponível em: < http://www.cefuria.org.br/files/2012/08/cartilha2.pdf>. Acesso em: 03 nov.2020.p.48

[5] BARROS, Alice Monteiro de. **Curso de Direito do Trabalho.**10 ed. São Paulo:LTr,2016.p.50

[6] JAVILLIER, Jean Claude. **Manual de direito do trabalho.** Trad. Rita Asdine Bozaciyan. São Paulo, LTR, 1988.p.19

que impedia uniões de pessoas para a defesa de direitos dos trabalhadores, pondo fim às corporações de ofício[7].

> O liberalismo clássico, surgido ao longo do século XVIII, alimentado filosoficamente pelo Iluminismo e finalmente vitorioso na Revolução Francesa de 1789, limitava sobremaneira os poderes do Estado e pregava a plena autonomia do indivíduo, reduzindo a sociedade à mera onda de poeira, proibindo organismos coletivos organizados, sociedades parciais, entre os indivíduos e o Estado (...) O liberalismo econômico refletia-se com perfeição no liberalismo político, com a vitória, pouco mais tarde, do sufrágio universal. Era o triunfo da democracia liberal, que, como é notório, fazia predominar a ideia de liberdade sobre a de igualdade, considerando somente a vontade geral dos indivíduos abstratamente considerados. Não os considerava in concreto, nas suas vidas reais, situados em suas condições sociais e econômicas(...)[8]

Os maiores problemas nas relações trabalhista sempre foram a padronização e a fixação de um tempo razoável de trabalho. Essa questão ficou evidenciada no momento em que a necessidade de mão-de-obra cresceu com a primeira Revolução Industrial no século XVIII. Nesse momento histórico houve um aumento na opressão da classe operária trabalhadora, crescendo a prática de jornadas extenuantes de trabalho, bem como a exploração da mão de obra de mulheres e crianças.

Observa-se nesse contexto histórico um retrocesso na perspectiva da limitação do trabalho. Diante desse cenário, a classe operária oprimida pelo liberalismo começa a se unir, recrudescendo as manifestações dos trabalhadores na busca de uma limitação da jornada de forma a melhorar e humanizar as condições de trabalho. Nesse sentido converge Delgado.

> (...)o Direito do Trabalho não apenas serviu ao sistema econômico deflagrado com a Revolução Industrial, no século XVIII, na Inglaterra; na verdade, ele fixou controles para esse sistema, conferiu-lhe certa medida de civilidade, inclusive buscando eliminar as formas mais perversas de utilização da força de trabalho pela economia.[9]

[7] LEITE, Carlos Henrique Bezerra. **Curso de Direito do Trabalho.** 9ª ed. Curitiba: Juruá, 2018.p.728

[8] MORAES Filho, Evaristo de; MORAES, Antônio Carlos Flores de. **Introdução ao direito do trabalho.** 11. ed.São Paulo : LTr, 2014.p.29.

[9] DELGADO, Maurício Godinho. **Curso de direito do trabalho.**16 ed. São Paulo: LTr, 2017. p. 88.

Evaristo de Moraes aponta que o Direito do Trabalho surge a partir da constatação de que o trabalhador está em uma posição de desigualdade em relação ao seu empregador

> Foi exatamente por admiti-los concretamente, em suas desigualdades econômicas, em suas posições no mercado, que surgiu o direito do trabalho, matizando aquela liberdade individual abstrata com algumas medidas que possibilitassem um relativo equilíbrio de forças.[10]

Portanto, a partir do século XIX, advém alguma regulamentação da jornada. Em 1802, na Inglaterra, surge a lei *Moral and Health Act* que proibiu o trabalho noturno, fixando a limitação de jornada a 12h para os menores[11]. Em 1819 advém a lei *Cotton Mills Act* que trouxe a jornada de 12 horas de trabalho para pessoas entre 9 e 19 anos de idade, proibindo o exercício de qualquer labor para menores de 9 anos. Em 1830, os sindicatos começam a reivindicar a fixação de jornada de 8 horas "eight hours labour, eight hours rest, eight hours recreation"[12].

Na Inglaterra, em 1833, advém a lei *Labour of Children in Factories Act* que fixou jornada de 9 horas para crianças com idade entre 9 e 13 anos e jornada de 12 horas para maiores de 13 anos e menores de 18 anos de idade. Na França, em 1840 advém uma lei, fixando jornada de 8 horas para crianças entre 8 anos e 12 anos de idade. Em 1847 com o *Factory Act* determina-se a jornada de 10 horas diárias. Em 1848, a França segue regra similar, também estabelecendo a jornada de 10 horas[13]. Nos Estados Unidos, em 1867, é estabelecido o limite de 8 horas de trabalho por dia para funcionários públicos federais.

Em 1848, Marx e Engels, por meio do Manifesto Comunista, também contribuíram para o delineamento do Direito do Trabalho. Referido documento, iluminado pelas condições precárias de trabalho fomentadas pela prática de jornadas excessivas, defendeu a união da classe operária para romper com a lógica aviltante estabelecida pelo liberalismo. Assim, inicia-se uma consciência de classe orientada pelas questões políticas e sociais imanentes às relações de trabalho[14].

[10] Moraes Filho, Evaristo de; Moraes, Antônio Carlos Flores de. Op.cit.p.29

[11] Barros, Alice Monteiro de. Op.cit.p.54

[12] Sussekind, Arnaldo; Et al. **Instituições de direito do trabalho**. V.2. 16ª ed., São Paulo: LTr, 1996.p.774.

[13] Ibidem.p.744.

[14] Marx, Karl e Engels, Friedrich. **Manifesto comunista**. Org. de Osvaldo Coggiola. 4ª reimpressão. São Paulo: Boitempo, 2005.p.10.

Esses movimentos de classe deflagraram a insuficiência do Estado liberal, mostrando a necessidade da implementação de um Estado social ou Estado de bem-estar social. Impõe-se a essencialidade da atuação estatal na dimensão dos direitos sociais, demarcando-se as primeiras linhas sobre os direitos humanos de segunda dimensão.

Em 1890 a questão da jornada de trabalho irradia-se para vários países. Diante dessa movimentação internacional, em 1891, o Papa leão XIII estabelece a *Encíclica Rerum Novarum*, documento importante na perspectiva trabalhista, uma vez que realça a necessidade da criação de medidas protetivas aos trabalhadores, propondo maior humanização das relações de trabalho. Estabelece como imperativo para harmonização das relações entre capital e trabalho a fixação das garantias mínimas da pessoa humana.

Embora a *Rerum Novarum* tenha procurado arrefecer o movimento operário promovido pelo Manifesto Comunista, trouxe pontuais contribuições para o Direito do Trabalho, uma vez que possibilitou a realização da justiça social. Na dimensão da jornada laboral dispôs que o descanso é imperioso como condição humana, conforme se extrai do item 25 da Carta

> Não é justo nem humano exigir do homem tanto trabalho a ponto de fazer pelo excesso da fadiga embrutecer o espírito e enfraquecer o corpo. A actividade do homem, restrita como a sua natureza, tem limites que se não podem ultrapassar (...) Não deve, portanto, o trabalho prolongar-se por mais tempo do que as forças permitem. Assim, o número de horas de trabalho diário não deve exceder a força dos trabalhadores, e a quantidade de repouso deve ser proporcionada à qualidade do trabalho, às circunstâncias do tempo e do lugar, à compleição e saúde dos operários[15].

A *Encíclica* papal, portanto, despontou como importante documento propulsor dos Direitos Fundamentais do trabalhador na medida em que defendeu a intervenção do Estado para garantia dos direitos mínimos fundamentais. Ademais, estabeleceu como diretriz a realização da solidariedade social.

Orientando-se por esse diploma religioso, em 1901, a Austrália e, em 1908, a Inglaterra começam a estabelecer o limite de labor diário em

[15] Encíclica Rerum Novarum. Disponível em: http://www.vatican.va/content/leo-xiii/pt/encyclicals/documents/hf_l-xiii_enc_15051891_rerum-novarum.html. Acesso em: 23.nov.2020

8 horas[16]. No início do século XX outros países também iniciam a adoção do padrão de jornada de 8 horas. Na América Latina, foi o Uruguai, em 1915, o primeiro a limitar sua jornada em 8 horas[17]. Após a 1ª Guerra Mundial, com o Tratado de Versalhes e a criação da OIT são estabelecidos os limites da duração do labor em âmbito internacional. A jornada de trabalho é fixada em 8 horas e a duração em 40 horas semanais[18].

Observa-se, portanto, que a necessidade de limitação do labor foi o mote para o próprio desenvolvimento do Direito Laboral. A duração do trabalho orientou a construção do Direito Laboral, uma vez que está intimamente associada ao fator humano. Ora, como o trabalho é exercido por um ser humano e esse é limitado nas suas perspectivas física e mental emerge naturalmente a necessidade de fixação da jornada de trabalho.

Destarte, a limitação da jornada de trabalho possui uma dimensão pública, pois relaciona-se a regras de saúde, segurança e medicina do trabalho que são, essencialmente, normas de ordem pública e, portanto, cogentes. Como corolário lógico, somente se poderia pensar na alteração dos limites da jornada pelas partes para reduzir o tempo mínimo, pois caso haja a flexibilização permissiva do aumento estaríamos contrariando os próprios limites físicos e psicológicos atávicos à natureza humana.

Conforme observa Godinho[19], o limite das horas de trabalho recebeu não só influências econômicas e políticas, mas, sobretudo, humanas, na medida em que propicia a observância da própria dignidade da pessoa humana, nos termos do artigo 1º, III da CF.

No âmbito brasileiro, a Constituição de 1824 não trouxe limitação à jornada do trabalho, apenas realçou a liberdade de exercê-lo[20]. A Constituição de 1891 também se manteve silente no que concerne à duração do trabalho, apenas garantindo o exercício de qualquer profissão. Somente na Constituição de 1934 que houve a menção ao limite da jornada de trabalho

[16] Sussekind, Arnaldo; Et al.Op.cit.p.745

[17] Barros, Alice Monteiro de. Op.cit.p.436

[18] Sussekind, Arnaldo; Et al.Op.cit.p.746.

[19] Delgado, Maurício Godinho. Op.cit. p. 93.

[20] Art. 179. A inviolabilidade dos Direitos Civis, e Políticos dos Cidadãos Brasileiros, que tem por base a liberdade, a segurança individual, e a propriedade, é garantida pela Constituição do Império, pela maneira seguinte...XXI Nenhum gênero de trabalho, de cultura, indústria, ou comércio pode ser proibido, uma vez que não se oponha aos costumes públicos, à segurança, e saúde dos Cidadãos. BRASIL. **Código Civil.** Disponível em: http://www.planalto.gov.br/ccivil_03/constituicao/constituicao24.htm. Acesso em: 29.out.2020.

para 8 horas. Entretanto, a Constituição de 1937, embora tivesse mantido a jornada de 8 horas, possibilitou sua flexibilização.[21] No mesmo sentido, seguiu a Constituição de 1946[22]

Com o advento da Consolidação das Leis do Trabalho, em 1943, houve a regulamentação da jornada de trabalho. Por derradeiro, a Constituição Federal de 1988 estabeleceu o limite de 8 horas, também permitindo a flexibilização mediante negociação coletiva[23].

A Revolução Francesa, no século XVIII, trouxe o chamado Estado liberal que propugnou pela diminuta atuação do Estado nas relações privadas. Contudo, diante da desigualdade das partes inerente às relações trabalhistas, foram deflagrados inúmeros movimentos operários, reivindicando o respeito à condição humana. Esse cenário que se estabeleceu evidenciou a insuficiência do Estado liberal na concretização dos direitos mínimos sociais. Dessa conjectura nasce o Estado social que se orienta pela essencialidade da atuação estatal nas relações privadas. O Estado de bem-estar social, como foi dirigido pela necessidade de humanização das relações trabalhistas, marcou a origem do Direito do Trabalho.[24]

A relação que emerge da interação firmada entre o capitalista e assalariado não permite que a estipulação das condições de trabalho seja completamente iluminada pela liberdade. Isso porque está ausente o equilíbrio de forças das partes, encontrando-se o operário praticamente coagido a aceitar as condições impostas pelo empregador. Logo, mostra-se importante a intervenção estatal para garantir a isonomia contratual. Nesse sentido

[21] Art. 137 – A legislação do trabalho observará, além de outros, os seguintes preceitos: i) dia de trabalho de oito horas, que poderá ser reduzido, e somente suscetível de aumento nos casos previstos em lei. BRASIL. **Constituição de 1937.**Disponível em: http://www.planalto.gov.br/ccivil_03/constituicao/constituicao37.htm. Acesso em: 20.out.2020.

[22] Art. 157 – A legislação do trabalho e a da previdência social obedecerão nos seguintes preceitos, além de outros que visem a melhoria da condição dos trabalhadores: V-duração diária do trabalho não excedente a oito horas, exceto nos casos e condições previstos em lei. BRASIL. **Constituição de 1946.** Disponível em: http://www.planalto.gov.br/ccivil_03/constituicao/constituicao37.htm. Acesso em: 20.out.2020.

[23] Art. 7º São direitos dos trabalhadores urbanos e rurais, além de outros que visem à melhoria de sua condição social: XIII – duração do trabalho normal não superior a oito horas diárias e quarenta e quatro semanais, facultada a compensação de horários e a redução da jornada, mediante acordo ou convenção coletiva de trabalho. Disponível em: http://www.planalto.gov.br/ccivil_03/constituicao/constituicao.htm. Acesso em: 29.out.2020.

[24] Bonavides, Paulo. **Do Estado Liberal ao Estado Social**. 10ª ed. São Paulo: Malheiros, 2011.p. 186-189.

discorre Moraes: "Só a intervenção enérgica do Estado, mediante providências legislativas, pode estabelecer justas condições para o contrato de trabalho."[25]

Nessa perspectiva, a função do Estado amplia-se. A legislação estatal permite a convivência das diferentes classes sociais, equilibrando as forças na relação laboral. Esse movimento que acolhe a normatização estatal também foi observado na França e na Alemanha que instituíram uma marca protetiva na legislação civil.[26]

Essa racionalidade mais interventiva estatal orienta o processo de criação do Direito Laboral. Aliado a isso, a duração do trabalho desponta como elemento catalizador do reconhecimento dos direitos sociais. Ora, a prática recorrente de jornadas excessivas prejudica as condições vitais humanas. Começa-se a observar, empiricamente, que o labor nessas circunstâncias afeta fisicamente o trabalhador e também prejudica a produção industrial. Portanto, passa-se a defender a redução da jornada para 8 horas. Nesse sentido esclarece Moraes

> Na regulamentação do trabalho não há questão mais intimamente ligada aos interesses vitais da criatura humana do que a que diz respeito ao tempo ou duração da atividade profissional. Para resolver o problema, adotou uma escola socialista a teoria chamada dos três-oito, segundo a qual a duração do trabalho deve ser limitada a uma terça parte do dia (oito horas). Qualquer que seja a opinião que se possa manter diante dessa aspiração doutrinaria, é incontestável a necessidade de se modificarem as condições atuais do trabalho salariado, que traduzem não só indiferença criminosa, como lamentável ignorância das leis naturais que regem o esforço humano.[27]

Essas condições deletérias de trabalho exigem a atuação do Estado, afastando-se o liberalismo puro. A saúde do trabalhador se coloca como uma questão coletiva que transcende os interesses meramente individuais do capitalista. Nesse diapasão analisa Moraes

> Os patologistas, os higienistas, e, em especial, os neurologistas têm notado a influência direta do trabalho excessivo e insalubre na produção de terríveis moléstias, no aumento da mortalidade infantil, na diminuição da vitalidade

[25] MORAES, Evaristo. **Apontamentos de Direito operário.** 3ª ed. São Paulo: Ltr.1986.p.19.
[26] Ibidem.p.20
[27] MORAES, Evaristo. **Apontamentos de Direito operário.**Op.cit. p.83

> humana. Aqui se complicam, na solução desse árduo problema, as exigências econômicas com as necessidades sociais e com os altos princípios da higiene coletiva. É absurdo exigir do trabalhador mais do que ele pode dar, estragando a produção e degradando o organismo(...). A experiência demonstra que a diminuição das horas do trabalho-evitando a fadiga- não acarreta prejuízo. O interesse dos patrões deveria contribuir para o estabelecimento de novas regras do trabalho.[28]

A experiência da época mostrou que o liberalismo que informava o direito contribuía para o aumento da pobreza e o aprofundamento da desigualdade social. A certeza da exploração do mais fraco pelo mais forte era evidenciada. Destarte, a isonomia formal, garantida indiscriminadamente por meio do princípio da autonomia privada contratual, não permitia a concretização da isonomia material. Ora, a invocada liberdade ampla dos indivíduos se torna uma falácia em contextos relacionais pautados na assimetria das partes, como ocorre nos vínculos trabalhistas. A essa ilação chegou Ripert

> Mas isto tudo é pura imaginação, e, na realidade, o jogo do contrato é bem diferente. A igualdade que nele impera é puramente teórica. É uma igualdade civil, isto é, de condição jurídica, mas não uma igualdade de forças. O erro do liberalismo em sua própria doutrina é de dizer que todo o contrato se forma e se executa sob o regime da liberdade. Se os dois contratantes não estão em igualdade forças, o mais poderoso encontra no contrato uma vitória muito fácil.[29]

Assim, na tentativa de refrear os ideários liberalistas e modelar o exercício da liberdade individual nas relações desequilibradas, exsurge o Estado de bem-estar social. No início do século XX o capitalismo liberal é afastado, emergindo um capitalismo mais democratizado e mais pautado na atividade estatal dirigida a um bem estar social.[30] Nesse contexto é gestado

[28] Ibidem.p.88

[29] RIPERT, George. **O regime democrático e o direito civil moderno**. São Paulo: Saraiva, 1937.p.193

[30] POCHMANN, Márcio. **Proteção social na periferia do capitalismo: considerações sobre o Brasil.** Disponível em:https://www.scielo.br/j/spp/a/w7TFW3zmWHPwPQrQ4fZbbhh/?format=pdf&lang=pt. Acesso em: 26.set.2020.

o Estado de bem-estar social que, mediante o alargamento da atuação do Estado, procura atender ao bem comum.

O advento do Estado de bem-estar social se fundamenta na crítica do liberalismo idealizado por Adam Smith. Desponta-se uma nova espécie de Estado mais intervencionista aliado a um arrefecimento do poder do livre mercado. A atuação estatal emerge como essencial para a proteção social e para a quebra da desigualdade produzida pelo capitalismo. O modelo de Estado que se impõe, orienta-se pela proteção social estratificada de acordo com a espécie de trabalhador, bem como pela distribuição de renda calcada na tributação progressiva.[31]

O mercado capitalista dirige e organiza toda a sociedade, reverberando na seara do Direto, inclusive. Portanto, com o crescimento do capitalismo e dos processos de industrialização em larga escala, começa-se a pensar em uma ideologia que permita a realização dos interesses mercadológicos. Procura-se estabelecer uma releitura da concepção da liberdade e do liberalismo idealizados pela Revolução Francesa e por Adam Smith. Passa-se a defender as autonomias da sociedade e do mercado, propugnando-se pela quebra do absolutismo e pelo enfraquecimento do poder estatal. Esse cenário é bem esclarecido por Polanyi

> O liberalismo econômico foi o princípio organizador de uma sociedade engajada na criação de um sistema de mercado. Nascido como mera propensão em favor de métodos não-burocráticos, ele evoluiu para uma fé verdadeira na salvação secular do homem através de um mercado autorregulável. Um tal fanatismo resultou do súbito agravamento da tarefa pela qual ele se responsabilizara: a magnitude dos sofrimentos a serem infligidos a pessoas inocentes, assim como o amplo alcance das mudanças entrelaçadas que a organização da nova ordem envolvia. O credo liberal só assumiu seu fervor evangélico em resposta às necessidades de uma economia de mercado plenamente desenvolvida.[32]

[31] "Não se trata apenas de disponibilizar serviços sociais (educação e saúde) a todos ou mesmo a garantia direta de renda aos pobres, mas de fundamentalmente retirar das forças de mercado a determinação exclusiva da expansão econômica e da gestão sobre a força de trabalho." POCHMANN, Márcio. Op.Cit.

[32] POLANYI, Karl; **A grande transformação: as origens de nossa época**. 2ª ed. São Paulo: Campus, 2000.p. 166

Contrapondo-se ao sistema liberal, advém a ideia de fortalecimento do Estado, mediante o alargamento de suas funções. Cria-se a crença de que a atuação estatal poderá dirimir ou extirpar as mazelas produzidas pelo sistema capitalista e pelo mercado. Segundo Polanyi "...o liberal utilitarista via no governo o grande agente para atingir a felicidade.[33]Portanto, mesmo na perspectiva liberal, impunha-se a necessidade da atuação do Estado, como observa Polanyi

> Todos esses baluartes da interferência governamental, no entanto, foram criados com a finalidade de organizar uma simples liberdade – a da terra, do trabalho e da administração municipal. Assim como, contrariando as expectativas, a invenção da maquinaria que economizaria trabalho não diminuíra, mas, na verdade, aumentara a utilização do trabalho humano, a introdução dos mercados livres, longe de abolir a necessidade de controle, regulamentação e intervenção, incrementou enormemente o seu alcance. Os administradores tinham que estar sempre alertas para garantir o funcionamento livre do sistema. Assim, mesmo aqueles que desejavam ardentemente libertar o estado de todos os deveres desnecessários, e cuja filosofia global exigia a restrição das atividades do estado, não tinham outra alternativa senão confiar a esse mesmo estado os novos poderes, órgãos e instrumentos exigidos para o estabelecimento do laissez-faire.[34]

Polanyi pontua que, a princípio, acreditava-se que o liberalismo reduziria a inflação, estabilizando as moedas. Entretanto, no seu auge foram sentidas as suas consequências nefastas, entre as quais: o crescimento do desemprego e o aumento de demissões.

> A década de 1930 viu as proposições absolutas de década de 1920 serem questionadas. Após vários anos durante os quais as moedas foram praticamente restauradas e os orçamentos equilibrados, os dois países mais poderosos, Grã-Bretanha e Estados Unidos, encontraram-se em dificuldades, abandonaram o padrão-ouro e começaram a dirigir suas próprias moedas. As dívidas internacionais eram repudiadas integralmente e os pilares do liberalismo econômico eram abandonados pelos mais ricos e mais respeitáveis. Em meados da década de 1930, a França e alguns outros países que ainda

[33] Ibidem. 171

[34] Polanyi, Karl. Op.cit.p. 172

> aderiam ao ouro foram forçados a abandonar esse padrão pelos Tesouros da Grã-Bretanha e dos Estados Unidos, anteriormente os zelosos guardiães do credo liberal.[35]

Diante desse fracasso do liberalismo, os seus idealizadores logo se colocaram como resistência, argumentando que a sua ruína ocorreu por causa do protecionismo social e das alianças com os sindicatos no século XIX. Nesse sentido Polanyi pondera com propriedade que

> A raiz de todo mal, insistem os liberais, foi precisamente essa interferência com a liberdade de emprego, comércio e moedas praticada pelas várias escolas de protecionismo social, nacional e monopolista, desde o terceiro quarto do século XIX. Não fosse a aliança profana dos sindicatos profissionais e partidos trabalhistas com os fabricantes monopolistas e os interesses agrários que, na sua ambição tacanha, uniram forças para frustrar a liberdade econômica, o mundo estaria gozando agora dos frutos de um sistema quase automático de criar bem-estar material. Os líderes liberais jamais se cansam de repetir que a tragédia do século XIX resultou da incapacidade do homem de permanecer fiel à inspiração dos primeiros liberais. (...) O que o espírito do Iluminismo havia alcançado fora derrotado pelas forças do egoísmo. Em poucas palavras, esta é a defesa do liberal econômico e, a menos que ela seja refutada, ele continuará a ser exibido na discussão dos argumentos.[36]

No entanto, esses movimentos sociais coletivamente organizados, que se revelaram no contexto liberal do século XIX, foram frutos, justamente, da conjuntura político-econômica da época. A ampla liberdade que iluminava o mercado e as relações sociais identificou alguns obstáculos para a sua realização plena, qual sejam, as desigualdades e os desequilíbrios entre os atores sociais. Assim, o juízo de que o protecionismo estatal trouxe a ruína do liberalismo se mostra equivocado.

O próprio liberalismo anunciou que o caminho para o desenvolvimento pleno do mercado era a regulamentação. Ora, no momento em que existe a liberdade contatual plena também é imanente a ela, ainda que abstratamente, o direito de os trabalhadores se recusarem a laborar. Assim, inerente a liberdade do empregador desponta a liberdade de recusa de trabalho

[35] Ibidem. 173-174

[36] Ibidem. 176

da classe obreira. Portanto, essa liberdade trazia implicações ao mercado autorregulável o que fomentava a necessidade de estabelecer formas de regulamentação e restrição. Diante dessa força intrínseca à própria sistemática de interação social, advém as legislações sindicais e antitruste.[37]

Essas crises do liberalismo que se manifestaram a partir de 1870 provocaram uma busca por ideologias e sistemas que possibilitassem a convivência do mercado em harmonia com a sociedade. Nesse sentido analisou Figueiredo

> Na Rússia, a revolução saiu vitoriosa. Na Suécia, Gunnar Myrdal, E. Lindahl e E. Lundberg, em fins do século XIX, já argumentavam em favor do uso deliberado do orçamento governamental para manter a demanda, o emprego e assegurar um sistema de previdência social, influenciando a construção de uma das experiências de bem-estar social mais bem sucedidas do mundo. Nos EUA, a experiência intervencionista tomou forma com o New Deal, inspirado nos pressupostos keynesianos e na proposta reformista norte-americana, conhecida como progressivismo (1890-1920). Os projetos de sociabilidade inspirados na socialdemocracia e no New Deal construíram durante os entreguerras uma forte hegemonia, sendo aceito por amplos setores sociais durante muitas décadas, aproximadamente até o fim da Guerra Fria.[38]

Desta feita, a ruptura do liberalismo econômico ocorreu diante de uma reação natural do movimento econômico. A necessidade de estabelecimento de direitos mínimos trabalhistas e da intervenção estatal (Estado de bem-estar social) se impõe como importante mecanismo para manutenção do próprio sistema capitalista.

[37] "De forma estrita, o liberalismo econômico é o princípio organizado de uma sociedade na qual a indústria se baseia na instituição de um mercado autorregulável. É verdade que, uma vez atingido um tal sistema, mesmo aproximadamente, é cada vez menos necessário um certo tipo de intervenção. Todavia, isto não quer dizer que sistema de mercado e intervenção são termos mutuamente exclusivos. Enquanto esse sistema não é estabelecido, os liberais econômicos apelarão, sem hesitar, para a intervenção do estado a fim de estabelecê-lo e, uma vez estabelecido, a fim de mantê-lo. O liberal econômico pode, portanto, sem qualquer contradição, pedir que o estado use a força da lei; pode até mesmo apelar para as forças violentas da guerra civil a fim de organizar as precondições de um mercado autorregulável. "In: POLANYI, Karl. Op.Cit.p. 181

[38] FIGUEIREDO, Tatiana Silva Poggi de. **Do liberalismo ao neoliberalismo: as influências do ideário liberal na conformação da Escola de Chicago**. Disponível em: https://www.eco.unicamp.br/images/arquivos/artigos/LEP/L15/04%20Tatiana%20Figueiredo.pdf. Acesso em: 15.mar.2020.

No período compreendido entre os anos de 1889 e 1930, o Brasil viveu a Primeira República. Nesse momento, que foi marcado por inúmeros problemas sociais e econômicos, adveio a República Oligárquica ou a política café com leite. Na ocasião o poder ficou concentrado nos Estados de São Paulo e de Minas Gerais cujos partidos políticos eram, respectivamente, o Republicano Paulista (PRP) e o Republicano Mineiro (PRM). Essa oligarquia estabelecida fixou o voto de cabresto.

Nesse contexto, já bastante conturbado, eclodiram diversos movimentos sociais[39] fomentados pelo aumento da pobreza e pela excedente mão-de-obra alijada do mercado de trabalho. Grande parte dos trabalhadores desempregados era composta por imigrantes que, orientados por uma ideologia anarquista, articularam os movimentos sociais da classe operaria.[40]

Na década de 1920 despontaram dois novos partidos políticos: em 1926, o Democrático (PD), em São Paulo; e o Libertador (PL), em 1928, no Rio Grande do Sul. O PL lançou Getúlio Vargas como candidato pela Aliança Liberal e o PD anunciou Júlio Prestes que foi vencedor, mas não assumiu diante do golpe de 1930 que colocou Getúlio Vargas como presidente. Esse contexto histórico marcou o fim da Primeira República em 1930, trazendo a Segunda República: também denominada de "Era Vargas."

No Brasil até a década de 1930 era a ideologia liberal que permeava as ações, de modo que a tutela dos direitos sociais era rechaçada. Entretanto, após 1930, o Estado se firma com um viés mais intervencionista, sobretudo na perspectiva sindical. A questão social é posta como prioridade a ser perseguida e concretizada, colocando-se como importante instrumento para viabilizar os crescimentos industrial e econômico. Observam Arruda e Vianna que

> Houve convergência do discurso do empresariado e do governo, de que a legislação do trabalho atendia aos justos reclamos dos trabalhadores, assegurava a paz social e um seguro desenvolvimento econômico. Dentre os ideólogos da época, destacam-se Oliveira Vianna e Alceu Amoroso Lima, ambos

[39] Tais como: as Revoltas do Canudos, da Vacina, da Chibata e do Cangaço

[40] Silva, Otávio Pinto e. A revolução de 1930 e o direito do trabalho no Brasil. **Revista da Faculdade de Direito, Universidade de São Paulo**.v.95,p.177-190,2000.Disponível em: https://www.revistas.usp.br/rfdusp/article/view/67462. Acesso em: 23 jun. 2022.p. 177.190. p. 178

vinculados à defesa de um regime autoritário e ao fortalecimento do papel interventor do Estado.[41]

Os direitos sociais passam a ser entendidos como inerentes à própria condição humana, deixando de ser tratados meramente como desordens sociais ou crime. Assim, como se prendem à dignidade da pessoa humana, colocam-se como obrigações acima de qualquer outro interesse mercadológico ou capitalista. Para atingir esse desiderato o Estado passa ser visto como essencial para regular as relações estabelecidas entre capital e trabalho. Arruda e Vianna caminham nesse sentido

> A intervenção residiria em não permitir a destruição da capacidade produtiva do operariado, ameaçado pelas péssimas condições de trabalho e baixos salários. A nova política social deveria se pautar pelo moderno conceito de trabalho e pelas atuais concepções sobre o papel do Estado na sociedade. A intervenção estatal visava a harmonizar os interesses de patrões e operários. (...) A construção do projeto ideológico do Estado Novo evidenciou que a busca da legitimação da autoridade se dava de uma forma e por motivos completamente distintos daqueles que fundamentavam a legitimidade dos governos anteriores.[42]

A necessidade de intervenção estatal é justificada na ideia de que concretamente não há a solidariedade entre os trabalhadores. Assim, o Estado concentra a função de concretizador dos direitos sociais.[43]

Verifica-se que a transição do liberalismo para o Estado de bem-estar social se desenrolou de forma radical e desequilibrada. Afirma-se que,

[41] ARRUDA, Hélio Mário de; MENDONÇA, Carlos Vinícius Costa de. **Oliveira Vianna. Ideologia social autoritária.** Disponível em: < https://periodicos.ufes.br/agora/article/view/1893> Acesso em: 18.fev.2020.

[42] Ibidem.

[43] "Os dirigentes sindicais são nomeados pelo poder, a filiação sindical dá direito às vantagens sociais e os sindicatos devem inscrever nos seus estatutos a colaboração com a administração pública. O poder é de fato tanto centralizador como autoritário. (...)Destaque-se que a ideia de "nação organizada" era apresentada como sinônimo de um Estado dotado de um poder Executivo central hipertrofiado, capaz de se sobrepor não somente aos poderes das diversas unidades da Federação, mas também aos poderes Legislativo e Judiciário.(...)O autoritarismo tem sua historicidade própria, distinta do apego ao passado e está relacionado aos momentos de ruptura da sociedade capitalista para a qual propõe uma sui generis ideia de modernização, justamente quando se faz necessário que a mudança prevaleça sobre a tradição." In: ARRUDA, Hélio Mário de; MENDONÇA, Carlos Vinícius Costa de.Op.cit.

como o liberalismo é pernicioso aos direitos sociais, as funções do Estado, na perspectiva normativa trabalhista, precisam ser guiadas pelo autoritarismo. Essa condição provoca uma quebra no exercício da liberdade pelas entidades de classe, segundo ponderam Arruda e Vianna

> O aspecto autoritário desse corporativismo residia, na capacidade do Estado em penetrar na vida sindical. Os sindicatos, para atuarem, precisavam ser reconhecidos, o que pressupunha, obedecer a uma série de regras formais, burocráticas e políticas. (...) No Estado Corporativo, para Oliveira Vianna, as corporações exercem um papel de mediação entre o país real e o país legal, sob a direção de um Estado forte, que submete a liberdade ao princípio da autoridade. Adotou a "técnica autoritária" que tinha como proposição o estabelecimento de um Estado pedagogo, edificador da Nação e inspirador do civismo, que se destinaria a organizar uma sociedade vista quase em estado de natureza.[44]

Como a intervenção estatal se amparou essencialmente na debilidade dos trabalhadores, o Estado se coloca como figura capital no processo de construção e concretização dos direitos sociais. Esse Estado Novo deve ter como nortes a dignidade da pessoa humana e o princípio da isonomia material. Segundo Arruda e Vianna, nesse cenário interventivo seria possível se estabelecer a verdadeira solidariedade entre a classe obreira.

> O povo era oprimido em demasia, humilhado, subjugado pelas elites com a força da intimidação e violência diretas, os trabalhadores não tinham condições de lutar por direitos de forma organizada. Daí a proposta de um Estado que controlasse com pulso de ferro uma articulação corporativa entre as duas classes sociais brutalizadas pelo sistema escravista. Sim, nem tudo eram flores. Amargavam-se contradições. Os espinhos eram autoritários, centralizadores. Numa sociedade heterogênea, desarticulada, sem identidade comum, era imprescindível um Estado unificador.[45]

O mote do corporativismo, na perspectiva sindical, fora dividir a classe obreira em categorias o que, inexoravelmente, diminui o seu poder, facilitando o seu controle, tanto pelo Estado, quanto pelo capital. Os sindicatos divididos por profissão promovem uma segregação dos trabalhadores.[46]

[44] Ibidem.

[45] Ibidem.

[46] "No caso do Estado Novo, os indivíduos foram organizados por profissões, o que significava dividir a sociedade por classes sociais. A separação por profissão garantia a formação de

As fontes heterônomas do Direito Laboral trazem sensíveis vantagens para trabalhadores menos organizados e solidarizados.[47] Entretanto, os sindicatos criados a partir desta concepção controladora se tornaram tíbios, de modo que puderam facilmente ser reprimidos. Essa situação produz franca ruptura da representatividade da entidade sindical.

Portanto, o controle estatal escudado no autoritarismo corporativista impediu um vicejar do poder da classe obreira, bem como a consolidação de sua real representatividade. Em contrapartida, o liberalismo clássico, embora tenha como bandeira a liberdade ampla e geral, impossibilita o florescimento pleno da autonomia privada na perspectiva contratual trabalhista, diante do desequilíbrio inerente à essa relação jurídica. Deflui da própria história que o sistema liberal, baseado na ideia de autorregulação de mercado, gera exploração e opressão do trabalhador. Afinal "hoje, já ninguém contesta quanto influi a inexorável lei da concorrência na remuneração do trabalho operário- e isso basta para desfazer o encanto ilusório da "liberdade do trabalho."[48]

Entretanto, esse Estado garantidor da proteção social não demorou muito para encontrar dificuldades na implementação desses desideratos. Inicia-se, na década de 1970, um movimento propugnando a ruína do *Welfare State*. Ergue-se o argumento da hipertrofia do Estado, de modo que seria impossível ao governo abraçar todas essas funções. No entanto, ao se analisar a conjuntura histórica do período, é possível verificar que as dificuldades na concretização de medidas protetivas foram provocadas pelo contexto socioeconômico brasileiro. Ora, o Brasil pertence a chamada periferia do capitalismo, diferentemente dos países centrais que são os mais desenvolvidos. Pochmann analisa com acuidade esta questão

> Na periferia, houve dificuldade em completar o Estado de Bem-Estar Social, assim como as elites locais barraram os avanços da democracia. Apesar disso, o pequeno aparato social construído a partir da década de 30 passou a ser fortemente questionado desde a crise dos anos 80. Assim, o desafio hoje é vencer a exclusão social, construindo uma democracia social.[49]

sindicatos distintos, para os patrões e os empregados, ou até mesmo, a distinção de classes profissionais, a dos eletricistas, artistas, jornalistas, professores, comerciantes, banqueiros, industriais etc." ARRUDA, Hélio Mário de; MENDONÇA, Carlos Vinícius Costa de.Op.cit.

47 RODRIGUES, Leôncio Martins. **Partidos e sindicatos**. São Paulo: Ática. 1990.p. 32

48 MORAES, Evaristo. **Apontamentos de Direito operário**. Op.cit. p.09

49 POCHMANN, Márcio. Op.Cit.

Os objetivos do Estado de bem-estar social não puderam florescer em sua plenitude no capitalismo periférico brasileiro, tendo pouca expressão fática. Em contrapartida, nos países de capitalismo central houve uma ascensão da proteção social. O Estado intervencionista trouxe, portanto, uma real diminuição das desigualdades sociais provocadas pelo sistema capitalista. As economias capitalistas desenvolvidas construíram, especialmente a partir da 2ª GM, grandes avanços na perspectiva da proteção social.[50]

Por conseguinte, nos países que compõem o capitalismo central é possível verificar que a legislação protetora contribuiu para a diminuição dos desequilíbrios sociais, trazendo o bem-estar mínimo aos membros da sociedade. Pochmann analisa que: "...a presença de medidas de natureza trabalhista e social protetoras e de bem-estar foi fundamental para atingir maior homogeneidade social no centro do capitalismo mundial."[51]

Ademais, é importante ponderar que a alteração no mercado capitalista, bem como a introdução de tecnologia na produção também alimentaram os discursos avessos ao Estado de bem-estar social no final da década de 1970. A queda do crescimento econômico aliada às alterações no modo de produção trouxe uma redução de empregos. Inicia-se, pois, um processo de ruptura das condicionantes do Estado de bem-estar social.[52] Nesse sentido identificou Pochmann que

[50] POCHMANN, Márcio. Op.Cit..

[51] POCHMANN, Márcio. Op.Cit.

[52] "Condicionantes do Estado de Bem-Estar Social: " Lógica Industrial Moderna – O processo de industrialização constitui uma das primeiras condicionalidades estruturais para a emergência do Estado de Bem-Estar Social. Diferentemente dos modos anteriores de produção, a lógica industrial moderna terminou por colocar num mesmo espaço físico uma ampla quantidade de empregados submetida a condições de trabalho e a padrões de vida semelhantes(...) Democracia de Massa – A partir da lógica industrial orientadora de maiores ganhos de produtividade, houve uma interação significativa de interesses comuns entre a classe operária e a classe média. É nesse parâmetro de ordem mais política que se estabelece um segundo tipo de condicionalidade estrutural que assenta a constituição de regimes políticos da democracia de massa. Com a universalização do voto(...)partidos políticos de base operária e de classe média foram organizados, em parte, inclusive, originários da organização de um novo sindicalismo(...) Sociedade Salarial – Como terceira condicionalidade estrutural na emergência do Estado de Bem-Estar Social, destaca-se a conformação de sociedades salariais nos países centrais,14 isto é, sociedades constituídas a partir de mercados de trabalho organizados e assalariados, inclusive com intervenção dos Estados". In: POCHMANN, Márcio. Op.Cit.

> A perda relativa de importância do emprego industrial, envolvida numa outra lógica de produção em redes mundiais, fragilizou compromissos sociais entre empregados e patrões, comprometendo as bases da sociedade salarial e esvaziando o conteúdo dos regimes democráticos. Ademais, o ambiente de flexibilização dos mercados de trabalho voltou a favorecer a maior desigualdade de renda, surgida de uma nova condição de pobreza e do desemprego, negando a integração social e a homogeneidade no padrão de consumo constituídos a partir do fim da II Guerra Mundial.[53]

Considerando as diuturnas mudanças tecnológicas operadas na perspectiva do trabalho humano ao longo da história, é possível demarcar quatro grandes períodos transformadores para os sistemas produtivos, quais sejam: as quatro Revoluções Industriais. Cada uma delas assinalou modificações importantes no modo de produção, reverberando na forma de acomodação do trabalho humano.

A primeira Revolução Industrial ocorreu no século XVIII, na Inglaterra. Nesse período houve mudanças na forma produtiva impulsionadas pelos adventos da máquina a vapor, do ferro e do carvão. Essas alterações impactaram a demanda pelo trabalho humano. Ora, a substituição parcial da atividade do homem por máquinas, além de promover uma aceleração na produção reorienta o perfil das atividades humanas desejadas pelo mercado e pela economia.

Em 1870, na Europa, nos Estados Unidos e no Japão emerge a segunda Revolução Industrial qualificada pelos usos da eletricidade, do aço e do petróleo. Essa conjuntura permitiu o recrudescimento da produção, fomentando o labor organizado a partir de uma linha de produção em escala. Ao lado da produção em massa surge, igualmente, o mercado de consumo em massa que retroalimenta a fabricação em larga escala.[54]Nesse cenário, foi natural o desenvolvimento das fábricas que passaram a exigir uma mão-de--obra mais concentrada nos limites territoriais da indústria, acentuando as funções humanas mais repetitivas. Portanto, a segunda Revolução marca o início do sistema de produção taylorista/fordista.

[53] Ibidem.

[54] DATHEIN, Ricardo. **Inovação e Revoluções Industriais: uma apresentação das mudanças tecnológicas determinantes nos séculos XVIII e XIX**. Disponível em: https://lume-re-demonstracao.ufrgs.br/artnoveau/docs/revolucao.pdf. Acesso em: 23.jun.2022.

Em 1969 surge a Revolução 3.0 informada pelos usos da robótica, dos computadores, da internet, da biotecnologia e pela globalização. A partir da década de 1980, opera-se um aprofundamento dessa Terceira Revolução, com a intensificação do progresso tecnológico. Nesse sentido analisou Vieira

> A década de 80 foi a que se deu o grande avanço tecnológico conhecida como a terceira revolução tecnológica, insurgindo diretamente nas relações trabalhistas. As inovações se deram na automação, na robótica e na microeletrônica, as quais foram recepcionadas pelas unidades fabris. Essa evolução tecnológica veio dinamizar a transição do fordismo para o toyotismo. Cada vez mais os processos de produção funcionam independentemente da participação humana na sua operação. [55]

A terceira Revolução Industrial promoveu um aumento na produção na perspectiva territorial de modo que os mercados e a produção começam a se orientar para atender ao mercado de consumo internacional. Essa situação acentua a competitividade das empresas na dimensão global. Ademais, observa-se uma reorientação importante no perfil do trabalhador buscado: intensifica-se a procura por trabalhadores mais polivalentes, ao mesmo tempo em que promove um recuo dos postos de trabalho.

Assim, a terceira Revolução Industrial permite uma potencialização dos lucros do capitalista, visto que promove uma redução da utilização da mão-de-obra humana, elevando o desemprego estrutural. Nessa dimensão, a partir do olhar do mercado econômico, a centralidade do trabalho humano seria afastada. "O resultado da tese do fim da centralidade do trabalho é a observação do surgimento de uma sociedade pós-industrial, em que o trabalho deixaria de ter pesos quantitativo e qualitativo atribuídos em outros tempos."[56]

Por derradeiro, advém a atual Revolução 4.0 constituída a partir dos sistemas de redes, da internet das coisas e da inteligência artificial.[57]

[55] VIEIRA, Rogério Henrique. **A negação dos direitos humanos dos trabalhadores**. Disponível em: https://www.eduvaleavare.com.br/wp-content/uploads/2014/07/negacao.pdf. Acesso em: 22 jul.21

[56] PRIEB, Sérgio. **A classe trabalhadora diante da Terceira Revolução Industrial**. Disponível em: https://www.unicamp.br/cemarx/anais_v_coloquio_arquivos/arquivos/comunicacoes/gt4/sessao1/Sergio_Prieb.pdf. Acesso em: 23 jun.2022.

[57] SILVEIRA, C. B. **O que é a Indústria 4.0 e como ela vai impactar o mundo**. Citisystems. 2017. Disponível em:< https://www.citisystems.com.br/industria-4-0/>. Acesso em: 10 jun. 2018.

As terminologias Indústria 4.0 e 4ª Revolução Industrial são utilizadas desde 2011. A 4ª Revolução se assenta em algumas bases, como: internet das coisas (é a conexão de objetos, por meio de dispositivos eletrônicos que permitem a troca de informações); a *Big Data Analytics* (estruturas complexas de dados que possibilitam a captura, verificação e organização gerenciamento das informações, trabalhando com os conceitos de conexão, cloud, cyber, comunidade e customização) e, por derradeiro, mas não menos importante, a segurança.[58] Segundo ponderou Schwab

> A primeira revolução industrial ocorreu aproximadamente entre 1760 e 1840. Provocada pela construção das ferrovias e pela invenção da máquina a vapor, ela deu início à produção mecânica. A segunda revolução industrial, iniciada no final do século XIX, entrou no século XX e, pelo advento da eletricidade e da linha de montagem, possibilitou a produção em massa. A terceira revolução industrial começou na década de 1960. Ela costuma ser chamada de revolução digital ou do computador, pois foi impulsionada pelo desenvolvimento dos semicondutores, da computação em mainframe (década de 1960), da computação pessoal (década de 1970 e 1980) e da internet (década de 1990). Ciente das várias definições e argumentos acadêmicos utilizados para descrever as três primeiras revoluções industriais, acredito que hoje estamos no início de uma quarta revolução industrial. Ela teve início na virada do século e baseia-se na revolução digital. É caracterizada por uma internet mais ubíqua e móvel, por sensores menores e mais poderosos que se tornaram mais baratos e pela inteligência artificial e aprendizagem automática (ou aprendizado de máquina).[59]

As modificações na conjectura do trabalho trouxeram efeitos deletérios às relações laborais, devastando os direitos trabalhistas. São efetivadas as formas de trabalho flexíveis, rompendo com a percepção coletiva da categoria obreira situação que, inexoravelmente, contribuiu para o desmantelamento dos sindicatos. Antunes defende que o regime de acumulação flexível redireciona os mecanismos de exploração, fragilizando as classes obreiras.[60]

[58] Ibidem.

[59] SCHWAB, Klaus. **A quarta Revolução industrial**.1ª ed. São Paulo: Edipro, 2016. P.18-19

[60] ANTUNES, Ricardo. **Adeus ao trabalho? Ensaio sobre a centralidade no mundo do trabalho**. 11ª ed. São Paulo: Cortez, 2006.p.21-29.

A evolução do mundo é marcada por inúmeras mudanças que trazem profundas alterações na sociedade, bem como na economia. Entretanto, a quarta Revolução Industrial se mostra muito mais ampla e impactante que as demais. Isso porque há uma gama maior de transformações, pois ao mesmo tempo em que envolve vários domínios traz uma maior aceleração na difusão do conhecimento. Paralelo ao avanço tecnológico, a sociedade experimenta progressos nas perspectivas da genética, da nanotecnologia, da computação quântica e das energias renováveis. Nesse sentido verificou Schwab

> O que torna a quarta revolução industrial fundamentalmente diferente das anteriores é a fusão dessas tecnologias e a interação entre os domínios físicos, digitas e biológicos. Nessa revolução, as tecnologias emergentes e as inovações generalizadas são difundidas muito mais rápida e amplamente do que nas anteriores, as quais continuam a desdobrar-se em algumas partes do mundo.[61]

Esse novo cenário marcado pelas rápidas e grandes transformações globais produz transformações profundas nas formas de produção, e, portanto, na maneira como o trabalho é executado. O Direito do Trabalho passa, inelutavelmente, a receber esses influxos, exigindo uma adaptação.

Serão, também, considerados na investigação os sistemas fordista, taylorista e toyotista. O modelo fordista concebido por Henry Ford, em 1920, como é identificado na produção em larga escala e nas funções repetitivas dos operários de máquinas, fragmenta a atividade do trabalhador.[62]

O taylorismo, idealizado por Frederick Taylor, tinha como escopo imprimir dinâmica na produção industrial que despontava no início do século XX. Caracterizava-se por uma especialização das atividades, por meio da qual cada trabalhador executava uma única tarefa na etapa produtiva. Guardava similitude com o modelo fordista.

O modelo toyotista, oriundo no Japão em 1970, reconhece-se no sistema produtivo que é orientado pela necessidade de consumo. Assim, como a produção segue a demanda (*jus in time*), almejando a alta qualidade dos serviços e dos produtos, desenha-se um novo perfil buscado de trabalhador. Cresce a demanda por empregados mais bem preparados e multi-

[61] SCHWAB, Klaus. Op.cit. p.19

[62] ANTUNES, Ricardo.Op.cit. p.31-35

funcionais. Pulveriza-se o conceito de classe operária, o que favorece o crescimento da lógica individualista, esvaecendo a própria auto percepção do trabalhador na sua dimensão coletiva. O modelo toyotista, portanto, impacta negativamente na estrutura sindical, uma vez que possibilita o uso da organização coletiva para concreção dos objetivos da empresa e do capital.[63]Sobre as diferenças entre os sistemas Taylorista e fordista analisa Gounet

> Taylorismo: é um movimento de racionalização do trabalho, tendo aparecido no início do séc. XX, baseado na separação cada vez mais nítida entre os responsáveis pela concepção e organização da produção (engenheiros e técnicos) e, de outro lado, os seus executores, os operários. Já o Fordismo se traduz pela soma dos elementos taylorismo e mecanização.[64]

A alteração na forma de produção ocorrida com a queda do taylorismo provocou mudanças na organização interna do trabalho. Embora essas transformações tenham iniciado na década de 1970, aprofundaram-se em 1980. Boltanski e Chiapello pontuam que as modificações do trabalho intercorreram de forma heterogênea entre as empresas, de acordo com seu tamanho e suas atividades. Empresas pequenas se aproximaram mais do trabalho inspirado no sistema taylorista, enquanto que empresas grandes começaram a questionar esse sistema produtivo.

> Em abono daqueles que enfatizam o prosseguimento ou a manutenção da taylorização, podemos ressaltar que o trabalho em linha de montagem não diminuiu e até se expande para além dos 40-45 anos, faixa etária na qual era até então pouco comum. Rígidas restrições, incorporadas às máquinas, afetam também uma proporção crescente de operários, e certos setores, como os frigoríficos, foram marcados por rápida mecanização (Aquain et alii, 1994, p. 87). Por outro lado, a taylorização progrediu no setor de serviços. Também não faltam dados que indiquem uma transformação de grande amplitude em outros aspectos da organização do trabalho. Como sinal de maior autonomia dos assalariados, destacamos a evolução dos horários de trabalho até 1991'. Os horários fixos (mesmos horários todos os dias) também estão em declínio: atingiam 65% dos assalariados em 1978; 59% em 1984; 52% em 1991'; e essa

[63] Ibidem.p. 23-25

[64] Gounet, Thomas. **Fordismo e toyotismo na civilização do automóvel**. São Paulo: Boitempo, 1999, p. 59.

evolução deve ser creditada inteiramente à progressão dos horários livres e personalizados que passam de 16% em 1984 para 23% em 1991.[65]

Com o afastamento do taylorismo, inaugura-se um processo gradativo de flexibilização da jornada de trabalho, observando-se uma tendência de "liberação de horários."[66]Ademais, outras modificações impactantes para a execução do trabalho, como a diluição da hierarquia entre os empregados, começam a ser paulatinamente implementadas. Boltanski e Chiapello nesse sentido verificaram

> (...)em 1992, cerca de 20% dos estabelecimentos implantaram amplas inovações organizacionais associadas ao terceiro espírito do capitalismo, o que já não constitui um fenômeno marginal: 23% estavam organizados em just-in--time'; 34 % utilizavam círculos de qualidade; 27% tinham eliminado um nível hierárquico; 11 % aplicavam normas de qualidade de tipo ISO' e outros grupos autônomos. Contudo, trata-se apenas de médias. visto que certos setores foram muito atingidos por certas técnicas e menos por outras'. Globalmente, 61 % dos estabelecimentos adotaram pelo menos uma inovação organizacional, e 20% adotaram três ou mais (...) Além disso, pode-se supor que desde 1992 cresceram o índice de penetração dessas "inovações e seu impacto sobre as empresas.[67]

Com o afastamento do taylorismo e advento do Toyotismo também houve mutações significativas no tecido produtivo,[68]tendo se observado um

[65] Boltanski, Luc; Chiapello, Ève. **O novo espírito do capitalismo**. São Paulo: Martins Fonte, 2009. P. 241

[66] "Essa liberação dos horários atingiu todas as categorias sociais e profissionais, mas foi mais ampla para as pessoas situadas em grau hierárquico mais elevado: os horários livres ou personalizados só progridem 4% (de 6% para 10%) entre os operários de 1984 a 1991, enquanto os executivos são 13% mais beneficiados (de 44% para 57%); as profissões intermediárias, 8% a mais (de 24% para 32%); e os funcionários de escritório, 6% a mais (de 13% para 19%). No que se refere ao desenvolvimento da polivalência operária, a proporção de operários que realizam tarefas de manutenção e controle de qualidade passou, respectivamente, de 56% para 66% e de 41 % para 58% entre 1987 e 1993 (Cézard,Vinck, 1996, p. 224)". In: Ibidem.p. 242

[67] Ibidem.p. 242

[68] "(...)que foi profundamente reestruturado sob o impacto das medidas de outsourcing, redução do porte dos estabelecimentos' filialização', concentração em setores nos quais se procura obter vantagem sobre a concorrência (...) "O desenvolvimento da terceirização foi considerável, passando de 5,1 % da receita bruta industrial em 1974 para 8,9% em 1991, mantendo-se esse nível a partir daí". In: Boltanski, Luc; Chiapello, Ève.Op.cit. p. 242-243

aumento da terceirização e um avanço dos trabalhos temporários. Como as demandas das empresas passam a ser flutuantes, a flexibilização avança, bem como a pactuação de contratos por tempo reduzido, afinal o trabalho realizado em tempo parcial ou com duração determinada conflui para os objetivos do mercado orientado pelo sistema *just in time*.[69]

1.1.1. O Neoliberalismo como ideologia dominante a partir de 1970

O sistema neoliberal teve como idealizadores: Mises[70], Friedman[71] e Hayek.[72] Todos eles acolhem a ideia de que o Estado somente pode atuar para garantir as liberdades das pessoas, defendendo a existência de um Estado mínimo. Friedrich Hayek,[73] reacendendo os ideários liberais do século XVIII, rechaça o plano econômico centrado na concepção de Estado social. Hayek considera que o Estado deverá ter uma atuação normativa mínima, limitando-se a estabelecer normas básicas. As determinações normativas mais específicas para a regulamentação das relações contratuais gestadas nos contextos econômicos seriam reservadas aos indivíduos.

Essas convicções esposadas por Hayek reverberaram na década de 1970, tendo como propulsores as alterações no sistema produtivo experimentadas com o advento do Toyotismo. A queda do Keynesianismo, em 1970, fomentou a dispersão dos ideários neoliberais, iniciando a sua difusão com Margaret Thatcher, na Inglaterra, juntamente com Ronald Reagan, nos Estados Unidos. Na América Latina, a lógica neoliberal começa no Chile, na década de 1970, dispersando para os demais países entre as décadas de 1980 e 1990. No Brasil, as políticas neoliberais estrearam na gestão Collor,

[69] "O trabalho temporário também passou por grande crescimento, tornando esse setor um dos maiores criadores de empregos. A taxa de recurso ao trabalho temporário, ou seja, o número de postos ocupados por temporários em comparação com o total dos postos, em 1997, é de 5,1 % na construção e de 4,3% na indústria, mas de apenas 0,9% no setor terciário, que prefere recorrer a contratos de duração determinada ou de tempo parcial para obter flexibilidade. Sabendo-se que cerca de 85% das tarefas referem-se a empregos de operários, as taxas de recurso a esse tipo de emprego são, portanto, muito mais elevadas." Ibidem.p. 242-243

[70] MISES, Ludwing. **Liberalismo: segundo a tradição clássica**. 2ª ed.São Paulo: Instituto Ludwig Von Mises Brasil, 2010.

[71] FRIEDMAN, Milton. **Capitalismo e liberdade**. São Paulo: Ltc, 2014

[72] HAYEK, Friedrich August von. **Direito, legislação e liberdade: uma nova formulação dos princípios liberais de justiça e economia política**. V. I e II. São Paulo: Visão, 1985.

[73] HAYEK, Friedrich. **O caminho da servidão.** 6ª ed. São Paulo: Instituto Ludwig Von Mises Brasil, 2010.p.113-119

aprofundando-se no governo de Fernando Henrique Cardoso. Houve um aumento das privatizações aliado às desregulamentações/flexibilizações dos direitos sociais.

O neoliberalismo se propagou de forma diferente nos países, mediante o uso de dois poderes. Nos países latino-americanos, como na Argentina e no Chile, utiliza-se o golpe militar "... seguido pela cruel repressão de todas as solidariedades criadas no âmbito dos movimentos trabalhistas e sociais urbanos que tanto ameaçaram seu poder."[74] Por outro lado, na Inglaterra e nos Estados Unidos o neoliberalismo se propaga, mediante o manejo de instrumentos ideológicos estatais.[75] Para tanto, foi crucial o emprego do que Gramsci denominou "senso comum".[76]Harvey constatou esse mecanismo ideológico

> Os canais por meio dos quais se fez isso foram diversificados. Fortes influências ideológicas circularam nas corporações, nos meios de comunicação e nas numerosas instituições que constituem a sociedade civil, universidades, escolas, Igrejas e associações profissionais.[77]

[74] HARVEY, David. **O neoliberalismo: história e implicações.** São Paulo: Loyola. 2008. p.49

[75] ALTHUSSER, Louis. Op.cit.

[76] O senso comum se impõe diante de práticas reiteradas na sociedade. Assim, nem sempre aquilo que passa a ser aceito socialmente está imune a erros ou enganos. GRAMSCI, Antônio. **Concepção Dialética da História.** Rio de Janeiro: Civilização Brasileira, 1978.

[77] "Os levantes políticos mundiais de 1968, por exemplo, traziam uma forte inflexão do desejo de maiores liberdades pessoais. Isso certamente se aplicou aos estudantes, como aqueles estimulados pelo movimento da "livre expressão" surgido nos anos 1960 em Berkeley, ou os que tomaram as ruas de Paris, Berlim e Bancoc, ou os que foram impiedosamente alvejados na Cidade do México pouco antes dos jogos olímpicos de 1968. Esses estudantes exigiram liberdade de restrições parentais, educacionais, corporativas, burocráticas e do Estado. Mas o movimento de 1968 também tinha a justiça social como objetivo político primordial. Mas os valores "liberdade individual" e "justiça social" não são necessariamente compatíveis. A busca da justiça social pressupõe solidariedades sociais e a propensão a submeter vontades. A retórica neoliberal. com sua ênfase fundacional nas liberdades individuais; o poder de fragmentar o libertarianismo. a política da identidade, o multiculturalismo e até o consumismo narcisista advindos das forças sociais se pus eram a buscar a justiça social por meio da conquista do poder do Estado. Há muito tempo tem se mostrado extremamente difícil na esquerda norte-americana, por exemplo forjar a disciplina coletiva necessária para a ação política alcançar a justiça social sem ofender o desejo de liberdade individual dos atores políticos e para o reconhecimento e a expressão plenos de identidades particulares. O neoliberalismo não criou essas distinções. mas pôde facilmente explorá-las, se não fomentá-las."HARVEY, David. Op.cit.p.49-51

O escopo do neoliberalismo é reduzir a atuação estatal na dimensão dos direitos sociais, ao mesmo tempo em que amplia a transferência de recursos estatais para fomentar os investimentos e o crescimento das empresas. Para concretizar esses objetivos, procura-se trazer um fortalecimento dos poderes de polícia para enfrentamento das classes obreiras insatisfeitas. Cerqueira pondera com propriedade esses propósitos neoliberais

> As principais ideias neoliberais colocadas em prática(...) são as seguintes: a) Aproveitar o momento de recessão econômica, com uma das suas consequências mais dramáticas e socialmente injustas que é o desemprego, para enfraquecer o movimento sindical organizado, levando no todo dessa proposição à perda de vantagens adquiridas e acumuladas ao longo dos anos por parte dos trabalhadores, principalmente, nas décadas 50 e 60 quando da pujança crescente do capitalismo. Estas medidas são consideradas de suma importância, pois contribuirão para a acumulação de capital das empresas, que assim obterão poupança para novos investimentos; b)O equilíbrio da balança de pagamentos é essencial e, melhor ainda, se houver superávit nas transações comerciais e de serviços, que redundará em mais recursos para as empresas e tranquilidade para o país, consequentemente gerando divisas e disponibilidade financeira para propiciar investimentos básicos em infraestruturas próprias e expansão da iniciativa privada; c) Retirada da participação do Estado na economia como agente produtivo e em determinadas situações saindo também de funções de regulamentação ou de setores produtivos da economia através de uma política de desestatização. (...) d) (...) redução da taxação sobre os mais altos investimentos, no sentido de fomentar as desigualdades. (...) Em outras palavras, isso significava reduções de impostos sobre os rendimentos mais altos e sobre rendas. (...) e) A redução constante e progressiva dos gastos públicos nas áreas sociais – saúde, educação, previdência(...).[78]

A política neoliberalista alimenta a ideia de que o Estado deverá ter irrisória participação no mercado capitalista. Retoma-se o discurso da Revolução Francesa, que afastava a ingerência do Estado nas relações particulares, porque o mercado se autorregula.[79] Portanto, o neoliberalismo se coloca como um sistema que rechaça a participação do Estado na rea-

[78] Cerqueira, Jackson B. A. de.**Uma visão do neoliberalismo: surgimento, atuação e perspectivas**. In: Sitientibus. Feira de Santana. n. 39. p.169-189. jul./dez. 2008.p.172-174
[79] Mises, Ludwing. Op.cit.

lidade econômica. Aproxima-se do liberalismo que defendia a autorregulação do mercado. Segundo Brown

> O termo "neoliberalismo" foi cunhado no Colóquio Walter Lippmann em 1938, uma reunião de acadêmicos que lançou as bases político-intelectuais daquilo que uma década depois se tornaria a Sociedade Mont Pèlerin. O neoliberalismo é mais comumente associado a um conjunto de políticas que privatizam a propriedade e os serviços públicos, reduzem radicalmente o Estado social, amordaçam o trabalho, desregulam o capital e produzem um clima de impostos e tarifas amigável para investidores estrangeiros. Tais eram precisamente as políticas impostas ao Chile por Augusto Pinochet e seus assessores, os "Chicago Boys", em 1973 e logo depois levadas para outras partes do Sul global, muitas vezes impostas pelo Fundo Monetário Internacional na forma de mandatos de "ajuste estrutural" vinculados à reestruturação dos empréstimos e da dívida.[80]

O neoliberalismo, muito embora guarde semelhança com o liberalismo, dele se distancia, já que neste último o objetivo precípuo era impor o mercado naquela sociedade autocentrada no Estado. Em contrapartida, o neoliberalismo procurará reorientar a política, o Estado e a sociedade para uma lógica mercadológica. Portanto, o neoliberalismo se coloca como uma tentativa de ampliar a difusão do liberalismo econômico nos diversos segmentos sociais, penetrando todos os setores. Nesse diapasão converge Foucault

> O que é, portanto, esse neoliberalismo? (...) O problema do neoliberalismo é (...) saber como se pode regular o exercício global do poder político com base nos princípios de uma economia de mercado. Não se trata, portanto, de liberar um espaço vazio, mas de relacionar, de referir, de projetar numa arte geral de governar os princípios formais de uma economia de mercado. (...) E eu havia procurado lhes mostrar que, para conseguir fazer essa operação, isto é, saber até que ponto e em que medida os princípios formais de uma economia de mercado podiam indexar uma arte geral de governar, os neoliberais haviam sido obrigados a fazer o liberalismo clássico passar por certo número de transformações.[81]

[80] BROWN, Wendy. **Nas ruínas do neoliberalismo: a ascensão da política antidemocrática no ocidente**. São Paulo: Editora Politeia, 2019.p.28-29

[81] FOUCAULT, Michel. **Nascimento da biopolítica**. São Paulo: Martins Fontes, 2008.p. 181

Portanto, na perspectiva de Foucault, o neoliberalismo se impôs para além dos muros da política e da economia, introduzindo-se como ideologia nos meandros de toda a sociedade o que trouxe poder e difusão ao discurso neoliberal.

A política neoliberal traz ainda mais perversidade quando aplicada em países que compõem a periferia do capitalismo, onde ainda não houve a implementação plena de políticas sociais viáveis a reduzir as desigualdades, de modo a estabelecer um equilíbrio social. Slobodian[82] observa que os neoliberais encaravam a democracia como uma ameaça. Dessa forma, tinham como objetivo paralisar o Estado social cujos motes eram a concreção da igualdade, bem como dos escopos humanitários traçados após a 2º GM.

Em 1944,[83]Hayek se dedica a estabelecer uma organização em âmbito internacional cujos escopos foram definir as bases para a defesa do livre mercado, bem como das liberdades. Entretanto, somente em 1947 que efetivamente surge essa associação, denominando-se organização de *Mont Pèlerin*. Em sua composição aparecem políticos, empresários e acadêmicos, com realce aos seguintes membros: Milton Friedman, Lionel Robbins, Karl Popper e Ludwig von Mises.[84] Friedman enaltece a liberdade, segundo se depreende de suas palavras

> A liberdade é uma planta rara e delicada. Nossas próprias observações indicam, e a história confirma, que a grande ameaça à liberdade está constituída pela concentração do poder. O governo é necessário para preservar nossa liberdade, é um instrumento por meio do qual podemos exercer nossa liberdade; entretanto, pelo fato de concentrar poder em mãos políticas, ele é também uma ameaça à liberdade.[85]

Os neoliberais demonstram em seu discurso uma valorização da liberdade, afirmando que a sociedade deveria se autorregulamentar por meio da cooperação mútua dos indivíduos. Nesse sentido, os próprios atores

[82] SLOBODIAN, Quinn. **Globalists:The Birth of Neoliberalism and the End of Empire**. Cambridge: Harvard University Press, 2018.p.32

[83] O neoliberalismo é entabulado por Hayek em sua obra "o caminho da Servidão," publicada em 1944. O seu discurso enaltece a liberdade individual e a autorregulamentação da economia. A função precípua do Estado na perspectiva neoliberal é, portanto, permitir o desenvolvimento econômico espontâneo.

[84] FIGUEIREDO, Tatiana Silva Poggi de. Op.cit.

[85] FRIEDMAN, Milton. Op.cit.p. 11

sociais resolveriam as desarmonias eventualmente decorrentes das relações interpessoais. Friedman nesse diapasão afirma

> O problema básico da organização social consiste em descobrir como coordenar as atividades econômicas de um grande número de pessoas, Mesmo em sociedades relativamente atrasadas, são necessárias a divisão do trabalho e a especialização de funções para fazer uso efetivo dos recursos disponíveis. Em sociedades adiantadas, a necessidade de coordenação. para usar de maneira totalmente conveniente as oportunidades oferecidas pela ciência e tecnologia modernas, é muito maior. (...) O desafio para o que acredita na liberdade consiste em conciliar essa ampla interdependência com a liberdade individual. Fundamentalmente, só há dois meios de coordenar as atividades econômicas de milhões. Um é a direção central utilizando a coerção – a técnica do Exército e do Estado totalitário moderno. O outro a cooperação voluntária dos indivíduos – a técnica do mercado. A possibilidade da coordenação, por meio de ação voluntária está baseada na proposição elementar de que ambas as partes de uma transação econômica se beneficiam dela, desde que a transação seja bilateralmente organizada e voluntária. A troca pode, portanto, tornar possível a coordenação sem a coerção. Um modelo funcional de uma sociedade organizada sobre uma base de troca voluntária é a economia livre da empresa privada que denominamos, até aqui, de capitalismo competitivo.[86]

Hayek, Friedman e Mises procuram reforçar a necessidade de afastar o Estado das relações privadas, afinal o coletivo não pode subjugar o privado. A atuação do Estado para assegurar a garantia da liberdade de todos a partir da concreção da igualdade é por eles fortemente questionada. Assim, defendem que a liberdade é a baseada na democracia, não havendo espaço, nesse cenário, para a atuação de um Estado totalitário.

Hayek trabalha com a ideia de que deve ser seguida a ordem natural das coisas e que a busca pela justiça social, por meio da participação do Estado interventivo, seria construída artificialmente. "...o injusto é tudo quanto se nos apresente como alteração de uma ordem natural das coisas, construídas ao longo do tempo por diversas gerações desde tempos imemoriais".[87] Nesse sentido analisou Bueno

[86] FRIEDMAN, Milton.Op.Cit. p. 20-21

[87] BUENO, Roberto. A centralidade do argumento neoliberal em Von Mises, Hayek e Frideman: uma via para a crítica política contemporânea. **Ciências Sociais Aplicadas em Revista** – UNIOESTE/MCR – v. 12 – n. 23 – 2º sem. 2012 – p.9-34.p.09

O conceito de justo para uma organização social hayekiana apresenta-se, necessariamente, como o praticado pela ordem posta pela natureza e afirmada pela tradição e costumes sociais. Contra estes pouco poderia ser feito, a não ser atuando injustamente ou, na linguagem hayekiana, através de alguma engenharia social. [88]

Bueno identificou que a teoria do neoliberalismo apresenta em Hayek um questionamento da pura e simples intervenção normativa do Estado no processo de busca da justiça. Isso porque, por vezes, a ação estatal pode produzir injustiças. Nessa perspectiva analisou

> Hayek aproveita para recordar-nos que a regra que é posta para a competição no mercado não garante a justiça dos resultados obtidos e nem de que o vencedor será o melhor. Isto sim e tão somente, a competição é apenas capaz de nos garantir que o triunfador haverá de ter seguido as regras do jogo para ter obtido tal posição, sob pena de desclassificação. (...)Hayek volta a sublinhar que as relações marcadas pela justiça são aquelas entendidas como provenientes da ausência de intervenção humana. (...) De fato, quando Hayek põe a este como um ponto de partida para sua argumentação ele põe a condição de possibilidade para que a injustiça no mundo se materialize através da intervenção humana mas, acresça-se, também sendo possível que tal injustiça se dê através da intervenção do Estado, uma vez ela não depende apenas de condutas individuais, mas também pode ser praticada por coletivos.[89]

Para Mises, a justiça entre os indivíduos é atingida espontaneamente na própria dinâmica das relações econômicas que já "...possui uma força endógena suficiente para provocar situações de estabilidade conjuntural que se projetam sobre os interesses dos indivíduos menos favorecidos e, no caso, dos trabalhadores em particular."[90]

O modelo neoliberal sugere que o Estado desenvolva medidas que viabilizem a liberdade do indivíduo e do mercado econômico, de maneira a possibilitar a livre estipulação das condições contratuais. Esse contexto guiado pela ampla liberdade provocaria a competição natural das empresas, trazendo espontaneamente o equilíbrio entre os sujeitos sociais. A racio-

[88] Ibidem. p.20

[89] Ibidem. p.21 e 27

[90] BUENO, Roberto. Op.cit. p.28

nalidade neoliberal, partindo da ideia de liberdade geral, recomenda que os próprios indivíduos devem ter a responsabilidade por seu bem estar. Nessa perspectiva analisou Harvey

> Afirma-se que a privatização e a desregulação combinadas com a competição eliminam os entraves burocráticos. aumentam a eficiência e a produtividade, melhoram a qualidade e reduzem os custos – tanto os custos diretos ao consumidor (graças a mercadorias e serviços mais baratos) como, indiretamente, mediante a redução da carga de impostos. O Estado neoliberal deve buscar persistentemente reorganizações internas e novos arranjos institucionais que melhorem sua posição competitiva como entidade diante de outros Estados no mercado global. Embora a liberdade pessoal e individual no mercado seja garantida, cada indivíduo é julgado responsável por suas próprias ações e por seu próprio bem-estar.[91]

Hayek analisa que o Estado traz problemas para a ordem econômica se limitar o exercício das liberdades. Assim, a função do Estado deveria ser voltada para assegurar o bom andamento do mercado.[92]

Portanto, os neoliberais entendem que o Estado é necessário, mas somente para permitir a concretização da liberdade dos indivíduos, repelindo toda e qualquer prática governamental que se traduza em política social.

Ademais, pondere-se que o crescimento do capital financeiro aliado à política neoliberal contribuiu para a ruína dos direitos sociais. Ora, a possibilidade de especulação desse capital permite a sua flutuação e sua transição entre os países, uma vez que na busca do maior lucro possível o investidor irá procurar aplicar o dinheiro no local onde haja maior estabilidade econômica/política e melhores taxas de juros. O crescimento tecnológico globalizado agiliza ainda mais esse movimento financeiro. Diante desse cenário, desponta-se como mais promissor investir no capital financeiro do que abrir empresas. Nesse sentido verificou Cerqueira

> O movimento do capital financeiro vem beneficiando os grandes grupos multinacionais. No momento em que se transferem para outros países, eles enfraquecem e quebram resistências de toda ordem para penetração e amplia-

[91] Harvey, David. Op.cit.p. 76

[92] Bueno, Roberto. Op.cit. p.30-31

ção dos grandes grupos. Assim, percebe-se uma perfeita coerência com a política neoliberal: enfraquecem-se os países do Terceiro Mundo; desarticulam-se os mecanismos de entraves à penetração de multinacionais em áreas e setores reservados; compram-se estatais e empresas de pequeno e médio porte; enfim, amplia-se o poder da iniciativa privada face ao recuo do Estado.[93]

Esse estandarte neoliberal baseado na ideia da liberdade de todos concretizada a partir do afastamento do Estado repressor, autoritário e controlador imprime a sensação de que, de fato, todos são livres, podendo alcançar o que desejarem nessa estrutura social. Assim, atingir ou não o êxito na vida é responsabilidade exclusiva de cada pessoa. Eventuais desigualdades e desequilíbrios sociais são irrelevantes nesse processo de busca do bem estar do indivíduo.

Essa racionalidade neoliberal orientou a reforma da legislação trabalhista em 2017. Ora, o pensamento individualista rompe com a concepção de solidariedade entre as pessoas, ruindo, portanto, o poder sindical. A lógica neoliberal eleva o individual em detrimento do coletivo, ao mesmo tempo em que respalda o crescimento das políticas flexibilizatórias. Ianni analisa o contexto no qual se intentou espraiar as ideias neoliberais

> A neoliberalização precisava, política e economicamente, da construção de uma cultura populista neoliberal fundada no mercado que promovesse o consumismo diferenciado e o libertarianismo individual. No tocante a isso, ela se mostrou mais que compatível com o impulso cultural chamado "pós-modernismo", que havia muito espreitava no ninho, mas agora podia surgir, emplumado, como dominante tanto cultural quanto intelectual. Foi esse o desafio que as corporações e as elites de classe se puseram a aprimorar nos anos 1980.[94]

Destarte, acende o discurso em prol da flexibilização que emerge como mecanismo de harmonização entre a liberdade geral e a proteção dos direitos sociais. A autorregulamentação realizada pelo sindicato ganha força. Entretanto, a vulnerabilidade do poder do sindicato já se fazia presente, já que a estrutura sindical fora desenhada sob a influência corporativista/fascista.

[93] Cerqueira, Jackson B. A.de.Op.cit.p. 179

[94] Harvey, David. Op.cit.p. 76.p. 52

Portanto, segundo Ianni, o neoliberalismo, que se projetou na globalização, pretende promover a ruptura do Estado social. Ademais, é marcado por políticas de desestatização, de privatização e de diminuição de benefícios sociais.[95]

1.2. Duração do trabalho x jornada

A jornada e a duração do trabalho são os principais componentes do contrato trabalhista, vinculando-se à ideia de limite de horas de labor. A necessidade de se estabelecer regras sobre a duração do trabalho se assenta no direito fundamental à saúde e na correlata proteção das integridades física e psíquica da pessoa humana. Logo, a fixação das bases da jornada e da duração do trabalho se insere nas regras de segurança e medicina do trabalho, atendendo ao escopo do artigo 7º, inciso XXII, da CF in verbis: "redução dos riscos inerentes ao trabalho, por meio de normas de saúde, higiene e segurança."

A observância das normas sobre limites de duração do trabalho traz impacto para a empresa, na medida em que contribui para a melhora na execução do trabalho.

Embora, o legislador utilize as expressões duração do trabalho e jornada de maneira indiscriminada, como por exemplo se observa na redação do artigo 59, parágrafo 2º da CLT,[96]tecnicamente existem diferenças entre os termos.

A doutrina estabelece uma distinção técnica entre as duas terminologias. Jornada de trabalho se refere ao período de labor de um dia. Jornada, etimologicamente advém da palavra *jour* que em francês significa dia. Nesse diapasão remete Delgado

> Jornada de trabalho é o lapso temporal diário em que o empregado se coloca à disposição do empregador em virtude do respectivo contrato. É, desse modo, a medida principal do tempo diário de disponibilidade do obreiro em face de seu empregador.[97]

[95] IANNI, Octávio. **A era do globalismo**. Rio de Janeiro: Civilização Brasileira. 2004. p.258

[96] Art. 59, § 2º, da CLT: Poderá ser dispensado o acréscimo de salário se, por força de acordo ou convenção coletiva de trabalho, o excesso de horas em um dia for compensado pela correspondente diminuição em outro dia, de maneira que não exceda, no período máximo de um ano, à soma das jornadas semanais de trabalho previstas, nem seja ultrapassado o limite máximo de dez horas diárias. BRASIL. **Consolidação das Leis do Trabalho.** Disponível em: http://www.planalto.gov.br/ccivil_03/decreto-lei/del5452.htm. Acesso em 03 nov.2020

[97] DELGADO, Maurício Godinho.Op.cit.p. 973

A duração de trabalho, de outra lado, caracteriza o tempo de labor despendido ao longo da semana, da quinzena, do mês ou do ano, mostrando-se um conceito mais amplo, portanto. Bezerra Leite concebe a duração do trabalho como todo o lapso temporal do contrato.

> Duração do trabalho é expressão que tem sentido amplo, compreendendo, em geral, todo o período correspondente ao contrato, inclusive os períodos relativos a repouso semanal remunerado e férias anuais remuneradas, sem fazer distinção quanto ao tempo em que o empregado esteja efetivamente à disposição do empregador...[98]

Em contrapartida, Nascimento, a partir da análise do termo italiano *giornata*, constrói uma definição de jornada mais ampla. A jornada, sob esse viés, é concebida como o lapso temporal que a lei considera no cômputo do tempo de trabalho, podendo ser enfocada sob as perspectivas: diária, semanal, mensal ou mesmo anual. Nesse sentido observa que a "jornada como medida do tempo de trabalho é o estudo dos critérios básicos destinados a esse fim, a saber, o que é e o que não é incluído no tempo de trabalho."[99]

A jornada padrão de 8 horas e a duração de 44h semanais estão delineadas no artigo 7º, XIII da CF. Entretanto, para o regime de turnos ininterruptos de revezamento o constituinte originário estabeleceu jornada de 6h e duração semanal máxima de 36h na forma do artigo 7º, inciso XIV.[100]

Como a jornada é o principal elemento do contrato de trabalho é necessário estabelecer os parâmetros legais para o cálculo das horas que irão integrá-la. Existem limites legais para a jornada de trabalho, para que não haja os cansaços físico e mental dos trabalhadores.

A doutrina e a jurisprudência utilizam, em linhas gerais, três critérios para fixação do período da jornada e da duração do trabalho.

O primeiro é o do tempo efetivamente trabalhado. Essa teoria informa que somente poderá ser contado na jornada o tempo que o trabalhador

[98] Leite, Carlos Henrique Bezerra. Op.cit.p.474

[99] Nascimento, Amauri Mascaro; Nascimento, Sônia Mascaro. **Curso de Direito do Trabalho**. 29ªed. São Paulo: Saraiva, 2014. p. 578

[100] Artigo 7º, XIII da CF- duração do trabalho normal não superior a oito horas diárias e quarenta e quatro semanais, facultada a compensação de horários e a redução da jornada, mediante acordo ou convenção coletiva de trabalho" e XIV – jornada de seis horas para o trabalho realizado em turnos ininterruptos de revezamento, salvo negociação coletiva. BRASIL. **Constituição Federal.** Disponível em: http://www.planalto.gov.br/ccivil_03/constituicao/constituicao.htm. Acesso em 05 nov.2020

exerceu alguma atividade para o empregador. Assim, as horas que o operário ficou na empresa, mas sem realizar qualquer trabalho em benefício do empregador deverão ser excluídas do cálculo da jornada e da duração do trabalho.

O problema pontual dessa teoria é que haveria uma quebra do princípio da alteridade, uma vez que transfere, em certa medida, o risco da atividade laboral ao obreiro. No entanto, em muitas oportunidades o ordenamento jurídico brasileiro acabou permitindo essa forma de cálculo da jornada. Nesse sentido, observa-se na fixação do salário por produção tutelado no artigo 7º, VII da CF. Tal prática estimula, de forma reflexa, a prática de jornadas longas de trabalho, pois quanto mais o trabalhador laborar mais ele ganha.

Também há o critério que se baseia no tempo à disposição do empregador. Essa é técnica que mais se alinha ao princípio da alteridade, pois não transfere o risco do empreendimento ao trabalhador. Nessa perspectiva, a previsão do trabalho intermitente, contemplada pela Lei nº 13.467/2017, ao permitir a remuneração somente quando o empregado laborar, quebra a diretriz principiológica trabalhista.[101]

O critério em questão insere como tempo de trabalho todo o período que o trabalhador estiver à disposição da empresa, aguardando ordens. No artigo 4º, caput, da CLT, o legislador ordinário adotou essa sistemática conforme se extrai: "Considera-se como de serviço efetivo o período em que o empregado esteja à disposição do empregador, aguardando ou executando ordens, salvo disposição especial expressamente consignada." Entretanto, a Lei nº 13.467/2017 trouxe um rol no § 2º do indigitado artigo 4º, excluindo diversas situações que podem ocorrer no horário de trabalho do computo da jornada[102]. Todavia, é necessário interpretar referido

[101] Art 443, § 3º da CLT Considera-se como intermitente o contrato de trabalho no qual a prestação de serviços, com subordinação, não é contínua, ocorrendo com alternância de períodos de prestação de serviços e de inatividade, determinados em horas, dias ou meses, independentemente do tipo de atividade do empregado e do empregador, exceto para os aeronautas, regidos por legislação própria. Art. 452-A, § 5º, da CLT: O período de inatividade não será considerado tempo à disposição do empregador, podendo o trabalhador prestar serviços a outros contratantes. BRASIL. **Consolidação das Leis do Trabalho**. Op.cit.

[102] Art. 4º, § 2º da CLT: Por não se considerar tempo à disposição do empregador, não será computado como período extraordinário o que exceder a jornada normal, ainda que ultrapasse o limite de cinco minutos previsto no § 1o do art. 58 desta Consolidação, quando o empregado, por escolha própria, buscar proteção pessoal, em caso de insegurança nas vias públicas ou

dispositivo em consonância com as diretrizes observadas por Delgado e Neves Delgado

> Naturalmente que as exclusões promovidas pelo novo preceito legal têm de ser lidas adequadamente pelo intérprete e aplicador do Direito, sob pena de se esterilizarem, juridicamente, situações de efetiva disponibilidade do trabalhador perante o seu empregador, no ambiente empresarial, porém não computadas na duração do trabalho, como tempo à disposição. No exame dos casos concretos igualmente será relevante, como sempre, o manejo do princípio jurídico trabalhista da primazia da realidade (ou do "contrato realidade")[103].

As denominadas horas de prontidão do empregado ferroviário incluem o período que o trabalhador estiver "... nas dependências da estrada, aguardando ordens."[104] Essas horas não trabalhadas irão compor a jornada de trabalho, mas terão valor reduzido para 2/3 do valor/hora normal de labor. De outra senda, eventualmente, mesmo que o empregado não esteja nas dependências da empresa poderá ser considerado em atividade se estiver aguardando ordens, caracterizando as horas de sobreaviso[105]. O tempo do sobreaviso integrará a duração do trabalho, mas de forma rarefeita, uma vez que terão valor/hora reduzido para 1/3 do valor da hora normal de trabalho.

O último critério é o do tempo despendido no deslocamento da residência para o trabalho e vice-versa também chamado de "horas de deslocamento". Para efeito de caracterização de acidente de trabalho, a legislação previden-

más condições climáticas, bem como adentrar ou permanecer nas dependências da empresa para exercer atividades particulares, entre outras: (Incluído pela Lei nº 13.467, de 2017). I – práticas religiosas, II – descanso, III – lazer; IV – estudo, V – alimentação, VI – atividades de relacionamento social, VII – higiene pessoal, VIII – troca de roupa ou uniforme, quando não houver obrigatoriedade de realizar a troca na empresa. BRASIL. **Consolidação das Leis do Trabalho**. Op.cit.

[103] Delgado, Maurício Godinho; Delgado, Gabriela Neves. **A reforma trabalhista no Brasil com os comentários da lei 13467/2017.** 1ª ed. São Paulo: LTr, 2017. p.104

[104] Art. 244, § 3º Considera-se de "prontidão" o empregado que ficar nas dependências da estrada, aguardando ordens. A escala de prontidão será, no máximo, de doze horas. As horas de prontidão serão, para todos os efeitos, contadas à razão de 2/3 (dois terços) do salário-hora normal. BRASIL. **Consolidação das Leis do Trabalho**. Op.cit.

[105] Art. 244, § 2ºda CLT Considera-se de "sobreaviso" o empregado efetivo, que permanecer em sua própria casa, aguardando a qualquer momento o chamado para o serviço. Cada escala de "sobreaviso" será, no máximo, de vinte e quatro horas, As horas de "sobreaviso", para todos os efeitos, serão contadas à razão de 1/3 (um terço) do salário normal. Ibidem

ciária, Lei nº 8213/91, no artigo 21, IV, d[106] adotou esse critério, considerando acidente de trabalho o que ocorre no percurso casa-trabalho-casa.

A legislação trabalhista contemplava essa teoria na perspectiva do instituto das *horas in itinere* (tempo de deslocamento).[107] Desta forma, se o local era de difícil acesso ou não servido por transporte público regular e o trabalhador fosse à empresa, utilizando transporte fornecido pelo empregador, as horas despendidas no trajeto integravam na jornada de trabalho.[108] Entretanto, para as microempresas e empresas de pequeno porte acordo ou convenção coletivos poderiam fixar o tempo médio para efeito de *horas in itinere.*[109]

A jurisprudência na prática, contudo, aceitava a fixação das horas in itinere em negociação coletiva de forma ampla.[110] Essa questão foi objeto de análise do

[106] Art. 21. Equiparam-se também ao acidente do trabalho, para efeitos desta Lei: IV – o acidente sofrido pelo segurado ainda que fora do local e horário de trabalho: d) no percurso da residência para o local de trabalho ou deste para aquela, qualquer que seja o meio de locomoção, inclusive veículo de propriedade do segurado. BRASIL. **Lei 8213/91.** Disponível em: http://www.planalto.gov.br/ccivil_03/leis/l8213cons.htm. Acesso em: 20 out.20.

[107] Art. 58 (...) § 2º, da CLT O tempo despendido pelo empregado até o local de trabalho e para o seu retorno, por qualquer meio de transporte, não será computado na jornada de trabalho, salvo quando, tratando-se de local de difícil acesso ou não servido por transporte público, o empregador fornecer a condução". BRASIL. **Consolidação das leis do trabalho.** Op.cit.

[108] Súmula nº 90 do TST:HORAS "IN ITINERE". TEMPO DE SERVIÇO (incorporadas as Súmulas nºs 324 e 325 e as Orientações Jurisprudenciais nºs 50 e 236 da SBDI-1) – Res. 129/2005, DJ 20, 22 e 25.04.2005

I – O tempo despendido pelo empregado, em condução fornecida pelo empregador, até o local de trabalho de difícil acesso, ou não servido por transporte público regular, e para o seu retorno é computável na jornada de trabalho. II – A incompatibilidade entre os horários de início e término da jornada do empregado e os do transporte público regular é circunstância que também gera o direito às horas "in itinere". III – A mera insuficiência de transporte público não enseja o pagamento de horas "in itinere". IV – Se houver transporte público regular em parte do trajeto percorrido em condução da empresa, as horas "in itinere" remuneradas limitam-se ao trecho não alcançado pelo transporte público. V – Considerando que as horas "in itinere" são computáveis na jornada de trabalho, o tempo que extrapola a jornada legal é considerado como extraordinário e sobre ele deve incidir o adicional respectivo.

[109] Art. 58 (...) § 3º da CLT: Poderão ser fixados, para as microempresas e empresas de pequeno porte, por meio de acordo ou convenção coletiva, em caso de transporte fornecido pelo empregador, em local de difícil acesso ou não servido por transporte público, o tempo médio despendido pelo empregado, bem como a forma e a natureza da remuneração". BRASIL. **Consolidação das leis do trabalho.** Op.cit.

[110] RECURSO DE EMBARGOS EM RECURSO DE REVISTA. INTERPOSIÇÃO SOB A ÉGIDE DA LEI 11.496/2007. HORAS IN ITINERE. PERÍODO POSTERIOR À LEI

STF que determinou, em julgamento de mérito proferido em 02 de junho de 2022, a validade da negociação coletiva que limite e afaste direito trabalhista, ainda que não haja contrapartidas ao trabalhador e desde que respeite os direitos absolutamente indisponíveis (tema 1046 do STF). Nesse sentido segue o teor da decisão

> São constitucionais os acordos e as convenções coletivos que, ao considerarem a adequação setorial negociada, pactuam limitações ou afastamentos de direitos trabalhistas, independentemente da explicitação especificada de vantagens compensatórias, desde que respeitados os direitos absolutamente indisponíveis.[111]

O legislador da reforma trabalhista, alterando a redação do art. 58, § 2º da CLT, excluiu a previsão das *horas in itinere* " O tempo despendido pelo empregado desde a sua residência até a efetiva ocupação do posto de trabalho e para o seu retorno, caminhando ou por qualquer meio de transporte, inclusive o fornecido pelo empregador, não será computado na jornada de trabalho, por não ser tempo à disposição do empregador."[112]

Ora, a alteração da dicção do artigo 58, § 2º com a revogação do seu § 3º evidenciam a exclusão do direito trabalhista do instituto denominado *horas in itinere*. Diante dessa modificação a primeira indagação que emerge é como ficam os direitos dos empregados com contrato de trabalho em curso?

A proposta de solução advém da aplicação analógica da súmula 191 do TST que regulamenta a base de cálculo do adicional de periculosidade para os eletricitários[113]. Portanto, há uma tendência jurisprudencial e dou-

Nº 10.243/2001. LIMITAÇÃO QUANTITATIVA. NORMA COLETIVA. Esta Corte Superior firmou sua jurisprudência no sentido de ser válida cláusula normativa que delimita o tempo do percurso, independentemente do despendido na realidade, a limitar o pagamento das horas in itinere, em nome do princípio da liberdade de negociação, consagrado no art. 7º, XXVI, da Lei Maior, que assegura o reconhecimento das convenções e acordos coletivos de trabalho. (Recurso de embargos conhecido e provido (TST, E-RR-108900-92.2007.5.09.0669 – SBDI – Julg. 23/09/2010, Relatora Ministra Rosa Maria Weber).

[111] BRASIL. **Supremo Tribunal Federal.** Disponível em: https://www.stf.jus.br/portal/jurisprudenciaRepercussao/verAndamentoProcesso.asp?incidente=5415427&numeroProcesso=1121633&classeProcesso=ARE&numeroTema=1046. Acesso em: 23jun.22.

[112] BRASIL. **Consolidação das leis do trabalho.** Op.cit.

[113] Súmula nº 191 I – O adicional de periculosidade incide apenas sobre o salário básico e não sobre este acrescido de outros adicionais. II – O adicional de periculosidade do empregado eletricitário, contratado sob a égide da Lei nº 7.369/1985, deve ser calculado sobre a totalidade

trinaria de se reconhecer os direitos às *horas in itinere* de empregados com contratos em curso, somente incidindo a alteração para contratos firmados após o início da vigência da lei 13467/2017, ou seja, a partir de 11.11.2017.

Manteve-se, no entanto, a possibilidade de computar o tempo de deslocamento da portaria da empresa até o posto de trabalho e vice-versa, conforme se infere dos termos da súmula 429 do TST[114]

1.3. A flexibilização da jornada na Lei nº 13467/17

O Direito Laboral se delineia após a crise do capitalismo liberal verificada depois das Revoluções Francesa e Industrial ocorridas no século XVIII. O modelo proposto para solução dos conflitos, mediante aplicação pura e simples dos princípios da liberdade e da autonomia privada, mostrou-se insuficiente para resolução dos impasses trabalhistas, diante da flagrante desigualdade das partes na perspectiva da relação de trabalho. Nesse contexto, pareceu mais apropriada a intervenção do Estado para garantia da isonomia.

> (...) sob o ponto de vista político, o Estado alia-se ao proletariado que surgia com o deslocamento do poder das oligarquias rurais para as classes médias urbanas. Em favor desse proletariado editou-se uma legislação generosa na época, com a recomendação de que sua proteção deveria vir do Estado, não dos sindicatos que eram hostilizados porque não poderiam ser controlados pelo poder público[115].

A partir de 1970, com a alteração das relações de trabalho influenciada pelo aumento da globalização, pela tecnologia e pela crise econômica, inicia-se a discussão em torno da flexibilização das normas trabalhistas.

das parcelas de natureza salarial. Não é válida norma coletiva mediante a qual se determina a incidência do referido adicional sobre o salário básico. III – A alteração da base de cálculo do adicional de periculosidade do eletricitário promovida pela Lei nº 12.740/2012 atinge somente contrato de trabalho firmado a partir de sua vigência, de modo que, nesse caso, o cálculo será realizado exclusivamente sobre o salário básico, conforme determina o § 1º do art. 193 da CLT.

[114] Súmula nº 429 do TST. TEMPO À DISPOSIÇÃO DO EMPREGADOR. ART. 4º DA CLT. PERÍODO DE DESLOCAMENTO ENTRE A PORTARIA E O LOCAL DE TRABALHO – Res. 174/2011, DEJT divulgado em 27, 30 e 31.05.2011 Considera-se à disposição do empregador, na forma do art. 4º da CLT, o tempo necessário ao deslocamento do trabalhador entre a portaria da empresa e o local de trabalho, desde que supere o limite de 10 (dez) minutos diários.

[115] BARROS, Alice Monteiro de.Op.cit.p.64

Afirma-se que a rigidez da legislação do trabalho prejudica a competitividade das empresas em plano mundial. Para atender a esses novos desideratos, estabelece-se, segundo Moraes, uma nova política pautada em um modelo neoliberal.

> Como havia exagero na primitiva regulamentação do mundo do trabalho unicamente por ato e decisão do detentor do capital, houve igualmente certo exagero no regulamentarismo estatal, anulando a vontade das duas partes em confronto, capital e trabalho. Prega-se agora, com muito entusiasmo, de boa ou má-fé, a volta ao antigo regime liberal, apelidado de neoliberal[116].

Orientando-se por esses novos anseios políticos, econômicos e sociais, o constituinte de 1988 acabou relativizando o garantismo estatal, trazendo a possibilidade da flexibilização da jornada de trabalho, por meio de fontes autônomas.

> Art. 7º (...) XIII – duração do trabalho normal não superior a oito horas diárias e quarenta e quatro semanais, facultada a compensação de horários e a redução da jornada, mediante acordo ou convenção coletiva de trabalho; XIV – jornada de seis horas para o trabalho realizado em turnos ininterruptos de revezamento, salvo negociação coletiva;[117]

A partir da interpretação do artigo 7º, caput e incisos VI, XIII e XXVI da CF conclui-se que a negociação coletiva é um importante instrumento para realização da melhoria das condições sociais. Ao se estabelecer um diálogo entre os artigos 3º, I, CF, que prevê uma sociedade livre e solidária, 1º, incisos III e IV da CF, que determina a dignidade da pessoa humana e os valores sociais do trabalho como fundamentos da República Federativa do Brasil e o 170 da CF que prevê a " a ordem econômica, fundada na valorização do trabalho humano e na livre iniciativa, tem por fim assegurar a todos existência digna, conforme os ditames da justiça social" infere-se, igualmente, que as normas coletivas pactuadas deverão imprimir um patamar jurídico mais benéfico aos trabalhadores.

Portanto, muito embora o constituinte tenha realçado a autonomia privada coletiva no art. 7º, XXVI da CF, manteve um núcleo mínimo duro que gravita em torno do princípio da dignidade da pessoa humana.

116 Moraes Filho, Evaristo de; Moraes, Antônio Carlos Flores de. Op.cit.p.29.

117 BRASIL. **Constituição Federal.**Op.cit.

A Lei nº 13.467/2017 também segue a lógica neoliberal ao trazer o artigo 611-A da CLT que contempla a substituição dos direitos estabelecidos de forma heterônoma por garantias previstas pelos atores envolvidos (negociação coletiva). O novo art. 611-A da CLT inicia a sua redação dispondo que o negociado prevalece sobre o legislado no que se remete à duração e à jornada de trabalho, inclusive.

> Art. 611-A. A convenção coletiva e o acordo coletivo de trabalho têm prevalência sobre a lei quando, entre outros, dispuserem sobre: I – pacto quanto à jornada de trabalho, observados os limites constitucionais; II – banco de horas anual; III – intervalo intrajornada, respeitado o limite mínimo de trinta minutos para jornadas superiores a seis horas; ... VIII – teletrabalho, regime de sobreaviso, e trabalho intermitente; ... X – modalidade de registro de jornada de trabalho; XI – troca do dia de feriado; ... XIII – prorrogação de jornada em ambientes insalubres, sem licença prévia das autoridades competentes do Ministério do Trabalho;[118]

O rol estabelecido pelo artigo 611- A da CLT mostra a outorga de poderes à negociação coletiva, mas em uma perspectiva deletéria, uma vez que permite a redução e a retirada de direitos imanentes à pessoa humana e revestidos de caráter público, como, por exemplo, o direito à saúde. Portanto, permite-se o uso da flexibilização para direitos revestidos de indisponibilidade. Segundo obtemperam Delgado e Neves Delgado

> De fato, a flexibilização trabalhista pela via coletiva negociada é urna das marcas e sentidos dominantes da Lei n. 1 3.467/201 7. Esse padrão normativo inviabiliza a materialização do potencial civilizatório da negociação coletiva de atuar como veículo de aperfeiçoamento das condições de vida e de trabalho das pessoas humanas trabalhadoras e como mecanismo para a elevação das condições de pactuação da força de trabalho no sistema econômico capitalista. Curiosamente, ademais, o texto legal apresenta menoscabo ao princípio constitucionalizado da norma mais favorável, inscrito de maneira enfática no art. 7º, caput, da Constituição da República Federativa do Brasil[119].

[118] BRASIL. **Consolidação das leis do trabalho.**Op.cit.

[119] DELGADO, Maurício Godinho; DELGADO, Gabriela Neves. Op.cit.p.255

Os incisos I e II do art. 611-A da CLT,[120] ao autorizarem a flexibilização da jornada e o banco de horas, trouxeram como baliza a Constituição Federal. A simplista disposição legal do artigo 611-B, parágrafo único da CLT ao afastar do âmbito das normas de saúde e segurança do trabalho as questões concernentes à jornada e à duração do trabalho não permite concluir pelo afastamento dos incisos XIII e XXII, do artigo 7º da CF.

Robert Alexy defende que no ordenamento jurídico pátrio não existem direitos absolutos e, em caso de eventuais conflitos entre regras, deve ser considerada alguma exceção ou uma delas deverá ser declarada inválida

> (...) não é possível que dois juízos concretos de dever-ser contraditórios entre si sejam válidos. Em um determinado caso, se se constata a aplicabilidade de duas regras com consequências jurídicas concretas contraditórias entre si, e essa contradição não pode ser eliminada por meio da introdução de uma cláusula de exceção, então, pelo menos uma das regras dever ser declarada inválida (...)[121]

Nesse sentido converge o artigo 187 do CC que considera ato ilícito o direito exercido além de seus limites: "Também comete ato ilícito o titular de um direito que, ao exercê-lo, excede manifestamente os limites impostos pelo seu fim econômico ou social, pela boa-fé ou pelos bons costumes."[122]

Portanto, a flexibilização do Direito do Trabalho contemplada na Lei nº 13467/2017 implementou um regime de ampla flexibilização, possibilitando inclusive a transação de direitos revestidos de indisponibilidade. Ora, essas disposições normativas não podem ser aplicadas e interpretadas de forma apartada no ordenamento jurídico, uma vez que suas disposições colidem com regras de natureza constitucional.

A flexibilização ampla de normas referente à duração e à jornada de trabalho mostra resistência no âmbito normativo, pois o direito à saúde, previsto em diversos momentos na carta Magna,[123] é revestido de irrenunciabilidade e indisponível em sua essência.

[120] Art. 611-A. A convenção coletiva e o acordo coletivo de trabalho têm prevalência sobre a lei quando, entre outros, dispuserem sobre: I – pacto quanto à jornada de trabalho, observados os limites constitucionais; II – banco de horas anual.

[121] ROBERT, Alexy. **Teoria dos direitos fundamentais.** Trad. Virgílio Afonso da Silva. São Paulo:Malheiros, 2008, p. 92

[122] BRASIL. **Código Civil.**Op.cit.

[123] Artigos 6º;7º, XXII; 193; 196; 197 e 200, caput e inciso VIII, todos da CF.

Em contrapartida, a Lei nº 13.467/2017 também trouxe limites expressos à negociação coletiva no 611-B da CLT nos seguintes termos:

> Art. 611-B. Constituem objeto ilícito de convenção coletiva ou de acordo coletivo de trabalho, exclusivamente, a supressão ou a redução dos seguintes direitos, I – normas de identificação profissional, inclusive as anotações na Carteira de Trabalho e Previdência Social; II – seguro-desemprego, em caso de desemprego involuntário; III – valor dos depósitos mensais e da indenização rescisória do Fundo de Garantia do Tempo de Serviço (FGTS); IV – salário mínimo; V – valor nominal do décimo terceiro salário; VI – remuneração do trabalho noturno superior à do diurno; VII – proteção do salário na forma da lei, constituindo crime sua retenção dolosa; VIII – salário-família; IX – repouso semanal remunerado; X – remuneração do serviço extraordinário superior, no mínimo, em 50% (cinquenta por cento) à do normal; XI – número de dias de férias devidas ao empregado; XII – gozo de férias anuais remuneradas com, pelo menos, um terço a mais do que o salário normal; XIII – licença-maternidade com a duração mínima de cento e vinte dias; XIV – licença-paternidade nos termos fixados em lei; XV – proteção do mercado de trabalho da mulher, mediante incentivos específicos, nos termos da lei; XVI – aviso prévio proporcional ao tempo de serviço, sendo no mínimo de trinta dias, nos termos da lei; XVII – normas de saúde, higiene e segurança do trabalho previstas em lei ou em normas regulamentadoras do Ministério do Trabalho; XVIII – adicional de remuneração para as atividades penosas, insalubres ou perigosas; XIX – aposentadoria; XX – seguro contra acidentes de trabalho, a cargo do empregador; XXI – ação, quanto aos créditos resultantes das relações de trabalho, com prazo prescricional de cinco anos para os trabalhadores urbanos e rurais, até o limite de dois anos após a extinção do contrato de trabalho; XXII – proibição de qualquer discriminação no tocante a salário e critérios de admissão do trabalhador com deficiência; XXIII – proibição de trabalho noturno, perigoso ou insalubre a menores de dezoito anos e de qualquer trabalho a menores de dezesseis anos, salvo na condição de aprendiz, a partir de quatorze anos; XXIV – medidas de proteção legal de crianças e adolescentes; XXV – igualdade de direitos entre o trabalhador com vínculo empregatício permanente e o trabalhador avulso; XXVI – liberdade de associação profissional ou sindical do trabalhador, inclusive o direito de não sofrer, sem sua expressa e prévia anuência, qualquer cobrança ou desconto salarial estabelecidos em convenção coletiva ou acordo coletivo de trabalho; XXVII – direito de greve, competindo aos trabalhadores

> decidir sobre a oportunidade de exercê-lo e sobre os interesses que devam por meio dele defender; XXVIII – definição legal sobre os serviços ou atividades essenciais e disposições legais sobre o atendimento das necessidades inadiáveis da comunidade em caso de greve; XXIX – tributos e outros créditos de terceiros; XXX – as disposições previstas nos arts. 373-A, 390, 392, 392-A, 394, 394-A, 395, 396 e 400 desta Consolidação[124].

O Legislador pretendeu trazer uma taxatividade no rol de direitos revestidos de indisponibilidade absoluta. No entanto, é preciso entender que a disposição traz hipóteses legais exemplificativas.

> É claro que outros temas estão excluídos, peremptoriamente, da negociação coletiva trabalhista, por força do conjunto geral da ordem jurídica brasileira ou, até mesmo, de alguns de seus preceitos normativos específicos. Citem-se, ilustrativamente: autorização para discriminações que escapem à regra específica do inciso XXII do art. 611-B da CLT; autorização para modalidades de trabalho servil, à base de remuneração in natura; eliminação ou redução dos documentos contratuais considerados imperativos pelo ordenamento jurídico brasileiro; etc[125].

Em que pese essas alterações concernentes à flexibilização da jornada implementadas pela reforma trabalhista, as premissas da negociação coletiva deverão ser mantidas. Portanto, o princípio da adequação setorial negociada, que traça os limites do acordo e da convenção coletivas de trabalho, e os Direitos Humanos e Fundamentais deverão continuar a orientar a criação e a interpretação do diploma coletivo.

> No caso brasileiro, esse patamar civilizatório mínimo está dado, essencialmente, por três grupos convergentes de normas trabalhistas heterônomas: as normas constitucionais em geral (respeitadas, é claro, as ressalvas parciais expressamente feitas pela própria Constituição: art. 7º, VI, XIII e XIV, por exemplo); as normas de tratados e convenções internacionais vigorantes no plano interno brasileiro (referidas pelo art. 5º, § 2º, CF/88, já expressando um patamar civilizatório no próprio mundo ocidental em que se integra o Brasil); as normas legais infraconstitucionais que asseguram patamares de cidadania

[124] BRASIL. **Consolidação das leis do trabalho.** Op.cit.

[125] DELGADO, Maurício Godinho; DELGADO, Gabriela Neves. Op.cit.p. 266-267.

ao indivíduo que labora (preceitos relativos à saúde e segurança no trabalho, normas concernentes a bases salariais mínimas, normas de identificação profissional, dispositivos antidiscriminatórios, etc.)[126]

Assim, a flexibilização dos direitos trabalhistas será permitida somente em relação às parcelas revestidas de indisponibilidade relativa ou se o negociado coletivamente trouxer condições mais benéficas quando comparadas ao padrão legal.

1.4. Horas extras

A jornada de trabalho padrão é de 8 horas e a duração semanal de 44 horas, salvo no regime de turnos que serão 6 horas diárias e 36 horas semanais. Nesse sentido converge o artigo 7º, incisos XIII e XIV, respectivamente da CF. Se houver o exercício de trabalho acima desses limites estará caracterizada a jornada extraordinária ou suplementar. Logo, horas extras se caracterizam pelo tempo de horas ativado além do padrão permitido.

Havendo a jornada suplementar haverá compensação dos horários (se existir algum regime de compensação) ou deverão ser pagas as horas excedentes acrescidas do adicional, mínimo de 50% (artigo, 7º, XVI da CF).

Para validade da prorrogação da jornada o artigo 59, caput da CLT[127] exige dois requisitos cumulativos: necessidade de acordo escrito ou negociação coletiva e no máximo duas horas a mais por dia.

O trabalho em sistema de prorrogação poderá ser executado, independentemente de existência de negociação coletiva, se houver necessidade de terminar um serviço inadiável, se ocorrer força maior[128] ou diante da necessidade de compensar horas de trabalho nas hipóteses de paralisação[129].

[126] DELGADO, Maurício Godinho. Op.cit.p.127

[127] Art. 59. A duração diária do trabalho poderá ser acrescida de horas extras, em número não excedente de duas, por acordo individual, convenção coletiva ou acordo coletivo de trabalho. In: BRASIL. **Consolidação das leis do trabalho.** Op.cit.

[128] Art. 501 – Entende-se como força maior todo acontecimento inevitável, em relação à vontade do empregador, e para a realização do qual este não concorreu, direta ou indiretamente. § 1º – A imprevidência do empregador exclui a razão de força maior. In: Ibidem.

[129] Art. 61 – Ocorrendo necessidade imperiosa, poderá a duração do trabalho exceder do limite legal ou convencionado, seja para fazer face a motivo de força maior, seja para atender à realização ou conclusão de serviços inadiáveis ou cuja inexecução possa acarretar prejuízo manifesto. § 1º O excesso, nos casos deste artigo, pode ser exigido independentemente de convenção coletiva ou acordo coletivo de trabalho. (Redação dada pela Lei nº 13.467, de 2017).

No artigo 62 da CLT, o legislador excluiu os direitos relativos à duração do trabalho dos empregados "...que exercem atividade externa incompatível com a fixação de horário de trabalho...". Somente serão excluídos se exercerem atividade externa, sem possibilidade de controle do empregador. Assim, o fato determinante para alijá-los dos direitos relativos à jornada é a impossibilidade de controle da jornada. Nesse sentido aponta a jurisprudência

> RECURSO DE REVISTA – HORAS EXTRAORDINÁRIAS – TRABALHO EXTERNO – POSSIBILIDADE DE CONTROLE DE JORNADA. 1. para o enquadramento do empregado como trabalhador externo inserido nas disposições do art. 62, i, da CLT, é conditio *sine qua non* que o empregado exerça atividades fora do estabelecimento comercial da empresa e que não exista nenhum controle de horário, direto ou indireto. anote-se que não é a ausência de controle de jornada que caracteriza a exceção do art. 62, i, da CLT, mas a impossibilidade desse controle, hipótese que não ocorreu no caso vertente. 2. no caso, o tribunal regional admitiu a existência de trabalho externo e a impossibilidade de controle de jornada por tablet, mas também registrou que o dispositivo era utilizado para fins de acompanhamento de montagens mediante sistema gps ligado à internet, com indicação plena do local e horário em que eram realizadas as montagens dos móveis nos endereços ordenados. 3. a utilização dos aludidos recursos tecnológicos, ao contrário do entendimento adotado pela corte a quo, afasta a exceção prevista no art. 62, i, da CLT, pois são meios telemáticos que possibilitam o controle e fiscalização da jornada de trabalho externo. logo, afigura-se devido o pagamento das horas extraordinárias. recurso de revista conhecido e provido. (TST – RR: 14209720165120041, RELATOR: LUIZ PHILIPPE VIEIRA DE

§ 2º – Nos casos de excesso de horário por motivo de força maior, a remuneração da hora excedente não será inferior à da hora normal. Nos demais casos de excesso previstos neste artigo, a remuneração será, pelo menos, 25% (vinte e cinco por cento) superior à da hora normal, e o trabalho não poderá exceder de 12 (doze) horas, desde que a lei não fixe expressamente outro limite. § 3º – Sempre que ocorrer interrupção do trabalho, resultante de causas acidentais, ou de força maior, que determinem a impossibilidade de sua realização, a duração do trabalho poderá ser prorrogada pelo tempo necessário até o máximo de 2 (duas) horas, durante o número de dias indispensáveis à recuperação do tempo perdido, desde que não exceda de 10 (dez) horas diárias, em período não superior a 45 (quarenta e cinco) dias por ano, sujeita essa recuperação à prévia autorização da autoridade competente. In: Ibidem.

MELLO FILHO, DATA DE JULGAMENTO: 29/08/2018, 7ª TURMA, DATA DE PUBLICAÇÃO: DEJT 31/08/2018).[130]

Os gerentes também foram excluídos, nos seguintes termos: "os gerentes, assim considerados os exercentes de cargos de gestão (...) salvo quando o salário do cargo de confiança, compreendendo a gratificação de função, se houver, for inferior ao valor do respectivo do salário efetivo acrescido de 40%...[131]"

A Lei nº13.467/2017 inseriu o inciso III no artigo 62, estendendo a exclusão para: "...os empregados em regime de teletrabalho[132]." Ora, quando o legislador contemplou no artigo 62, I da CLT a exclusão das regras atinentes à duração e à jornada de trabalho, orientou-se pelo princípio da impossibilidade presumida de controle do empregador. Na hipótese do teletrabalho, o simples fato de a atividade ser realizada à distância do local físico da empresa não pode afastar a incidência de normas fundamentadas no direito à saúde, como as relativas ao limite da jornada e da duração do trabalho.

O trabalho ainda que feito fora das dependências da empresa pode estar sendo controlado e, neste caso, devem ser reconhecidos todos os consectários legais devidos à luz da jornada exercida e do princípio da primazia da realidade. Distanciar-se desse entendimento poderia trazer, na prática, precarização das relações trabalhistas em franco prejuízo à saúde do trabalhador que poderá ser submetido à realização de jornadas extenuantes, sem contraprestação alguma.

[130] BRASIL. **Tribunal Superior do Trabalho.** Disponível em: https://tst.jusbrasil.com.br/jurisprudencia/620226581/recurso-de-revista-rr-14209720165120041/inteiro-teor-620226603. Acesso em: 01.nov.20.

[131] BRASIL. **Consolidação das leis do trabalho.** Op.cit.

[132] Art. 62 – Não são abrangidos pelo regime previsto neste capítulo I – os empregados que exercem atividade externa incompatível com a fixação de horário de trabalho, devendo tal condição ser anotada na Carteira de Trabalho e Previdência Social e no registro de empregados; II – os gerentes, assim considerados os exercentes de cargos de gestão, aos quais se equiparam, para efeito do disposto neste artigo, os diretores e chefes de departamento ou filial. III – os empregados em regime de teletrabalho. (Incluído pela Lei nº 13.467, de 2017). http://www.planalto.gov.br/ccivil_03/decreto-lei/del5452.htm Parágrafo único – O regime previsto neste capítulo será aplicável aos empregados mencionados no inciso II deste artigo, quando o salário do cargo de confiança, compreendendo a gratificação de função, se houver, for inferior ao valor do respectivo salário efetivo acrescido de 40% (quarenta por cento). (Incluído pela Lei nº 8.966, de 27.12.1994). In: BRASIL. **Consolidação das leis do trabalho.** Op.cit.

> Parece-nos que essa nova disposição acaba por discriminar o trabalhador a distância como se sua jornada não pudesse ser controlada, a exemplo daqueles empregados que exercem atividade externa. A nosso ver, se houver possibilidade de controle de jornada do regime de teletrabalho ou trabalho a distância, não se aplica a regra do novel inciso III do art. 62 da CLT[133].

Portanto, a melhor hermenêutica do artigo 62 da CLT é compreendê-lo de forma excetiva, restringindo seu campo de atuação, sob pena de afrontar normas cogentes de medicina e segurança do trabalho.

1.5. Regimes de compensação de jornada

A compensação da jornada ocorre quando, embora haja trabalho excedente ao limite hora legal, verifica-se a compensação das horas a mais laboradas em outro dia, outra semana, outro mês ou outro ano, respeitando, portanto, a duração do trabalho nas perspectivas semanal, mensal ou anual. Desta forma, as horas destinadas a compensação não serão pagas como horas extras.

Existem duas espécies de compensação: a compensação clássica ou tradicional, que permite as compensações das horas laboradas além da jornada normal ao longo da semana ou mês, e o banco de horas, que possibilita a compensação das horas laboradas em acréscimo da jornada dentro de 6 messes ou um ano.

Logo, no regime de compensação, embora o trabalhador labore além da jornada irá descansar em outro dia. Nessa medida, apesar da prática de labor em regime de sobrejornada, não serão devidas as horas extras acrescidas do adicional mínimo de 50% previsto no artigo 7º, XVI da CF.

A Lei nº 13.467/17 facilitou a pactuação de sistema de compensação da jornada, validando a compensação semanal ou mensal, ainda que encetada por meio de "..acordo individual, tácito ou escrito..."[134].Ademais, a prática habitual de horas extras não mais ensejará a descaracterização dos regimes de compensação de jornada[135]. Observa-se, portanto, que a reforma

[133] Leite, Carlos Henrique Bezerra.Op.cit.p. 484

[134] Art. 59, § 6º da CLT: É lícito o regime de compensação de jornada estabelecido por acordo individual, tácito ou escrito, para a compensação no mesmo mês. (Incluído pela Lei nº 13.467, de 2017). In: BRASIL. **Consolidação das leis do trabalho.** Op.cit.

[135] Art. 59, Parágrafo único. A prestação de horas extras habituais não descaracteriza o acordo de compensação de jornada e o banco de horas. In: BRASIL. **Consolidação das leis do trabalho.** Op.cit..

trabalhista se afasta, em certa medida, das disposições da súmula 85 do TST[136], facilitando a dinâmica da compensação de jornada[137].

Para a validade da compensação da jornada, as horas laboradas não poderão ultrapassar 10 por dia.

> Art. 59 da CLT A duração diária do trabalho poderá ser acrescida de horas extras, em número não excedente de duas, por acordo individual, convenção coletiva ou acordo coletivo de trabalho.(...) § 2o Poderá ser dispensado o acréscimo de salário se, por força de acordo ou convenção coletiva de trabalho, o excesso de horas em um dia for compensado pela correspondente diminuição em outro dia, de maneira que não exceda, no período máximo de um ano, à soma das jornadas semanais de trabalho previstas, nem seja ultrapassado o limite máximo de dez horas diárias. (Redação dada pela Medida Provisória nº 2.164-41, de 2001).[138]

[136] Súmula nº 85 do TST: COMPENSAÇÃO DE JORNADA (inserido o item VI) – Res. 209/2016, DEJT divulgado em 01, 02 e 03.06.2016 I. A compensação de jornada de trabalho deve ser ajustada por acordo individual escrito, acordo coletivo ou convenção coletiva. (ex-Súmula nº 85 – primeira parte – alterada pela Res. 121/2003, DJ 21.11.2003). II. O acordo individual para compensação de horas é válido, salvo se houver norma coletiva em sentido contrário. (ex-OJ nº 182 da SBDI-1 – inserida em 08.11.2000) . III. O mero não atendimento das exigências legais para a compensação de jornada, inclusive quando encetada mediante acordo tácito, não implica a repetição do pagamento das horas excedentes à jornada normal diária, se não dilatada a jornada máxima semanal, sendo devido apenas o respectivo adicional. (ex-Súmula nº 85 – segunda parte – alterada pela Res. 121/2003, DJ 21.11.2003). IV. A prestação de horas extras habituais descaracteriza o acordo de compensação de jornada. Nesta hipótese, as horas que ultrapassarem a jornada semanal normal deverão ser pagas como horas extraordinárias e, quanto àquelas destinadas à compensação, deverá ser pago a mais apenas o adicional por trabalho extraordinário. (ex-OJ nº 220 da SBDI-1 – inserida em 20.06.2001). V. As disposições contidas nesta súmula não se aplicam ao regime compensatório na modalidade "banco de horas", que somente pode ser instituído por negociação coletiva. VI – Não é válido acordo de compensação de jornada em atividade insalubre, ainda que estipulado em norma coletiva, sem a necessária inspeção prévia e permissão da autoridade competente, na forma do art. 60 da CLT.

[137] Em sentido oposto caminhou o enunciado 22 da 2ª Jornada de Direito Material e Processual do Trabalho: PRESTAÇÃO DE HORAS EXTRAS : DESCARACTERIZAÇÃO DO ACORDO DE COMPENSAÇÃO E BANCO DE HORAS – HORAS EXTRAS . DESCARACTERIZAÇÃO DO ACORDO DE COMPENSAÇÃO E BANCO DE HORAS. A prestação de horas extras habituais ou, ainda que eventuais, em número superior a duas horas diárias, implica descaracterização do acordo de compensação e do acordo de banco de horas, conforme artigos 7º, XIII e XVI, da CF, e 59 da CLT.In: BRASIL.**ANAMATRA**.Disponível em: https://www.anamatra.org.br/attachments/article/27175/livreto_RT_Jornada_19_Conamat_site.pdf. Acesso em: 22 out.2020.

[138] BRASIL.**Consolidação das leis do trabalho.**Op.cit.

A jornada 12 x 36 também é um sistema de compensação de jornada, uma vez o trabalhador labora 12 horas em um dia e fica 36 horas sem trabalhar, ou seja, trabalha 12 horas, mas permanece sem exercer atividade laborativa por 24horas seguidas, já que as outras 11horas não estão associadas à prática da compensação e sim à observância do intervalo legal interjornada de 11 horas.

Antes da reforma trabalhista tal prática de compensação somente poderia ser estabelecida por meio de acordo ou convenção coletivas de trabalho, observando, portanto, o artigo 7ª, incisos XIII e XIV da CF. Todavia, após a Lei nº 13467/2017 essa flexibilização da jornada foi facilitada e permitida, mediante simples acordo escrito entre as partes (empregado x empregador). Nesse sentido:

> Art. 59-A. Em exceção ao disposto no art. 59 desta Consolidação, é facultado às partes, mediante acordo individual escrito, convenção coletiva ou acordo coletivo de trabalho, estabelecer horário de trabalho de doze horas seguidas por trinta e seis horas ininterruptas de descanso, observados ou indenizados os intervalos para repouso e alimentação. (Incluído pela Lei nº 13.467, de 2017). Parágrafo único. A remuneração mensal pactuada pelo horário previsto no caput deste artigo abrange os pagamentos devidos pelo descanso semanal remunerado e pelo descanso em feriados, e serão considerados compensados os feriados e as prorrogações de trabalho noturno, quando houver, de que tratam o art. 70 e o § 5º do art. 73 desta Consolidação.[139]

Extrai-se também do mencionado artigo 59-A, parágrafo único da CLT que, mesmo diante do labor em um feriado ou da prática de prorrogações de jornada noturna, não serão devidos quaisquer acréscimos, pois estes já se encontram, por ficção legal, ínsitos na sistemática de compensação adotada. Nessa medida, rompe-se com a regra contemplada na súmula 444 do TST.[140]

[139] BRASIL. **Consolidação das leis do trabalho.** Op.cit.

[140] Súmula nº 444 do TST. JORNADA DE TRABALHO. NORMA COLETIVA. LEI. ESCALA DE 12 POR 36. VALIDADE. – Res. 185/2012, DEJT divulgado em 25, 26 e 27.09.2012 – republicada em decorrência do despacho proferido no processo TST-PA-504.280/2012.2 – DEJT divulgado em 26.11.2012. É válida, em caráter excepcional, a jornada de doze horas de trabalho por trinta e seis de descanso, prevista em lei ou ajustada exclusivamente mediante acordo coletivo de trabalho ou convenção coletiva de trabalho, assegurada a remuneração

Indubitável que referida alteração não tem como se manter, uma vez que a negociação coletiva é obrigatória para a flexibilização da jornada, segundo o artigo 7º, XIII da CF. Somado a isso, o legislador ordinário não pode determinar a exclusão do trabalhador do direito à jornada noturna, pois os artigos 7º, IX da CF e 73 da CLT contemplam normas de ordem pública, pois se fundamentam o direito à saúde da pessoa humana, transcendendo qualquer limite imposto no contrato de trabalho.

> Relembre-se, ademais, que a Constituição de 1988 apresenta regra expressa determinando o pagamento de "remuneração do trabalho noturno superior à do diurno" (inciso IX do art. 7º, CF). Dessa maneira, relativamente a esse pagamento (no caso, o adicional noturno previsto pela própria CLT: art. 73, caput – 20%), não há como excluir a imperatividade de seu adimplemento, se a jornada de plantão abranger, no todo ou em parte, o horário entre 22:00 horas e 05:00 horas da manhã no segmento urbano. O fato é que a sobrerremuneração do trabalho noturno é imperativa, resultante da Constituição de 1988 (art. 7º, IX, CF)[141].

Em igual sentido caminhou o Enunciado 15 da 2ª Jornada de Direitos Material e Processual do Trabalho.

> JORNADA 12X36. 1. Tratando-se de regime de compensação de jornada, é essencial para a sua validade a previsão em acordo coletivo ou convenção coletiva de trabalho, nos termos do artigo 7º, XIII, da Constituição Federal, inclusive em relação ao comerciário, em razão de lei especial (Lei 12.790/2013). 2. Artigo 60, parágrafo único da CLT. Dispensa de licença prévia para a realização de jornada 12X36. Matéria de saúde e segurança do trabalho. Inconstitucionalidade por infração ao artigo 7º, XXII, da CF. 3. Impossibilidade de regime "complessivo" quanto ao pagamento de feriados e prorrogação da jornada noturna, por infração ao artigo 7º, IX, da CF. 4. A prestação de horas extras, inclusive pela supressão do intervalo intrajornada (ainda que parcial), descaracteriza o regime de compensação de jornada 12x36, implicando o pagamento como hora extraordinária daquelas laboradas além da 8ª diária, por infração ao artigo 7º, XIII e XXVI, da CF[142].

em dobro dos feriados trabalhados. O empregado não tem direito ao pagamento de adicional referente ao labor prestado na décima primeira e décima segunda horas.

141 Delgado, Maurício Godinho; Delgado, Gabriela Neves. Op.cit.p. 132

142 BRASIL.**ANAMATRA.** Op.cit.

Havendo prorrogação de jornada em atividades insalubres será necessária a licença prévia "...das autoridades competentes em matéria de higiene do trabalho...". Entretanto, para o regime 12 x 36 o legislador da reforma trabalhista excluiu dessa obrigação[143].

Trabalhadores menores de 18 anos poderão estabelecer regimes de compensação, desde que por meio de negociação coletiva. Todavia, para contratos de aprendizagem o regime de compensação de jornada permanece vedado.[144]

1.5.1. Banco de horas na Lei nº 13.467/17

O banco de horas foi inspirado nos ideários de flexibilização imanentes à política neoliberalista deflagrada na década de 1990. A Lei nº 8.601/1998 inseriu originariamente a sistemática de compensação da jornada[145]. No entanto, foi a medida provisória 2164-4 de 14.08.2001 que estabeleceu o banco de horas nos seguintes termos

> Art. 59 da CLT. A duração diária do trabalho poderá ser acrescida de horas extras, em número não excedente de duas, por acordo individual, convenção coletiva ou acordo coletivo de trabalho. § 2° Poderá ser dispensado o acrés-

143 Art. 60 – Nas atividades insalubres, assim consideradas as constantes dos quadros mencionados no capítulo "Da Segurança e da Medicina do Trabalho", ou que neles venham a ser incluídas por ato do Ministro do Trabalho, Industria e Comercio, quaisquer prorrogações só poderão ser acordadas mediante licença prévia das autoridades competentes em matéria de higiene do trabalho, as quais, para esse efeito, procederão aos necessários exames locais e à verificação dos métodos e processos de trabalho, quer diretamente, quer por intermédio de autoridades sanitárias federais, estaduais e municipais, com quem entrarão em entendimento para tal fim. Parágrafo único. Excetuam-se da exigência de licença prévia as jornadas de doze horas de trabalho por trinta e seis horas ininterruptas de descanso. (Incluído pela Lei nº 13.467, de 2017). In: BRASIL. **Consolidação das leis do trabalho.** Op.cit.

144 Art. 413 – É vedado prorrogar a duração normal diária do trabalho do menor, salvo I – até mais 2 (duas) horas, independentemente de acréscimo salarial, mediante convenção ou acordo coletivo nos termos do Título VI desta Consolidação, desde que o excesso de horas em um dia seja compensado pela diminuição em outro, de modo a ser observado o limite máximo de 48 (quarenta e oito) horas semanais ou outro inferior legalmente fixada; Art. 432. A duração do trabalho do aprendiz não excederá de seis horas diárias, sendo vedadas a prorrogação e a compensação de jornada. (Redação dada pela Lei nº 10.097, de 19.12.2000). In: Ibidem.

145 Art. 59, § 2º da CLT: Poderá ser dispensado o acréscimo de salário se, por força de acordo ou convenção coletiva de trabalho, o excesso de horas em um dia for compensado pela correspondente diminuição em outro dia, de maneira que não exceda, no período máximo de cento e vinte dias, à soma das jornadas semanais de trabalho previstas, nem seja ultrapassado o limite máximo de dez horas diárias. (Redação dada pela Lei nº 9.601, de 21.1.1998). In: Ibidem.

> cimo de salário se, por força de acordo ou convenção coletiva de trabalho, o excesso de horas em um dia for compensado pela correspondente diminuição em outro dia, de maneira que não exceda, no período máximo de um ano, à soma das jornadas semanais de trabalho previstas, nem seja ultrapassado o limite máximo de dez horas diárias.(Redação dada pela Medida Provisória nº 2.164-41, de 2001)[146]

Na origem, o banco de horas era permitido, desde que pactuado mediante negociação coletiva. Contudo, a Lei nº 13.467/2017 trouxe significativas alterações no instituto de compensação da jornada.

Foram regulamentadas duas espécies de banco de horas: uma que prevê a compensação em 6 meses, permitindo, neste caso, a sua fixação por meio de acordo escrito e a outra baseada no originário regime do banco de horas, possibilitando a compensação anual.

> Art. 59 da CLT. A duração diária do trabalho poderá ser acrescida de horas extras, em número não excedente de duas, por acordo individual, convenção coletiva ou acordo coletivo de trabalho... § 5º O banco de horas de que trata o § 2º deste artigo poderá ser pactuado por acordo individual escrito, desde que a compensação ocorra no período máximo de seis meses. (Incluído pela Lei nº 13.467, de 2017).

Após essas breves digressões, pode-se inferir que o banco de horas traz um sistema de flexibilização da jornada, utilizando-se como mote a compensação das horas em outro momento. Uma análise mais açodada do instituto poderia evidenciar ausência de prejuízo nessa sistemática. Entretanto, quando ocorre o banco de horas não há o pagamento de horas extras e nem, tampouco, do adicional de horas extras na forma como foi previsto no artigo 7ª, XVI da CF.

Essa ampla flexibilização dos direitos trabalhistas traz enfraquecimento do sindicato, desprestigiando a negociação coletiva, contrariando não somente o artigo 7º, incisos XIII, XIV e XXVI da CF, mas também a convenção 154 da OIT: " Art. 5 – 1. Deverão ser adotadas medidas adequadas às condições nacionais no estímulo à negociação coletiva..."[147]

[146] Ibidem.

[147] BRASIL.**OIT**.Disponível em: https://www.ilo.org/brasilia/convencoes/WCMS_236162/lang--pt/index.htm. Acesso em: 18 out.20.

O banco de horas delineado pela legislação foi concebido para computar horas além da jornada normal, criando, portanto, um saldo de horas positivo para o trabalhador. Embora a legislação heterônoma tenha silenciado sobre o banco de horas negativo, a questão poderá ser tratada em sede de acordo ou convenção coletivas de trabalho. Nesse sentido remete a jurisprudência do TRT4

> HORAS EXTRAS EXCEDENTES À 42ª SEMANAL. BANCO DE HORAS. NÃO COMPENSAÇÃO NO PRAZO DAS NORMAS COLETIVAS. DESCONTO EFETUADO NA RESILIÇÃO CONTRATUAL A TÍTULO DE DÉBITO DO BANCO DE HORAS. A demandada, ao deixar de exigir do autor a prestação do trabalho decorrente de saldo negativo do banco de horas, no prazo previsto nas convenções coletivas que estabeleceram a compensação, não está autorizada a efetivar os descontos salariais correspondentes ao banco de horas. (Processo: RO 8303620105040015 RS 0000830-36.2010.5.04.0015 – Relator(a): Alexandre Corrêa Da Cruz – Julgamento: 06.10.2011)[148]

1.5.2. Banco de horas na MP nº 927/20

Em 20 de março de 2020, diante da pandemia da covid-19, o Brasil aprovou o decreto legislativo número 6/2020 que declarou o estado de calamidade. Diante dessa situação emergencial, vários estados decretaram quarentena fato que reverberou na perspectiva trabalhista também.

Para regulamentar as relações laborais, adveio a MP 927/2020 cujo início da vigência ocorreu em 22 de março de 2020. Entretanto, como não foi convertida em lei, na forma como estabelece o artigo 62, § 3º da CF, em 19 de julho de 2020 perdeu sua eficácia. Nesse caso, o constituinte derivado dispõe que o Congresso Nacional deveria ter disciplinado "...por decreto legislativo, as relações jurídicas delas decorrentes"[149].

Na hipótese da MP 927/2020, contudo, não houve a elaboração de um decreto regulamentador das situações ocorridas durante a sua vigência.

[148] BRASIL. **Tribunal Regional do Trabalho da 4ª Região.**Disponível em: https://trt-4.jusbrasil.com.br/jurisprudencia/20555508/recurso-ordinario-ro-8303620105040015-rs-0000830-3620105040015. Acesso em: 11nov.20.

[149] Art, 62, § 3º da CF: As medidas provisórias, ressalvado o disposto nos §§ 11 e 12 perderão eficácia, desde a edição, se não forem convertidas em lei no prazo de sessenta dias, prorrogável, nos termos do § 7º, uma vez por igual período, devendo o Congresso Nacional disciplinar, por decreto legislativo, as relações jurídicas delas decorrentes. In: BRASIL. **Consolidação das leis do trabalho.** Op.cit.

Diante dessa inércia legislativa, o artigo 62, § 11, da CF soluciona a questão ao prever que:

> Não editado o decreto legislativo a que se refere o § 3º até sessenta dias após a rejeição ou perda de eficácia de medida provisória, as relações jurídicas constituídas e decorrentes de atos praticados durante sua vigência conservar-se-ão por ela regida[150].

Portanto, ainda que não tenha mais vigência, seus efeitos ainda permanecerão no lapso temporal que vigorou, eis a importância de se tratar do seu teor na perspectiva do banco de horas.

A MP 927/2020, no seu artigo 14 permitiu a prática do banco de horas para compensação em até 18 meses. Trouxe, portanto, um prazo mais elastecido se comparado ao padrão do artigo 59, parágrafo 2º da CLT.

> Art. 14. Durante o estado de calamidade pública a que se refere o art. 1º, ficam autorizadas a interrupção das atividades pelo empregador e a constituição de regime especial de compensação de jornada, por meio de banco de horas, em favor do empregador ou do empregado, estabelecido por meio de acordo coletivo ou individual formal, para a compensação no prazo de até dezoito meses, contado da data de encerramento do estado de calamidade pública. § 1º A compensação de tempo para recuperação do período interrompido poderá ser feita mediante prorrogação de jornada em até duas horas, que não poderá exceder dez horas diárias. § 2º A compensação do saldo de horas poderá ser determinada pelo empregador independentemente de convenção coletiva ou acordo individual ou coletivo[151].

Assim, permitiu que a compensação dos dias em que houve a suspensão do contrato por conta da pandemia pudesse ocorrer dentro de 18 meses contados a partir da data em que terminar o estado de calamidade pública.

É importante pontuar que, diante do silencio da MP 927/2020 sobre outras diretrizes do banco de horas, deverão ser aplicadas as regras do ins-

[150] Art. 62, § 11. Não editado o decreto legislativo a que se refere o § 3º até sessenta dias após a rejeição ou perda de eficácia de medida provisória, as relações jurídicas constituídas e decorrentes de atos praticados durante sua vigência conservar-se-ão por ela regidas. (Incluído pela Emenda Constitucional nº 32, de 2001). In: BRASIL. **Constituição Federal.** Op.cit.

[151] BRASIL. **MP nº 927/2020.**Disponível em: http://www.planalto.gov.br/ccivil_03/_ato2019-2022/2020/mpv/mpv927.htm.Acesso em: 11nov.2020.

tituto prevista na CLT. Assim, quando houver a compensação das horas não poderá o trabalhador laborar mais de 10 horas por dia, segundo se infere do artigo 59, § 2°da CLT *In verbis*:

> Poderá ser dispensado o acréscimo de salário se, por força de acordo ou convenção coletiva de trabalho, o excesso de horas em um dia for compensado pela correspondente diminuição em outro dia, de maneira que não exceda, no período máximo de um ano, à soma das jornadas semanais de trabalho previstas, nem seja ultrapassado o limite máximo de dez horas diárias[152].

[152] BRASIL.**Consolidação das leis do trabalho.**Op.cit.

CAPÍTULO 2
FLEXIBILIZAÇÃO DA JORNADA

2.1. Considerações sobre a flexibilização, a desregulação e a precarização

No atual cenário marcado pela globalização e pelo avanço tecnológico nas relações laborais, foi gestada a Lei nº 13.467/2017 que procurou fomentar o uso das fontes autônomas coletivas, mas em uma perspectiva deletéria para os direitos trabalhistas. Para compreender a repercussão prática do fenômeno da flexibilização, é necessário demarcar as diferenças entre desregulamentação e flexibilização.

As análises da desregulamentação e da flexibilização passam, necessariamente, pela investigação dos limites da atuação do Estado na regulamentação das relações trabalhistas. Assim, é imperiosa a compreensão da ideologia que acompanha a ideia de flexibilização.

Na visão liberal, a interferência estatal provoca a estagnação econômica. A partir dessa corrente, acende-se o movimento defensivo da desregulamentação do Direito do Trabalho. Com o Estado mínimo e a desregulamentação dos direitos trabalhistas, o avanço e o desenvolvimento econômicos seriam atingidos.

Entretanto, de outra senda, advêm os defensores de um liberalismo temperado: os neoliberais. Esse movimento ideológico determina que o Estado viabilize a concreção das exigências do novo mercado tecnológico e globalizado. Priorizam-se o uso de medidas flexibilizatórias das leis trabalhistas, estabelecendo uma prevalência do negociado sobre o legislado em conformidade com o artigo 611-A da CLT. Nesse contexto, o fenômeno da flexibilização se impõe como uma resposta aos problemas enfrentados no mercado econômico, tendo sua lógica escudada na ideologia liberal difundida com a Revolução Francesa, no século XVIII. Nesse sentido observa Crepaldi:

> O surgimento da flexibilização deu-se na Europa, no início dos anos 80, época de recessão. Mas as causas do aparecimento da flexibilização envolvem a Revolução Francesa, que elegeu o liberalismo, contrário à intervenção do Estado na vida econômica e social, bem como ao desenvolvimento do comunismo e o paternalismo estatal. As críticas ao liberalismo extremado e ao radicalismo das correntes ideológicas comunistas levaram ao que se denomina flexibilização.[153]

A partir do final da década de 1960 e início da década de 1970, o Estado de bem-estar social entra em declínio. Isso ocorre porque o mercado econômico, sob os influxos da globalização, da crise do desemprego e da evolução tecnológica, passa a exigir a flexibilização dos direitos sociais.

Nesse momento histórico é observada uma ruptura ideológica importante, qual seja, o afastamento do elemento humano da relação de trabalho mediante a prevalência dos interesses do mercado e do capital. A exigências referentes à hegemonia econômica, ao lucro e à manutenção da competitividade das empresas orientam os valores sociais, trazendo impactos no arcabouço normativo. A permissão das flexibilizações do salário e da jornada de trabalho estatuída no artigo 7º, incisos VI, XIII e XIV, da CF marca essa tendência filosófica. Nesse sentido, Martinez observa que o constituinte originário, embora tenha instituído os direitos sociais, autorizou flexibilizar o direito à saúde do trabalhador, por meio da jornada de trabalho, estabelecendo o que ele denomina de "liberalismo coletivo."[154]

No Brasil, o período compreendido entre os anos de 2003 e 2013 foi marcado pelo aumento da flexibilização dos direitos trabalhistas com sensível diminuição de direitos sociais. Essa tendência recebeu influência das alterações na produção, baseadas no sistema just *in time* e da globalização dos mercados. Nesse contexto, emergem as teorias defensivas da flexibilização dos direitos trabalhistas que reconhecem na quebra da rigidez estatal normativa uma melhor adaptação do Direito do Trabalho às novas

[153] CREPALDI, Joaquim Donizete. **O princípio de proteção e a flexibilização das normas do direito do trabalho**. São Paulo: Ltr, 2003.p.67.

[154] Que é a possibilidade de redução de direitos por meio da autonomia privada coletiva. In: MARTINEZ, Luciano. ***Curso de direito do trabalho: relações individuais, sindicais e coletivas do trabalho***. 7ª. ed.São Paulo: Saraiva, 2016.p.171.

formas de atividade que se desenham diante dos avanços tecnológicos. Nesse sentido pondera Noronha:

> A proposição internacional predominante de desregulamentação e flexibilização entrou na América Latina como uma crítica ao seu padrão prematuramente legislado e excessivamente protecionista, gerando, de um lado, um mercado de trabalho rígido e, de outro, o desrespeito à legislação. No Brasil, alguns autores criticam as propostas liberais apresentando evidências de que o mercado de trabalho já é bastante flexível no seu elemento básico, isto é, a dispensa de trabalhadores. A preocupação neoclássica com a rigidez salarial em alguns países europeus assumiu no Brasil a forma de denúncia do alto custo do salário indireto.[155]

Procura-se diluir as ideias em torno da criação normativa trabalhista. O modelo brasileiro, predominantemente, heterônomo legislado centrado no Estado começa a ser questionado. Nesse sentido, Noronha identifica "...*três espaços normativos*: o legislativo, a contratação coletiva e as normas das empresas definidas unilateralmente pelos empregadores"[156] e que o Brasil traz um histórico de prevalência da atuação estatal em detrimento da atividade sindical na perspectiva normativa. A legislação trabalhista e a doutrina contemplam duas fontes normativas: a heterônoma (normas construídas pelo Estado) e a autônoma (normas advindas da negociação coletiva sindical ou unilateralmente fixadas pelo empregador).

Feitas essas considerações iniciais, cumpre, doravante, analisar os conceitos de flexibilização e desregulamentação. O dicionário Michaelis define flexibilização como "...abrandamento ou eliminação de leis ou normas, em especial daquelas que se constituem em entraves às relações econômicas...[157]". Em sentido similar, define o dicionário Dicio.[158] Investi-

[155] NORONHA, Eduardo Garuti. **O modelo legislado de relações de trabalho e seus espaços normativos**. Tese Doutorado em Ciências Sociais da Faculdade de Filosofia, Letras e Ciências Humanas, Universidade de São Paulo, São Paulo, 1998.

[156] Existem posições que defendem que o protótipo regulamentador das relações trabalhistas é corporativo, uma vez que há um monopólio de fontes normativas estatal. Entretanto, Noronha questiona o termo corporativista, pois no Brasil há a pluralidade de fontes na perspectiva laboral, afirmando ser mais adequado o uso do termo neocorporativismo. Ibidem.

[157] **Dicionário Michaelis**. Disponível em: < https://michaelis.uol.com.br/busca?id=5kAy.>. Acesso em: 03mai.21.

[158] "Ação ou efeito de flexibilizar, de tornar flexível, menos rígido: flexibilização de normas de trabalho. Adaptação de um contexto a uma nova abordagem, diferente da anterior, especialmente falando de leis: empresas privadas pedem flexibilização de leis de segurança

gando a doutrina, verifica-se que as definições de flexibilização guardam semelhança com as reportadas nos dicionários da língua portuguesa. Crepaldi[159] assevera que flexibilizar significa alterar as normas para reduzir os custos da mão de obra, diminuindo a atuação do Estado ao mesmo tempo em que se concretiza a dignidade da pessoa humana. Martins obtempera que:

> Flexibilização das condições de trabalho é o conjunto de regras que tem por objetivo instituir mecanismos tendentes a compatibilizar as mudanças de ordem econômica, tecnológica, política e social existentes na relação entre o capital e o trabalho.[160]

Há autores que trazem a diferença entre flexibilização e flexibilidade. Para Uriarte a primeira é a possibilidade de alteração e de retirada de direito feita unilateralmente pelo empregador, enquanto que flexibilidade se caracterizaria pela negociação entre as partes envolvidas para implementar alterações no contrato alinhadas às novas dinâmicas desenhadas pela realidade de forma possibilitar a competitividade e o emprego. [161] Martins ressalta que o termo flexibilização se mostra mais adequado do que a expressão flexibilidade.[162]

no trabalho". In: **Dicionário Dicio**. Disponível em:https://www.dicio.com.br/flexibilizacao/#:~:text=Significado%20de%20Flexibiliza%C3%A7%C3%A3o&text=Adapta%C3%A7%C3%A3o%20de%20um%20contexto%20a,leis%20de%20seguran%C3%A7a%20no%20trabalho.>. Acesso em: 03mai.21.

[159] CREPALDI, Joaquim Donizeti. Op.cit. p.57-58

[160] MARTINS, Sergio Pinto. **Direito do Trabalho**. 28ªed. São Paulo: Atlas, 2012.p.539

[161] Uriarte identifica duas espécies de flexibilidade: a condicionada (retira-se um direito, mas observa-se uma prestação dada pelo Estado ou pelo empregador de mdoo a trazer um equilíbrio no binômio retirada x ganho e incondicionada, não há contraprestações, rompendo-se, portanto, o equilíbrio. In: URIARTE, Oscar Ermida. **A flexibilidade**. São Paulo: LTr, 2002.p. 76

[162] "A denominação flexibilização parece mais adequada. Flexibilidade é qualidade de flexível; elasticidade, destreza, agilidade, flexão, flexura; faculdade de ser manejado; maleabilidade; aptidão para variadas coisas ou aplicações; é o que pode dobrar ou curvar; é o contrário de rigidez. Flexível vem do latim flexibile. Na prática, os estudiosos acabaram preferindo o termo flexibilização. A palavra flexibilização é um neologismo, não encontrado nos dicionários. É originária do espanhol flexibilización. (...) O certo não seria falar em flexibilização do Direito do Trabalho, mas em flexibilização das condições de trabalho, pois estas que serão flexibilizadas. (...) flexibilização das condições de trabalho é o conjunto de regras que tem por objetivo instituir mecanismos tendentes a compatibilizar as mudanças de ordem econômica,

Krein,[163] em contrapartida, traz as terminologias flexibilidade e flexibilização como sinônimas, apontando que ambas possuem o escopo de fragilizar o Direito do Trabalho. Consolida-se, portanto, o julgamento de que a flexibilização tem como objetivo precípuo reduzir direitos trabalhistas em prol de interesses que permeiam o capital. Aproximando-se da concepção de Krein, analisa Souto Maior:

> Sob um ponto de vista estritamente conceitual, flexibilização representa a adaptação das regras jurídicas a uma nova realidade, gerando um novo tipo de regulamentação. Por desregulamentação identifica-se a ideia de eliminação de normas do ordenamento jurídico estatal que não mais se justificariam no contexto social, incentivando-se a autorregulamentação pelos particulares. Ambas, no entanto, quando apoiadas no pressuposto da necessidade de alterar as relações de trabalho, para fins de satisfação do interesse econômico, acabam se constituindo em meros instrumentos de redução dos custos do trabalho, mascarando-se tal intenção.[164]

Para alguns autores, a flexibilização é sinônimo de desregulamentação ou mesmo uma espécie do gênero desregulamentação. Barros identificou duas espécies de flexibilização: a heterônoma (quando imposta pelo Estado) e a autônoma (fruto da negociação coletiva).[165]

> A flexibilização no campo do trabalho, historicamente, tem sido uma reivindicação empresarial identificável com uma explícita solicitação de meno-

tecnológica, política ou social existentes na relação entre capital e o trabalho". In: MARTINS, Sergio Pinto. **Flexibilização das condições de trabalho.** 4. ed. São Paulo: Atlas, 2009.p. 21-25

163 KREIN, José Dari. **Debates Contemporâneos Economia Social e do Trabalho: As relações de trabalho na era do neoliberalismo no Brasil**. São Paulo: Ltr, 2013.p. 21

164 SOUTO MAIOR, Jorge Luiz. **A Fúria**. Disponível em: https://www.jorgesoutomaior.com/uploads/5/3/9/1/53916439/a_furia.pdf. Acesso em: 14.set. 2021.p.02

165 A"desregulamentação normativa" imposta unilateralmente pelo Estado (flexibilização heterônoma) é considerada por alguns doutrinadores como "selvagem". Em contrapartida a ela, sugere-se uma "regulamentação laboral de novo tipo", a qual pressupõe a substituição das garantias legais pelas garantias convencionais (flexibilização autônoma), com a primazia da negociação coletiva. Situa-se aqui a hipótese de redução salarial prevista na Constituição de 1988 (art. 7º, VI), mediante convenção ou acordo coletivo, como também de majoração da jornada de seis horas para turnos ininterruptos de revezamento, sempre mediante negociação coletiva (art. 7, XIV). A flexibilização traduz aqui uma forma de adaptação das normas trabalhistas às grandes modificações verificadas no mercado de trabalho." BARROS, Alice Monteiro de. Op.cit. p. 65.

res custos sociais e maior governabilidade do fator trabalho. Para a realização dessa identificação, reclama-se uma flexibilidade normativa, que poderá ser atingida sob o prisma legal, regulamentar e convencional, mas assegurando-se garantias mínimas ao empregado. (...) O fenômeno da flexibilização é encarado também sob o enfoque da "desregulamentação normativa", imposta pelo Estado, a qual consiste em derrogar vantagens de cunho trabalhista, substituindo-as por benefícios inferiores.[166]

Existem posições que sugerem a diferença entre desregulamentação e flexibilização. A primeira ocorre quando o Estado se isenta de elaborar norma de modo a deixar que a questão seja regulamentada totalmente pela autonomia privada. Em contrapartida, na flexibilização, o Estado atua normativamente, mas somente em um campo de proteção mínima, deixando uma margem de ação para a autonomia privada.[167]Em igual sentido remete Martins:

> Desregulamentar significa desprover de normas heterônomas as relações de trabalho. Na desregulamentação o Estado deixa de intervir na área trabalhista, não havendo limites na lei para questões trabalhistas, que ficam a cargo da negociação individual ou coletiva. (...)Na flexibilização, são alteradas as regras existentes, diminuindo a intervenção do Estado, porém garantindo um mínimo indispensável de proteção ao empregado.[168]

Para Nascimento, contudo, o termo desregulamentação é concernente ao Direito Coletivo e se caracteriza pelo afastamento do Estado na regulamentação do sindicato, de modo a permitir a liberdade plena da entidade.[169] Entretanto, na desregulamentação,[170] pretende-se estabelecer um

[166] BARROS, Alice Monteiro de. Op.Cit. p. 65

[167] SILVA, Reinaldo Pereira e. **O mercado de trabalho humano: a globalização econômica, as políticas neoliberais e a flexibilidade dos direitos sociais no Brasil**. São Paulo: LTr, 1998. p. 74.

[168] MARTINS, Sergio Pinto. **Flexibilização das condições de trabalho**. Op. cit. p.14

[169] NASCIMENTO, Amauri Mascaro. **Curso de Direito do Trabalho: história e teoria geral do Direito do Trabalho; relações individuais e coletivas do trabalho**. 15. ed. São Paulo: Saraiva, 1998.p. 126

[170] Varela e Galvão apontam dificuldades para delimitar o conceito de desregulamentação:"(...) "desregulamentação", palavra imprecisa, pois não necessariamente significa a supressão de regulamentos e leis, podendo, ao contrário, traduzir-se em novas leis que visam reconhecer juridicamente diferentes tipos de contrato e permitir a derrogação dos dispositivos

afastamento do Estado na regulamentação das condições de trabalho, de forma a facilitar a implementação de condições pífias e precarizantes de trabalho, afastando-se do ideário de trabalho decente. Portanto, a desregulamentação se identifica na atenuação da atuação do Estado na produção legislativa, amplificando a autonomia privada. Crepaldi traz ilação similar no tocante ao tema:

> Desregulamentar significa retirar as normas heterônomas das relações de trabalho, de tal forma que a vontade dos sujeitos é que estabelecerá s normas que devem comandar as suas relações, ou seja, é a extinção gradual de regras imperativas, com a consequente ampliação da liberdade de convenção.[171]

Em contrapartida, na flexibilização parte-se da norma heterônoma, mas procura trazer-lhe maior plasticidade, de maneira a permitir a sua adequação diante das alterações bruscas no tecido social que se projetam no bojo das relações trabalhistas. Em síntese, tanto na desregulamentação, como na flexibilização, o objetivo é impulsionar a autorregulamentação das condições laborais.[172]

Segundo Robortella, a flexibilização seria uma forma de o Direito do Trabalho se acomodar às rápidas oscilações sociais operadas na organização produtiva da empresa.[173] Nesse sentido, caminhou Souza ao afirmar que a flexibilização promove a atualização célere das leis de modo a acompanhar o ritmo das modificações mercadológicas.[174] Assim, a flexibilização se firma como instrumento de atenuação da rigidez normativa. Para Nascimento:

> Flexibilização do direito do trabalho é a corrente de pensamento segundo a qual necessidades de natureza econômica justificam a postergação dos direitos dos trabalhadores(...) a imposição pelo empregador das formas de contra-

anteriormente definidos, consagrando a perda de direitos," In. GALVÃO, Andreia e VARELA, Paula. **Sindicalismo e direitos.** In: Politeia: História e Sociedade. Vitória da Conquista, v. 11.p. 241-257 jan.-jun. 2011.p. 244

171 CREPALDI, Joaquim Donizeti. Op. cit. p.57

172 KREIN, José Dari; BIAVASCHI, Magda de Barros; **Brasil: os movimentos contraditórios da regulação do trabalho dos anos 2000** Cuadernos del CENDES. Universidad Central de Venezuela Caracas, Venezuela, vol. 32, núm. 89, maio-agosto, 2015, pp. 47-82. Disponível em: https://www.redalyc.org/articulo.oa?id=40344216004. Acesso e: 12.set.2020.p.48

173 ROBORTELLA, Luiz Carlos A. **O moderno Direito do Trabalho.** São Paulo.: LTR, 1997.p.97

174 SOUZA, Alexandre. M. **Proteção e flexibilização das normas.** Revista Visão Jurídica. V.50. São Paulo, 2010.p 67

tação do trabalho moldadas de acordo com o interesse unilateral da empresa, o afastamento sistemático do direito adquirido pelo trabalhador e que ficaria ineficaz sempre que a produção econômica o exigisse, enfim, o crescimento do direito potestativo do empregador.[175]

Importante observar que é inerente à própria ideia de flexibilização a participação sindical nesse processo. Portanto, alterações meramente bilaterais não se inseririam, *a priori*, no conceito de flexibilização. Isso acontece porque o direito de flexibilizar se escuda no princípio da autonomia privada coletiva, albergado no artigo 7º, inciso XXVI da CF. Somado a isso, o artigo 8º, inciso VI da Carta Magna obriga a participação do sindicato dos trabalhadores nas negociações coletivas justamente para garantir a isonomia das partes. Nesse sentido pontua Martins:

> (...) A flexibilização é feita com a participação do sindicato. Em certos casos, porém, é permitida a negociação coletiva para modificar alguns direitos, como reduzir salários, reduzir e compensar jornada de trabalho, como ocorre nas crises econômicas.[176]

Destarte, feitas essas ponderações, é plausível afirmar que a flexibilização deverá, ao menos no campo teórico e conceitual, proteger um núcleo rígido de direitos revestidos de indisponibilidade absoluta na medida em que se colocam como normas de ordem pública.[177]No plano conceitual, portanto, a flexibilização, ao considerar como norte o respeito ao patamar mínimo garantidor da dignidade humana, permite o exercício da autonomia privada na busca da harmonização entre direitos fundamentais e os anseios do capital.

Entretanto, ao explorar empiricamente as experiências flexibilizatórias, observa-se uma tendência de se impor como um instrumento de retirada

175 NASCIMENTO, Amauri Mascaro. **Curso de Direito do Trabalho**. 20. ed. São Paulo: LTr, 1997.p. 120

176 MARTINS, Sérgio Pinto. **Flexibilização das condições de trabalho**. Op. Cit. p. 27

177 "A flexibilização pressupõe intervenção estatal, mais ou menos intensa, para proteção dos direitos do trabalhador, mesmo que apenas para garantia de direitos básicos. Na flexibilização um núcleo de normas de ordem pública permanece intangível, pois sem estas não se pode conceber a vida do trabalhador com dignidade, sendo fundamental a manutenção do Estado Social. CASSAR, Vólia Bomfim. **Curso de Direito do Trabalho.** 11ª ed. São Paulo: Método, 2015. p. 82.

dos direitos sociais dos trabalhadores. Frequentemente, a doutrina associa o termo flexibilização à precarização, em razão de a negociação coletiva permitir, na prática, a restrição de direitos. Nesse sentido pontua Uriarte ao afirmar que "...de acordo com o conceito apregoado atualmente, flexibilização significa a possibilidade de derrogar direitos e benefícios. Por isso, o conceito ficou associado à precarização e a desregulamentação."[178]

A compreensão do conceito de precarização passa pela análise das mudanças experimentadas na forma de produção e na organização do trabalho. A partir de um primeiro olhar, a precarização se traduziria em uma atividade realizada sob condições inseguras, em que trabalhador é impedido do acesso pleno aos Direitos Humanos e Fundamentais. Ao compulsar o conceito de precarização no dicionário, emergem duas definições. A primeira identifica a precarização como um: "processo que torna algo precário, diminuindo sua qualidade e eficiência; ação de tornar precário, ineficiente, inseguro."[179] A segunda definição associa a precarização com as mudanças no mercado de trabalho que acarretam eliminação de direitos e garantias, levando a uma degradação das condições de trabalho.[180]

Considerando essas definições, é possível aferir que a precarização é um processo de afastamento e de redução dos Direitos Humanos e Fundamentais trabalhistas impulsionado pelas alterações no mercado de trabalho e na forma de prestação do serviço que se estrutura mais flexível e efêmera. Essa demanda, traçada pelo mercado, fomenta o aumento dos trabalhos mais flexíveis e passageiros como, por exemplo, os trabalhos temporários, informais e terceirizados.

Essa temporariedade do trabalho, que contribui para a precarização, também tem relação com a ideia de sociedade líquida. O afastamento do estável e da racionalidade social promovem a intensificação do superficial e do provisório, tornando a sociedade líquida. Essa nova lógica passa a influenciar a organização social, a economia, a política e as relações interpessoais. Nessa perspectiva, organiza-se uma flexibilidade quase que enrai-

178 URIARTE, Oscar Ermida. Op.cit.

179 **Dicionário Dício.**Op.cit.

180 "Conjunto de alterações relacionadas com o mercado de trabalho e com os trabalhadores, especialmente com a perda e/ou não garantia dos direitos trabalhistas e previdenciários estabelecidos pela lei, resultando numa piora das condições, qualificações e direitos do trabalhador". In: Ibidem.

zada. Essa conjuntura leva ao fortalecimento de um Direito do Trabalho líquido. [181]

Essa flexibilidade, que orienta a economia e reestrutura a sociedade, facilita a ruptura das formas de trabalho mais estáveis e padronizadas. Assim, o trabalho mais efêmero e inseguro passa a ser o predominantemente mais almejado.

Portanto, o trabalho precário consiste naquele executado à margem de um conjunto protetivo trabalhista, afastando-se da concretização dos direitos fundamentais e humanos. O trabalho precarizado se qualifica, nessa medida, pela redução de direitos e de garantias.

Antunes[182] caminhou no mesmo sentido ao verificar que o trabalho precarizado é fruto da sociedade contemporânea organizada a partir do neoliberalismo, da globalização e do avanço tecnológico. Essa conjectura permitiu o aprofundamento do desemprego estrutural, intensificando a mão-de-obra informal. Esses trabalhadores apartados do sistema protetivo são os precariados. O autor, ao tratar do precariado que desponta no século XXI, analisou que:

> (...)ao mesmo tempo que se amplia o contingente de trabalhadores e trabalhadoras em escala global, há uma redução imensa dos empregos; aqueles que se mantêm empregados presenciam a corrosão dos seus direitos sociais e a erosão de suas conquistas históricas, consequência da lógica destrutiva do capital que, conforme expulsa centenas de milhões de homens e mulheres do mundo produtivo (em sentido amplo) recria, nos mais distantes e longínquos espaços, novas modalidades de trabalho informal, intermitente, precarizado flexível", depauperando ainda mais os níveis de remuneração daqueles que se mantêm trabalhando.[183]

A partir da perspectiva de Antunes, é possível definir que a precarização é um processo de degradação dos Direitos Humanos e Fundamentais impulsionado pelas alterações nos modelos de produção e de organização

[181] Castelo, Jorge Pinheiro. **O direito do trabalho líquido: o negociado sobre o legislado, a terceirização e o contrato de curto prazo na sociedade da modernidade líquida**. São Paulo: Ltr, 2017. p. 54-60

[182] Antunes, Ricardo. **O privilégio da servidão: o novo proletariado de serviços na era digital**. São Paulo: Boitempo, 2018.p.25

[183] Antunes, Ricardo. **O privilégio da servidão: o novo proletariado de serviços na era digital**. Op. cit. p. 25

do trabalho desenhados a partir da globalização, do neoliberalismo e do crescimento tecnológico. Esse cenário, incentivou o surgimento de um novo subproletariado que são: "...os "terceirizados", subcontratados, part time, entre tantas outras formas assemelhadas, que proliferam em inúmeras partes do mundo".[184]

Diante desse novo panorama que emerge, é preciso repensar o objetivo da flexibilização e a função do poder negocial dos sindicatos. É evidente que na relação estabelecida entre trabalhador e empresa existem duas forças. A questão que se impõe é: por que a flexibilização tem sido manejada como instrumento de diminuição e retirada de direitos sociais?

Primeiramente, porque o poder da classe trabalhadora, em outras palavras, o próprio poder negocial do sindicato, tem sofrido um processo de ruptura, desde a criação sindical brasileira. Ademais, a crise econômica, aliada ao desemprego estrutural brasileiro, contribui para a redução do poder de negociação. Assim, a atuação sindical nas negociações se circunscreve a viabilizar a manutenção do emprego, ainda que sob o custo da estagnação e da dilapidação dos direitos sociais. Krein e Biavanschi, nesse diapasão, concluem após analisar as negociações trabalhistas:

> (...)movimentos contraditórios em meio aos quais foram viabilizadas algumas regulamentações que fortalecem a lógica da flexibilização, pari passu a outras que ampliam a tela da proteção social. O que se percebe, no entanto, é que em geral são medidas de caráter mais pontual, sem que alterações estruturais do arcabouço legal institucional se tenham efetivado, apresentando-se a organização dos trabalhadores mais com poder de veto e resistência às medidas colocadas na agenda desde os anos 1990, do que com efetivo protagonismo na ampliação do leque da proteção social. (...) Não é demais ressaltar que essas tendências contraditórias se deram em período em que o mercado de trabalho apresentou indicadores positivos, como: redução do desemprego, aumento da formalização e da renda dos assalariados, especialmente dos que estão na base da pirâmide social. Nesse sentido, as evidências empíricas não confirmaram as teses liberais dos anos 1990 que condicionavam a melhora do mercado de trabalho à alteração do arcabouço legal.[185]

[184] ANTUNES, Ricardo. **Os sentidos do trabalho: ensaio sobre a afirmação e a negação do trabalho.** São Paulo: Boitempo, 2009.p. 103-104

[185] KREIN, José Dari; BIAVASCHI, Magda de Barros.Op.Cit.p.48

Identifica-se, assim, o uso inadequado da flexibilização para, precipuamente, abrandar os direitos trabalhistas, reduzindo os custos da mão de obra para otimizar os lucros do empresário. A possibilidade de proteção dada ao trabalhador, portanto, é observada somente nas fontes estatais, na dimensão legislativa. Vieira examinou que a prática da flexibilização prejudica os trabalhadores, promovendo o que denomina de "negação dos direitos trabalhistas."[186] Para esse autor, a flexibilização foi ordenada por anseios políticos neoliberais, econômicos e tecnológicos e não pela lógica dos direitos sociais.

> No âmbito do Direito do Trabalho, a flexibilização pode ser definida como diminuição, eliminação, abrandamento, afrouxamento ou adaptação da proteção laboral clássica. Ela visa obter uma maior flexibilidade dos empregadores e dos empregados em face das dificuldades econômicas proporcionada pela crise mundial e também pelo fato de se considerar que a protetividade da legislação trabalhista impedir ou dificultar o crescimento econômico.(...) A redução das garantias trabalhistas, a despeito de asseguradas constitucionalmente, não serve de barreira quando a própria Constituição pode ser alterada em nome de mais vagas e mais empregos num projeto "modernizante" de extração neoliberal que atravessa a economia mundial. O que evidencia do enunciado acima é que a flexibilização tem o condão de "reparar" as dificuldades econômicas que o capitalismo tem passado, em outras palavras, a supressão de direitos trabalhistas seria, pois, um remédio necessário para que a economia globalizada tenha prosperidade, ou o lucro acima de tudo. [187]

Desta feita, a adoção do instrumento negocial opera uma ruptura dos direitos sociais ao mesmo tempo em que fragiliza a crença da essencialidade da normatização estatal mínima. Observa-se, portanto, que a flexibilização se alinha com a ideologia neoliberal que propugna pelo Estado mínimo, afastando o Estado social. Aqui reside o problema.

É certo que ao remover totalmente a atuação do Estado, o Direito do Trabalho passa a se comportar de acordo com a lógica do mercado. Esse processo traz uma ruptura na principiologia trabalhista, na medida em que o Direito Laboral se estruturaria a partir das oscilações da economia. Tal

[186] VIEIRA, Rogério Henrique. Op.Cit.

[187] Ibidem

situação gera uma sociedade cada vez mais desequilibrada e insegura na medida em que a flexibilização permitiria que a pessoa humana do trabalhador fosse concebida como mais uma peça na produção. Ora, segundo o Tratado de Versalhes,[188]bem como a Declaração de Filadelfia de 1944,[189]o trabalho não pode ser considerado como uma mercadoria, pois é inerente à condição humana.

As flutuações na economia e na dinâmica mercadológica não servem de argumento para a retirada de direitos, pois o Direito do Trabalho deve se guiar pela lógica inerente aos direitos sociais, qual seja, proteger a dignidade da pessoa humana. A partir do momento, em que se acolhe a retirada de direitos trabalhistas por meio da autonomia privada, os direitos sociais se submetem à regra de flutuação idêntica à que ocorre na economia e nos mercados.[190] Segundo Goldschmidt:

> A ideologia econômica neoliberal e o movimento da flexibilização dos direitos trabalhistas não guardam perfeita relação de adequação com a realidade social brasileira, porquanto esta é marcada por profundas desigualdades, fruto da injusta distribuição de renda, o que impõe que os particulares, em especial os empregados, não discutam as condições de trabalho em pé de igualdade material com seus empregadores. Esse fator justifica a forte intervenção do Estado nas relações entre o capital e o trabalho, como forma de garantir um leque de proteção jurídica ao trabalhador, indispensáveis para a manutenção e a promoção de sua dignidade.[191]

Essas instabilidades econômicas acabariam reverberando até mesmo na definição do que seria o núcleo rígido de direitos revestidos de indisponibilidade absoluta, como se observou na reforma trabalhista concretizada por meio da lei 13.467/2017. Para atender aos reclamos do capital, as reformas trabalhistas têm buscado um inesgotável recorte de direitos mínimos, aproximando-se da desregulamentação e da precarização do trabalho.

[188] **Tratado de Versalhes**. Disponível em: https://idi.mne.gov.pt/images/pdf/primeira-guerra/TVersailes.pdf. Acesso em: 30 set.2020

[189] **Declaração de Filadelfia**. Disponível em:https://www.dgert.gov.pt/declaracao-de-filadelfia. Acesso em: 23set.2021

[190] FILHO RAMOS, Wilson. **Direito Capitalista do Trabalho. Uma crítica ao modelo de relações de trabalho no Brasil**. Prelo, 2011.p. 346

[191] GOLDSCHMIDT, Rodrigo. **Flexibilização dos direitos trabalhistas**. São Paulo: LTR, 2009. p.205.

Há posições favoráveis ao uso da flexibilização, argumentando que haveria uma redução no desemprego, já que permitiria suavizar a sobrecarga financeira na folha de pagamento. Como a flexibilidade dos direitos trabalhistas traria maior poder competitivo, aumentaria os lucros empresariais. Somado a isso, defende-se que as negociações pactuadas trazem maior efetividade aos direitos fixados. Contudo, na Europa, as reduções nos níveis de proteção ao trabalho, bem como dos salários não conduziram ao aumento de emprego como se analisará à frente.[192]

Em contrapartida, existem opositores da flexibilização, discorrendo que ela acaba chancelando a redução de direitos sociais, aprofundando ainda mais as desigualdades e a exploração.[193] Ademais, na perspectiva brasileira, acordos bilaterais individuais ferem a igualdade das partes, pois não há um verdadeiro equilíbrio inerente a própria formação social entre as classes. O Brasil ainda é muito marcado pelas desigualdades de modo que as flexibilizações encetadas traduziriam em mais precarização e desequilíbrio.

Mesmo na perspectiva das negociações coletivas que, em tese, estabeleceria a isonomia das partes, a possibilidade de precarização se mantém. Isso acontece porque, como se deflui do próprio processo histórico de formação e criação dos sindicatos, a representatividade e o poder sindicais ainda são tíbios. Desta feita, ainda se mostra necessária a participação do Estado no processo normativo trabalhista. No mais, a própria pressão do desemprego contribui para o enfraquecimento do poder negocial. Nesse diapasão, analisa Meller:

> É muito simples pregar 'Livre Negociação' num ambiente como esse – marcado pelo desemprego, ou subemprego, a miséria, baixíssimos salários,

[192] MEDEIRQS, Ricardo. **Flexibilização e Modernidade: Vetores da Enfermidade Social.** In: RÜDIGER, Dorothee Susanne (Coord.). Tendências do Direito do Trabalho para o Século XXI. Globalização, Descentralização Produtiva e Novo Contratualismo. São Paulo: LTr, 1999.p. 244

[193] Eduardo Bittar insere as políticas defensivas de flexibilização na lógica capitalista, ao afirmar que "...são consequências da lógica capitalista que tem uma visão de mercado e de acumulação de lucro a qualquer custo. A precarização das condições de trabalho, a informalização das relações de trabalho, a flexibilização de normas trabalhistas, as adesões em massa a negociações coletivas falseadas, a terceirização, a intensificação da demanda por resultados, a pulverização da organização dos trabalhadores, entre outras medidas, são consequências diretas da lógica que vem imperando no mundo do trabalho, premido pelos conceitos e valores da era neoliberal e da histeria globalizante." BITTAR, Eduardo C. B. **Democracia, justa e direitos humanos: estudos de teoria crítica e filosofia do direito.** São Paulo: Saraiva, 2011.p. 196

> concentração de rendas, índices alarmantes de lucratividade. É muito simples porque um dos atores – enfraquecido, preocupado em preservar os empregos existentes e ameaçado pela instabilidade e pela imensa legião de desempregados (...) não tem qualquer possibilidade de sucesso, no sentido de implementar melhorias nas condições de vida e de trabalho dos seus representados.[194]

Para impulsionar a ideologia flexibilizante neoliberal, foram construídos alguns axiomas nos setores sociais, tendo em vista que a melhor forma de compelir os indivíduos a cumprirem e aceitarem um comando é convencê-los ideologicamente. Difunde-se, assim, a ideia de que o trabalhador não é subordinado à empresa, mas é um colaborador, afinal a empresa é de todos. Nesse sentido Beck, guiando-se pelo enfoque humano no processo da globalização, analisa que:

> O capitalismo inicial se firmou como exploração do trabalho; o de hoje se apoia na exploração da responsabilidade. Antigamente, os trabalhadores tinham que construir juntos o objetivo do trabalho; hoje, eles têm que construir o resultado do negócio. Antes, eles tinham apenas que trabalhar juntos, agora eles participam nos planos e nos riscos. Antes, eles estavam subordinados ao processo de produção como uma peça da engrenagem; agora, o processo de produção e subordinado ao seu engajamento. A sempre precária exploração alheia, que gera resistência, é substituída pela auto exploração sem limites.[195]"

Essa ideologia da cooperação do trabalhador na empresa é tratada por Gaulejac[196]. Ela nasce na classe média estadunidense que, orientando-se pelas bandeiras da liberdade e da independência, sintetiza o sonho americano no empreendedorismo. Gaulejac observa que essa realidade imprimiu uma nova ideologia ou, pelo menos a difundiu:

194 MELLER, Fernanda. **A flexibilização das normas trabalhistas como uma tendência atual e a integridade do trabalhador como aspecto fundamental da personalidade**. Disponível em< http://www.r2learning.com.br/_site/artigos/curso_oab_concurso_artigo_798_A_flexibilizacao_das_normas_trabalhistas>. Acesso em: 27dez.2021

195 BECK, Ulrich. **O que é Globalização? Equívocos do Globalismo, respostas a Globalização.** São Paulo: Paz e Terra, 1999.p. 261

196 GAULEJAC, Vincent. **Gestão como doença social: ideologia, poder gerencialista e fragmentação social.** 3ª ed. São Paulo: Ideias e letras, 2005. p. 10

> (...)constituía-se uma nova elite de gestores, profissionais liberais e técnicos devotados à grande empresa ou então de algum modo orbitando, dependente e vassalamente, em torno dela. A empresa, e suas necessidades, começam a ditar as prioridades, os valores e as margens ideais da nova subjetividade da classe média. E ancorada em uma dupla raiz: na dependência econômica dos indivíduos e, mais revelador, em sua dependência psíquica e social (empresa: lugar de pertencimento e espaço de convívio). Estavam lançadas as bases de gestão do último século(...). A sociedade gerenciada nada mais é do que um sistema que tem, no centro, o universo econômico, social e cultural ditado pela empresa.[197]

A prevalência do individual em detrimento do coletivo marca a sociedade atual. Florescem o senso de autonomia e o individualismo. Ao mesmo tempo em que se incentiva a competitividade, também se enaltece a habilidade de integração no grupo. Isso tem o condão de produzir o seguinte:

> O reposicionamento do Estado e o declínio das formas republicanas de gestão da cidadania (do estatuto do peso e da coletividade), com o progressivo domínio do vocabulário econômico fazem com que temas importantes da convivência coletiva sejam tratados a partir da linguagem da empresa. (...) Afirma-se hoje que o "ideal" é a combinação satisfatória entre cooperação e competição (...) o predomínio do grupo sobre o indivíduo- entenda-se aqui o predomínio do gueto organizacional sobre o indivíduo. Primeiro sinal dessa força do grupo sobre o indivíduo é a importância do pertencimento à empresa.[198]

Esse movimento experimentado na empresa repercute em todo o tecido social e em todos os aparelhos ideológicos do Estado.[199] Assim, avoluma-se a ideologia neoliberal flexibilizante, marcando uma diminuição do Estado diante do privado. Impõe-se uma ruptura de paradigmas institucionais e normativos. Para atender a esses escopos sociais e econômicos que emergem em escala global, a noção de Estado Nacional e o monismo normativo de Kelsen (estado com o monopólio normativo) começam a ruir. Jessop[200]

[197] GAULEJAC, Vincent. Op. cit. p.10-11

[198] Ibidem.p.16-17

[199] ALTHUSSER, Louis. Op. cit. p.68

[200] JESSOP, Bob. **A globalização e o Estado nacional.** Disponível em: https://www.ifch.unicamp.br/criticamarxista/arquivos_biblioteca/artigo39Artigo1.pdf. Acesso em: 20 mar.2021

observa uma tendência de desnacionalização do Estado com a sobrepujança das fontes normativas autônomas.

Os países de capitalismo periférico, como o Brasil, também recebem essas influências globais, sendo a eles praticamente impostas essas adaptações, ainda que internamente não tenham concretizado plenamente os direitos fundamentais mínimos.[201]

Diante desse cenário, irrompe a teoria do direito disruptivo. A tese do direito disruptivo informa que, hodiernamente, deflagra-se na sociedade uma instabilidade entre o velho e o novo, de modo que o Direito para acompanhar as rápidas transformações tecnológicas precisa romper com os paradigmas legalistas, estadistas e positivistas kelsenianos. Carbonier[202] analisa que a ciência do Direito, antes baseada em um raciocínio cartesiano e em certezas, passa a demandar por uma maior flexibilidade. Destarte, o Direito precisa se integrar nesse contexto global, normalizando a pluralidade normativa.

Desta feita, esses influxos econômicos, políticos e sociais impactam na própria concepção de Estado. O aumento de tratados internacionais de aplicação global, ocorrido a partir da segunda metade do século XX, evidencia um arrefecimento da atuação exclusiva do Estado na defesa dos direitos da pessoa humana, com uma preponderância do pluralismo das fontes.[203].

[201] "No que respeita aos países periféricos e semiperiféricos, as políticas de "ajustamento estrutural" e de "estabilização macroeconómica" – impostas como condição para a renegociação da dívida externa – cobrem um enorme campo de intervenção económica, provocando enorme turbulência no contrato social, nos quadros legais e nas molduras institucionais: a liberalização dos mercados; a privatização das indústrias e serviços; a desactivação das agências regulatórias e de licenciamento; a desregulação do mercado de trabalho e a "flexibilização" da relação salarial". In. SANTOS, Boaventura de Sousa. **Os processos da globalização**. Disponível em: https://www.eurozine.com/os-processos-da-globalizacao/?pdf. Acesso em: 10 abr.2021.

[202] CARBONNIER, Jean. **Flexible Droit. Pour une Sociologie du Droit sans Rigueur**. 10ª ed. Paris: EJA, 2001

[203] "O Estado pluralista é simplesmente um Estado onde não existe uma fonte única de autoridade que seja competente em tudo e absolutamente abrangente, isto é, a soberania, onde não existe um sistema unificado de direito, nem um órgão central de administração, nem uma vontade política geral. Pelo contrário, existe ali a multiplicidade na essência e nas manifestações; é um Estado divisível e dividido em partes." In. BOBBIO, Norberto; MATTEUCCI, Nicola; PASQUINO, Gianfranco. **Dicionário de política I**. Tradução Carmen C. Varriale et al.; Coord. tradução João Ferreira; rev. geral João Ferreira e Luis Guerreiro Pinto Cacais. 11. ed. Brasília : Universidade de Brasília, 1998. p. 928

Nesse sentido, Ferrajoli[204]e Chavellier[205] observam uma crise do Estado na perspectiva nacional na medida em que se amplifica o pluralismo das fontes, rompendo com a ideia de exclusividade da fonte normativa e, simultaneamente, delineia-se uma superposição de outros ordenamentos.

Häberle, seguindo essas mesmas premissas, defende a necessidade de se afastar a ideia de Estado autocentrado, diante desse contexto de profundas intersecções normativas internacionais. A partir dessa nova conjectura, Häberle propõe a concepção de um Estado Constitucional cooperativo mais aberto para a inserção de questões internacionais, atuando em plano transnacional. Portanto, a globalização mundial ressoa igualmente na perspectiva normativa, devendo se buscar mundialmente a concreção dos Direitos Humanos. Este novo Estado passa a se inspirar nas premissas de solidariedade e de cooperação[206].

Impõe-se, assim, o dever de se estabelecer uma profusão de políticas de flexibilização. Mais do que isso, observa-se uma tendência mundial em se adotar um sistema de flexibilização de normas. Diante desses, desdobramentos sociais, políticos, ideológicos e econômicos, o fenômeno da flexibilização trabalhista deverá se expandir cada vez mais.

O juízo de que a autorregulamentação do mercado traz o equilíbrio social, de modo que a presença do Estado na tutela dos direitos sociais se tornaria prescindível, é uma quimera. Quando se projeta a possibilidade de se obter um equilíbrio natural não significa sinônimo de igualdade, nem mesmo de equidade. Cardoso pondera nesse sentido:

> Diante do contexto da globalização e do neoliberalismo defende-se que o interesse nacional estaria assegurado se estabelecêssemos um Estado mínimo. (...) Afirma-se que a ausência de estado nas relações privadas possibilita que os agentes interessados e que interagem no mercado se autorregulam, produzindo seu equilíbrio natural. Entretanto esse equilíbrio não significa justiça ou isonomia e sim que haverá a construção de um ponto nessa tensão inerente ao mercado que possibilite a convivência, ainda que um saia derrotado

[204] FERRAJOLI, Luigi. **A soberania no mundo moderno**. São Paulo: Martins Fontes, 2002.p.27-32

[205] CHEVALLIER, Jaques. **Estado Pós-Moderno e Crise**. Belo Horizonte: Editora Fórum, 2009

[206] HÄBERLE, Peter **El Estado constitucional. Estudio introductorio Diego Valadés**. Traducción e índices Héctor Fix-Fierro. México: Universidad Autônoma de México, 2003. Disponível em: Acesso em: 03mai.2021

nesse jogo. Obviamente, na ordem natural das coisas sempre prevalecera o mais forte e haverá um equilíbrio natural nessa perspectiva.[207]

Trazendo na perspectiva do Brasil, que ocupa a periferia do capitalismo, o equilíbrio referenciado pelos neoliberais, traria um aprofundamento da desigualdade. Pois, a ideia de flexibilizar é orientada pelos interesses da nova economia global, relegando os direitos sociais em um segundo plano:

> Esse seria o interesse dos nacionais, subsumido ao interesse da nação por eficiência(...)a eficiência no mercado deixa de ser um interesse pátrio, cujas fronteiras possam ser claramente delimitadas. Numa associação de ideais nada difícil de rastrear, o que está em questão é o funcionamento do mercado enquanto tal. E, como o mercado destrói crescentemente as fronteiras...o interesse nacional se confunde com a ideia da eficiência do funcionamento do sistema como um todo...O discurso neoliberal opera uma clivagem entre o interesse nacional e o interesse dos nacionais justamente porque a eficiência de mercado como meta elege capitais apátridas como senhores dos projetos de organização social. A sobrevivência no novo capitalismo global confunde-se com a sobrevivência do novo capitalismo global.[208]

É preciso resgatar a genuína função da flexibilização a partir do seu conceito. Portanto, a flexibilização somente teria espaço para dirimir questões especificas e transitórias advindas dos contextos de crise e, ainda assim, deve se curvar às normas de ordem pública, salvaguardando o patamar mínimo garantidor da dignidade humana. O uso da flexibilização frequente com o fim precípuo de otimizar os lucros contribui para o aumento da precarização do trabalho.

2.2. A flexibilização da jornada e o papel do sindicato

Para compreender a exata extensão do papel negocial do sindicato, é mister tecer algumas considerações propedêuticas acerca da origem do poder sindical. Uma das primeiras entidades organizadas dotadas de poder normativo foi, indubitavelmente, o Estado. Assim, a análise do poder normativo do sindicato envolve a verificação da origem do poder estatal.

[207] CARDOSO, Adalberto Moreira. **A década neoliberal e a crise dos sindicatos no Brasil**.1ed.São Paulo: Boitempo editorial, 2003.p.96

[208] Ibidem.p.97

O Estado surge a partir do agrupamento social. Dallari[209] aponta algumas teorias explicativas sobre a origem do Estado. A mais aceita justifica a sua existência na complexidade da sociedade que passou a exigir um ente coordenador central. Nasce, assim, a concepção de poder político. Para que um agrupamento social seja estruturado como uma sociedade é preciso que coexistam três características: existência de finalidade/valor social, ordenação das manifestações sociais e poder social. A finalidade em um agrupamento é o bem comum.[210]

Para atingir a esse desiderato, é necessário ordenar as ações das pessoas. O Estado para promover a coordenação e a administração da sociedade, revestiu-se de poderes, entre os quais: o poder normativo. Assim, o Estado se impôs com hegemonia como centro de positivação do direito. As normas para cumprirem seu objetivo, obrigando as pessoas ao seu cumprimento, foram recobertas de coercibilidade.[211] Para tanto, houve a exigência de se fixar uma autoridade em um determinado território, envolvendo um determinado povo. Germina, assim, a noção de soberania.[212]

[209] Dallari ao ponderar as causas de surgimento do Estado cita: a necessidade humana; o anseio por dominação inerente ao ser humano; econômicas. In. DALLARI, Dalmo de Abreu. **O futuro do Estado.** São Paulo: Saraiva, 1972. p. 65-72.

[210] DALLARI, Dalmo de Abreu. **Elementos de teoria geral do Estado.** 2ª ed. São Paulo: Saraiva, 1998. p. 13

[211] "A unilateralidade da moral significa que suas normas, mesmo que reconhecidas por todos como desejáveis para a boa convivência, não estabelecem um relacionamento. Por este motivo, se alguém contraria um preceito moral geralmente aceito, não pode ser competido a proceder de outra forma, mesmo que incorra no desagrado de todos. Se, em lugar disso, a norma ofendida foi uma norma jurídica, a consequência é diversa, precisamente por causa da bilateralidade: ou a própria vítima da ofensa à norma, ou um terceiro poderão reagir para obrigar o ofensor a cumprir a norma violada ou a sofrer uma punição. Isto porque a norma jurídica, sendo bilateral, pressupõe sempre uma relação de direitos e deveres, ligando dois ou mais indivíduos. Para GARCÍA MÁYNEZ, quem conseguiu uma fórmula que resume admiravelmente essa distinção foi LEON PETRASISKY, ao qualificar como imperativas as normas da moral, enquanto que as normas de direito são imperativo-atributivas, porque ambas impõem comportamentos, mas só as normas jurídicas atribuem ao prejudicado ou a terceiro a faculdade de exigir o seu cumprimento ou a punição do ofensor." In: Ibidem p. 15

[212] "Externando com muita precisão essa concepção, MIGUEL REALE prefere denominá-la de política, embora acentuando que sua superioridade sobre as demais consiste justamente na circunstância de que só ela compreende e integra os conceitos sociais, jurídico e político do poder. Formula então o conceito de soberania como o poder de organizar-se juridicamente e de fazer valer dentro de seu território a universalidade de suas decisões nos limites dos fins éticos de convivência. Assim, pois, a soberania jamais é a simples expressão de um poder

No Estado Moderno se associava a soberania ao povo. É concebido o conceito de poder constituinte,[213] idealizado por Sieyès,[214] cujo titular é a nação. Portanto, o verdadeiro poder advém da organização social e da sociedade.

Como decorrência lógica, a função negocial do sindicato, fundada no exercício da autonomia privada coletiva, também tem seu poder fundamentado na organização do grupo dos trabalhadores e, portanto, na própria sociedade. Assim, não será possível a negociação se desviar da finalidade inerente a toda a sociedade, qual seja, a realização do bem comum. O mesmo ocorre quando a positivação emana do Estado. Nesse diapasão convergiu o artigo 5º da LINDB.[215]

Com a profusão da Globalização, do neoliberalismo e da tecnologia, ocorreu um abalo no monopólio e no domínio estatais. Cada vez mais a própria sociedade e os seus agrupamentos se incumbem de estabelecer a normatização, por meio do exercício da autonomia privada. A pluralidade normativa é algo que se impõe, tanto na perspectiva interna do Estado, quanto externa, com a difusão do Direito Internacional e dos Direitos Humanos.

Nesse sentido, o Direito do Trabalho, na dimensão das fontes normativas, adotou o pluralismo jurídico, contrapondo-se à teoria monista defendida por Hans Kelsen. A partir do momento em que se estabelece um rompimento do monopólio normativo estatal na dimensão normativa, eclode um viés político inerente às relações trabalhistas. Irrefragável que o sindicato, por meio da negociação coletiva, iluminada pelo princípio da

de fato, embora não seja integralmente submetida ao direito, encontrando seus limites na exigência de jamais contrariar os fins éticos de convivência, compreendidos dentro da noção de bem comum. Dentro desses limites o poder soberano tem a faculdade de utilizar a coação para impor suas decisões."In: Ibidem.p. 34

213 "Da própria noção de Constituição, resultante da conjugação dos sentidos material e formal, resulta que o titular do poder constituinte é sempre o povo. É nele que se encontram os valores fundamentais que informam os comportamentos sociais, sendo, portanto, ilegítima a Constituição que reflete os valores e as aspirações de um indivíduo ou de um grupo e não do povo a que a Constituição se vincula. A Constituição autêntica será sempre uma conjugação de valores individuais e valores sociais, que o próprio povo selecionou através da experiência." In: DALLARI, Dalmo de Abreu. **Elementos de teoria geral do Estado.** Op. cit.p.108

214 SIEYÈS, Emmanuel Joseph. **A Constituinte Burguesa**. Rio de Janeiro: Editora Lumen Juris, 4ª edição, 2001. p. 45-49

215 Art. 5º, do CC "Na aplicação da lei, o juiz atenderá aos fins sociais a que ela se dirige e às exigências do bem comum". In: BRASIL. Código Civil. Op.cit.

autonomia privada coletiva, reveste-se de força social e mesmo normativa. Nesse diapasão observa Romano:

> Toda força que seja efetivamente social e venha consequentemente organizada se transforma por esta mesma razão em direito (...) O Direito não pode ser somente a norma posta pela organização social, como frequentemente se afirma, mas é a organização social que, entre as suas outras manifestações, põe também a norma. Se é verdade que o caráter jurídico da norma é fornecido pelo poder social que a determina, ou ao menos, a sanciona, disto advém que este caráter deve ser encontrado já na instituição, que não poderia atribui-lo à norma se essa mesma já não o possuísse. A verdade é que o direito é, antes de tudo, instalação, organização de uma entidade social.[216]

A função negocial do sindicato tem seu esteio no princípio da autonomia coletiva da vontade, albergado no artigo 7º, inciso XXVI da CF. Nesse sentido, urge compreender os poderes inerentes a essa autonomia. O princípio da autonomia da vontade coletiva tem sua etiologia no liberalismo, pressupondo para o seu exercício a liberdade e a igualdade das partes. Destarte, a autonomia da vontade somente se realiza genuinamente em um horizonte estruturado na liberdade de escolha das condições da negociação coletiva. Nesse sentido observa Moraes Filho:

> Ainda dentro do princípio genérico da autonomia da vontade, distingue Henri de Page quatro princípios que servem de base ao direito de contratos do regime liberal: o princípio da autonomia da vontade; o princípio do consensualismo; o princípio da convenção-lei e o princípio da execução de boa-fé. Formam como que colunas, nas quais repousa todo o edifício, toda a concepção do conjunto, da teoria dos contratos. Critica ele o conceito que Demogue oferece de autonomia da vontade, excessivamente amplo; como merecedor de censura é o de Colin Capitant, que parece confundi-la com consensualismo. Autonomia da vontade, diz, é a liberdade que têm as partes de regularem, eles próprias, as modalidades e condições dos seus compromissos, escolhendo o seu objeto, sem exigência ou tutela legal. Inspiram-se unicamente em seus próprios interesses e dão como garantia os seus consentimentos recíprocos validamente empenhados(...)[217]

[216] ROMANO, Santi. **O Ordenamento jurídico**. Tradução por: Arno Dal Ri Júnior. Fundação Boiteux: Florianópolis, 2008.p.90 e 95

[217] MORAES FILHO, Evaristo de. **Estudos de Direito do trabalho**. São Paulo: Ltr, 1971.p. 204-205

A autonomia privada coletiva surge como importante instrumento democrático, pois, na sua essência, possibilita a concreção das vontades dos grupos sociais. Logo, é importante abordar os seus fundamentos. A autonomia privada coletiva deve ser verificada, tanto à luz da proposta de Bobbio[218], que a insere como poder derivado, quanto sob a perspectiva de Santi,[219] que a concebe como poder originário inerente à própria organização sindical. Norberto Bobbio estrutura seu raciocínio apoiado na hierarquia normativa kelseniana, enfatizando a necessária objetivação do Direito na criação de um ordenamento jurídico.

> Quando um órgão superior atribui a um órgão inferior um poder normativo, não lhe atribui um poder ilimitado. Ao atribuir esse poder estabelece os limites entre os quais este poder pode ser exercido. Assim, como o exercício do poder de negociação ou do poder jurisdicional são limitados pelo Poder Legislativo, o exercício do Poder Legislativo é limitado pelo poder constitucional.[220]

Walküre, ao investigar a teoria de Bobbio e Romano sobre a norma jurídica, verificou que "...o direito é uma instituição, entendida esta como uma sociedade ordenada e organizada."[221] Nesse sentido, observou que o Direito envolve a organização social, as interações entre os sujeitos e a regulação que é a mais importante para a composição da ordem jurídica[222]. Assim, o Direito não pode ser compreendido meramente sob a perspectiva da norma, porque se traduz na conjugação de fatores sociais e relacionais.

Por conseguinte, a admissão das fontes autônomas mostra que o Estado reconheceu que as organizações sociais, como os sindicatos, também possuem poder normativo.

A autonomia da vontade se distancia da autonomia privada na medida em que esta última possibilita que grupos organizados, como os sindicatos, elaborem suas próprias normas jurídicas, enquanto que a primeira marca

218 BOBBIO, Norberto. **Teoria do ordenamento jurídico.** Apresentação: Tércio Sampaio Ferraz Júnior. Trad: Maria Celeste C.J. Santos; rev.tec. Cláudio de Cicco. 6ª ed. Brasília: EdUNB, 1995.p.53

219 ROMANO, Santi. **O Ordenamento jurídico.** Op.cit.p.95

220 BOBBIO, Norberto. Op.cit. p.53

221 SILVA, Walküre Lopes Ribeiro da. Autonomia privada coletiva.**Revista da Faculdade de Direito da Universidade de São Paulo**.v. 102. jan./dez. 2007. p. 135-159.p. 136

222 SILVA, Walküre Lopes Ribeiro da. Op. cit.p.136-137

a vontade dirigida para a prática de um ato jurídico especifico.[223]Delgado realça as relevâncias da autonomia privada coletiva e da função do sindicato nas negociações:

> A importância da negociação coletiva trabalhista transcende o próprio Direito do Trabalho. A experiência histórica dos principais países ocidentais demonstrou, desde o século XIX, que uma diversificada e atuante dinâmica de negociação coletiva no cenário das relações laborativas sempre influenciou, positivamente, a estruturação mais democrática do conjunto social. Ao revés, as experiências autoritárias mais proeminentes, detectadas caracterizam-se por um Direito do Trabalho pouco permeável à atuação dos sindicatos obreiros e à negociação coletiva trabalhista, fixando-se na matriz exclusiva ou essencialmente heterônoma de regulação das relações de trabalho.[224]

Sobre autonomia privada coletiva, esclarece Manus:

> (...)autonomia privada coletiva, no âmbito do direito coletivo do trabalho, é o poder das entidades sindicais de auto-organização e auto-regulamentação dos conflitos de trabalho, produzindo normas que regulam as relações atinentes à vida sindical, às relações individuais e coletivas de trabalho entre trabalhadores e empregadores.[225]

A ruptura do monopólio estatal na regulamentação das relações de trabalho faz com que as funções negociais do sindicato se manifestem com força. Assim, impõe-se como primordial prestigiar, sobremaneira, a atuação sindical de modo a fomentar a solidariedade do grupo e a representatividade da classe trabalhadora. Nessa perspectiva, caminhou bem a Lei nº13.467/2017 ao estabelecer a representação dos trabalhadores na empresa, conforme se infere do artigo 510-A e seguintes da CLT.[226] A for-

[223] Amaral Neto, Francisco dos Santos. **A autonomia privada como princípio fundamental da ordem jurídica. Perspectivas estrutural e funcional**. Revista de informação legislativa: v.26, n.102. abr./jun. 1989. Disponível em: 2https://www2.senado.leg.br/bdsf/bitstream/handle/id/181930/000444811.pdf?sequence=1&isAllowed=y. Acesso em: 13 abr.2022

[224] Delgado, Maurício Godinho. Op. Cit. p. 1370.

[225] Manus, Pedro Paulo Teixeira. **Negociação coletiva de contrato individual de trabalho**. São Paulo: Atlas, 2001.p. 101

[226] "Art. 510-A. Nas empresas com mais de duzentos empregados, é assegurada a eleição de uma comissão para representá-los, com a finalidade de promover-lhes o entendimento direto com os empregadores. In: BRASIL. **Consolidação ads leis do trabalho**. Op. cit.

mação de comissão nas empresas, alinha-se a uma tendência mundial identificada, por exemplo, no direto francês, com o advento do *Comité Social et Économique* (CSE)[227]. Moraes Filho já tratava dessa propensão:

> A penetração do sindicato na empresa será inevitável, não como órgão de luta e de rixas, de pura reivindicação, mas de controle e de convivência. Está a segunda tendencia do Direito coletivo do Trabalho: modifica-se a maneira de ser e de viver do pessoal da empresa, constituída de coisas e de pessoas, e, entre estas, incluem-se os trabalhadores e seus órgãos globais de classe, os sindicatos. Passam a ser também sujeitos da produção, e não meramente objetos ou coisa, como peças do aparato tecnológico...A terceira tendência, também já presente nos dias de hoje, consiste na elaboração do regulamento interno da empresa ou do estabelecimento, que, de unilateral mediante decreto patronal, passa a ser convencional, decorrente da celebração de uma rede de convenções coletivas de trabalho, adaptáveis a cada empresa, em seus pormenores, segundo suas necessidades e natureza.[228]

O reconhecimento do poder normativo sindical se harmoniza com os desideratos da democracia. O monopólio estatal normativo confessa um absolutismo. A verdadeira e genuína regulamentação trabalhista precisa ser gestada nos meandros na empresa e das relações de trabalho. Entretanto, segundo Moraes Filho é necessário que haja um diálogo entre empresa e sindicato orientado pela solidariedade entre os trabalhadores, sob um cenário que assegure, de fato, a liberdade sindical:

> Não alcançamos a mesma felicidade da Itália, da Alemanha, da França, da Espanha e de Portugal, que tiveram expressamente revogada a antiga legislação corporativo-fascista, partindo ab ovo para a nova vida democrática, de Estado de direito. Vivemos nos mesmos quadros legais, com enquadramentos sindical, contribuição sindical obrigatória, intervenção ministerial nos sin-

[227] BORGES, Camila de Oliveira. **O diálogo social na França após sua reforma trabalhista**. In: O Direito do Trabalho em Evolução no Brasil e na França. Aspectos Atuais do Direito Material, Processual e Coletivo. Coords. MALLET, Estevão e SANTOS, Enoque Ribeiro dos Org. Barbosa, Felipe de Mello e Colnago, Lorena de Mello Rezende Colnago. Publicação OAB/ESA, 2020. Ebook.

[228] MORAES FILHO, Evaristo de. **Tendências do direito coletivo do trabalho**. Disponível em: https://bvemf.files.wordpress.com/2014/08/tendencias_do_direito_coletivo_do_trabalho.pdf. Acesso em: 18 jun.2021. p. 36

> dicatos, controle estatutário e da própria assembleia, fomentação de falsos líderes(...) E sem liberdade sindical, não pode existir um verdadeiro e autentico direito coletivo do trabalho, que encontra nos sindicatos seus sujeitos de direito coletivo do trabalho, e seus agentes dinâmicos. Sem liberdade sindical não há democracia possível, não há Estado de Direito.[229]

A liberdade sindical se coloca como o mais expressivo valor na medida em que somente por meio dela será possível alcançar a igualdade e, consequentemente, manifestar a justiça social.[230] A justiça social deve iluminar as ações dos diferentes centros de poder da sociedade. Como a realização da justiça social é sinônimo de isonomia, a sua concretização tão-somente ocorrerá em um contexto de liberdade dos trabalhadores.[231]

Por isso, não se pode validar a construção de uma narrativa que pretenda legitimar a atuação sindical na contramão dos direitos sociais trabalhistas, restringindo o exercício de sua autonomia privada coletiva. O que se almeja, paradoxalmente, é reconhecer o papel político do sindicato, mas permitir a sua atuação em prol do capital o que contribui para o enfraquecimento da classe trabalhadora.

Acemoglu e Robinson, orientando-se pelas ideias liberalistas,[232] afirmam que: a liberdade de cada indivíduo poderá ser realizada, mediante o diálogo do poder estatal com as organizações sociais (poder estatal x poder social). A liberdade estaria nesse equilíbrio entre Estado e a participação

[229] MORAES FILHO, Evaristo de. **Direito do Trabalho no Estado de Direito.** Discurso proferido na VII Conferencia Nacional da Ordem dos Advogados do Brasil. Curitiba, 1978

[230] "Como, pois, seria desarrazoável prover a uma classe de cidadãos e negligenciar a outra, torna-se evidente que a autoridade pública deve também tomar as medidas necessárias para salvaguardar os interesses da classe operaria. Se ela faltar a isto, viola a estrita justiça que quer a cada um seja dado o que lhe é devido. A este respeito santo Tomás diz muito sabiamente: Assim, como a parte e o todo são de certo modo uma mesma coisa, assim o que pertence ao todo, pertence de alguma sorte a cada parte(...) "A ideia de igualdade, não raro, confunde-se com a da justiça. Não a ideia da igualdade formal, individualista, liberal, da igualdade de todos perante a lei. O que importa é a igualdade real, concreta, de iguais oportunidades para todos. Aquela primeira igualdade, meramente de tratamento, tinha em vista a abolição de privilégios da nobreza. Hoje em dia, no entanto, consiste ela em diminuir as desigualdades no entre os membros da mesma sociedade." In: MORAES FILHO, Evaristo de. **Justiça social e direito do trabalho**. Conferência Nacional do OAB. Florianópolis, 1982.p.08-09 e 19

[231] MORAES FILHO, Evaristo de. **Justiça social e direito do trabalho**. Op. cit.p.27-28

[232] ACEMOGLU, Daron e ROBINSON, James. **The Narrow Corridor: States, Societies, and the Fate of Liberty**. New York: Penguin Publishers, 2019

social. Essa compreensão marca a importância de as forças do estado e da sociedade atuarem em harmonia, procurando equilibrar as diversas demandas sociais. Segundo os autores, o pluralismo inerente a democracia traz a liberdade e o real crescimento da nação.

Nesse sentido, é relevante compreender a extensão desse poder normativo reconhecido ao sindicato. É certo que no momento em que se impõe uma restrição legal na atuação sindical, procurando imprimir uma lógica pautada na retirada de direitos trabalhistas, arrefece-se o princípio da autonomia privada coletiva albergado no artigo 7º, XXVI da CF.

Segundo Viana,[233] o movimento coletivo nasce no próprio sistema capitalista, a partir do crescimento industrial e da união dos trabalhadores nas fábricas. Desde os primórdios, o Estado e os demais atores sociais identificaram a força do poder da classe obreira e procuraram limitá-la. É inerente ao próprio nascimento do sindicato a busca da realização dos interesses da classe operária e dos direitos sociais, pois a origem do sindicato se assenta nos desequilíbrios produzidos pelo sistema capitalista liberal. Porém, no momento em que desponta o poder de classe articulado, procura-se contê-lo, alinhando-o aos desejos do capital. Inicia-se, assim, uma tentativa de refrear as organizações sindicais.[234]

Portanto, no auge da ideologia liberal, no século XIX, observa-se um movimento contraditório. Embora se valorizasse a autonomia privada e a autorregulamentação do mercado, resistia-se às uniões da classe operária. Observa-se uma constante tentativa de abafar o poder das classes obreiras. Esse movimento antagônico favorece o enraizamento das desigualdades sociais. Isso ocorre porque o que torna uma sociedade pluralista é a forma como é feita a distribuição do poder. Havendo uma restrição nessa divisão, haverá regimes absolutistas. De outra senda, se a repartição de poder for ampla entre os organismos sociais haverá o pluralismo que, associado à existência de uma centralização política, viabiliza a concreção de economias mais inclusivas.[235]

> Vamos nos referir a instituições políticas suficientemente centralizadas e pluralistas como instituições políticas inclusivas. Em caso de falha em uma

[233] VIANA, Márcio Tulio. **O sindicato e a proteção ao emprego**. Em: Direito Coletivo do Trabalho em uma Sociedade Pós-Industrial. Coords: VIDOTTI, Tárcio José; GIORDANI, Francisco Alberto da Motta Peixoto. São Paulo: Ltr, 2003.p.353

[234] MORAES FILHO, Evaristo de. **Estudos de Direito do trabalho**. Op. cit. p.22

[235] ACEMOGLU, Daron; ROBINSON, James. Op.cit.

> dessas condições, vamos chamá-las de instituições políticas extrativistas. Há uma forte sinergia entre as instituições econômicas e políticas. As instituições políticas extrativistas concentram poder nas mãos de uma pequena elite e impõem poucas restrições ao exercício de seu poder. As instituições econômicas são então, em geral, estruturadas por essa elite, de modo a extorquir recursos do restante da sociedade. (...) As instituições políticas inclusivas tenderiam a erradicar as instituições econômicas que expropriam recursos da maioria, erguem barreiras alfandegárias e suprimem o funcionamento dos mercados de modo que apenas uns poucos deles se beneficiam(...).[236]

O poder do sindicato emerge espontaneamente da própria coletividade dos trabalhadores, identificando-se, portanto, na própria classe obreira. Diante das condições nocivas de trabalho, os trabalhadores naturalmente se unem, reivindicando direitos inerentes à sua condição humana. Nesse contexto conflituoso desabrocha o poder sindical. Moraes Filho elucida com propriedade esse movimento:

> E dessas agitações, enquanto o estado não se decidia definitivamente a intervir, enquanto não se modificava a mentalidade das classes dirigentes, iam os operários patrões ultimando entre si verdadeiras convenções coletivas de trabalho. Eram acordos coletivos que surgiam espontaneamente, fora da legislação do Estado, trazendo paz, pelo menos momentaneamente, para as classes produtoras. Mas esses acordos, verdadeiras fontes de direito fora da legislação, não podiam ficar suspensos no espaço...já constituíam quase que uma regulamentação profissional, com suas formas rígidas, bem estruturadas, à margem das leis comuns.[237]

Diante da constatação dessa força social coletiva paralela, o Estado fora compelido a reconhecê-la. Nesse contexto, são delineadas as primeiras linhas do poder normativo sindical. Esse poder organizado regulamentador se apresentou como o genuíno direito operário na época.[238]

[236] Ibidem

[237] MORAES FILHO, Evaristo de. **Tratado elementar de direito do trabalho**.V.1. São Paulo: Livraria Freitas Bastos, 1960.p.74

[238] "E o Estado teve de reconhecê-las, e, em muitos casos, de incorporá-las à sua legislação oficial. Teve o Estado, soberano e absoluto, de aceitar uma outra fonte de direito, fora de seus quadros administrativos. Eram os grupos corporativos que faziam, de certo modo, a sua

Portanto, o poder negocial do sindicato adveio da própria sociedade, por meio das interações dos grupos no âmago das relações de trabalho. Assim, o reconhecimento do pluralismo das fontes trabalhistas ocorreu não por simples imperativo legal, mas por imposição e demanda da sociedade e das organizações intrassociais. O poder sindical foi demarcado, portanto, em um contexto liberal.

Contudo, a partir da verificação histórica, é possível identificar a existência de grandes lutas para reconhecimento do poder sindical, já que inicialmente era rechaçado. Após as Revoluções Francesa e Industrial está firmado o Estado liberal cujo mote era a sobrepujança da autorregulação em detrimento da atuação estatal. Nessa fase eram proibidas as organizações coletivas, conforme a lei Chapelier.[239]

Na Inglaterra, em 1800, o "Combination Act", em nome da garantia da liberdade do comércio impediu as associações, afirmando ser incompatíveis as liberdades sindical e econômica. A proibição ao direito de associação se fundamentava no direito de liberdade contratual.[240] No final do século XIX, paulatinamente, inicia-se o reconhecimento sindical. Em 1864, a França afasta o crime de sindicalização. Na Inglaterra, a partir de 1824, os "Combinations Acts" permitiram a liberdade sindical, desde que sem violência. E por último, adveio uma legislação protegendo e reconhecendo o Direito Sindical, mediante o "Trade Union Act."[241]

Com o declínio do Estado liberal, é inaugurado um processo de promoção da consciência de classe operária, de modo a possibilitar a formação e a difusão de movimentos coletivos. São estabelecidos os primeiros contornos dos direitos sociais de greve e da negociação coletiva.[242]

própria lei corporativa...Este direito não estatal de dominação constitui o verdadeiro direito operaria dos primeiros tempos do capitalismo. À forma hierárquica do direito não estatal sucede a forma coletiva do contrato de trabalho".In: Ibidem.p.74-75

239 A Lei de Le Chapelier fora aprovada com a Revolução Francesa, em 14 de junho de 1791. Proibia sindicatos, greves e manifestações de trabalhadores.

240 CHIARELLI, Carlos Alberto. **O Trabalho e o sindicato: evolução e desafios** LTr, 2005.p.150

241 Ibidem.p.150-151

242 Segundo Moraes Filho, os primeiros agrupamentos de trabalhadores com aspectos associativos e reivindicatórios foram identificados na Liga Operária de 1870, bem como na União Operária de 1880. In: MORAES FILHO, Evaristo de. **O problema do sindicato único no Brasil.** Rio de janeiro, 1952.p. 182

A partir da investigação dos primeiros movimentos sindicais, é encontrado o denominado sindicalismo revolucionário.[243] No século XIX, observa-se um aumento nos agrupamentos de classe, começando na Inglaterra em 1824. A partir do ano seguinte, verifica-se uma propagação pela Europa.[244] Contrapondo-se ao sindicalismo revolucionário e com ele coexistindo, emerge a corrente sindicalista reformista[245] que se orientava pela busca de melhorias para os trabalhadores, sem se opor ao sistema capitalista. Procuravam estabelecer negociações com os governos e patrões em busca de leis protetivas.[246] Sobre as influências ideológicas dos movimentos sindicais, Viñe pontua:

> El cuanto al movimiento obrero, los primeros ejemplos organizados cabe situarlos em el primer tercio del siglo XIX, em los que se combinas acciones violentas, como el ludismo o la aparición de un ideario utópico y socialista, cuyos ejemplos más relevantes son, em Francia, Charles Fourier, fundador de las comunidades de trabajo o falansterios o Proudhon, em Rusia, Bakunin, fundador de la Alianza Internacional de la Democracia Socialista y fundador de lo que se denominará anarquismo colectivista o em Reino Unido, Robert Owen, defensor del asociacionismo organizado em cooperativas de producción, Friedrich Engels o Karl Marx.[247]

[243] As ideologias que iluminavam os movimentos revolucionários eram as socialistas e anarquistas. Questionavam o próprio capitalismo, objetivando a queda da burguesia. "Os sindicalistas anarquistas, que, coincidindo com os sindicalistas revolucionários, também negavam a luta política e enfatizavam a importância e a exclusividade dos sindicatos no processo de emancipação da sociedade. Além do sindicalismo revolucionário, precursor do anarquismo, existe o sindicalismo anarquista. Este último, semelhante ao revolucionário, além de negar a luta política, defendia a exclusividade dos sindicatos no processo de emancipação da sociedade, na construção da sociedade anarquista baseada na autogestão e na negação de qualquer forma de administração estatal. Bakunin, Proudhon, Kropotkin e Malatesta foram os principais teóricos dessa corrente". In: DIAS, Antônio Carlos. **A história das organizações sindicais**. Disponível em: https://www.arcos.org.br/artigos/a-historia-das-organizacoes-sindicais/. Acesso em: 20 abr.2021

[244] TEODORO, Luiz Claudio de Almeida. **A reforma trabalhista no governo Temer: Inspiração neoliberal e o desmanche dos direitos sociais**. Revista Serviço Social em Perspectiva. Edição Especial. Montes Claros, 2018.p.581

[245] "A corrente reformista, com origem no trade-unionismo inglês, se opõe à atuação revolucionária do proletariado. Pretende uma simples melhora da situação dos trabalhadores. O maior exemplo dessa corrente é o sindicalismo norte-americano. Nega a luta de classes e se limita a uma estreita defesa dos interesses corporativos." DIAS, Antônio Carlos. Op.cit.

[246] TEODORO, Luiz Claudio de Almeida. Op. cit.p.582

[247] Tradução livre: No que diz respeito ao movimento operário, os primeiros exemplos organizados situam-se no primeiro terço do século XIX, em que se combinam ações violentas,

Cada agrupamento de trabalhadores era marcado por uma filosofia específica. Essas convicções dos grupos contribuíram para o desenho das funções do sindicato. Dias analisa que, embora as funções dos sindicatos se matizem de acordo com a ideologia que conduz o movimento, de um modo geral, pode se afirmar que o sindicato sempre se relaciona "... à noção de defesa com justiça de uma determinada coletividade. É uma associação estável e permanente de trabalhadores que se unem a partir da constatação e resolução de problemas...comuns."[248]

O movimento sindical e de classes, que conduziu a criação do Direito Sindical, ganha força com a Revolução Industrial, diante do movimento imigratório de trabalhadores para as fabricas. Pochmann observa:

> Antes de se tornar dominante, o modo de produção capitalista, a presença de sindicatos no Brasil era escassa, salvo na forma das sociedades de trabalhadores em montepios e cooperativas beneficentes, mutualistas, educativas e culturais registradas durante o Império. Isso porque numa sociedade agrária, cuja economia sustentava-se no trabalho escravista, dominada por latifúndios de exploração para o mercado externo de produtos primários, a população livre era reduzida e dispersa em pequenos arquipélagos no território nacional. Com o ingresso dos imigrantes brancos europeus que substituíram o contingente de escravos negros africanos, as ideias de sindicalismo trazidas de fora começaram a ganhar alguma expressão no país predominado pelo agrarismo em pleno século XIX, sobretudo com a abolição da escravatura.[249]

como o ludismo ou o aparecimento de uma ideologia utópica e socialista, cujos exemplos mais relevantes são, em França, Charles Fourier, fundador das comunidades de trabalho ou falanstérios ou Proudhon, na Rússia, Bakunin, fundador da Aliança Internacional da Democracia Socialista e fundador do que será chamado de anarquismo coletivista ou no Reino Unido, Robert Owen, defensor do associacionismo organizado na produção cooperativas, Friedrich Engels ou Karl Marx. In:VIÑA, Jordi Garcia. **Derecho Sindical: cuestiones actuales em Espanã**. Lisboa: Editorial Juruá, 2013.p.20

248 Por exemplo "O sindicalismo cristão, sem romper com a concepção reformista, se inspira na encíclica Rerum Novarum de Leão XIII, de 1891. Atribui ao capitalismo a necessidade de desenvolver sua função social, tornando-o um sistema justo e equitativo. Importante lembrar que na mencionada encíclica o papa Leão XIII trata de questões levantadas durante a revolução industrial e as sociedades democráticas no final do século XIX. Leão XIII apoiava o direito dos trabalhadores de formarem sindicatos, mas rejeitava o socialismo e defendia os direitos à propriedade privada. Discutia as relações entre o governo, os negócios, o trabalho e a Igreja". DIAS, Antônio Carlos. Op. cit.

249 POCHMANN, Márcio. **Mundo do trabalho e organização dos trabalhadores**. In: Brasil: incertezas e submissão? São Paulo: Fundação Perseu Abramo, 2019.p.301

Com o reconhecimento do sindicato, o Estado inicia um processo de associação com a classe trabalhadora, procurando estabelecer uma cooperação entre ambos. Ao mesmo tempo em que se reconhece o poder sindical, o Estado busca "controlá-lo" de alguma forma. Essa abertura ao poder normativo sindical, mediante o reconhecimento do pluralismo das fontes, promove uma alteração na concepção do Estado. Observa-se, em certa medida, uma diluição da soberania, já que toda associação possui uma autoridade destacada do Estado:

> Embora moderado, reconhece Fourniére que o regime de associação modificou a estrutura do estado, e esta modificação não é uma operação do espírito, e sim um fenômeno observável em seus elementos constitutivos e cuja direção nesse sentido é igualmente observável (...) partindo desse pressuposto de que o Estado é uma associação, embora única em sua espécie, mas semelhante às demais, desaparecem as ideias místicas de soberania. (...) Toda a associação de qualquer magnitude tem graus de autoridade e controle análogos aos do Estado.[250]

O sindicato, destarte, desponta como verdadeira estrutura revestida de poder que caminha ao lado do Estado na busca da realização do bem comum. Diante disso, a única forma encontrada para refrear a força da classe obreira, foi reconhecer a autonomia privada coletiva, mas ao mesmo tempo não permitir a sua liberdade plena:

> A verdade é que, no momento em que o Estado passa a reconhecer a existência normal e legal do sindicato, dando-lhe garantais para o seu pleno funcionamento...é logico também que possa, ele próprio, traçar os limites dessa autonomia sindical. Daí não poder a mesmo ser a mais absoluta possível, como pretendem alguns. Em todos os países do mundo aparecem na legislação positiva esses limites de autonomia sindical. Mais autônomos são os sindicatos nos países tradicionalmente democráticos, já que a tarefa da democracia consiste exatamente em conseguir justo entrosamento dos sindicatos no estado, sem que desapareça a vida autônoma de ambos.[251]

[250] "Mesmo que se deixem de lado as diferentes manifestações ideológicas, o fato aí está: modifica-se a estrutura intima do Estado contemporâneo, ao contato com essas novas formas de organização coletiva. Há, numa mesma coletividade, um verdadeiro pluralismo de ordenamentos jurídicos. Não pode mais subsistir o clássico Estado monista, centralizador absoluto e detentor único do poder de manifestar normas de direito." MORAES FILHO, Evaristo de. **O problema do sindicato único no Brasil.** Op. cit.p.125-127;129-130 e 133-134

[251] Ibidem.p. 137

Nos primórdios do século XX, as organizações de trabalhadores eram estabelecidas a partir de operários imigrantes guiados pelas ideologias anarquista, socialista, sindicalista, cooperativista e anarcossindicalismo. No Brasil, o sindicalismo se desenha sob a orientação dos valores corporativistas que se espraiaram com a queda do liberalismo e com a deflagração do Estado de bem-estar social.[252] Sobre a ideologia que permeou o processo de reconhecimento dos sindicatos no Brasil Galvão e Varela esclarecem:

> O corporativismo compreende um conjunto de práticas e arranjos institucionais destinados a vincular os interesses da "sociedade civil" com as estruturas de decisão do Estado. As formas assumidas pelo corporativismo variam conforme o agente que detém a iniciativa da criação das organizações que representam interesses. Diferentemente do corporativismo estatal, no corporativismo societal (ou neocorporativismo) as organizações não são criadas por iniciativa do Estado, mas provêm da própria sociedade. Porém, também neste caso o Estado desempenha um papel de controle, posto que é ele quem reconhece e autoriza o funcionamento das organizações, podendo limitar a concorrência entre elas.[253]

No Brasil, somente a partir de 1903, foi permitida a coalisão de trabalhadores rurais por meio do Decreto n. 979.[254]Em 1907, foi consentida a associação de trabalhadores urbanos, por meio do decreto nº 1.637.[255] No início de 1929, presencia-se um grande crescimento do movimento sindical brasileiro. O Estado já procura refreá-lo, estabelecendo diretrizes regulamentadoras. Em 1931, advém o Decreto nº 19.770 que, embora reconhecesse o direito de associação, trouxe uma política organizacional sindical baseada na cooperação do Sindicato com o Estado:

252 Pochmann, Márcio. Op.cit.p. 302

253 Galvão, Andreia e Varela, Paula. Op.cit.p. 242

254 Art. 1º do referido decreto: "É facultado aos profissionais da agricultura e industrias ruraes de qualquer genero organizarem entre si syndicatos para o estudo, custeio e defesa dos seus interesses."In: BRASIL. **Planalto.** Disponivel em: http://www.planalto.gov.br/ccivil_03/decreto/antigos/d0979.htm. Acesso em: 28 out.2021

255 Art. 1º E' facultado aos profissionaes de profissões similares ou connexas, inclusive as profissões liberaes, organizarem entre si syndicatos, tendo por fim o estudo, a defesa e o desenvolvimento dos interesses geraes da profissão e dos interesses profissionaes de seus membros.In: BRASIL. **Câmara legislativa**. Disponível em: https://www2.camara.leg.br/legin/fed/decret/1900-1909/decreto-1637-5-janeiro-1907-582195-publicacaooriginal-104950-pl.html. Acesso em: 28 out.2021

> Art. 1º Terão os seus direitos e deveres regulados pelo presente decreto, podendo defender, perante o Governo da Republica e por intermedio do Ministerio do Trabalho, Industria e Commercio, os seus interesses de ordem economica, juridica, hygienica e cultural, todas as classes patronaes e operarias, que, no território nacional, exercerem profissões identicas, similares ou connexas, e que se organisarem em sindicatos, independentes entre si, mas subordinada a sua constituição ás seguintes condições: a) reunião de, pelo menos, 30 associados de ambos os sexos, maiores de 18 annos; b) maioria, na totalidade dos associados, de dois terços, no minimo, de brasileiros natos ou naturalisados; c) exercício dos cargos de administração e de representação, confiado á maioria de brasileiros natos ou naturalisados com 10 annos, no mínimo, de residencia no paiz, só podendo ser admittidos estrangeiros em numero nunca superior a um terço e com residencia effectiva no Brasil de, pelo menos, 20 annos; d) mandato annual em taes cargos, sem direito a reeleição; e) gratuidade absoluta dos serviços de administração, não podendo os directores, como os representantes dos syndicatos, das federações e das confederações, accumular os seus cargos com os que forem remunerados por qualquer associação de classe; f) abstenção, no seio das organisações syndicaes, de toda e qualquer propaganda de ideologias sectarias, de caracter social, politico ou religioso, bem como de candidaturas a cargos electivos, extranhos á natureza e finalidade das associações.[256]

Na mesma linha, em 1934, fora estabelecido o Decreto nº 24.694,[257] que seguiu com as bases do corporativismo. A Constituição de 1937[258] e o Decreto nº 1.402/1939[259] reconheciam somente o sindicato aprovado

[256] BRASIL. **Planalto.** Op.cit.

[257] "Art. 2º Consideram-se os sindicatos como órgãos: a) de defesa da respectiva profissão e dos direitos e interesses profissionais dos seus associados; b) dé coordenação de direitos e deveres recíprocos, comuns a empregadores e empregados, e decorrentes das condições da sua atividade econômica e social; c) de colaboração, com o Estado, no estudo e solução dos problemas que, direto ou indíretamente, se relacionarem com os interêsses da profissão...". In: BRASIL. **Planalto.** Op. cit.

[258] Art 138 da CF de 1937: A associação profissional ou sindical é livre. Somente, porém, o sindicato regularmente reconhecido pelo Estado tem o direito de representação legal dos que participarem da categoria de produção para que foi constituído, e de defender-lhes os direitos perante o Estado e as outras associações profissionais, estipular contratos coletivos de trabalho obrigatórios para todos os seus associados, impor-lhes contribuições e exercer em relação a eles funções delegadas de Poder Público.

[259] Art. 2º Somente as associações profissionais constituídas para os fins do artigo anterior e registradas de acordo com o art. 48 poderão ser reconhecidas como sindicatos e investidas

pelo Estado. Portanto, os sindicatos eram praticamente um *langa manus* do governo. Apesar de ser admitida a autonomia privada coletiva, a autorização do Estado a condicionava. Nesse sentido analisa Romita:

> Esta a principal aspiração do Estado corporativo: restabelecer o equilíbrio entre as classes sociais, colocando-se acima delas, como moderador, regulador, e sobretudo como organizador – é o que se lê na obra de Guido Bortolotto. Atribui-se ao Estado o papel de absorver por completo a atividade, seja de quem for, indivíduo ou ente coletivo: é o Estado onipresente, tirânico, ditatorial. Nada pode ser organizado no plano da iniciativa privada, nada escapa à vigilância nem ao poder estatal. O próprio cidadão se confunde com o Estado, já que perante este é responsável(...)Portanto, o Estado corporativo, onipresente, dispõe sobre todos os assuntos que dizem respeito ao social: desde a regulamentação das relações individuais de trabalho, passando pela política sindical, até desembocar na solução dos dissídios do trabalho, individuais ou coletivos. Nada resta ao particular: o Estado vê tudo, sabe o que é melhor para cada um, a tudo provê.[260]

Verifica-se que a característica inata do sindicalismo, qual seja, a de se rebelar contra a ordem restabelecida, mantém-se latente. Contrariamente, instituiu-se um sindicato marcado pelo poder conciliador cuja função precípua era intermediar as insatisfações dos empregados, de acordo com as orientações dadas pelo Estado. Nesse sentido aponta o Decreto Lei nº 1.402/1939:

> Art. 4º São deveres dos sindicatos: *a)* colaborar com os poderes públicos no desenvolvimento da solidariedade das profissões(...)Art. 10. São condições para o funcionamento do sindicato: *a)* abstenção de qualquer propaganda de doutrinas incompatíveis com as instituições e os interesses da Nação, bem como de candidaturas a cargos eletivos estranhos ao sindicato(...)[261]

nas prerrogativas definidas nesta lei. (...). Art. 14. É vedada a pessoas estranhas ao sindicato qualquer interferência na sua administração ou nos seus serviços. § 1º Estão excluídos dessa proibição: *a)* os delegados do Ministério do Trabalho, Indústria e Comércio, especialmente designados pelo Ministro ou por quem o represente. (...) Art. 48. Fica criado, no Departamento Nacional do Trabalho e nas Inspetorias Regionais do Ministério do Trabalho, Indústria e Comércio, o registo das associações profissionais. Somente depois do registo as associações dessa natureza adquirirão personalidade jurídica. In: BRASIL. **Planalto.** Op. cit.

[260] ROMITA, Arion Sayão. **A matriz ideológica da CLT**. Disponível em: https://andt.org.br/wp-content/uploads/2021/04/A_MATRIZ_IDEOLOGICA_DA_CLT1.pdf. Acesso em: 30 set.2021

[261] BRASIL. **Planalto.** Op. cit.

O sindicalismo no Brasil não se impôs de forma similar às experiências sindicais francesas, italianas ou portuguesas que se orientaram por uma racionalidade mais combativa e revolucionária, inspirando-se em Marx e Engels de modo a lutar contra a exploração de uma classe dominante sobre a dominada.[262]

O sindicato se estrutura, na legislação brasileira, como um representante das classes. Proíbe-se que a entidade receba filosofias políticas ou religiosas. Cria-se um sindicato apático e meramente expectador.[263]Opera-se, segundo Vianna, uma "desmobilização", uma "despolitização", bem como a "desprivatização" do sindicato.[264]

Dessarte, as entidades sindicais, os mercados e suas relações com o Estado se esteiam em uma política corporativista.[265] Os sindicatos eram orientados para a realização da vontade do governo nas relações trabalhistas. Cardoso pondera que as entidades dos trabalhadores "...eram uma correia de transmissão da vontade política do Estado para o interior do mundo do trabalho....[266] Essas bases normativas impostas refrearam o fortalecimento da liberdade e autonomia sindicais, prejudicando a criação de uma genuína representatividade sindical. Nesse sentido explica Cardoso:

> (...)a comunicação entre os agentes de mercado se realiza pela intermediação do direito, um meio público, e não pelos recursos privados detidos por cada qual, O sindicalismo reforça, então, a esfera do público diante da do privado e, esse reforço, na hora da passagem para o moderno, imprimirá marcas profundas na cultura política brasileira. Decerto que essa publicização do mercado de trabalho e do sindicalismo importou a perda da autonomia da vida associativa dos setores subalternos(...) [267]

262 Dias, Everardo. **História das lutas sociais no Brasil**. 2. ed. São Paulo: Alfa Ômega, 1977.p. 205

263 Moraes Filho, Evaristo de. **O problema do sindicato único no Brasil.** Op. cit. p. 219-225

264 Vianna, Luiz Werneck. **Liberalismo e sindicato no Brasil.** 4. ed. Belo Horizonte: UFMG, 1999.p. 185

265 "O corporativismo nasce nas primeiras décadas do século XX, durante a vigência do fascismo. Em 1927 Mussolini decretou a Carta del Lavoro, que organizou os sindicatos italianos nos moldes corporativistas em que as corporações se tornaram subordinadas e dependentes do Estado fascista. Expressava a política da paz social, da colaboração entre as classes, conciliando o trabalho ao capital, negando a existência da luta de classes, com o nítido objetivo de garantir a acumulação capitalista em larga escala e com um alto grau de exploração da classe operária". Dias, Antônio Carlos. Op. cit.

266 Cardoso, Adalberto Moreira. Op. cit. p. 17

267 Ibidem. p. 18

A partir de 1945, emergem as lutas sindicais, com o objetivo de romper com o sistema corporativista. Duas ideologias, na perspectiva sindical, formaram-se: uma com um viés liberal (composta da classe dominante e contrária as propostas de Vargas) e outra nacional e popular cuja liderança era feita por organizações populares e tinham como objetivo assegurar a democratização nos concertos sociais e o diálogo plural.[268]

Com o crescimento da industrialização, experimentado a partir de 1960, e com o recrudescimento de empresas nacionais e estrangeiras, novas doutrinas passam a repercutir no sindicato, trazendo um fortalecimento aos movimentos. Entretanto, a partir da década de 1990, com os influxos mais palatáveis da globalização e do neoliberalismo, foram estabelecidos novos desafios para o sindicato.[269] Pochmann analisa que, entre os anos de 1930 e 2010, existiram duas espécies corporativismo:

> O primeiro de natureza inclusiva, pois associado à força das medidas governamentais distributivas e de melhora no bem-estar possibilitado pela incorporação política e econômica da classe trabalhadora, conforme as experiências do varguismo e lulismo. O segundo tipo de corporativismo se apresentou de natureza exclusiva, por vincular-se às medidas governamentais repressivas e de flexibilização regulatórias, geradoras da desigualdade, concentração de renda e redução do bem-estar social. Nesse sentido, as experiências constatadas durante os governos autoritários (ditadura civil-militar, 1964-1985) e neoliberais (eras Collor e Cardoso, 1990-2002) que se caracterizaram por distanciar a evolução dos salários reais dos ganhos de produtividade.[270]

Apesar de o sindicato idealizado e organizado em torno da ideia de poder da classe obreira tenha reconhecida sua autonomia privada cole-

[268] "Em 1945 é criado o Movimento Unificado dos Trabalhadores (MUT), organismo intersindical de caráter horizontal que rompia com a estrutura vertical e que proclamava, em Manifesto assinado por mais de 300 líderes sindicais representantes de 13 Estados, a luta da classe operária, "imediatamente, pela mais completa liberdade sindical, rompendo com as injustificáveis restrições e interferências na vida dos nossos órgãos de classe". Em 1946 foi criada, sob influência dos comunistas, a Confederação Geral dos Trabalhadores do Brasil.(...) O avanço das lutas operárias atingiu, no início dos anos 60, o seu ápice quando, após imensas manifestações grevistas, realizou-se o III Congresso Sindical Nacional, onde os trabalhadores brasileiros aglutinaram suas forças sob uma única organização nacional de coordenação da luta sindical: o Comando Geral dos Trabalhadores (CGT)" DIAS, Antônio Carlos. Op. cit.

[269] POCHMANN, Márcio. Op. cit. p. 304

[270] Ibidem. p 304

tiva, é certo que no Brasil essa entidade, até o momento, possui limites indiretos para atuar. Apesar de a Constituição de 1988 ter sido construída sob a égide de Constituição cidadã, propondo-se a implementar uma política normativa mais democratizante, ela carrega um viés corporativista na dimensão sindical. Os princípios da unicidade sindical e o poder normativo da Justiça do Trabalho, heranças do corporativismo de 1930, mantiveram-se incólumes no texto constitucional. O princípio da unicidade sindical, por exemplo, promove o esvaziamento da liberdade. Nesse sentido analisou Barros:

> Os críticos da unicidade sindical afirmam que ela representa uma violação aos princípios democráticos e, mais especificamente, à liberdade sindical, impedindo aos componentes de determinada categoria a livre escolha de sindicato para se filiarem. Sublinham a importância da saudável competição entre as entidades, evitando a acomodação de lideranças sindicais, advinda da exclusividade de representação classista.[271]

Mesmo na CLT, houve a manutenção da principiologia corporativista nas disposições sindicais, como, por exemplo, o artigo 514,[272]cuja redação permaneceu inalterada pela Lei nº13.467/2017.

Ademais, à luz da ideologia neoliberal, aparentemente houve uma aceitação dos sindicatos. Entretanto, o objetivo agora é reconhecer a atuação sindical, mas amortecendo cada vez mais o seu poder. Rompe-se com a representatividade da classe operária, condicionando a atuação sindical aos ditames do mercado, por meio de processos burocratizantes como a unicidade sindical.[273]

Ora, o sindicalismo original se opõe aos desideratos do neoliberalismo, tanto que no liberalismo já havia resistência aos sindicatos. Assim, hodiernamente, procura-se controlar os organismos sindicais por meio da ideologia. Observa-se um engajamento para inserir no âmago do sindicato os valores neoliberais.[274] Com isso, a entidade passa a ser aliada do capital, estabelecendo negociações cada vez mais vazias de benefícios aos traba-

[271] Alice Monteiro Barros. Op. cit. p.801

[272] Art. 514. São deveres dos sindicatos: a) colaborar com os poderes públicos no desenvolvimento da solidariedade social. In: BRASIL. **Planalto.** Op. cit.

[273] Gallart Folch, Alejandro. **El sindicalismo como fenómeno social y como problema jurídico.** Buenos Aires: Zavalia , 1957.p. 176-177.

[274] Althusser, Louis. Op. Cit.

lhadores.[275] Em 1991, no governo Collor, ergue-se a nova Central Sindical, denominada Força Sindical. O principal objetivo dessa Central era difundir a ideologia neoliberal para a classe obreira na tentativa de abafar as oposições à flexibilização, bem como as ideias mais progressistas. Nesse sentido pondera Trópia:

> (...)a Força Sindical aderiu a aspectos da plataforma neoliberal ao apoiar, de forma militante, as privatizações e a desregulamentação do mercado de trabalho(...) foi prepositivamente neoliberal. A central engajou-se, ofensivamente, no processo de implementação da política estatal neoliberal, contribuindo, ao mesmo tempo, com a disseminação ideológica do neoliberalismo.[276]

A mais notável forma de aquinhoar o poder do sindicato de livremente estabelecer negociações coletivas pautadas, efetivamente, na participação democrática e livre é inserir uma determinada ideologia tanto no núcleo sindical, quanto no conjunto da classe trabalhadora. Deflagra-se, nessa perspectiva, o poder da ideologia. Chauí observa nesse sentido:

> (...) não há percepção social de uma esfera pública das opiniões, da sociabilidade coletiva, da rua como espaço comum(...) Essa indistinção é reforçada pela indústria política, com o emprego dos procedimentos da sociedade de consumo e de espetáculo e que, para vender a imagem do político e reduzir o cidadão à figura privada do consumidor, produz a imagem do político enquanto pessoa privada (...) Dispõe de formas para impedir o trabalho dos conflitos e contradições sociais, econômicas e políticas enquanto tais: a naturalização das desigualdades e da violência permite, de um lado, a afirmação de sua imagem como boa sociedade indivisa, pacífica, generosa e ordeira, e, de outro, considerar perigosas e violentas as práticas dos grupos, dos movimentos sociais e populares e das classes sociais, ou seja, as ações da sociedade auto-organizada e mobilizada por direitos. (...) Dispõe de meios para bloquear a esfera pública da opinião como expressão dos interesses e dos direitos de grupos e classes sociais diferenciados e/ou antagônicos. (...) Essas ações fazem prevalecer a informação de mão-única, veiculada pelos meios de comunicação de massa, que universalizam para todas as classes sociais os

[275] TRÓPIA, Patrícia Vieira. **A adesão da Força Sindical ao neoliberalismo.** In: Ideias – Revista do Instituto de Filosofia e Ciências Humanas -UNICAMP, Campinas (SP), nº 9, 2002. p. 155-202.

[276] Ibidem. p. 155-202.

> interesses e privilégios da classe dominante, operando como contrainformação, alimentando e reforçando o processo de alienação social e política das demais classes sociais, identificadas com valores, ideias, comportamentos e interesses dos dominantes.[277]

O neoliberalismo abraça a liberdade e a autonomia privada coletiva. Contudo, ao lado dessas alterações legislativas, cujo escopo é difundir as negociações coletivas no bojo das relações laborais, ainda se mantém uma estrutura sindical controlada, em certa medida, pelo Estado e pelo mercado. É inegável que o sindicato modelado sob os influxos ideológicos de 1930 sofreu algumas alterações, entretanto, ainda permanecem características fascistas, como a unicidade sindical.

Assim, a propalada prevalência do negociado sobre o legislado estabelecida nos artigos 611-A e 611-B, ambos da CLT e o prestígio da autonomia sindical coletiva não se concretizaram. O aprofundamento da negociação coletiva despojado de mecanismos práticos que garantam, efetivamente, a autonomia e a representatividade sindicais incentivam a ruína do Direito do Trabalho. Destarte, a reforma trabalhista não fortaleceu o poder de classe e do sindicato. Na verdade, o objetivo foi justamente elevar a fragilidade sindical, facilitando a manipulação da entidade em prol dos anseios do mercado econômico.

Em um aparente paradoxo, a Lei nº 13.467/2017, utilizando-se do discurso da prevalência do negociado sobre o legislado, procurou aprofundar o enfraquecimento sindical, promovendo uma ruptura na representatividade do sindicato. Tal intento pode ser observado com a ampliação do leque de negociações bilaterais, como por exemplo, o artigo 59, § 5º da CLT.[278] A representatividade da entidade sindical está diretamente relacionada com a classe operária de modo a permitir a identificação real de seus anseios e de seus interesses nas relações trabalhistas.[279] É certo que a representatividade sindical equivale à representação coletiva da classe obreira, não sendo, portanto, sinônimo de representação civil.

[277] CHAUÍ, Marilena. **Considerações sobre a democracia e os obstáculos à sua concretização**. In: Os sentidos da democracia e da participação. São Paulo: Instituto Polis, julho de 2004. p. 27

[278] Art. 59 da CLT, § 5º O banco de horas de que trata o § 2º deste artigo poderá ser pactuado por acordo individual escrito, desde que a compensação ocorra no período máximo de seis meses. In: BRASIL. **Consolidação das leis do trabalho.** Op. cit.

[279] MASSONI, Túlio de Oliveira. **Representatividade Sindical**. São Paulo: LTr, 2007.p.72

A genuína liberdade sindical deverá se refletir na perspectiva organizacional e na verdadeira autonomia da classe operaria. A liberdade traz a possibilidade do equilíbrio entre os atores trabalhistas, de modo a implementar a isonomia material necessária para o pleno exercício da autonomia da vontade coletiva na negociação. Somente dessa forma, poder-se-ia afirmar que o Direito do Trabalho se mantém incólume, tendo em vista que o enfraquecimento sindical, mediante a pulverização da classe obreira, aliado à redução da atuação coletiva sinaliza para a ruptura do Direito Laboral.

As mudanças na forma de produção experimentadas com a ruptura do fordismo/taylorismo e com o início do fordismo, também, contribuíram para o processo de fragilização do poder sindical. A produção em grande escala é afastada, emergindo a necessidade de maior especialização no processo produtivo. Esse novo cenário, reverberou no vínculo trabalhista, trazendo um aumento nos trabalhos autônomos, temporário e em tempo parcial. Essa nova dinâmica da mão de obra impactou na relação estabelecida entre os próprios empregados. Se antes se observava uma maior agregação entre eles, com as primazias do coletivismo e da solidariedade, agora desponta uma prevalência do individualismo, porque a produção passa a ser feita desta forma. Agora os trabalhadores são colocados entre si como concorrentes.[280]

Portanto, o processo de precarização do trabalho aprofundado a partir das novas demandas produtivas orientadas pela globalização, pelo sistema *just in time* e pelo avanço tecnológico, contribuiu para a ruptura das identidades individual e coletiva dos trabalhadores, produzindo ainda mais fragilização do poder sindical. Tratando da precarização que irrompe desse processo, pondera Druck:

> (...)no reconhecimento, na valorização simbólica, no processo de construção da identidade individual e coletiva, tornando mais complexa a alienação/estranhamento do trabalho. A descartabilidade das pessoas, a insegurança e a desvalorização pela precarização dos vínculos aprofundam o processo de coisificação das relações humanas e levam à "banalização da injustiça social" (...) fragilizando-se o reconhecimento social e a valorização simbólica, mina-se a autoestima, a identidade individual e coletiva, a dimensão ética (...) e a dignidade humana.[281]

280 TEODORO, Luiz Claudio de Almeida. Op. cit. p.582

281 DRUCK, Graça. **A precarização social do trabalho no Brasil: alguns indicadores**. In ANTUNES, Ricardo. (org.).Riqueza e Miséria do Trabalho no Brasil II. São Paulo: Boitempo, 2013.p.62

Honneth, orientando-se pelas ideias de Hegel, analisa que o ser humano somente poderá ser considerado, de fato, emancipado e, portanto, livre, se possuir autoconfiança e autoestima. Na dimensão dos trabalhadores o reconhecimento e a criação dessas qualidades somente aflorarão na coletividade. Em um sindicato, os trabalhadores identificam a noção de pertencimento ao desenvolverem a solidariedade e o sentimento de classe. Esses fatores contribuem para a estruturação da consciência política, engajando-os para lutarem na busca de melhores condições laborais. Aqui reside o poder maior do sindicato, já que somente assim será possível o exercício efetivo da liberdade e a independência sindical nas negociações coletivas. É preciso, portanto, romper com a ideologia neoliberal que se disseminou nas relações de trabalho, no sindicato e nos próprios trabalhadores de modo a transpor a lógica individual imposta por formas flexíveis e precárias do exercício do trabalho humano.[282] Assim reflete Honneth

> Mas, se a consequência da organização capitalista da sociedade é a destruição das relações de reconhecimento mediadas pelo trabalho, então o conflito histórico que principia por esse motivo tem de ser concebido como uma luta por reconhecimento; por isso, reportando-se a dialética do senhor e o escravo da Fenomenologia, o primeiro Marx pode interpretar ainda os confrontos sociais de sua época como urna luta moral que leva os trabalhadores reprimidos a restauração das possibilidades sociais do reconhecimento integral. A luta de classes não representa para ele primeiramente um confronto estratégico pela aquisição de bens ou instrumentos de poder, mas um conflito moral, no qual se trata da "libertação" do trabalho, considerada a condição decisiva da estima simétrica e da autoconsciência individual.[283]

Observa-se, portanto, que o capitalismo e seus novos modelos produtivos desenham uma nova dominação, silenciando o poder das classes trabalhadoras e do sindicato por meio de políticas precarizantes. Nesse contexto opressivo, os sindicatos se veem tolhidos em suas funções, procurando atuar somente de forma a estabelecer alguma condição mínima. Nesse sentido esclarece Druck:

[282] HONNETH, Alex. **A Luta pelo reconhecimento – para uma gramática moral dos conflitos sociais**. 1 ed. São Paulo: Edições 34, 2011.p.222-238

[283] Ibidem. p. 232

> (...) sabemos pelas pesquisas, pela imprensa e pelos próprios sindicalistas como é frágil a capacidade de mobilização dos sindicatos e a tendência de substituir o sindicalismo de confronto por um sindicalismo propositivo e de negociação.[284]

Confrontando os dados do Dieese, a partir de 1997, verifica-se considerável redução das greves.[285] Alguns sindicatos se impuseram, mas em número bem menos expressivo. Esse cenário leva a um processo de judicialização das demandas dos trabalhadores.

O reconhecimento da classe trabalhadora promove a percepção de sua identidade e da sua dignidade como ser, despontando naturalmente a necessidade de cumprimento de seus direitos que, na percepção de Honneth é o seu autorrespeito. Logo, a classe ao reconhecer o seu direito e o objeto da sua busca exercerá a sua plena liberdade.[286] A consequência será o fortalecimento da confiança no grupo, resgatando a noção de solidariedade.

A percepção da identidade de grupo traz o reconhecimento do direito da coletividade. Consequentemente, o reconhecimento do sindicato e da sua função incentiva a ampla liberdade, possibilitando a paridade de armas, um dos princípios da negociação coletiva. O sentimento de honra dos trabalhadores ruiu diante da racionalidade neoliberal cujo objetivo precípuo é justamente desmantelar a autopercepção de classe trabalhadora por meio da difusão de ideologias inerentes e necessárias ao novo perfil de mercado econômico, como a síndrome do patrão,[287] o individualismo e a competição.

284 Druck, Graça. Op. cit. p.72

285 "De acordo com o Dieese, que acompanha os movimentos grevistas do país, houve um crescimento significativo do número de greves entre 1992 e 1996 (146%). A partir de 1997, esse número diminui gradativamente. O período de 2004 a 2007 registrou o menor número de greves desde 1992: foram em média 309 greves ao ano, contra 623 greves em 1992. Em 2007, de um total de 316 greves, 51% foram do funcionalismo público e em empresas estatais.".In: Ibidem.p.72

286 Honneth, Alex. **Op. cit.p.**222-238

287 "A "Síndrome de Patrão" – em analogia à Síndrome de Estolcomo – surge ou na vigência da relação contratual – em que o empregado internaliza a ideia de que "está" empregado, mas que não "será" por muito tempo -; ou nas situações em que empregado considera mais "vantajoso" patrimonialmente pedir sua rescisão contratual e constituir sua própria empresa – se pejotizando em alguns casos – passando assim a ser "chefe" tanto de si mesmo como dos outros – seus futuros empregados; ou ainda através da internalização da ideologia da School of Life, pela qual "quem ama o que faz" acaba se tornando um trabalhador mais dócil e facilmente submetido a condições precárias de trabalho".In. Teodoro, Maria Cecília Máximo.

O Direito do Trabalho, como é um direito social, é marcado pela solidariedade. Nesse sentido, Moraes Filho observa que a liberdade plena dos trabalhadores somente se impõe genuinamente no contexto coletivo:

> O instrumento dessa grande transformação, ad restauração da autonomia individual- que não é anarquia, egoísmo, nem isolamento- encontra-se no sindicato, no qual todos e cada um dos integrantes da profissão podem nele ingressar, candidatar-se a dirigi-lo ou a representá-lo junto ao patronato ou no próprio interior da empresa. Em suma, é pelo direito coletivo, autônomo e livre, que se chega também à autonomia e à liberdade do indivíduo. O coletivo e o individual não se opõem, numa verdadeira democracia, antes se reforçam e se completam.[288]

Sem dúvida, o prestígio da negociação coletiva reafirma o poder sindical e, como consequência, o Direito Coletivo do Trabalho inclusive. A função principal do sindicato é impulsionar o Direito Coletivo do Trabalho. Entretanto, para que seja garantida a plenitude dessa função, é necessário assegurar a liberdade e a autonomia sindicais. Segundo Moraes Filho esse é a tendência do Direito do Trabalho:

> Entre nós, somente a partir de 1978 é que ingressamos nessa direção, e é aqui que vislumbramos as tendências do nosso Direito Coletivo do Trabalho, à maneira do que se vem dando, nos países mais industrialmente desenvolvidos, a partir do fim da última conflagração mundial. Manifestam-se essas tendências no sentido de maior liberdade e autonomia na vida sindical, com um mínimo de intervenção do Estado, que deixa de ser o elemento propulsor e controlador, para se transformar num mero assistente orientador, discreto, e não ator único.[289]

O Direito Coletivo, por meio da atuação sindical, permite democraticamente a contenção dos conflitos, mediante o pluralismo normativo, transformando a sociedade em "rede viva de concertação e de negociação."[290]

A Síndrome de Patrão. Disponível em: https://www.migalhas.com.br/arquivos/2017/5/art20170503-05.pdf. Acesso em: 27.nov.2021

[288] MORAES FILHO, Evaristo de. **Tendências do direito coletivo do trabalho**. Op. cit. p. 30-31

[289] Ibidem. p. 35

[290] Ibidem. p. 36

Uriarte[291] observa uma tendência maior do enfraquecimento da função sindical na América Latina onde foi autorizada a criação de acordos e convenções coletivas que conduzam a condições piores de trabalho. Uma das razões disso é, seguramente, as pronunciadas desigualdades sociais existentes nos países que compõem o capitalismo periférico.

O desemprego estrutural no Brasil aparece como um fator importante para o enfraquecimento do poder negocial do sindicato. A partir da década de 1990, o Brasil, orientando-se pelos efeitos da globalização, do crescimento tecnológico e das ideologias neoliberais, promove uma ruptura precoce no processo de industrialização iniciado em 1930, descortinando-se um processo de privatização aliado a um aumento de terceirização. Como a produção nacional não se desenvolveu totalmente para atender à população, ocorre um elastecimento da importação associado a uma diminuição dos setores manufatureiros. Essa situação vai produzir um crescimento do desemprego na faixa das ocupações que demandam formações intermediárias, ao mesmo tempo em que traz um aumento da demanda de empregados com altas e baixas qualificações.[292]

O atrofiamento de trabalhos formais opera uma significativa redução de trabalhadores agasalhados na estrutura normativa sindical brasileira. Essa situação fomenta o crescimento de trabalhadores informais que se encontram afastados dos sistemas protetivos celetista e sindical. Essa pulverização de mão de obra promove a fragilização do sindicato e, em última análise, o depauperamento de suas funções.

[291] URIARTE, Orcar Ermida. Op. cit.

[292] Considerando-se a evolução da estrutura social em 15 países europeus, percebe-se a reconfiguração de mundo do trabalho em curso com o avanço da sociedade de serviços. No caso da França, por exemplo, as ocupações superiores (administração e gestão) subiram 65%, assim como as inferiores (trabalhos menos qualificados) em 44%, enquanto as ocupações intermediárias (ocupações qualificadas na indústria e serviços) decresceram 30% entre 1993 e 2015 (Boisson et al., 2009; Peugny, 2016). Na situação brasileira, a desindustrialização precoce impôs ao mundo do trabalho a problemática do desemprego, da subutilização dos trabalhadores e da polarização das ocupações de alta e baixa remuneração. Na trajetória dos ocupados nas últimas três décadas, pode-se constatar a maior concentração de postos de trabalho na base da pirâmide social (até dois salários mínimos mensais) que passou de 68,1%, em 1986, para 70,7%, em 2016. Ademais do achatamento nas remunerações, a redução de 41,8% na participação relativa dos jovens (16 a 24 anos) entre os ocupados e a concentração ocupacional na faixa etária acima de 25 anos. Tudo isso em pleno congelamento da presença do assalariamento entre os ocupados, estabilizado em 67% da ocupação e a predominância dos postos de trabalho no setor de serviços, representado por quase duas a cada três ocupações atualmente." POCHMANN, Márcio. Op. cit. p. 305-307

Ademais, a globalização produz a internacionalização da economia, inserindo as empresas em perspectivas cosmopolitas. Essa realidade estimula uma ruptura na noção de localidade de trabalho. Especialmente a partir de 2020, com o advento da pandemia da Covid-19, houve um elastecimento do conceito de local de trabalho que se irradiou para além dos confins da estrutura física da empresa. O crescimento do trabalho remoto, não obstante siga os influxos das demandas desenhadas pelo mercado globalizado, impõe-se como mais um fator de quebra da noção de coletividade.

É importante relembrar que as funções negocial e normativa do sindicato se colocam como importantes instrumentos de seu poder, equiparando-se ao poder normativo do Estado. A própria Organização Internacional do Trabalho erigiu a negociação coletiva em posição destaque, conforme se extrai do teor das Convenções 98[293], 151[294] e 154[295].

Nesse sentido, deflagra-se um genuíno poder que emana da classe obreira e se instrumentaliza na negociação coletiva. Esse poder normativo viabiliza uma maior democratização das relações de trabalho na medida em que autoriza a negociação dos trabalhadores em igualdade com a empresa, permitindo a busca de seus interesses e de suas necessidades. Ademais, as fontes autônomas auxiliam na efetividade da norma, uma vez que a regulamentação fora dialogada entre os próprios atores sociais envolvidos no conflito.

Logo, é preciso promover alterações na legislação sindical brasileira para se tencionar o uso prioritário da flexibilização. Somente, a partir de um contexto em que sejam asseguradas, efetivamente, a autonomia e a

[293] "Art. 4 – Deverão ser tomadas, se necessário for, medidas apropriadas às condições nacionais, para fomentar e promover o pleno desenvolvimento e utilização dos meios de negociação voluntária entre empregadores ou organizações de empregadores e organizações de trabalhadores com o objetivo de regular, por meio de convenções, os termos e condições de emprego." In: BRASIL. **OIT.** Op. cit

[294] Art. 7 – Deverão ser adotadas, sendo necessário, medidas adequadas às condições nacionais para estimular e fomentar o pleno desenvolvimento e utilização de procedimentos de negociação entre as autoridades públicas competentes e as organizações de empregados públicos sobre as condições de emprego, ou de quaisquer outros métodos que permitam aos representantes dos empregados públicos participar na determinação de tais condições. In: Ibidem.

[295] "Art. 5 – 1. Deverão ser adotadas medidas adequadas às condições nacionais no estímulo à negociação coletiva.2. As medidas a que se refere o parágrafo 1 deste artigo devem prover que: a) a negociação coletiva seja possibilitada a todos os empregadores e a todas as categorias de trabalhadores dos ramos de atividade a que aplique a presente Convenção...". In: Ibidem.

liberdade sindicais que se poderia cogitar no aprofundamento de negociações coletivas trabalhistas.

A questão da precarização evidencia-se no contexto das negociações cujo objeto é a jornada de trabalho. É certo que o paradigma da proibição de fixação de jornadas extenuantes deve orientar a produção normativa da autonomia privada. Isso deve ser assim porque a questão da jornada excessiva se alinha ao fundamento do Direito Laboral. Quando se trata de tempo de trabalho, o que está em pauta é o próprio ser humano, portanto, a sua vida.

No tempo de vida da pessoa é essencial que haja espaço para o descanso que é um imperativo biológico humano. Apesar da essencialidade do direito à limitação da jornada, observam-se constantes tentativas de abrandamento desse direito, seja pela possibilidade de ampliação bilateral, mediante o afastamento da participação sindical em flagrante quebra da isonomia, seja pela própria forma como o trabalho é estruturado na hodierna sociedade capitalista. O teletrabalho, em especial na pandemia da Covid-19, sofreu sensível ampliação.

Ademais, pontue-se que o uso da flexibilização em uma perspectiva precarizante se normaliza ainda mais diante do diálogo entre a ideologia neoliberal, apoiada no individualismo e na competitividade que orienta os trabalhadores, e a crise da oferta de empregos formais. Assim, os direitos fundamentais são afastados na corrida pelo trabalho. Lima aponta que entre 1988 e 2007 houve tanto um aumento do trabalho em tempo parcial, ou seja, em tempo menor ao limite máximo diário/semana, quanto um aumento de horas acima da 8ª diária:

> Importante estudo efetuado pelo Ipea acerca da evolução da jornada de trabalho, considerando os trabalhadores formalmente ocupados, no período compreendido entre 1988 e 2007, revela que, após a Constituição Federal ter definido oficialmente como jornada máxima de trabalho o tempo de 8 horas diárias e 44 horas semanais, o país registrou a diminuição em 10,7% na carga horária semanal trabalhada. Esclarece o Relatório, contudo, que, no mesmo período houve um aumento da mão de obra nas ocupações tanto com jornadas significativamente reduzidas de trabalho como nas extremamente elevadas. Com o tempo mínimo de trabalho (até 19 horas), o Brasil registrou crescimento de 166% no enquadramento de trabalhadores a partir de 1988. Com tempo adicional de trabalho, jornadas acima do máximo previsto, o aumento foi de quase 45%. Conclui o relatório que, "Em síntese, há crescente parcela

> dos ocupados com jornada de trabalho baixa e com jornada máxima de trabalho, ao mesmo tempo em que esvazia a presença de trabalhadores com o tempo completo. Possivelmente, o quadro geral de baixo dinamismo econômico acompanhado da elevação do desemprego e de queda na remuneração do trabalho terminou impondo a muitos ocupados a ampliação do horário de trabalho, bem como o exercício de qualquer horário, por menor que seja, como estratégia de sobrevivência mínima.[296]

Nos dois cenários extremados é possível extrair um ponto em comum: o aprofundamento da precarização. Não há dúvida que os empregados para sobreviver aceitam trabalhar um pouco ou, para se assegurarem nos postos de trabalho, sujeitam-se a condições exaustivas de jornada, flexibilizando o mínimo fundamental.

Somado a esse fator, a Lei nº13.467/2017, no artigo 59, caput e § 6º procurou realçar a lógica individualista, ao permitir as alterações da jornada sem a participação do sindicato, em flagrante ruptura dos artigos 7º, XIII, XIV e XXVI e 8º, VI ambos da CF.[297]Esse afastamento da participação sindical nas alterações das jornadas desconsidera não somente os princípios da isonomia e da paridade de armas, mas, sobretudo, "descaracteriza o sindicato como sujeito de do direito."[298]

A lógica neoliberal na perspectiva trabalhista transpassa os três poderes. A política flexibilizatória, consubstanciada na reforma trabalhista, foi produto da ideologia difundida nas últimas décadas. O discurso neoliberal, agasalhado pelo próprio Poder Judiciário em muitos momentos,[299]pode enfraquecer a Justiça especializada do trabalho. Portanto, a questão da aceitação de políticas flexibilizantes não se confina nos limites do poder sindical e de sua função, ressoando em todas as estruturas de poder tra-

[296] LIMA, Vanderlei Schneider. **A dinâmica do processo de flexibilização do direito do trabalho nas últimas décadas: a ciranda nas esferas do poder.** Tese de doutorado. Ciências sociais aplicadas Universidade Estadual de Ponta Grossa, 2017.p. 156

[297] Na perspectiva do acordo coletivo, não é obrigatória a participação do sindicato da empresa, na medida em que o artigo 8º, inciso VI da CF ao consignar a obrigatoriedade dos sindicatos nas negociações coletivas, segundo entendimento esposado pelo STF, englobou somente o sindicato dos trabalhadores para que houvesse o cumprimento do princípio da equivalência dos contratantes.

[298] CAVALCANTI, Lygia Maria de Godoy Batista. **A flexibilização do direito do trabalho no Brasil: desregulação ou regulação anética do mercado?** São Paulo: LTr, 2008.p.138

[299] A título de exemplo cite-se a ADPF 323 que afastou a ultratividade das normas coletivas.

balhista. Portanto, 'o desafio é conjunto, devendo incluir: tanto a Justiça do Trabalho, quanto os trabalhadores e os sindicatos.

As negociações coletivas são informadas por alguns princípios. O principal deles é a necessidade de intervenção sindical, segundo o preconizado pelo constituinte originário no artigo 8º, VI. A obrigatoriedade da presença sindical se faz atuante somente na dimensão dos trabalhadores. Desta feita, é possível que haja negociação coletiva entre a empresa e o sindicato dos trabalhadores. Ademais, as negociações, como qualquer outro negócio jurídico, devem ser orientadas pelo princípio da boa-fé objetiva, que é a presença da eticidade e probidade nas tratativas. As negociações, também, deverão observar ao princípio da vedação ao retrocesso social ou efeito cliquet. Nesse sentido, remetem tanto a cláusula aberta constante no artigo 5º, §2º da CF, quanto ao artigo 7º, caput da CF que assim, dispõe "são direitos dos trabalhadores uranos e rurais além de outros que visem à melhoria da condição social..."[300]

Também há o princípio da adequação setorial negociada responsável por estabelecer as balizas do objeto da negociação. Dessa forma, impõe-se como limitação a transação de normas absolutamente indisponíveis de modo a salvaguardar um patamar civilizatório mínimo.

A doutrina e a jurisprudência brasileiras identificam duas espécies de conflitos coletivos: os de natureza econômica e os de natureza jurídica. No primeiro os empregados buscam por melhores condições de trabalho. Em contrapartida, os conflitos de natureza jurídica têm como objeto a norma e seu alcance.[301]Diante desses conflitos, deverá ser utilizada algumas das formas de solução: autodefesa (greve), heterocomposição (arbitragem, ou jurisdição) ou autocomposição (negociações coletivas). A Convenção nº 154, da Organização Internacional do Trabalho, estabelece a extensão do poder negocial e da negociação coletiva:

> Art. 2 – Para efeito da presente Convenção, a expressão 'negociação coletiva' compreende todas as negociações que tenham lugar entre, de uma parte, um empregador, um grupo de empregadores ou uma organização ou várias organizações de empregadores, e, de outra parte, uma ou várias organizações

[300] Art. 5º, parágrafo 2º: Os direitos e garantias expressos nesta Constituição não excluem outros decorrentes do regime e dos princípios por ela adotados, ou dos tratados internacionais em que a República Federativa do Brasil seja parte". BRASIL. **Planalto.** Op. cit.

[301] MARTINS, Sergio Pinto. **Direito do trabalho**. Op. cit. p.819-820.

> de trabalhadores, com fim de: a) fixar as condições de trabalho e emprego; ou b) regular as relações entre empregadores e trabalhadores; ou c) regular as relações entre os empregadores ou suas organizações e uma ou várias organizações de trabalhadores, ou alcançar todos estes objetivos de uma só vez.[302]

Fruto da negociação coletiva é o acordo coletivo do trabalho (quando participa o sindicato dos trabalhadores e a empresa) ou a convenção coletiva do trabalho (quando envolve dois sindicatos: da empresa e dos trabalhadores).[303]

O constituinte originário traz como função do sindicato, além da negocial, a de defesa dos direitos e interesses coletivos.[304]A participação dos sindicatos dos trabalhadores nas negociações é obrigatória, pois ao trazer a isonomia das negociações garante a liberdade e, por conseguinte, o exercício pleno da autonomia coletiva albergado no artigo 7º, XXVI da CF. Nesse sentido, seguiu tanto o artigo 616 da CLT, quanto o artigo 8º, VI, da CF.

Ao se verificar a formação histórica do sindicato, identifica-se uma fase de repressão às greves e às coalizões, acompanhada de uma fase de permissibilidade. Entretanto, a princípio, a função e os objetivos do sindicato orientavam-se pela busca de alguma garantia mínima sem perspectiva de operar mudanças profundas na realidade dos trabalhadores. Somente em um segundo momento que se tem referência a função negocial dos sindicatos mais afeta à profissão. Moraes Filho analisa nessa senda:

> Na formação histórica dos sindicatos profissionais franceses...aparece primeiro o sindicato patronal...os sindicatos operários apareceram a princípio,

[302] BRASIL. **OIT.** Op. cit.

[303] "Art. 611 – Convenção Coletiva de Trabalho é o acordo de caráter normativo, pelo qual dois ou mais Sindicatos representativos de categorias econômicas e profissionais estipulam condições de trabalho aplicáveis, no âmbito das respectivas representações, às relações individuais de trabalho. § 1º É facultado aos Sindicatos representativos de categorias profissionais celebrar Acordos Coletivos com uma ou mais empresas da correspondente categoria econômica, que estipulem condições de trabalho, aplicáveis no âmbito da empresa ou das acordantes respectivas relações de trabalho. In: BRASIL. **Planalto.** Op. cit.

[304] "Art. 8º É livre a associação profissional ou sindical, observado o seguinte(...) III – ao sindicato cabe a defesa dos direitos e interesses coletivos ou individuais da categoria, inclusive em questões judiciais ou administrativas;(...)VI – é obrigatória a participação dos sindicatos nas negociações coletivas de trabalho;" e "Art. 616 – Os Sindicatos representativos de categorias econômicas ou profissionais e as empresas, inclusive as que não tenham representação sindical, quando provocados, não podem recusar-se à negociação coletiva".

> como dissemos, sob a forma de associações de auxílios mútuos, de beneficência, de caixa de reserva. Ainda não se preocupavam tanto com a defesa conjunta da profissão, contentavam-se em aceitar a realidade tal qual se lhes apresentava e cuidavam de garantir o futuro ameaçador, Com o direito de coalizão e de greve, é que puderam os sindicatos revestir-se de sua forma atual, como organismos representativos da profissão...Passaram então a usar em benefício da coletividade profissional os expedientes coletivos de fixação de novas condições de trabalho, sobressaindo-se aí a convenção coletiva de trabalho, verdadeiro ato-regra profissional, com características de lei. [305]

O problema que se coloca, na dimensão da função/poder do sindicato nas flexibilizações da jornada é, se existem, de fato, o exercício pleno da autonomia da vontade e a liberdade sindical de modo a possibilitar a participação democrática do sindicato na negociação coletiva encetada.

Embora a liberdade sindical esteja agasalhada no artigo 8º, inciso I, da CF[306] e o princípio da autonomia coletiva no artigo 7º, XXVI da CF, o Direito Sindical ainda recebe os influxos da ideologia fascista-corporativista presente no momento de seu reconhecimento no Brasil. Tanto é assim, que até hoje não se acatou o pluralismo sindical garantido na convenção 87 da OIT.[307]

Um limite claro ao exercício da função do sindicato é a organização sindical pautada nas categorias. Cria-se um óbice para o exercício pleno da autonomia coletiva na medida em que limita a escolha do sindicato que melhor represente os interesses do trabalhador.[308]

A partir de uma contextualização socioeconômica e política do momento em que surgiu o poder sindical, é possível melhor compreender as funções do sindicato. Moraes Filho verifica que o sindicato nada mais é que produto da sociedade:

[305] MORAES FILHO, Evaristo de. **O problema do sindicato único no Brasil**. Op. cit. p. 94-95

[306] Na perspectiva da liberdade sindical existem duas dimensões: positiva, liberdade de se filiar ao sindicato e negativa, liberdade de se desfiliar.

[307] O artigo 8º, II da CF traz o princípio da unicidade sindical, de modo que se impõe contrariamente à convenção 87 da OIT de 1948 e não ratificada ainda pelo Brasil.

[308] "Art. 570. Os sindicatos constituir-se-ão, normalmente, por categorias econômicas ou profissionais, específicas, na conformidade da discriminação do quadro das atividades e profissões a que se refere o art. 577 ou segundo as subdivisões que, sob proposta da Comissão do Enquadramento Sindical, de que trata o art. 576, forem criadas pelo ministro do Trabalho, Indústria e Comércio." In: BRASIL. **Planalto.** Op. cit.

> (...)antes que os legisladores e os políticos se lancem sofregamente, às cegas, ao problema sindical para tentarem resolve-lo, a feição dos seus interesses, compromissos, crenças, ideias ou preconceitos, devem indagar da sociologia e da economia (...) por que existem as associações profissionais? Que serviços desempenham? Em que sentido se desenvolvem os princípios médios da sua linha evolutiva? Qual o seu tipo ideal? Todas essas perguntas devem ser previamente respondidas pelo político e pelo jurista, antes de declararem peremptoriamente como deve ser o sindicato.[309]

Sociologicamente, os sindicatos se estruturam a partir da formação espontânea de grupos sociais que se afinam em razão da existência de interesses comuns.[310] Nesse panorama, o sindicato possui a função precípua de defender a coletividade de trabalhadores. A coletividade de trabalhadores que labora emerge da realidade social, prescindindo a sua existência de qualquer norma estatal. Dessa conjectura, deflui a consciência de que a coordenação e a aproximação desse agrupamento traz força na busca de seus interesses.[311] Essa associação natural dos trabalhadores marca a solidariedade da classe obreira. Moraes Filho, nesse diapasão elucida

> Mas o que pretendemos focalizar não é a história da associação profissional, e sim o fato da solidariedade espontânea que surge sempre entre os exercentes da mesma ocupação. Importa, assim, a associação um fenômeno de solidariedade prática. É logico que somente pode existir solidariedade real entre seres afins, agrupando a associação pessoas semelhantes, indivíduos sensivelmente idênticos, ou relativamente iguais. Os interesses profissionais comuns levam os indivíduos a se aproximarem de modo permanente, criando um porão próprio e duradouro capaz de lhes defender esses mesmos interesses.[312]

Esse grupo que emerge naturalmente e forma a ideia de solidariedade entre seus membros para alcançar seus fins se organiza conscientemente, criando o sindicato. O Estado, portanto, apenas o reconhece juridicamente.

[309] MORAES FILHO, Evaristo de. **O problema do sindicato único no Brasil**. Op. cit. p.07-08

[310] Ibidem.p.09

[311] "Desde a mais recuada antiguidade, segundo os historiadores das formas de realização do trabalho humano, constatam-se exemplos de associações profissionais. Desta ou daquela natureza, dos tipos e espécies as mais diversas, de qualquer modo ao lado da realização do trabalho sempre existiu um grupo associativo coordenador." In: Ibidem.p.60-61

[312] MORAES FILHO, Evaristo de. **O problema do sindicato único no Brasil**. Op. cit. p.62-63

A partir dessa solidariedade, nasce a ideia das necessidades do grupo/classe: nisso reside o real poder do sindicato. Isso ocorre porque o trabalhador inserido no grupo não é mais isolado de modo que se fortalece. "A partir da solidariedade inerente ao grupo o trabalhador percebe a sua liberdade. A liberdade de cada um cresce com a conexão com a liberdade do outro. Nisso deflagra o sentimento de dignidade."[313]

Destarte, a tentativa de romper a solidariedade atinge a essência do sindicato de modo a diluir o poder sindical. Fares identifica na flexibilização a influência do neoliberalismo e o objetivo precípuo de otimizar a produção e aumentar os lucros. Isso conduz à precarização na medida em que o holofote sai da pessoa do trabalhador, transferindo-se para as exigências do mercado. Essa racionalidade imprime maior competitividade entre os trabalhadores, aprofundando a ideologia individual o que provoca uma ruptura da solidariedade.[314]

A função sindical deve se orientar no sentido de promover o arranjo e a coordenação da profissão de modo a identificar os anseios e as necessidades dos trabalhadores. Moraes Filho nesse sentido pondera:

> Porque, como muito bem frisa Durkheim, nem à sociedade em seu conjunto, nem ao Estado, pode ser atribuída a missão de regulamentar moral e juridicamente a profissão. A vida econômica é muito especial e se especializa cada vez mais, e por isso mesmo escapa de certa maneira a sua ação. Há meandros em que o estado não pode penetrar, limitando-se mais ao papel de um espectador passivo. A atividade de uma profissão só pode ser regulamentada eficazmente por um grupo que viva constantemente bem próximo dessa profissão, para conhecê-la em seu pleno funcionamento e sentir todas as suas necessidades(...)[315]

[313] Ibidem.p.68-69

[314] FARES, Lygia Sabbag. **A flexibilização é ruim para os trabalhadores em geral e ainda mais perversa para as mulheres, diz economista.** (entrevista concedida a Paula Quental. Brasil debate. Set/2020. Disponível em: https://brasildebate.com.br/a-flexibilizacao-e-ruim-para-todos-os-trabalhadores-e-ainda-mais-perversa-para-as-mulheres-diz-economista/. Acesso em: 09.abr.2021

[315] "E' uma associação de trabalhadores da mesma profissão ou especial idade ou de profissões conexas e similares, que tem por fim defender seus interesses materiais e morais, perante os patrões e os poderes públicos, intervindo nas condições do trabalho, na fixação do salário, na regulamentação das horas de atividade profissional, na forma da aprendizagem. Finalmente, em tudo que diga ao bem estar dos sindicados." In: MORAES FILHO, Evaristo de. **O problema do sindicato único no Brasil**. Op. cit.p.69-70e 98

Historicamente, é possível identificar que as melhorias das condições laborais sempre se impuseram mediante a atuação coletiva dos trabalhadores.[316] Portanto, é possível afirmar que o verdadeiro Direito do Trabalho é o Direito Coletivo, pois é do agrupamento de trabalhadores que aflora o poder da classe e do sindicato. Assim, enfraquecer o sindicato ao mesmo tempo em que se pretende, formalmente, ampliar as negociações e a flexibilização, como sinalizou a Lei nº 13.467/2017, aparece como medida importante para limitar os direitos trabalhistas, condicionando-os aos interesses do mercado econômico.

Especificamente no que se remete à jornada de trabalho, a permissibilidade de sua flexibilização ampla *in pejus*, como pretendeu a reforma trabalhista, afasta-se do princípio da liberdade do trabalhador. A limitação da jornada se coloca como fator emancipatório para o empregado. Moraes Filho, citando o discurso proferido por Marx no 1º Congresso da Associação Internacional dos Trabalhadores, realizado em Genebra corrobora essa ilação:

> (...) O congresso decide que o Conselho geral estabelecerá uma estatística das condições do trabalho em todos os países;...sendo a redução das horas de trabalho o primeiro passo em favor da emancipação do trabalhador, a jornada de oito horas deve ser o princípio da organização do trabalho. O trabalho noturno deve ser somente uma exceção. [317]

A redução da participação do sindicato nas negociações concernentes ao tempo de trabalho rompe com o princípio da igualdade. A atuação

[316] "Realmente, é o sindicato o mais importante instituto jurídico do direito do trabalho para a organização das relações coletivas no mundo econômico. O fato sindical, é por todos reconhecido, constitui um dos fenômenos de maior espontaneidade na história social. O Estado não cria os grupos profissionais, já os encontra existindo espontaneamente em sociedade. Reunindo os que exerçam a mesma atividade econômica e profissional, agrupa nos sindicatos indivíduos possuidores do mesmo status profissional. Com isso, aviva-lhes a consciência de classe, dá-lhes forma jurídica nos seus interesses comuns, organizando a vida dispersa desses indivíduos que exercem, por força mesmo da necessidade de ganharem para o seu sustento, uma determinada ocupação econômica Daí também o objetivo moral e intelectual do sindicato em relação á vida profissional(...)" In: MORAES FILHO, Evaristo de. **Direito do Trabalho e mudança social**. Rio de janeiro: Serviço de documentação do MTIC, 1958.p. 21

[317] Ibidem. p. 25

sindical traz o equilíbrio das relações trabalhistas, possibilitando a correção das distorções operadas pelas empresas.[318]

Na perspectiva da função negocial do sindicato, embora a reforma trabalhista tenha se inclinado a prestigiar a autonomia privada coletiva, fato é que o Brasil ainda é muito marcado pelo modelo legislado, transitando-se para o modelo híbrido. Nesse sentido, verificou Noronha, ao identificar três espécies de modelo normativo: o corporativo, o pluralista e o neocorporativo.

> O modelo brasileiro de relações de trabalho vem sendo descrito pela maioria dos analistas como *corporativo.* (...) o termo *corporativismo* não é muito adequado, além de ser pouco útil para descrever o caso brasileiro. Por duas razões: em primeiro lugar, questiono quanto o conceito é operacionalizável para casos não típicos, isto é, aqueles situados entre os extremos *corporativo* e *pluralista.* O Brasil é justamente um caso não típico. Se nos anos 30-60 o modelo nacional poderia ser claramente identificado como *corporativo*, hoje ele possui traços por demais híbridos para ser assim definido.[319]

Isso acontece porque o arquétipo normativo brasileiro se baseia em um modelo legislado ainda muito marcado pela presença de normas estatais. O movimento *pro* flexibilização foi influenciado pela globalização e pelas políticas neoliberais, colocado em xeque o modelo predominantemente legislado brasileiro. Passa a se afirmar que o excesso de proteção estatal traz uma crise de efetividade normativa ao mesmo tempo em que refreia o crescimento econômico.[320] Sob uma análise perfunctória, seria válido o argumento de que a primazia do negociado sobre o legislado romperia com o monopólio estatal normativo, imprimindo maior democratização da regulamentação das condições de trabalho.

A partir de 1970, despontaram posições afirmando que o Brasil segue o modelo corporativista, partindo da premissa de que todo o Direito Sindical fora concebido à luz do corporativismo, com primazia da partici-

[318] "A experiência tem demonstrado, efetivamente, que a organização sindical dos operários corrige os maiores defeitos do regime capitalista, atenuando as imposições da grande indústria, quase insuportáveis, e dia a dia mais vexatórias e deprimentes." In. MORAES, Evaristo de. Apontamentos de **direito operário**. Op. cit. p. 93

[319] NORONHA, Eduardo G. Op. cit.

[320] NORONHA, Eduardo G. Op. cit.

pação do Estado nas relações trabalhistas.[321] Contudo, a partir da década de 1970, inaugura-se o movimento do novo sindicalismo orquestrado por metalúrgicos paulistas cujas bandeiras eram a defesa da liberdade sindical e da negociação coletiva.[322] Procurou-se quebrar o paradigma da função sindical, articulando uma ruptura da concepção de sindicato assistencial para o seu florescimento como verdadeiro ator social revestido de poder normativo e negocial. Assim, a entidade passa a se impor de forma mais combativa.[323]

Logo, o modelo brasileiro, embora não seja pluralista, também não se coloca como eminentemente corporativista. Também, não pode ser

[321] "Luiz Werneck Vianna (1976), Amaury de Souza (1978), Philippe Schmitter (1971) e Kenneth Paul Erickson (1979) foram os primeiros autores a enfatizar criticamente o corporativismo do modelo brasileiro de relações de trabalho na década de 70. Naturalmente, o caráter corporativo das relações de trabalho já havia sido matéria de diversos trabalhos, especialmente de juristas (ver, p. ex., Moraes Filho, 1952). Uma boa revisão dos primórdios das idéias corporativistas no Brasil encontra-se em Araújo (1998, cap. II). Mas foi na década de 70 que os cientistas sociais perceberam a durabilidade e a força da estrutura corporativa. Em 1988, Maria Hermínia Tavares de Almeida retomou o tema após a experiência do novo sindicalismo e, em 1990, Leôncio Martins Rodrigues atualizou (após a Constituição de 1988), o debate, analisando as razões da longa permanência e aceitação dos novos sindicalistas na estrutura corporativista (Rodrigues, 1990). Armando Boito Jr. apresentou argumentos ainda mais críticos à adaptação dos "novos sindicalistas" à legislação corporativista (Boito Jr., 1991). Mais recentemente, Almeida (1996) analisou as estratégias sindicais que permitiram o desenho da Constituição de 1988." Id. Ibidem.

[322] "Alguns autores, no final dos anos 70, destacaram novas práticas que indicavam um *novo sindicalismo* baseado na livre negociação (ver, esp., Almeida, 1975; 1978) e que valorizavam uma relação mais estreita com a base através, por exemplo, das novas comissões de fábrica. Almeida (1983) apontou várias rupturas que o sindicalismo operava, mas mostrou também que boa parte da estrutura e da prática sindicais foi preservada. Os analistas do período, com maior ou menor ênfase, apontavam o descompasso entre a crítica das lideranças sindicais à estrutura sindical e seu pouco empenho em mudá-la, ou sua aceitação, na prática.". In: Ibidem.

[323] "A partir do final da década de 70, com o lento processo de abertura política operado por Geisel, abriu-se um novo período de transformações do sistema de relações de trabalho. Desde 1978 com a estratégia grevista, arriscada diante dos governos militares, mas bem-sucedida por parte dos *novos sindicalistas*, houve aumento da negociação coletiva descentralizada e da expressão dos conflitos trabalhistas; poucos anos depois, criaram-se associações parassindicais de empregadores (Anfavea, por exemplo) e centrais sindicais (Central Única dos Trabalhadores ¾ CUT, Central Geral dos Trabalhadores ¾ CGT e as outras que se seguiram), atuando por fora do sistema federativo oficial; os *novos sindicalistas* passaram a valorizar os princípios da liberdade e da autonomia como fruto de sua experiência quotidiana (...). A criação das centrais sindicais levou a que atualmente haja alguma capacidade de centralização das negociações, apesar da grande fragmentação dos sindicatos no Brasil." Ibidem.

encardo como neocorporativista, na medida em que a contratação é primordial. Portanto, Noronha o define como um sistema híbrido.[324]

O ano de 1998 trouxe marcadamente inovações na legislação brasileira de modo a ampliar as medidas flexibilizatórias, tais como: a Lei nº 9.601/1998 que trata do contrato por tempo determinado e a Medida Provisória nº1.709/1998, que estabeleceu o labor em tempo parcial, e o banco de horas. A partir desse período, foi possível identificar uma gradativa quebra de paradigma do modelo legislado. Norinha pondera, entretanto, que o Brasil ainda não abraçou integralmente o modelo pluralista, mantendo-se aterrado nas bases do arquétipo legislado.[325]

A partir de uma análise mais empírica da atuação do sindicato na dimensão de sua função negocial, o que se verifica é que a maioria dos acordos encetados se restringem a regular o que a legislação já traz, pouco inovando. No auge do modelo corporativista sindical, os sindicatos pouco negociavam. Os trabalhadores não possuíam uma experiencia negocial. Esse cenário começa a mudar no início da década de 1970, em São Paulo, mas produzindo, efetivamente, impacto nas relações laborais somente a partir de 1980.

> Os relatos sobre a vida nas fábricas indicam a inexistência de negociações coletivas periódicas e regulares até a década de 40. Foi somente após a obrigatoriedade das convenções coletivas em 1932 (Decreto 21.761), a promulgação da CLT e, além disso, a consolidação de alguma tradição urbana industrial da mão-de-obra, rompendo com práticas patrimonialistas de migrantes rurais recém-chegados, que começou a existir um sistema de relações de trabalho. Mas ele só se completou na década de 80. Nas décadas anteriores sempre faltava algo para que ele fosse efetivamente assim denominado. Até a década de 50, o trabalhador industrial era minoritário, predominantemente migrante recente (seja do exterior ou das regiões rurais do país), de pequenas ou médias

[324] NORONHA, Eduardo G. Op. cit.

[325] "A estratégia dos liberais foi, ao menos até 1994, tentar obstruir o avanço da legislação do trabalho, mas não reformular o modelo legislado. Mais recentemente, o governo federal tem buscado implantar reformas "desregulacionistas", mas o projeto ainda não tem um perfil claramente definido. As evidências mostram que nos anos 90 houve menos uma polarização intrapartidária do que entre o Congresso ¾ que tende a favorecer a continuidade reformada do modelo legislado, aparando seus exageros legislativos ¾ e o Executivo, que busca uma reformulação mais expressiva, mas que até agora evitou o confronto nessa área com o Legislativo e com a Justiça do Trabalho". In: Ibidem.

> empresas, onde a prática da negociação coletiva ainda era incipiente. Nas décadas de 60 e 70 esse quadro foi alterado, principalmente na Região Metropolitana de São Paulo, com a grande expansão do setor industrial, a formação de uma indústria concentrada e tipicamente fordista, contando com mão-de-obra especializada e com tradição urbana. Mas tal mudança na estrutura produtiva só foi rebater nas relações de trabalho na década de 80, já que o regime autoritário impedia a livre negociação (ou mesmo a negociação corporativista) entre empregados e empregadores. [326]

Embora entre 1985 e 1990 os sindicatos brasileiros tenham se mostrado mais combativos, com um importante aumento das greves, na prática, não possuíam poder suficiente para cambiar as decisões políticas.[327]Aliás, uma outra forma de tornar a ação sindical inócua foi proibir as greves de natureza política, conforme se depreende largamente da jurisprudência e da doutrina brasileiras. Em junho de 2018, o TST, por meio de sua Seção Especializada em Dissídios Coletivos, declarou abusiva a greve engajada pelos trabalhadores da Eletrobrás cujo mote era impedir a privatização da companhia.[328]

Na verdade, o Direito Sindical é fruto de transformações corridas nas relações de trabalho e nas formas de produção. Diante dessas mudanças, é natural que a sociedade e os organismos nela existentes se coordenem de modo a lutar pelos direitos mínimos inerentes a própria condição humana.

[326] Ibidem.

[327] "Dados de pesquisa do Departamento Intersindical de Estatística e Estudos Socioeconômicos ¾ DIEESE para os anos de 1993 a 1995 mostram que os acordos têm papel secundário em relação à lei, raramente definem novos direitos, são menos numerosos justamente sobre temas em que a lei é mais ausente, inspiram-se na lei para expandir direitos ou adaptá-los a situações específicas, não criam uma cultura autônoma de relações de trabalho e são incapazes de sedimentar novos direitos, mesmo naquelas áreas onde o princípio do direito está na Constituição, embora à espera de regulamentação". In: NORONHA, Eduardo G. Op. cit.

[328] "(...) a greve legítima é a que trata de direitos que se pretendem ver respeitados ou criados, como reajuste salarial ou vantagens diversas. "É a greve dirigida para impor um ônus diretamente ao empregador", explicou. "A greve política é dirigida ao Estado". No caso julgado, o ministro observou que a política de privatização não parte da Eletrobras, mas do Poder Executivo e do Legislativo. A greve, assim, se dirige a esses Poderes e diz respeito a políticas públicas. "Não cabe discutirmos greve quando não está em jogo um conflito entre empresa e trabalhadores, mas entre trabalhadores e governo", concluiu" Ministro Ives Granda Martins: "Processo: 1000418-66.2018.5.00.0000/DC. Disponível em: https://www.tst.jus.br/-/tst-considera-abusiva-greve-contra-a-privatizacao-da-eletrobras. Acesso em: 19.jan.2022

Afinal os desejos que movem os grupos a lutarem, transcendem as questões econômicas, associando-se muito mais à necessidade de seu reconhecimento. Nesse sentido ponderou Polanyi

> Assuntos puramente econômicos como os que afetam o desejo-satisfação são incomparavelmente menos relevantes para o comportamento de classe do que questões de reconhecimento social. O desejo-satisfação pode ser, sem dúvida, o resultado de um tal reconhecimento, especialmente como seu indício ou prêmio exterior. Todavia, os interesses de uma classe se referem mais diretamente à sua posição e lugar, ao status e segurança, isto é, eles são basicamente não-econômicos, mas sociais. As classes e os grupos que tomaram parte, intermitentemente, no movimento geral em direção ao protecionismo após 1870, não o fizeram, basicamente, por conta dos seus interesses econômicos. As medidas "coletivistas" promulgadas nos anos críticos revelam que só excepcionalmente estaria envolvido o interesse de uma única classe, e, neste caso, esse interesse raramente poderia ser descrito como econômico.[329]

Nessa perspectiva sobressai mais uma função do sindicato, qual seja, a de centralizar os interesses da classe trabalhadora de modo a consolidar a identidade coletiva. É nesse seu mister que o sindicato encontra seu lídimo poder:

> E dentre outras características importantes, os sindicatos ajudam a ampliar os horizontes de cálculo de seus membros quanto a possíveis ganhos materiais e simbólicos, de tal modo que a confiança sempre renovada na eficiência e na eficácia do desempenho institucional é uma parte integrante do processo de identificação política entre os dirigentes e membros, sendo parte, também, do sentimento que estes nutrem de "se sentirem representados" por uma instituição. [330]

A existência de grandes lutas de classe, como as que marcaram a Itália, a França e a Alemanha entre as décadas de 1950 a 1970, contribuíram para a democratização da sociedade, mediante a pluralidade de vozes.[331] A conscientização do trabalhador de sua luta e das suas necessidades, além

[329] POLANYI, Karl. Op. cit. p. 187

[330] CARDOSO, Adalberto Moreira. Op. cit. p. 280

[331] SAMPAIO, Plinio de Arruda. **Participação popular**. In: Os sentidos da democracia e da participação. São Paulo: Instituto Polis, julho de 2004.p. 48

de contribuir para o fortalecimento da solidariedade entre eles, possibilita a realização da democracia.

As desigualdades sociais provocam um afastamento da democracia, além de promoverem uma reorientação da função original sindical. Em um real Estado Democrático de Direito é praticamente inaceitável a adoção de medidas que acarretem um aumento das desigualdades. Nesse sentido, convergiu o artigo 3º da CF ao mencionar, entre os objetivos da República Federativa do Brasil, o de reduzir as desigualdades regionais. Portanto, inserir medidas flexibilizantes fundamentadas unicamente nos interesses do mercado em um país tão marcado pela desigualdade como o Brasil,[332] traz um afastamento da função sindical na medida em que se opera uma afronta à democracia. Nesse diapasão analisa Sampaio

> Os processos de "modernização", as reformas e adaptação dos processos de globalização têm transitado pelos caminhos do ajuste estrutural e as fórmulas neoliberais, agravando os processos estruturais de desigualdade da região. A exclusão social de milhões, a marginalização e o atraso econômico e social das populações da América Latina constituem o principal obstáculo para a consolidação democrática.[333]

A desigualdade dos atores sociais aprofundada por causa de um contexto político neoliberal acarreta o emudecimento das vozes dos trabalhadores, alijando-os do diálogo na perspectiva das relações de trabalho. No mais, também contribui para a fragilização do poder sindical, que fica oprimindo em um contexto social marcado pelo desemprego e pelas diversas mazelas sociais. Afinal, "a qualidade da democracia está vinculada aos direitos econômicos, sociais, culturais e humanos..."[334]

O projeto de aprofundamento da regulamentação privada das relações trabalhistas, iniciado pela Lei nº 13.467/2017, caminha para um gradativo fortalecimento. O Grupo de Altos Estudos do Trabalho (GAET),[335] sur-

[332] O Brasil não experimentou um real desenvolvimento social hábil a implementar a redução das desigualdades sociais.

[333] Sampaio, Plinio de Arruda. Op. cit. p.52

[334] Ibidem.p.54

[335] "O GAET é formado por ministros, desembargadores e juízes da justiça do trabalho, procuradores, economistas, pesquisadores das principais instituições do país, além de advogados e especialistas em temáticas de relações do trabalho". In: BRASIL. **Minstério do Trabalho e previdência.** Disponível em: https://www.gov.br/trabalho-e-previdencia/

gido em 04 de setembro de 2019 com a portaria SEPRT/ME Nº 1.001/2019, orientando-se pelo discurso da modernização trabalhista propôs mudanças significativas no Direito do Trabalho, entre as quais a ruptura do princípio da unicidade sindical, abraçando o pluralismo sindical estabelecido na Convenção 87 da OIT:[336]

> Assim, sob o prisma da liberdade sindical ampla, a PEC proposta pelo grupo lastreia-se nas seguintes diretrizes: a) adoção dos termos do art. 2º da Convenção 87 da OIT como marco definitório da liberdade sindical a ser vivenciada no Brasil; b) não utilização da noção de categoria ou de sistema confederativo para a conceituação de sindicatos, admitindo-se a organização de sindicatos por empresa ou setor produtivo, o que não descarta de plano, em face da ampla liberdade organizativa, aqueles conceitos; c) a representatividade básica dos sindicatos será de seus associados, o que estimulará a filiação, mas admitir-se-á, em negociação coletiva, a abrangência dos trabalhadores que desejarem gozar dos benefícios de determinada norma coletiva que lhes seja mais favorável, obtida por determinado sindicato, mediante o desconto de taxa negocial, limitada a um dia de salário, o que se mostra justo, diante do esforço negocial sindical.[337]

Em contrapartida, o GAET analisou que existe um "protecionismo exacerbado do trabalhador." Nesse sentido, defende um afastamento do monopólio normativo estatal mediante a ampliação das negociações coletivas, como forma de refrear a judicialização dos conflitos trabalhistas. Para tanto, o relatório se vale do seguinte argumento:

pt-br/noticias-e-conteudo/trabalho/2021/novembro/governo-federal-e-cnt-se-reunem-para-conhecer-propostas-do-gaet. Acesso em: 21 jan.2022

336 "O Grupo de Liberdade sindical examinou criticamente o ordenamento e funcionamento da organização sindical e da negociação coletiva no Brasil com o objetivo de propor novo sistema que, com base no princípio da liberdade sindical, reduza a interferência do Estado e promova o exercício da plena autonomia coletiva de trabalhadores e empresas.(...) Constatam ainda que a negociação coletiva é limitada e tutelada pelo poder normativo da Justiça do Trabalho e entendem que um novo sistema deve superar essas questões por meio da prevalência do negociado sobre o legislado; aferição da representatividade consensualmente, sem interferência do Estado; identificação das práticas antissindicais. Estrutura-se um sistema em que vigora a Liberdade Sindical." In: Ministério do Trabalho e Previdência-secretaria do trabalho. Relatórios dos grupos de estudos temáticos do GAET (grupo de altos estudos do trabalho)." In: BRASIL. **Minsitério do trabalho e previdência**. Op. cit.

337 Ibidem.

> No fundo, como bem resumido por Jean Tirole, Prêmio Nobel de Economia de 2014, em seu "Economics for the Common Good", no qual trata das reformas trabalhistas em efervescência na Europa ocidental, o dilema está entre o que chamou de "job protection" e "job security": o que as reformas trabalhistas de França, Alemanha, Itália, Espanha e Portugal tiveram em conta foi que o excesso de proteção desprotege o trabalhador e que a promoção da empregabilidade é a segurança dos empregos vem da flexibilização da legislação laboral, no que se convencionou chamar de "flexisecurity". Assim, a opção fundamental do grupo, em que pese as divergências tópicas, foi a de promover a segurança pela simplificação e flexibilização das regras legais trabalhistas e do processo do trabalho.[338]

O GAET, também, propõe um maior aprofundamento de concertos bilaterais entre empregado e empregador, enfraquecendo, nessa medida o poder do sindicato.[339] Dessarte, propugna pela constitucionalização da renúncia dos direitos trabalhistas. Ora, a indisponibilidade dos direitos trabalhista e a consequente irrenunciabilidade se fundamentam no princípio da liberdade. Isso porque na relação contratual trabalhista a liberdade está prejudicada na medida em que não há equilíbrio entre os contratantes. Assim, na perspectiva trabalhista somente é possível ocorrer alguma renunciabilidade em relação a direitos revestidos de indisponibilidade relativa e, ainda assim, se houver a participação do sindicato.

A igualdade meramente formal não possibilita o exercício pleno da liberdade do trabalhador. A liberdade exercida em um contexto isento de igualdade das partes se torna perigoso instrumento de desumanização das relações trabalhistas, impossibilitando a realização do trabalho minimante decente, conforme preconizado pela OIT.

Agasalhar renúncias individuais dos direitos se torna ainda mais perverso, mormente diante do atual contexto socioeconômico marcado pelo aumento do desemprego e da informalidade. É inegável o contingenciamento da vontade do empregado, de modo que qualquer negócio jurídico

[338] Ibidem.

[339] Proposta de emenda da CF: "Art. 7º São direitos dos trabalhadores urbanos e rurais, além de outros que visem à melhoria de sua condição social: XXVI – reconhecimento das convenções e acordos coletivos de trabalho e da ampla autonomia coletiva dos atores sociais; XXXV – reconhecimento da autonomia do trabalhador e da manifestação individual de vontade, na forma e nos limites da lei;" Ibidem.

encetado bilateralmente entre empregado e empregador nessas condições seria passível de anulação por vício de vontade, segundo a própria legislação civil.

Ademais, mesmo na dimensão sindical, a negociação coletiva também não estaria imune a desequilíbrio, diante da fragilidade do sindicato e da quebra da representatividade sindical. Somente é possível cogitar acerca da prevalência do negociado sobre o legislado se houver exercício legítimo e democrático da liberdade sindical.

A negociação coletiva que viabilize reduções de direitos trabalhistas mínimos não se traduz como garantia de atuação democrática do poder sindical na perspectiva das relações trabalhistas. Aliado ao fomento da negociação coletiva se mostra imprescindível para a democracia a melhoria progressiva das condições de trabalho. Nesse sentido orienta Godinho Delgado e Neves Delgado:

> (...)a regra do inciso XXVI do art. 7º (...) simples continuidade de preceito inserido, desde de 1934, nos textos constitucionais brasileiros- não traduz, obviamente, autorização para que tais instrumentos coletivos privados suprimam direitos e garantias constitucionais trabalhistas. Traduz apenas o reconhecimento de sua existência como fonte normativa no direito brasileiro, submetida, é claro, às diretrizes e restrições constitucionais, inclusive ao princípio da norma mais favorável (...)[340]

Portanto, pode-se inferir, a partir dessas digressões, que a proposta do GAET se afasta dos escopos do Direito do Trabalho, quais sejam: possibilitar o equilíbrio na relação trabalhista e facilitar a conquista da justiça social. O GAET vale-se do discurso de prestígio da autonomia privada coletiva, mas sem trazer uma efetiva política que viabilize, de fato, o uso da negociação coletiva em sintonia com a principiologia trabalhista e com os Direitos Humanos. O Direito do Trabalho deve buscar a justiça social, pois "Talvez que em nenhum outro ramo do direito se manifeste tão vivo o senso crítico da justiça como no direito do trabalho."[341]

Logo, a ampliação das formas negociadas, ainda que coletivamente, sob um cenário de fragilidade sindical promove um afastamento gradativo dos princípios trabalhistas, culminando em sua ruptura. Atingir o

[340] DELGADO, Maurício Godinho e DELGADO, Gabriela Neves. Op. cit. p.283

[341] MORAES FILHO, Evaristo de. **Direito do trabalho no estado de direito**. Op. cit.

Direito Coletivo do Trabalho, mediante o esvaziamento progressivo da atuação sindical e do poder de representatividade é desconstruir o coração do Direito laboral. Nesse sentido, esclarece Moraes Filho:

> Em toda a parte, em todos os tempos, não constituindo o Brasil de forma alguma exceção, nunca foi o direito do trabalho outorga espontânea do estado; muito pelo contrário, foi construído pelos próprios interessados nas suas relações de conflito e de acomodação, no contato direto do dia-a-dia da vida profissional. Daí ser o direito coletivo a manifestação amis viva, mais significativa e própria do novo direito. (...)" Não há um só autor especializado que não destaque esse primordial papel reivindicador, organizador e modelador do direito coletivo do trabalho, como a parte mais interessante e original que possa oferecer a nova disciplina jurídica. Os sindicatos, as convenções coletivas, os regulamentos, tudo isso é o que singulariza o direito do trabalho e justifica a sua autonomia entre os demais ramos do direito. O ensinamento da doutrina é unanime e tranquilo.[342]

Além disso, é possível identificar no sindicato um papel político na medida em que articula a classe operária, produzindo leis dotadas de obrigatoriedade e de maior efetividade quando em comparativo com as fontes heterônomas. Nesse sentido caminhou Uriarte:

> El sindicato ejerce, asi mismo, la representación de los intereses colctivos y constituye una garantía de eficácia de los derechos y normas laborales. Por su sola presencia, el sindicato ya supone un cierto desincentivo a la violación de normas y derechos del trabajador; y claro está, su acción efectiva puede constituir un incentivo mayor al cumplimento y prevenir violaciones.[343]

Por conseguinte, embora a Lei nº 13.467/2017 tenha determinado nos artigos 611-A e 611-B da CLT a prevalência do negociado sobre o legislado, ostentando um prestígio das negociações, na realidade procurou procla-

[342] Moraes Filho, Evaristo de. **Direito do trabalho no estado de direito**. Op. cit.

[343] Tradução livre: O sindicato também exerce a representação dos interesses coletivos e constitui garantia da efetividade dos direitos e normas trabalhistas. Pela sua mera presença, o sindicato já supõe certo desincentivo à violação de normas e direitos do trabalhador; e claro, sua ação efetiva pode constituir um incentivo maior para cumprir e prevenir violações. In: Uriarte, Óscar Ermida. **Crítica de La libertad sindical** – in Revista de La Facultad de Derecho de PUCP, n. 68, p. 33-61. Lima: Fondo Editorial, 2012. p. 37.

mar uma racionalidade *antissindicalidade*.[344] O próprio sindicato passou a ser usado para respaldar o descumprimento de direitos sociais mínimos, desviando-se de sua função inata. Ora, o genuíno papel do sindicato é justamente empregar seu poder negocial que emerge de autonomia privada coletiva na busca dos autênticos interesses da classe trabalhadora. E esse objetivo somente será plenamente realizado se a entidade tiver efetivamente a representatividade.[345]

Para compreender os meandros da flexibilização estabelecidos na Lei nº 13.467/2017, é mister uma análise, ainda que perfunctória, do processo social e ideológico que precedeu a atual legislação trabalhista. A forma dos concertos sociais passou por três momentos históricos, conforme esclarece Ferreira:

> De par com a variedade e singularidade das experiências nacionais de concertação social, pode estabelecer-se uma periodização marcada por três momentos: a expansão e esgotamento da macro-concertação entre os anos 1970 e 1980; o retorno do diálogo social nos anos 1990, relacionado com os processos de integração europeia e de globalização (Ferreira, 2004; Ferreira, 2003); e o atual momento, que se pode designar pela concertação social da crise, marcado pelo seu envolvimento na implementação das medidas de austeridade e subsequentes reformas legislativas.[346]

Essa austeridade marcou a reforma trabalhista, redesenhando o Direito do Trabalho. Demarca-se uma mitigação dos princípios da liberdade e a da isonomia nas negociações coletivas na medida em que amplia os concertos individuais. Ferreira identifica nesse processo a construção de um Direito do Trabalho de exceção:

> Este novo cenário coloca um particular desafio às práticas e políticas de concertação social, uma vez que o processo negocial se encontra associado ao processo de legitimação das medidas de austeridade, tornando difícil a obtenção de resultados de soma positiva e a busca de reciprocidade entre os parceiros sociais. (...) As matérias laborais diluídas num processo amplo de reformas estruturais dificilmente resistem a decisões onde não ocorra a perda

[344] MARTINEZ, Luciano. **Condutas antissindicais.** São Paulo: Saraiva, 2013. p. 29.

[345] URIARTE, Óscar Ermida. **Crítica de La libertad sindical.**Op. Cit. p. 43

[346] FERREIRA, Antônio Casimiro. **Sociedade da austeridade e Direito do Trabalho de exceção.** Porto: Vida econômica, 2012.p.62

> da identidade político- -jurídica dos direitos laborais. A narrativa da austeridade caracterizada pelo fundamentalismo de mercado faz com que entendimentos alternativos da realidade sejam deslegitimados, questionando-se quaisquer agendas legislativas que contenham a aceitação de um ethos social ou mesmo a referida especificidade dos direitos laborais como destino partilhado de justiça social. Deste modo, as instituições e organizações da cidadania social, como a concertação social, podem ser cooptadas e convertidas em instrumentos de legitimação da austeridade.[347]

Assim, a Lei nº13.467/2017, responsável pela reforma trabalhista, não considerou o valor do trabalho humano e nem tampouco a própria dinâmica do sistema capitalista. As revoluções tecnológica e produtiva que estamparam uma reconfiguração nas relações de trabalho exigem, de fato, uma alteração do Direito Laboral. Entretanto, a modificação deverá atender às novas exigências do mercado, sem se desviar da função precípua do Direito do Trabalho, qual seja, implementar a melhoria da condição social e realizar os direitos fundamentais da pessoa humana. Ao contrário, a reforma trabalhista procurou "legitimar" o retrocesso social, afastando-se da própria gênese do Direito do Trabalho. Firma-se um processo de desconstrução desse ramo jurídico. Afinal, conforme esclarece Ferreira:

> O direito daqui emergente segue os padrões do atual capitalismo financeiro como um modelo forçoso de organização das relações, não apenas económicas, mas em geral das relações humanas. O direito de exceção surge agora como incontornável, não podendo contra ele valer a soberania popular ou o princípio da produção democrática do direito (cf. Hespanha, 2007: 84-86). Projetando-se como direito líquido no sentido de Bauman, prescinde dos predicados da previsibilidade, da segurança e da confiança, transmutando-se em instrumento de dominação da nova configuração de poderes.[348]

Esse projeto de austeridade e de remodelação do Direito laboral venho acompanhado de um discurso que pretendeu associar o desemprego à rigidez da legislação estatal trabalhista. Propala-se a ideia de que a presença de inúmeras normas heterônomas impede o crescimento do mercado, prejudicando a competitividade das empresas brasileiras e, como consequência,

[347] Ibidem.p.62-63

[348] Ibidem.p.75

a criação de novos postos de emprego. Assim, a flexibilização passa a ser colocada no centro das políticas neoliberais que propugnam pela modernização das leis trabalhistas.

A flexibilização acompanhou a própria constituinte de 1988. Eis que o artigo 7º, incisos XIII e XIV, ambos da CF, autorizaram a negociação da jornada. Assim, embora ainda a regulamentação estatal tenha se sobrepujado em relação a privada, marca-se uma tendência de flexibilização. A Constituição Federal, portanto, embora realce o modelo legislado, introduz um viés pluralista.[349] Na década de 1990, a legislação trabalhista passa a receber ingerências da globalização e das ideias neoliberais. Buscava-se contornar o desemprego e a informalidade mediante políticas flexibilizatórias. Krein observa que na década de 1990 ainda faltou aprofundamento em temas como:

> (...) três importantes proposições apresentadas não foram viabilizadas politicamente: a liberalização da terceirização, a prevalência do negociado sobre a legislação e a reforma no sistema de organização sindical. Como resultado houve uma modificação de elementos centrais da relação de emprego, sem que houvesse uma desestruturação formal do arcabouço legal e institucional existente no país.[350]

A permissibilidade de flexibilizar a jornada de trabalho aparece a partir da década de 1990. São estabelecidos, exemplificativamente, o banco de hora e o trabalho em tempo parcial. Entre os anos 2017 e 2018, após a reforma trabalhista, foi observado um aumento do uso do banco de horas.[351]

[349] Noronha, Eduardo. Op.Cit.

[350] KREIN, José Dari. **O desmonte dos direitos, as novas configurações do trabalho e o esvaziamento da ação coletiva: Consequências da reforma trabalhista**. Disponível em: https://www.scielo.br/j/ts/a/WBdDjRLGTC5XffZDqPThnbs/?lang=pt&format=pdf. Acesso em: 30 set.2021

[351] "Com base nos dados do Mediador da Secretaria da Previdência e do Trabalho do Governo Federal, o Salariômetro da FIPE/USP6 calculou que a incidência do banco de horas aumentou expressivamente no país entre 2017 e 2018, passando de 4.486 para 10.124 casos. O Salariômetro observou ainda que as compensações das horas existentes no banco de horas são realizadas em meses, e não em semanas e anos (em 92,9% dos casos em 2017 e 94,2% em 2018), o que está em consonância com as regras da Reforma Trabalhista." In: KREIN, José Dari e OLIVEIRA, Roberto Véras de. **Os impactos da Reforma nas condições de trabalho. In: Reforma Trabalhista no Brasil: promessas e realidade**. Org: José Dari Krein, Roberto Véras de Oliveira, Vitor Araújo Filgueiras. Campinas: Curt Nimuendajú, 2019. p. 146.

Inaugura-se, em âmbito mundial, um processo de desconstrução do Direito do Trabalho, acompanhado por um incremento da flexibilização. Estabelece-se uma contenção dos poderdes do Estado e do sindicato, de modo a promover um avanço das negociações bilaterais individualizadas, um aumento de contratos temporários, intermitentes, bem como uma despadronização da jornada de trabalho, como banco de horas e turnos ininterruptos.[352]

A partir de 2000, o Brasil viveu um período ambíguo, de modo que, embora não tenha havido efetivamente uma reforma, fato é que a ideologia neoliberal reverberou na legislação. Houve recuos nas políticas neoliberais, como a regulamentação do trabalho doméstico, mas também houve avanços da flexibilização "... tais como a reforma da previdência no setor público de 2003, as restrições do seguro desemprego e do abono salarial, a lei das falências."[353] Nesse período, o Poder Judiciário trabalhista articulou sua jurisprudência em prol dos direitos sociais do trabalho, demarcando limites da flexibilização.

Na tentativa de enfraquecer a lógica intrínseca os direitos sociais, a reforma trabalhista atacou essas tendências. O Supremo Tribunal Federal, a partir de 2013, começa a se posicionar alinhado aos valores neoliberais, conforme se infere da tabela abaixo que traz alguns principais julgamentos nesse sentido:[354]

[352] KREIN, José Dari. **O desmonte dos direitos, as novas configurações do trabalho e o esvaziamento da ação coletiva: Consequências da reforma trabalhista**. Op. cit.

[353] Ibidem.

[354] "A partir de 2014, a agenda de diminuição da proteção social aos assalariados ganhou ainda mais expressão. Nos encontros das candidaturas com as principais entidades patronais, o tema foi apresentado com destaque, especialmente pela Confederação Nacional da Indústria, do Comércio e da Agricultura. A própria presidente Dilma Rousseff, depois de reeleita, sinalizou com uma política econômica mais ortodoxa e medidas de desconstrução de direitos, como, por exemplo, as medidas provisórias que criaram maiores restrições para os trabalhadores terem acesso ao seguro desemprego e ao abono salarial, medidas adotadas já dentro de uma política econômica de ajuste fiscal, que afetaram negativamente a sua base de sustentação na sociedade". In: Ibidem.

Tabela 1: Amostragem de alguns julgamentos do STF que apontam tendências neoliberais

Ano	Origem	Tema	Assunto
2014	ARE 709212	608	O prazo prescricional do FGTS é quinquenal.
2015	RE 590415	152	Renúncia de direitos/privilegia o negociado sobre legislado.[355]
2018	REA 958252	725	Permissão de terceirização em atividade fim.[356]
2022	ADPF323	-----	A ultratividade das normas coletivas é inconstitucional.[357]

Fonte: Supremo Tribunal Federal

O movimento pró- flexibilização emerge com força. O modelo de flexibilização que se esparge se orienta no sentido de progressivamente viabilizar a diminuição de direitos sociais. Após o impeachment da presidente Dilma, o discurso da flexibilização ganha corpo, agilizando o processo de desconstrução do Direito do Trabalho.

A reforma trabalhista recebeu inspiração do neoliberalismo na medida em que reforçou a ingerência diminuta do Estado frente às relações trabalhistas, retrocedendo aos ideários do Estado liberal. Para fundamentar as alterações, o legislador da reforma se prevaleceu de axiomas equivocados. Um deles foi a concepção de que o engessamento da economia brasileira ocorreria em razão de a legislação trabalhista trazer um grande ônus ao empregador.

355 "Decisão: O Tribunal, apreciando o tema 152 da repercussão geral, por unanimidade e nos termos do voto do Relator, conheceu do recurso extraordinário e a ele deu provimento, fixando-se a tese de que a transação extrajudicial que importa rescisão do contrato de trabalho em razão de adesão voluntária do empregado a plano de dispensa incentivada enseja quitação ampla e irrestrita de todas as parcelas objeto do contrato de emprego caso essa condição tenha constado expressamente do acordo coletivo que aprovou o plano, bem como dos demais instrumentos celebrados com o empregado." In: BRASIL. Supremo Tribunal Federal. Op. cit.

356 Tese: "É lícita a terceirização ou qualquer outra forma de divisão do trabalho entre pessoas jurídicas distintas, independentemente do objeto social das empresas envolvidas, mantida a responsabilidade subsidiária da empresa contratante" In: Ibidem.

357 "Decisão: O Tribunal, por maioria, julgou procedente a presente arguição de descumprimento de preceito fundamental, de modo a declarar a inconstitucionalidade da Súmula 277 do Tribunal Superior do Trabalho, na versão atribuída pela Resolução 185, de 27 de setembro de 2012, assim como a inconstitucionalidade de interpretações e de decisões judiciais que entendem que o art. 114, parágrafo segundo, da Constituição Federal, na redação dada pela Emenda Constitucional nº 45/2004, autoriza a aplicação do princípio da ultratividade de normas de acordos e de convenções coletivas(...)". In: Ibidem.

A reforma trabalhista, embora não tenha inovado ao estabelecer as medidas de flexibilização, possibilitou um alargamento da negociação de modo a chancelar a retirada de direitos laborais integrantes do núcleo mínimo inerente ao patamar civilizatório mínimo. A reforma debilitou o poder normativo estatal na perspectiva dos direitos sociais, aproximando-se de uma desregulamentação precarizante das relações de trabalho.

Segundo Castel, o modelo adotado para o indivíduo se inserir na estrutura social é o do trabalho remunerado.[358] Entretanto, com as mudanças ocorridas na dimensão produtiva, com os influxos da globalização e com o crescimento tecnológico houve a necessidade de se adotar uma linha mais flexível para atender a esse novo mercado. O sistema produtivo, baseado na acumulação flexível, demanda uma rapidez nas decisões, fomentando, portanto, um direito também mais flexível. Segundo Druck, na dimensão brasileira, esse processo trouxe um agravamento da precarização das condições de trabalho na medida em que passou a impor alterações na organização do trabalho, sobretudo na perspectiva da jornada de trabalho. Aumenta-se a demanda por empregados polivalentes que realizem o labor em ritmos acelerados para atingir metas inexequíveis. [359]

A produção flexível advinda do novo modelo de produção toyotista ecoa nas novas ideologias flexibilizantes que se firmam a partir da década de 1990 no Brasil. Inicia-se um processo de fragilização do público com pujança do privado. Retoma-se a ideia de mercantilização da força de trabalho, distanciando-se da Convenção de Filadelfia de 1944.

A Lei nº 13.467/2017 teve seu esteio nessa nova exigência do mercado, trazendo um elastecimento da flexibilização aliado a um enfraquecimento dos direitos sociais, de modo a estabelecer a crise do direito social. É possível verificar uma intensificação da flexibilização no que se remete à jornada e à duração do trabalho (sistemas de compensação de jornada e banco de horas).

A reforma empreendida procurou afastar os direitos trabalhistas da interpretação mais evolutiva concretizada a partir da dignidade da pessoa humana, da valorização do trabalho humano e da concepção de progressividade de direitos sociais. Busca-se reorientar o Direito em prol de uma maior intensificação do direito privado. Esse movimento legislativo enga-

[358] Castel, Robert. **As metamorfoses da questão social.** Petrópolis: Vozes, 1998.

[359] Druck, Graça. Op. cit. p. 62

jado na ruptura de direitos sociais pode ser inferido de inúmeras micro alterações na ordem jurídica, como: a Emenda Constitucional nº 95/2016, responsável pelo congelamento de gastos públicos (apontando para um afastamento do Estado nas questões sociais) e a Lei nº 13.429/2017, que permitiu a terceirização em atividades fins, sendo declarada constitucional pelo STF.[360].

O projeto de lei nº 6.787/2016 que deu origem à Lei nº 13.467/17, inicialmente fora concebido para promover poucas alterações. Entretanto, por fim abarcou mudanças significativas na própria principiologia trabalhista sem que tenha havido um diálogo democrático com os diversos atores sociais impactados pelas alterações, segundo preconizado pela Convenção 144 da OIT. A reforma trabalhista fora imposta, portanto, sem o devido amadurecimento.

A Lei nº 13.467/2017 permitiu a celebração de acordos bilaterais encetados entre empregado e empregador no que se remete à jornada de trabalho. Logo, procurou estabelecer uma ruptura com a principiologia inerente aos direitos sociais na proporção em que prestigiou a autonomia individual do trabalhador, estribando-se na ideia da liberdade do empregado. Entretanto, não há como se concretizar a liberdade nas negociações se não houver um equilíbrio entre as partes, sob pena de a vontade emitida ser prejudicada. Aliás, mesmo na perspectiva civil, que se pressupõe uma paridade das partes, a vontade deverá ser emitida sem vicio, sob pena de o negócio jurídico estabelecido ser considerado anulável. Desloca-se, assim, o princípio orientador do Direito do Trabalho para a empresa.

A reforma estabelece uma crise de identificação do próprio Direito do Trabalho ao romper com o princípio da proteção. O aprofundamento de medidas flexibilizatórias unido à permissibilidade de acordos bilaterais no que concerne à jornada de trabalho produz uma ruptura do poder da classe obreira e, portanto, do sindicato. O objetivo de ruir com a proteção social do trabalho é muito marcado no artigo 8º, § 3ª da CLT, que pretendeu reduzir a judicialização das demandas coletivas na dimensão da negociação, evidenciando justamente mais uma tentativa de refrear a imposição dos interesses reais da classe trabalhadora.

O legislador da reforma buscou introduzir uma ideia de mercantilização da força de trabalho. A regulamentação das relações de trabalho mediante

[360] Projetos de lei 4193 de 2012 e 4962 de 2016.

acordos bilaterais entre empregado e empregador favorece a consolidação da lógica de que o trabalho é mais uma mercadoria na relação. Esse afastamento do elemento humano na perspectiva das relações de trabalhos é identificado por Krein, considere o excerto abaixo:

> (...) o pós-guerra na Europa foi um período de desmercantilização da força de trabalho, em que as regras da contratação e sobrevivência colocaram limites ao funcionamento do mercado. Após a crise dos anos de 1970, a tendência voltou a ser de mercantilização da força de trabalho.[361]

Em sentido similar caminhou o GAET que, desviando-se da lógica protetiva, excogitou ressignificar os princípios da equidade e da justiça social mediante a redução da atuação do poder judiciário, sob o argumento de prevenir a judicialização das questões trabalhistas para atingir a segurança. Portanto, evidencia-se uma nítida sobreposição do princípio da segurança da empresa sobre o da justiça social. Nesse sentido, trouxe o relatório do GAET:

> (...)extinção da obrigatoriedade da contribuição sindical (art. 578); limites às condições adquiridas com o fim da ultratividade da norma coletiva, impondo o cancelamento e a ineficácia da Súmula 277, do Tribunal Superior do Trabalho (artigo 614, parágrafo 3º); prevalência da convenção coletiva e do acordo coletivo de trabalho sobre a lei no que tange a matérias expressamente previstas, embora sem excluir outras (art. 611-A); prevalência do acordo coletivo sobre a convenção coletiva de trabalho (artigo 620); validade da norma coletiva, independentemente de expressas contrapartidas em caso de transação com redução de direitos ou vantagens (art. 611-A, parágrafo 2º), exceto no caso de redução salarial; intervenção mínima da Justiça do Trabalho no conteúdo da negociação coletiva, devendo ater-se à observância dos elementos essenciais do negócio jurídico (artigo 8º, parágrafo 3º); no caso de típica transação, com concessões recíprocas, a nulidade judicialmente declarada de uma norma atinge a contrapartida ou cláusula compensatória expressa, sem direito a restituição (art. 611-A, parágrafo 4º); regramento da representação interna dos trabalhadores (artigos 510, 510-A, 510-B, 510- C, 510-D). [362]

[361] KREIN, José Dari. **O desmonte dos direitos, as novas configurações do trabalho e o esvaziamento da ação coletiva: Consequências da reforma trabalhista.** Op. cit.
[362] BRASIL. **Ministério do Trabalho e Previdência.** Op. cit.

A proeminência da pessoa humana na execução do trabalho já aventada na *Encíclica Rerum Novarum*, bem como a vedação de se tratar o trabalho humano como mercadoria, de acordo com a declaração da Filadelfia de 1944, foram desconsideradas na proposta de modernização da regulamentação das relações trabalhistas. Ademais, o GAET pretende acentuar a legalização da precariedade, dando continuidade ao processo iniciado pela reforma trabalhista.

A promessa que acompanhou a reforma trabalhista foi a de que as medidas flexibilizatórias minimizariam a crise do desemprego, trazendo uma melhora na redução da desigualdade. Contudo, no Brasil a reforma acentuou a informalidade, exacerbando a precarização do trabalho.[363] Empiricamente, revelou-se a falácia do raciocínio que pretendeu estabelecer uma relação estreita entre crescimento de emprego e redução de direitos sociais.

Na Europa, a flexibilização aparece na década de 1960. Na Itália fora largamente utilizada em 1970, com o escopo precípuo de aumentar o número de empregos. Nesse sentido afirma Maruani

> La négociation de ces accords fixa le développement de la flexibilité dans les limites d'un nouvel espace de *concertation sociale programmatique*. Les politiques d 'emploi définies(...)eurent un double objectif: la création de nouvelles normes de régulation du marché du travail et la lutte contre le chômage et l'inflation.[364]

Contudo, a experiência de países europeus[365] mostrou que o uso da flexibilização, ao contrário do que se pretende fazer acreditar, contribuiu para o agravamento do desemprego.

[363] "Segundo o IBGE, o Brasil tem atualmente cerca de 14,1 milhões de pessoas em busca de emprego; 7,3% a mais do que no mesmo período do ano passado. Já a taxa de trabalhadores sem carteira assinada chegou, este ano, a 40,8% da população ocupada. Os dados são da última Pnad (Pesquisa Nacional por Amostra de Domicílios), divulgada em setembro". SURIAN, Eduardo. 'O grande **feito da reforma trabalhista foi o aumento do desemprego e a volta da fome. In: Carta Capital.** Disponivel em: https://www.cartacapital.com.br/justica/o-grande-feito-da-reforma-trabalhista-foi-o-aumento-do-desemprego-e-a-volta-da-fome/. Acesso em: 13.jan.2022.

[364] Tradução livre: A negociação desses acordos colocou o desenvolvimento da flexibilidade dentro dos limites de um novo espaço de consulta social programática. As políticas de emprego definidas (...) tinham um duplo objetivo: a criação de novos padrões de regulação do mercado de trabalho e o combate ao desemprego e à inflação. In: MARUANI, Margaret et al. **La flexibilité en Italie / Débats sur l'emploi.** Paris, Syros/Alternative, 1989.p.25 e 39.

[365] "Estudiosos afirmam, contudo que, países europeus, mesmo sendo considerados ricos como a Alemanha e França, tiveram como consequência da adoção de normas trabalhistas

A França, também, estabeleceu muitas reformas entre os anos de 2015 e 2016, cujo mote foi o de diminuir o desemprego.[366]Um dos mecanismos encontrados para atingir tal desiderato foi exatamente expandir as possibilidades de flexibilização das jornadas mediante uma elevação de concertos individuais de forma a descentralizar as negociações do sindicato. Eydoux nesse sentido observou:

> Elles se traduisent par une mise en cause du Code du travail prenant la forme de mesures d'« assouplissement » des contrats de travail et de leurs modalités de rupture, par une décentralisation des négociations qui tend à affaiblir le pouvoir des salariés et de leurs représentants, et par le souci d'encadrer l'accès aux indemnités de chômage de manière à inciter les travailleurs à accepter un emploi même de courte durée ou à bas salaire. On peut dire sans forcer le trait qu'elles tendent à soustraire les travailleurs du cadre des régulations collectives de l'emploi pour les inscrire autant que possible dans des régulations marchandes, souvent individualisées.[367]

flexibilizadas em seu ordenamento, a elevação das taxas de desemprego de forma que, independente de serem considerados ricos ou pobres, a maioria dos países onde foram efetivadas tais medidas não lograram êxito com as mesmas, colocando em discussão a sua eficiência, o que nos faz aduzir que a flexibilização não está necessariamente ligada ao aumento do número de empregos" AGUIAR, Maria Herika Ivo. **Flexibilização das leis trabalhistas. Alternativa à crise de desemprego no Brasil?.** Revista Jus Navigandi, Teresina, ano 19, n. 4182, 13 dez. 2014. Disponível em: < https://jus.com.br/artigos/31250 >. Acesso em: 17 dez.21.

[366] "Les « réformes du marché du travail », menées depuis près de quarante ans en France et ailleurs, se donnent notamment pour objet de lutter contre le chômage ou le « dualisme du marché du travail » en s'attaquant aux « protections de l'emploi » dont bénéficient collectivement les travailleurs". Tradução livre: As "reformas do mercado de trabalho", realizadas há quase quarenta anos na França e em outros lugares, têm como objetivo específico combater o desemprego ou o "dualismo do mercado de trabalho", atacando o "emprego protetor" do qual os trabalhadores beneficiam coletivamente. In: EYDOUX, Anne. **Une société d'outsiders**. Disponível em: https://www.teseopress.com/lemondedescollectifs/chapter/une-societe-doutsiders-anne-eydoux/.Acesso em: 22 jan.2022

[367] Tradução livre: Refletem-se num questionamento do Código do Trabalho sob a forma de medidas de "amolecimento" dos contratos de trabalho e dos seus termos de rescisão, numa descentralização das negociações que tende a enfraquecer o poder dos trabalhadores e dos seus representantes, e na preocupação em regular o acesso aos subsídios de desemprego de forma a encorajar os trabalhadores a aceitar mesmo um emprego de curta duração ou de baixo salário. Podemos dizer sem forçar a linha que eles tendem a retirar os trabalhadores do quadro das regulamentações coletivas de trabalho para incluí-los tanto quanto possível nas regulamentações de mercado, muitas vezes individualizadas.In; EYDOUX, Anne. Op.cit.

O projeto de lei denominado El Khomri foi dirigido pelo discurso que propugnava a reorientação do Direito Laboral cuja temática era viabilizar o aumento das negociações coletivas.[368]Defendia-se uma maior flexibilização dos direitos, prevendo a necessidade de respeito a um núcleo mínimo. Macron, ao estabelecer as *Ordonnances*.[369] intensificou a negociação coletiva concebida na lei Khomri. Permitiu-se a negociação entre trabalhadores e empresa sem a presença dos delegados sindicais se a empresa tivesse até 11 trabalhadores.[370]

No entanto, um estudo realizado por Card e Krueger anunciou que o aumento de direitos trabalhistas não agrava o desemprego. Ambos conduziram uma pesquisa empírica nas redes de fast-food em New Jersey e na Pennsylvania cujo objetivo era a análise do comportamento do mercado de trabalho, diante do aumento e das retrações do salário mínimo:

> On April 1, 1992, New Jersey's minimum wage rose from $4.25 to $5.05 per hour. To evaluate the impact of the law we surveyed 410 fast-food restaurants in New Jersey and eastern Pennsylvania before and after the rise. Comparisons of employment growth at stores in New Jersey and Pennsylvania (where the minimum wage was constant) provide simple estimates of the effect of

[368] RAYMOND, Gregory. **Droit du travail : les clés pour comprendre la réforme Macron.** In: Capital. Pulicado em 19.mai.2017. Disponível em: https://www.capital.fr/economie-politique/droit-du-travail-les-cles-pour-comprendre-la-reforme-macron-1228681. Acesso em 23.ago.2021

[369] Similar às medidas provisórias.

[370] Artigo 2232-21 do Code du Travail: "Dans les entreprises dépourvues de délégué syndical et dont l'effectif habituel est inférieur à onze salariés, l'employeur peut proposer un projet d'accord ou un avenant de révision aux salariés, qui porte sur l'ensemble des thèmes ouverts à la négociation collective d'entreprise prévus par le présent code. La consultation du personnel est organisée à l'issue d'un délai minimum de quinze jours courant à compter de la communication à chaque salarié du projet d'accord. Les conditions d'application de ces dispositions, en particulier les modalités d'organisation de la consultation du personnel, sont fixées par décret en Conseil d'Etat."Tradução livre: Nas empresas sem representante sindical e cuja força de trabalho habitual seja inferior a onze trabalhadores, o empregador pode propor uma minuta de acordo ou alteração de revisão aos trabalhadores, que abranja todos os assuntos abertos à negociação coletiva de negócios previstos neste código. A consulta do pessoal é organizada no final de um período mínimo de quinze dias a contar da comunicação a cada trabalhador da minuta de acordo. As condições de aplicação destas disposições, nomeadamente as modalidades de organização da consulta do pessoal, são fixadas por decreto do Conselho de Estado. In: FRANÇA. **Legifrance.**Disponível em: https://www.legifrance.gouv.fr/codes/texte_lc/LEGITEXT000006072050/. Acesso em: 22.jan.2022

> the higher minimum wage. We also compare employment changes at stores in New Jersey that were initially paying high wages (above $5) to the changes at lower-wage stores. We find no indication that the rise in the minimum wage reduced employment.[371]

Nesse mesmo sentido converge Krein:

> Na experiência empírica, não há evidências que a reforma possa trazer os resultados esperados para melhorar as condições de competitividade e produtividade da economia, com efeitos sobre a geração de emprego. No máximo ela reforça a opção do Brasil se inserir na economia globalizada, com base em uma competitividade espúria, em que prevalecem baixos salários e pequena proteção. O problema da produtividade do trabalho é algo muito mais complexo do que uma reforma que reduza custos. Muito mais que custo, salário também é demanda, e sua redução, do ponto de vista macroeconômico, pode ter efeito negativo na ativação da economia.[372]

O desemprego no Brasil reflete a própria estruturação econômica. O Brasil experimentou uma precoce quebra no crescimento industrial motivada pela introdução de medidas neoliberais para atender às exigências globalizadas. Desenha-se, portanto, um processo de desindustrialização e reprimarização das atividades, segundo identifica Pochmann:

> O papel reativo das instituições concernentes ao sistema corporativo de relações de trabalho tem sido importante para minorar a maior regressão neoliberal da classe trabalhadora. De todo modo, a nova sociedade de serviços que avança neste contexto nacional mediado pela desindustrialização e

[371] Tradução livre: Em 1º de abril de 1992, o salário mínimo de Nova Jersey subiu de US$ 4,25 para US$ 5,05 por hora. Para avaliar o impacto da lei, pesquisamos 410 restaurantes de fast-food em Nova Jersey e no leste da Pensilvânia antes e depois do aumento. Comparações do crescimento do emprego nas lojas de Nova Jersey e Pensilvânia (onde o salário mínimo era constante) fornecem estimativas simples do efeito do salário mínimo mais alto. Também comparamos as mudanças de emprego nas lojas de Nova Jersey que inicialmente pagavam altos salários (acima de US$ 5) com as mudanças nas lojas de salários mais baixos. Não encontramos indícios de que o aumento do salário mínimo tenha reduzido o emprego. In: CARD, David e KRUEGER, Alan. **Minimum Wages and Employment: A Case Study of the Fast-Food Industry in New Jersey and Pennsylvania**. In: The american economic review, VOL. 84 NO.4, september, 1994. pp. 772-793. P.772

[372] KREIN, José Dari. **O desmonte dos direitos, as novas configurações do trabalho e o esvaziamento da ação coletiva: Consequências da reforma trabalhista**. Op.cit.

> reprimarização da presença do Brasil na Divisão Internacional do Trabalho parece expressar, em grande medida, os principais interesses dos acertos das altas classes metamorfoseadas da antiga burguesia industrial para os negociantes do rentismo, comerciantes/montadores de componentes de manufatura importada, promotores das atividades serviçais e de fudamentalismo religioso e de organizações criminosas.[373]

A reforma trabalhista, outrossim, agride o princípio da norma mais favorável ao estatuir que os acordos coletivos sempre prevalecerão sobre as convenções coletivas, marcando mais uma vez, a prevalência dos concertos sociais mais localizados, com menor representatividade dos trabalhadores.[374]

Portanto, a Lei nº 13.467/2017 assinala a consolidação de um processo longo de tentativa de desestatização da legislação trabalhista de modo a solidificar o individualismo nas contratações trabalhistas, aproximando-se, senão se identificando, na mesma racionalidade inerente aos contratos civis. O principal eixo norteador da reforma foi intensificar a flexibilização, reorientando a lógica do Direito do Trabalho para os desideratos do mercado. Procura-se promover um Direito do Trabalho flexível e alinhado às flutuações do mercado econômico.

Verifica-se, destarte, uma alteração do eixo central trabalhista, qual seja, o princípio da alteridade. Se antes os riscos do empreendimento pertenciam ao empregador, agora se normaliza o discurso que permite e autoriza a transferência dos riscos e flutuações do mercado aos trabalhadores.

Ademais, a reforma trouxe forte impacto no componente tempo de trabalho. Permitiu que a empresa manipulasse a jornada da forma como lhe conviesse. Nesse sentido, o objeto mais tratado na dimensão da negociação coletiva se colocou, indubitavelmente, como a duração de trabalho. Isso acontece porque o modelo produtivo atual exige flexibilidade na prestação do labor, ora demandando uma ampliação da jornada de trabalho, ora impondo uma duração curta de labor, despontando o fenômeno da polarização da jornada de trabalho.[375]

[373] POCHMANN, Márcio. **Os trabalhadores na regressão neoliberal.** In: A devastação do trabalho. p. 50

[374] "Art. 620. As condições estabelecidas em acordo coletivo de trabalho sempre prevalecerão sobre as estipuladas em convenção coletiva de trabalho". In: BRASIL. **Planalto.** Op. cit.

[375] "(...)com crescimento do número de pessoas que trabalham até 14 horas semanais e os que trabalham mais de 48(...)". KREIN, José Dari e OLIVEIRA, Roberto Véras de. Op.cit. p.138

Em 2000, ecoa uma tendência de redução da jornada.[376] A partir de 2012 até 2016, ocorre uma diminuição de horas laboradas, caindo de 41,2 para 39,7 horas. Com o advento da lei 13.467/2017, Krein e Oliveira observaram oscilações na média da jornada, ora para baixo, ora para cima. Entre 2018 e 2019, há um aumento de jornada entre os empregados registrados de 0,3%. Em contrapartida, os autônomos experimentam uma redução de horas trabalhadas. A explicação desse fenômeno se encontra na crise econômica que provoca um aumento da carga de trabalho para os que possuem emprego e uma redução de horas para as subocupações. Identifica-se, pois, no momento atual uma polarização da jornada entre dois extremos (grandes jornadas e mínimas jornadas) provocada pela escassez da oferta de emprego. [377]

A mesma tendência de polarização da jornada é observada nos trabalhadores autônomos. "As duas faixas extremas (até 14 horas e 49 horas ou mais, semanais, trabalhadas em média por semana) apresentam maior expansão: respectivamente, 9,7% e 6,7%, entre o 1º trimestre de 2018 e de 2019."[378]

Krein e Oliveira averiguaram que, após a reforma trabalhista e a ampliação de medidas de flexibilização concernentes à jornada de trabalho, houve

[376] "A tendência dos anos 2000 foi de uma redução substantiva dos ocupados que trabalhavam mais de 45 horas semanais habitualmente. O percentual desta faixa caiu de 39 para 28% dos ocupados e os que trabalhavam em média entre 40 e 44 horas subiram de 33 para 36%, entre 2001 e 2013" Id.Ibidem. p. 139

[377] "Nota-se uma franca tendência recente, sobretudo demarcada a partir da Reforma, de polarização da jornada de trabalho, com um crescimento mais intenso, de um lado, dos ocupados que trabalham habitualmente mais de 48 horas semanais e, do outro, dos com até 14 horas. (...) o número dos que trabalham habitualmente mais de 48 horas semanais apresenta uma reversão expressiva da tendência anterior. Entre o primeiro trimestre de 2012 e o primeiro trimestre de 2015, houve uma diminuição em 27,07% de ocupados nessa faixa. Observando-se o que ocorre nela, nos mesmos meses de 2016 e 2017 (quando toma vulto a crise econômica, sem, contudo, ter sido aprovada ainda a Reforma Trabalhista), nota-se que o número de ocupados continua caindo, em 13,40%, o que corresponde a quase 50% do patamar anterior, para metade do número de anos, representando assim a manutenção da mesma tendência. Em contraste, entre os referidos meses de 2018 e 2019, ocorre uma reversão, quando os ocupados que trabalham habitualmente mais de 48 horas semanais crescem em 6,60%. Na outra ponta, na faixa de até 14 horas semanais, considerando os mesmos períodos, vê-se que uma tendência de queda de -7,89% (2012-2015) é sucedida por outra de queda mais intensa (2016-2017), de -8,57% (taxa maior para um período menor), sendo contudo seguida, no pós-Reforma (2018-2019), por um crescimento de 5,40%" In Ibidem.p.140-141

[378] Ibidem.p. 143

um aumento da precarização das condições de trabalho. Foi possível identificar um alargamento da jornada de trabalho, com média de 9h e 24 minutos, acompanhado de uma deterioração de salário.[379]

Portanto, a reforma trabalhista não trouxe a expansão de empregos. Contrariamente, a experiência aponta para um cenário de enraizamento da precarização do trabalho mediante a redução sistemática de direitos trabalhistas. Isso ocorre porque os trabalhadores, na dimensão da autonomia privada e da pactuação bilateral das condições do contrato, encontram-se compelidos a aceitar condições pífias. Quanto maior a autonomia privada no bojo na relação de trabalho, munindo o empregador de ampla liberdade nos termos do contrato, maior será a vulnerabilidade do trabalhador. Nesse sentido convergem Krein e Oliveira:

> (...) o mercado de trabalho, após quase dois anos de vigência da Reforma, tem favorecido a tendência de desestruturação iniciada em 2015. Os deteriorados indicadores do mercado de trabalho têm relação com inúmeros fatores além da mudança legal, especialmente com a persistência da estagnação econômica, em que a política de austeridade adotada a partir de então não foi capaz de viabilizar uma retomada sustentável do crescimento do país. Em um contexto de crise, a Reforma contribui para facilitar os ajustes que as empresas podem promover no mercado de trabalho, deixando os trabalhadores em uma condição mais vulnerável, que se expressa na precarização do trabalho (...)[380]

A partir de 2017, com a reforma trabalhista, as negociações coletivas trataram de diversas maneiras o banco de horas, ora seguindo a permissibilidade de banco de horas fixados bilateralmente, ora, rechaçando a sua

[379] "Apesar de uma parte considerável ter avaliado como positiva a flexibilidade da jornada, a sua realidade se mostra bastante contundente. Dos 270 entrevistados, 57% afirmaram que trabalhavam todos os dias da semana. A jornada diária média foi calculada em 9 horas e 24 minutos por dia. Tomando como base os 270 entrevistados (...) 36% disseram trabalhar até 8 horas e 64%, acima de 44 horas. Além da excessiva jornada, para muitos o rendimento mensal médio também é extremamente baixo, como comentado anteriormente. A média mensal destes trabalhadores, de R$ 936,00, é menor do que um Salário Mínimo. Ainda de acordo com a Tabela 7, somente os que trabalham mais de 9 horas diárias conseguem obter um ganho próximo ao Salário Mínimo. Ou seja, é a combinação de longas jornadas e baixa remuneração em um segmento que tem gerado ocupação na crise dos anos recentes." KREIN, José Dari e OLIVEIRA, Roberto Véras de. Op. cit. p.145

[380] Ibidem.p. 153

possibilidade.[381] Em relação à ultratividade das normas coletivas, segue a sua admissibilidade nas pactuações coletivas.[382].

Deflui-se da exposição de motivos do projeto de lei nº 6.787/2016, que se tornou a Lei nº 13.467/2017, que o escopo foi prestigiar a negociação coletiva. O discurso no projeto de lei aventou a necessidade de democratizar as relações de trabalho, por meio do fomento das negociações coletivas, invocando para tanto o artigo 7º, XXVI da CF.[383]

Na perspectiva da flexibilização da jornada de trabalho, as alterações trazidas pela reforma trabalhista foram: prevalência do negociado sobre o legislado (artigo 611-A da CLT), vedação da ultratividade das normas coletivas (artigo 614, parágrafo 3º)[384] e permissibilidade de negociações bilaterais entre empregado e empregador. Na prática, Galvão verificou que a reforma trabalhista trouxe uma maior fragilidade do poder dos trabalhadores e do sindicato não atingindo o propósito almejado na exposição dos motivos:

> Os relatos apontam a proibição, pela reforma trabalhista, da ultratividade dos acordos e convenções como um fator que desequilibrou ainda mais as relações capital-trabalho na negociação. Como se destaca nesse trecho do Relatório de Pesquisa: ... com o fim da ultratividade, muitas entidades patronais colocaram na mesa de negociação a obrigatoriedade de aceitar temas da

[381] "No banco de dados do Mediador, estão ativos 71023 instrumentos coletivos que fazem menção ao banco de horas. O tema é introduzido nas convenções coletivas pós-reforma sob diferentes perspectivas, por exemplo: os Químicos de São Paulo estabeleceram acordos de compensação anualizados, o que a Lei 13.467/17 permite desde que a compensação se dê no prazo máximo de seis meses; a Extração de Minério de Catalão previu a implantação do banco de horas, mas proibiu a possibilidade de acordo individual; a categoria de Alimentação de Cuiabá autorizou a implantação de banco de horas individual; os Mecânicos e trabalhadores em Material Elétrico da região Centro Oeste permitiram a definição de jornada de trabalho diferenciada por meio de acordo individual, sem a participação da entidade sindical; e a Autoescola de São Paulo indicou a proibição de acordos de banco de horas individual" In: GALVÃO, Andreia et al; **Reforma trabalhista: precarização do trabalho e os desafios para o sindicalismo**. Disponível em: https://www.scielo.br/j/ccrh/a/mmnFbTSWxvFnP7n8LPnxnCz/?lang=pt&format=pdf. Acesso em: 09.jul.2021

[382] "Foram identificados 73 instrumentos vigentes que tratam da ultratividade, e todos reafirmavam que, vencida sua vigência e enquanto não houver nova convenção ou acordo, deve prevalecer com plena eficácia jurídica a última norma coletiva firmada (ex.: Sindicato dos Trabalhadores em Vidros de SP)." Id. Ibidem.

[383] Exposição de motivos da PL 6787/16. In: BRASIL. **Câmara Legislativa**. Op.cit.

[384] "Art 614 (...)§ 3º Não será permitido estipular duração de convenção coletiva ou acordo coletivo de trabalho superior a dois anos, sendo vedada a ultratividade." In: BRASIL. **Planalto**. Op. cit.

pauta patronal como condição para manter as cláusulas presentes na CCT de 2017, especialmente aquelas que compõem a remuneração, tais como plano de saúde e vale refeição. Muitos sindicatos têm relatado que essa prática de "chantagem" adiciona uma tensão extra, que não promove um ambiente favorável à negociação coletiva. [385]

Portanto, a reforma trabalhista conduziu para uma ruptura do poder negocial, fomentando um maior desequilíbrio entre as partes. Assim, franqueou a retirada de direitos sociais e, também, facilitou a inclusão de temas favoráveis ao empregador no bojo dos acordos e convenções coletivas do trabalho. Ademais, a litigiosidade presente nas relações trabalhistas também não sofreu recuo diante da prevalência do negociado sobre o legislado, conforme discurso dos reformadores. Nesse sentido observa Scherer:

> (...) um levantamento qualitativo com sindicalistas de uma das centrais sindicais existentes revelou que as regras da reforma alavancaram os temas de interesse patronal. Sendo assim, a reforma pode não ter sido equilibrada entre os dois lados da negociação. O polo dos trabalhadores, que é tradicionalmente considerado como em desvantagem, perdeu ainda mais seu poder de barganha em função da proibição à fixação da ultratividade das cláusulas negociadas. (...) outra conclusão que se pode extrair dos dados sobre greves em 2018 é que a reforma não atenuou o conflito entre capital e trabalho, que neste momento da história vem girando em torno da implementação dos direitos. Ao contrário, a frequência de greves deflagradas como último recurso do trabalhador para exigir seus direitos mais básicos, como o recebimento do salário ou o cumprimento das obrigações previdenciárias por parte dos empregadores, se manteve num patamar muito elevado.[386]

[385] "Para 46,8% dos entrevistados, o processo de negociação foi finalizado com dissídio a pedido do sindicato ou das empresas, com mediação do Ministério Público do Trabalho (MPT), ou com a realização de greve e paralisações. Essa informação sugere que, ao menos nesse primeiro momento pós-reforma, a negociação coletiva não teve um transcurso tranquilo para quase a metade dos casos. A reforma pode ter ampliado o antagonismo dos interesses em disputa. Além disso, para 26,6% do total de questionários, a negociação não chegou a um desfecho. Mais uma vez, uma causa possível é a piora do ambiente de negociação, fruto dos novos elementos impostos pela reforma trabalhista, dificultando a construção de consensos." Scherer, Clóvis. **Diálogo e proteção social: a negociação coletiva após a Reforma**. In: Reforma Trabalhista no Brasil: promessas e realidade. Org: José Dari Krein, Roberto Véras de Oliveira, Vitor Araújo Filgueiras. Campinas: Curt Nimuendajú, 2019. p. 190 e 192

[386] Scherer, Clóvis. Op. cit. p. 198-199

A alteração na lei produzida com a reforma trabalhista teve o propósito de possibilitar o aumento no ritmo de trabalho, com o menor custo possível. Houve um distanciamento do elemento humano, pois muniu a empresa de ampla liberdade para articular o tempo do trabalhador, segundo os interesses da produção. Cabe esclarecer que o banco de hora possui muita eficiência para atender ao modelo de produção desenhado pelo Toyotismo, permitindo que a duração de trabalho se adapte às oscilações da produção e do *just in time*. Outrossim, como o banco de horas associa labor extraordinário à compensação do trabalho, possui um custo menor, uma vez que não há pagamento de horas extras. Nesse sentido analisa Krein:

> (..) mudança em relação à jornada refere-se a reduzir os custos de eventuais tempos não trabalhados e de intensificação dos ritmos ao eliminar as porosidades. As mudanças nessa direção são: (1) não cômputo das horas in itinere na jornada paga, isto é, o tempo de deslocamento para exercício da atividade em locais sem transporte público e de difícil acesso deixa de ser considerado como jornada; (2) considerar como jornada somente o tempo efetivamente trabalhado, desconsiderando as atividades preparatórias, tais como a vestimenta do uniforme, os exercícios, as atividades de comunicação e aviso etc.; (3) abrir a possibilidade de negociar a redução do intervalo da refeição para menos de 1 hora; (4) a não previsão de pagamento de horas extraordinárias no caso de home office.[387]

A CF permitiu a flexibilização. Entretanto, o discurso da época era que havia sido reconhecida a autonomia sindical coletiva (artigo 7º, XXVI) de modo a possibilitar e estimular as negociações, conforme estatuem as Convenções 98 e 154, ambas da OIT. Dessarte, a flexibilização assentida é aquela realizada com a participação do sindicato na negociação, guiando-se pelo princípio da paridade de armas, sob pena de ficarem prejudicadas a liberdade contratual e a autonomia privada coletiva. Alterações contratuais individuais somente são possíveis de ser estabelecidas se não houver prejuízo ao empregado. Nesse sentido caminhou o artigo 468, caput da CLT.

Cavalcante pondera que a negociação unilateral se distancia da ideia de cidadania do trabalhador, engendrando, igualmente, um processo de

[387] KREIN, José Dari. **O desmonte dos direitos, as novas configurações do trabalho e o esvaziamento da ação coletiva: Consequências da reforma trabalhista.** Op. cit.

afastamento e descaracterização do sindicato.[388] É certo que a negociação coletiva possui um duplo aspecto: é um direito do trabalhador/sindicato e, também, um instrumento da democracia, uma vez que possibilita a pluralidade de vozes nos concertos afetos às relações trabalhistas.[389]

A duração do trabalho se levanta como um dos principais elementos do contrato de trabalho, sendo responsável pelo surgimento do Direito do Trabalho inclusive. Consequentemente, a flexibilização elastecida da jornada de trabalho se mostra progressivamente mais perversa na medida em que se procura criar uma nova racionalidade ao Direito do Trabalho fundamentada nas necessidades do empreendimento. Destarte, a Lei n,º 13.467/2017, ao procurar intensificar as flexibilizações da duração de trabalho, buscou normatizar a precarização.

O fomento de medidas flexibilizatórias abraçado pela reforma trabalhista, aliado a própria crise sindical advinda da reorganização do capital e da produção a partir da metade do século XX, incrementa a perversidade nas negociações. Conforme observa Antunes, a partir da década de 1970 o sindicato começa a se modelar em torno do capitalismo, distanciando-se da luta por melhorias efetivas nas relações trabalhistas.[390] Desenha-se um sindicato mais negocial e menos combativo e, portanto, menos representativo também dos trabalhadores.

A lógica liberal do século XVIII contribuía para o agravamento da desigualdade e do desequilíbrio das partes, pulverizando o poder da classe obreira.[391]Apesar da experiência liberal, o discurso neoliberal, que estrutura a política da flexibilização, segue a mesma narrativa. Ora, "...não há como fortalecer o poder de negociação coletiva das entidades sindicais sem que se democratize a própria estrutura sindical brasileira."[392]

A mudança trabalhista que se esperava é a que resgatasse a representatividade dos sindicatos, impactando a negociação coletiva de modo a atingir os desideratos da classe obreira. Era necessário romper com os paradigmas

388 CAVALCANTI, Lygia Maria de Godoy Batista Op.cit.p. 138

389 ROMITA, Arion Sayão. **Direitos fundamentais nas relações de trabalho**. 5. ed. São Paulo: LTr, 2013.p.378

390 ANTUNES, Ricardo. **Adeus ao trabalho? Ensaio sobre as metamorfoses e a centralidade no mundo do trabalho**. Op.cit.

391 MORAES FILHO, Evaristo de. **O problema do sindicato único no Brasil**. Op.cit.p. 107

392 SILVA, Otavio. Pinto e. **O Brasil precisa de uma reforma sindical?** In: SANTOS, Enoque Ribeiro dos; SILVA, Otavio Pinto e (coord.). Temas controvertidos do direito coletivo do trabalho no cenário internacional. S. Paulo: LTr, 2006.p.09

do corporativismo que basearam a construção do Direito Sindical brasileiro para garantir o exercício pleno de sua autonomia privada coletiva. Galvão[393] observa que essa falta de regulamentação do Estado mostra uma efetiva articulação do governo em prol do capital.

Nos motivos da reforma trabalhista, aparece o discurso de que, atualmente, diante do maior equilíbrio entre empregado e empregador, desaparece a necessidade de normatização estatal. Somado a isso, a exposição dos motivos segue, defendendo que a regulamentação autônoma possibilita maior flexibilidade e rapidez nas alterações normativas, contribuindo para um melhor acomodamento das normas laborais às flutuações econômicas e sociais. Por fim, outro escopo da reforma foi a quimera de que a flexibilização produz empregos, reduzindo a informalidade.[394]

A Lei nº 13.467/2017 permitiu-se expressamente o manejo das negociações coletivas prejudiciais ao empregado, desviando-se do princípio da melhoria da condição social do trabalhador. Outrossim, facultou o uso da negociação de direitos indisponíveis absolutamente, como o direito à saúde. Verifica-se, desta forma que, reiteradamente, o legislador desconsiderou o princípio protetivo. [395]

Além de ampliar o rol das matérias possíveis de flexibilização, o legislador restringiu a atuação da Justiça do Trabalho na perspectiva das negociações coletivas, conforme é possível interpretar da leitura do artigo 8º, parágrafo 3º e artigo 611-A, parágrafo 1º, ambos da CLT. Somado a isso, vedou o estabelecimento de contrapartidas, diante da redução de algum direito, distanciando-se do princípio da proteção.[396] O que se pretendeu, nitidamente, é autorizar o uso de flexibilizações da jornada, ainda que possa vir a ser prejudicial à saúde do trabalhador.

A flexibilização da jornada na forma como foi desenhada na reforma trabalhista permite aprofundar a promiscuidade entre tempo de trabalho e tempo social. Assim, provoca um afastamento do elemento humano ine-

[393] GALVÃO, Andréia. **Neoliberalismo e Reforma Trabalhista no Brasil**. Tese de Doutorado, Campinas: UNICAMP, 2003.

[394] Projeto de lei. Disponível em https://www.camara.leg.br/proposicoesWeb/prop_mostrar integra;jsessionid=node0i76ylh2yivdco4xd2ogckfdu28568130.node0?codteor=1520055&filename=PL+6787/2016. Acesso em 23.mar.2021

[395] DELGADO, Maurício Godinho. Op.cit.p. 79

[396] Art 611-A, § 2º da CLT: "A inexistência de expressa indicação de contrapartidas recíprocas em convenção coletiva ou acordo coletivo de trabalho não ensejará sua nulidade por não caracterizar um vício do negócio jurídico."

rente a qualquer trabalho realizado ou contratado. Com efeito, o direito aos limites da jornada de trabalho foi vilipendiado na Lei nº13.467/2017. Como a jornada se insere no tempo do ser humano, ela está, diretamente, relacionada não somente à saúde do ser humano, mas à vida em si em múltiplos aspectos: sociais, familiares, lazer, descanso e o próprio ócio[397].

A autorregulação rege a economia de mercado que se orienta pela produção e distribuição dos bens. Nesse sentido, evidencia-se o enfoque dado às flexibilizações, pois esse mecanismo de regulamentação possibilita que o mercado tenha máximo proveito monetário.[398]Logo, a lógica liberal de estabelecer a autonomia privada no bojo da relação trabalhista tem como objetivo articular a mão de obra de forma a otimizar os lucros do capital.

Como o trabalho é peculiar ao ser humano, aplicar a racionalidade do mercado no regramento das relações laborais representa "...subordinar a substância da própria sociedade às leis do mercado". [399]De fato, o trabalho humano não pode ser considerado mercadoria e, portanto, não pode seguir a mesma lógica do mercado. Caso assim o fosse haveria a ruína da sociedade. Polanyi pondera nesse sentido:

> O ponto crucial é o seguinte: trabalho, terra e dinheiro são elementos essenciais da indústria. Eles também têm que ser organizados em mercados e, de fato, esses mercados formam uma parte absolutamente vital do sistema econômico. Todavia, o trabalho, a terra e o dinheiro obviamente não são mercadorias. O postulado de que tudo o que é comprado e vendido tem que ser produzido para venda é enfaticamente irreal no que diz respeito a eles. Em outras palavras, de acordo com a definição empírica de urna mercadoria, eles não são mercadorias. Trabalho é apenas um outro nome para atividade humana que acompanha a própria vida que, por sua vez, não é produzida para venda mas por razões inteiramente diversas, e essa atividade não pode ser destacada do resto da vida, não pode ser armazenada ou mobilizada.[400]

A lei, portanto, orientou-se pela demanda do mercado ao aprofundar a flexibilização trabalhista, modernizando-se para se adaptar somente ao novo perfil produtivo flexível. Para atingir tal desiderato, é preciso reduzir

[397] De Masi, Domenico. **O ócio criativo**. 2.ed. Rio de Janeiro: Sextante, 2000

[398] Polanyi, Karl. Op.Cit.p. 89

[399] Ibidem.p. 93

[400] Ibidem.p. 94

os direitos dos trabalhadores que se colocam como um obstáculo para a maximização dos lucros. Nesse sentido, ponderou Cardoso sobre as preferências do capitalista:

> (...) o capitalista prefere livrar-se do empregado a assumir o ônus de sua reprodução. E ele o faz de diversas maneiras: despatria ou repatrai empresas, funde-se com outros capitalistas, investe em tecnologia poupadora de força de trabalho, focaliza o empreendimento produtivo no "core business" e terceiriza o resto, pratica outsourcing de produtos, tudo para livrar-se deste incômodo que é o trabalhador com direitos. [401]

A reforma não marcou somente o aumento da flexibilização, mas, sobretudo, a desconstrução dos papeis do sindicato e da Justiça do Trabalho. O sindicato não possui mais a função de atender aos anseios da classe operária e sim aos desejos do mercado. Por outro lado, procurou-se reduzir a atuação da Justiça do trabalho na dimensão das negociações coletivas. Portanto, a Lei nº 13.467/2017 intentou desprestigiar as instituições públicas de modo a demarcar um processo de fissura do Direito do Trabalho. Nesse sentido observou Pochmann:

> (...) a amplitude da ruptura promovida pela Reforma Trabalhista, bem como pelas construções jurisprudenciais que a antecederam, como visto, alinham, ao mesmo tempo, uma desconstrução do conjunto de direitos e dos padrões de contratação do trabalho, a uma inibição das instituições públicas, entre elas incluída a Justiça do Trabalho, e organizações coletivas, em favor de dinâmicas cada vez mais liberalizantes, contratualistas e privatísticas de regulação do trabalho. Assim, a ideia de despublicização da regulação do trabalho se coloca como um processo recíproco de desvirtuamento dos papéis das instituições e sujeitos coletivos trabalhistas, aliada à maximização da autonomia da vontade, nos níveis coletivo e individual.[402]

Dessa forma, verifica-se que a reforma trabalhista orientada pelos contextos social, político, econômico e os ideários neoliberais procurou enfraquecer o exercício da principal função do sindicato, qual seja, a negocial.

[401] CARDOSO, Adalberto Moreira. Op.Cit.p.118

[402] POCHMANN, Marcio. **Os trabalhadores na regressão neoliberal.** Op.cit.p.158

2.3. A flexibilização no contexto da pandemia da Covid-19

No contexto da pandemia da Covid-19 de 2020 foi gestada uma legislação emergencial cujo escopo essencial era regulamentar as relações de trabalho no período. Foram estabelecidas duas principais medidas provisórias: a nº 927/2020, que perdeu a vigência em 19.07.20, e a nº 936/2020, convertida na Lei nº14.020/2020.

Referidas normas buscaram aprofundar e recrudescer a flexibilização trabalhista, fortalecendo o processo de ruptura dos direitos sociais. Ademais, a legislação emergencial trabalhista apresenta pontos divergentes em relação à Convenção 98 da OIT que trata da liberdade sindical e da negociação coletiva.

A crise sanitária mundial da Covid-19 demandou a adoção de medidas legais urgentes. No que concerne à flexibilização, a MP nº 927/2020, em seu artigo 3º, trouxe a possibilidade do elastecimento de medidas flexibilizantes, utilizando-se como argumento, mais uma vez, a necessidade de manutenção do emprego. Permitiu, assim, a ampliação do teletrabalho, a antecipação das férias e a utilização do banco de horas. No mais, autorizou ajustes das relações trabalhistas mediante mero acordo bilateral entre empregador e empregado, conforme se extrai da norma aqui transcrita:

> Art. 2º Durante o estado de calamidade pública a que se refere o art. 1º, o empregado e o empregador poderão celebrar acordo individual escrito, a fim de garantir a permanência do vínculo empregatício, que terá preponderância sobre os demais instrumentos normativos, legais e negociais, respeitados os limites estabelecidos na Constituição.[403]

Sob a justificativa de celeridade que a situação emergencial demandava, foi estabelecida a possibilidade do contrato bilateral individual, rompendo-se com os princípios da isonomia, da igualdade, da autonomia privada coletiva e da norma mais favorável. Assim, o artigo 14 da MP nº 927/2020 dispôs que:

> Durante o estado de calamidade pública (...) ficam autorizadas a interrupção das atividades pelo empregador e a constituição de regime especial de compensação de jornada, por meio de banco de horas (...) estabelecido por meio de acordo coletivo ou individual formal, para a compensação no prazo

[403] MP 927/20. In:BRASIL.**Planalto**.Op.cit.

de até dezoito meses, contado da data de encerramento do estado de calamidade pública. Parágrafo 2º A compensação do saldo de horas poderá ser determinada pelo empregador independentemente de convenção coletiva ou acordo individual ou coletivo.[404]

Ocorre que, para garantir a igualdade e a liberdade nas pactuações, o constituinte originário privilegiou o uso das negociações coletivas, exigindo a participação dos sindicatos dos trabalhadores, especialmente quando o objeto do negócio envolver salário ou jornada de trabalho.[405] As Convenções 98 e 154, ambas da OIT, caminharam no mesmo sentido.

Desta feita, os artigos 2º e 14 da MP nº 927/2020 afrontam a CF, no seu artigo 7º, incisos XIII, XIV e XXVI. Verifica-se igualmente um afastamento do artigo 4º da convenção 98 da OIT,[406] ao prestigiar acordos individuais em detrimento das negociações coletivas. Diante dessas rupturas, houve o ajuizamento da ADI 6342, questionando a constitucionalidade dessas disposições. Contudo, o STF se pronunciou favoravelmente ao teor da MP nº 927/2020, proclamando a sua constitucionalidade.

Em 2021, foi editada a MP nº 1.046/2021 que tratou de temática similar a que estava contida na MP nº 927/2020. Embora não tenha reiterado a redação do artigo 2º da antiga MP, manteve a linha da permissibilidade dos acordos individuais para dirimir questões trabalhistas relacionadas à crise da Covid-19, como se pode inferir do teor do seu artigo 27.[407] A MP

[404] BRASIL. **Planalto**. Op. cit.

[405] Veja artigo 7º, incisos VI, XIII, XIV e XXVI e artigo 8º, incisos III e VI, ambos da CF.

[406] Convenção 98 da OIT, Art. 4 "Deverão ser tomadas, se necessário for, medidas apropriadas às condições nacionais, para fomentar e promover o pleno desenvolvimento e utilização dos meios de negociação voluntária entre empregadores ou organizações de empregadores e organizações de trabalhadores com o objetivo de regular, por meio de convenções, os termos e condições de emprego". In: BRASIL. **OIT**. Op. cit.

[407] Art. 27. Fica permitido aos estabelecimentos de saúde, durante o prazo definido no art. 1º, por meio de acordo individual escrito, inclusive para as atividades insalubres e para a jornada de doze horas de trabalho por trinta e seis horas de descanso: I – prorrogar a jornada de trabalho, nos termos do disposto no art. 61 da Consolidação das Leis do Trabalho, aprovada pelo Decreto-Lei nº 5.452, de 1943; eII – adotar escalas de horas suplementares entre a décima terceira e a vigésima quarta hora do intervalo interjornada, sem que haja penalidade administrativa, garantido o repouso semanal remunerado nos termos do disposto no art. 67 da Consolidação das Leis do Trabalho, aprovada pelo Decreto-Lei nº 5.452, de 1943. Art. 28. As horas suplementares computadas em decorrência da adoção das medidas revistas **caput** no art. 27 poderão ser compensadas, no prazo de dezoito meses, contado do fim do prazo estabelecido

nº 936/2020, convertida na Lei nº14.020/2020, avançou em sentido análogo, autorizando que a suspensão do contrato, bem como as reduções de salário e de jornada fossem pactuadas por mero acordo individual, conforme consta no seu artigo 15:

> Art. 15. Ficam autorizadas, durante o prazo previsto no art. 1º, a interrupção das atividades pelo empregador e a constituição de regime especial de compensação de jornada, por meio de banco de horas, em favor do empregador ou do empregado, estabelecido por meio de acordo individual ou coletivo escrito, para a compensação no prazo de até dezoito meses, contado da data de encerramento do período de que trata o art. 1º.[408]

Diante dessa previsão, fora interposta a ADI 6.363. Muito embora liminarmente tenha o ministro Ricardo Lewandowski se posicionado favorável à participação do sindicato nas negociações,[409] o STF, por maioria, pronunciou-se pela manutenção do acordo individual para regulamentar a jornada de trabalho no contexto da pandemia. Foram vencidos, além do ministro Lewandowski, o ministro Edson Fachin e a ministra Rosa Weber.

Por ocasião do julgamento da indigitada ADI, o ministro Gilmar Mendes defendeu o acordo bilateral para a regulamentação da relação traba-

no art. 1º, por meio de banco de horas ou remuneradas como hora extra. In: BRASIL.**Câmara legislativa**. Op. cit.

[408] Art. 7º Durante o estado de calamidade pública a que se refere o art. 1º desta Lei, o empregador poderá acordar a redução proporcional de jornada de trabalho e de salário de seus empregados, de forma setorial, departamental, parcial ou na totalidade dos postos de trabalho, por até 90 (noventa) dias, prorrogáveis por prazo determinado em ato do Poder Executivo, observados os seguintes requisitos:II – pactuação, conforme o disposto nos arts. 11 e 12 desta Lei, por convenção coletiva de trabalho, acordo coletivo de trabalho ou acordo individual escrito entre empregador e empregado;(...) Reiterado na lei 14020/20, conforme segue: In: BRASIL. **Câmara Legislativa**. Op. cit.

[409] "Mas a mera previsão, na MP 936/2020, de que tais acordos "deverão ser comunicados pelos empregadores ao respectivo sindicato representativo da categoria, no prazo de até dez dias corridos" aparentemente não supre a inconstitucionalidade apontada na inicial. Isso porque a simples comunicação ao sindicato, destituída de consequências jurídicas, continua a afrontar o disposto na Constituição sobre a matéria. Por isso, cumpre dar um mínimo de efetividade à comunicação a ser feita ao sindicato laboral na negociação. E a melhor forma de fazê-lo, a meu sentir, consiste em interpretar o texto da Medida Provisória, aqui contestada, no sentido de que os "acordos individuais" somente se convalidarão, ou seja, apenas surtirão efeitos jurídicos plenos, após a manifestação dos sindicatos dos empregados". Disponível em: https://www.migalhas.com.br/arquivos/2020/4/F690FC055CFCE3_ADI6363.pdf. Acesso em: 09.jan.2022

lhista no contexto da pandemia, a partir da construção da ideia de um direito especial de crise, aludindo em sua argumentação a um: "direito constitucional de crise."[410] Nessa perspectiva, em contextos marcados por instabilidades, segundo o ministro, impor-se-ia como essencial uma alteração do eixo interpretativo da Constituição, devendo ser adotada uma maior plasticidade na hermenêutica constitucional. O posicionamento adotado pelo STF, sacrificando os direitos fundamentais em prol da economia, marca o que Valim denominou de "processo de desconstituinte ou esvaziamento da constituição."[411]

Com efeito, a pactuação bilateral das condições de trabalho rompe a racionalidade inerente ao Direito do Trabalho, qual seja, a necessidade de proteção para que seja estabelecido o equilíbrio das partes no contrato. A vulnerabilidade do empregado ainda mais se pronuncia no contexto da pandemia que trouxe consigo, além da crise de saúde mundial, o agravamento do desemprego e a precariedade do trabalho. A pandemia não pode servir de esteio para legitimar o desvio aos princípios trabalhistas, à CF e às Convenções da OIT. Em cenários marcados por crise, impõe-se soluções dialogadas democraticamente entre os atores envolvidos: Estado, sindicatos e empresas. Nesse sentido, convergiu a fundamentação da decisão emitida pelo ministro Ricardo Lewandowski no bojo da medida cautelar da ADI 6363:

> Enfatiza, ainda, que a Recomendação sobre Emprego e Trabalho Decente para Paz e Resiliência (2017) consigna que as respostas às crises devem garantir o respeito aos direitos humanos fundamentais, sobretudo os decorrentes das relações de trabalho, e também levar em consideração o papel vital das organizações de empregadores e empregados na construção de respostas às crises. Com relação à experiência internacional, Renan Kalil destaca que países europeus anunciaram medidas para proteger os trabalhadores diante da disseminação da Covid-19, as quais revelam a importância da promoção do diálogo entre todas as partes envolvidas, especialmente aquele com o caráter tripartite supra mencionado. Sublinha, mais, que as soluções para a crise sanitária cujos reflexos impactam o mundo do trabalho precisam ser, obrigatoriamente, construídas pelos atores sociais que dele são protagonistas.[412]

[410] BRASIL. STF. Op. cit.

[411] VALIM, Rafael. **Estado de exceção: a forma jurídica do neoliberalismo**. São Paulo: Contracorrente, 2017.p. 52

[412] MIGALHAS. Disponível em: https://www.migalhas.com.br/arquivos/2020/4/F690FC055CFCE3_ADI6363.pdf. Acesso em: 09 jan.22

A forma como as medidas flexibilizatórias foram tratadas na legislação emergencial aprofunda a desproteção aos trabalhadores já fragilizados com a pandemia. Isso acontece porque a adoção de acordos individuais no bojo de uma relação jurídica desigual retroalimenta a exploração do trabalhador na proporção em que são mitigados os princípios da isonomia, da proteção e da liberdade contratual, inclusive. Sem paridade de armas, não há exercício pleno da liberdade negocial. Nem se argumente que em conjunturas sociais de crise é possível se distanciar da principiologia trabalhista. Ora, ainda que o empregado tenha acatado alguma condição do contrato, sua vontade se encontra, nesse momento ainda mais contingenciada, aproximando-se do instituto da lesão do Código Civil, de modo que caberia anulação do negócio jurídico.[413]

O diálogo a que se aspirava no contexto pandêmico era entre o sindicato e a empresa. O reconhecimento da autonomia privada coletiva se afina aos princípios liberdade e da isonomia, afinal, a participação do sindicato nas negociações garante a paridade de armas e a genuína possibilidade de realização democrática do concerto social. A Convenção 98 da OIT, ao tratar das negociações coletivas, trouxe a necessidade de se fomentar os concertos dialogados. Somente o diálogo democrático poderá trazer soluções orientadas pelo princípio da melhoria da condição social (artigo 7º, caput da CF), de forma a concretizar os objetivos da República Federativa do Brasil estatuídos no artigo 3º, da CF, quais sejam, erradicar a pobreza e reduzir as desigualdades para que haja uma sociedade livre, justa e solidária.

A decisão do STF teve como esteio argumentativo facilitar o pagamento do benefício emergencial, bem como a excepcionalidade do momento que exige medidas céleres para preservação do emprego. Também, justificou o afastamento do sindicato na duração diminuta da medida. No julgamento proferido pelo Supremo foi destacado que as alterações serão realizadas mediante mútuo acordo entre empregado e empregador de modo que nada será imposto ao trabalhador que terá a liberdade para emitir sua decisão. Como o Brasil se afastou da Convenção 98 da OIT, que prevê a necessi-

[413] Art. 157. Ocorre a lesão quando uma pessoa, sob premente necessidade, ou por inexperiência, se obriga a prestação manifestamente desproporcional ao valor da prestação oposta. § 1 º Aprecia-se a desproporção das prestações segundo os valores vigentes ao tempo em que foi celebrado o negócio jurídico. § 2 º Não se decretará a anulação do negócio, se for oferecido suplemento suficiente, ou se a parte favorecida concordar com a redução do proveito. In: BRASIL. **Código Civil.** Op. cit.

dade do diálogo, a situação foi inserida no relatório de 2020 da Comissão de peritos da OIT.[414]

É inegável que a pandemia da Covid-19 impôs, globalmente, a necessidade de isolamento social, como medida de contenção da proliferação do vírus causador da enfermidade. Essa realidade reverberou não somente nas relações de trabalho, como também no tecido econômico desenhado sob o modelo capitalista. Destarte, a situação exigiu o cumprimento dos direitos sociais à saúde e ao trabalho. Diante desse cenário, como conciliar esse aparente conflito?

No momento inaugural da pandemia, os trabalhadores brasileiros já vinham sendo afetados pelas medidas flexibilizatórias implementadas pela Lei nº 13.467/2017. Portanto, no contexto da crise sanitária já experimentavam um aviltamento progressivo em relação aos seus direitos trabalhistas. Dutra e Lima observam que as medidas editadas na pandemia receberam os influxos da mesma racionalidade precarizante que iluminou a reforma trabalhista:

> A tônica neoliberal presente na reforma trabalhista(...) prevaleceu, importando a prevalência dos acordos individuais sobre os coletivos em muitas dessas situações – o que, inclusive, foi chancelado pelo Supremo Tribunal Federal por meio da ADIn 6363, que rejeitou o pedido liminar para afastar a aplicação dos dispositivos que malferiam o art. 7º, XXVI, da CF/1988 –, assim como a

[414] "Observa-se que os conflitos com a Convenção nº 98 da OIT apontados neste item já estão sendo avaliados pela mencionada organização, o que resultou na inclusão do Brasil incluído na "lista longa", conforme o "Adendo ao Relatório de 2020 da Comissão de Peritos sobre a Aplicação de Convenções e Recomendações – 109ª Sessão/2021 da OIT (OIT, 2021). Em seu parecer, embora reconheça a necessidade de adoção de medidas excepcionais durante pandemia Covid-19, a Comissão de Peritos destaca que, além do previsto na Convenção nº 98, deve ser observada a Recomendação sobre Paz e Resiliência, 2017 (nº 205), ambas da OIT. Essa norma prevê a importância do diálogo social em negociação geral e coletiva, em particular na resposta a situações de crise, incentivando a participação ativa de organizações de empregadores e trabalhadores no planejamento, implementação e monitoramento de medidas de recuperação e resiliência". In: BENEVIDES, Camila Martins dos Santos, CARVALHO, Luis Fernando Silva de e GUNTHER, Luiz Eduardo. **A reforma trabalhista de 2017 e a legislação trabalhista de emergência à luz da convenção 98 da Organizaçaõ Internacional do Trabalho (OIT).** Organização internacional do trabalho e direitos sociais. Coordenadores: Luiz Eduardo Gunther, Nelson Mannrich. Organizadores: Jouberto de Quadros Pessoa Cavalcante, Marco Antônio César Villatore. Curitiba: Instituto Memória. Centro de Estudos da Contemporaneidade, 2021.p. 102

lógica de que a preservação do emprego, sejam quais forem suas condições, justificaria a derrocada da proteção laboral, ainda que em momento de ampla vulnerabilidade daqueles que vivem do trabalho.[415]

Dessa forma, a legislação emergencial editada para reger a sociedade e as relações de trabalho na pandemia da Covid-19, no âmbito brasileiro, buscou internalizar a lógica neoliberal/flexibilizante iniciada em 1990. As tendências de desconstrução do Direito do Trabalho, mesmo diante de um cenário caótico global, surgiram com força nesse momento. Assim, "...a pandemia oportunizou a escalada da prevalência de regulação privatística do trabalho, em detrimento da regulação pública e dos comandos constitucionais expressos."[416] O afastamento do sindicato para solucionar temas coletivos sinaliza uma tendência de "...despublicização da regulação do trabalho."[417]

O contexto pós pandemia também poderá receber as influências das políticas delineadas no momento da crise sanitária, podendo interferir nos "conceitos já firmados em torno do direito social fundamental ao trabalho, em razão das transformações extremamente significativas que poderão advir."[418] A pandemia, diante da imposição do isolamento social, expandiu uso de meios eletrônicos e digitais para execução do trabalho, agilizando o processo de avanço tecnológico que já estava em curso. Nesse contexto, o Direito do Trabalho poderá sofrer alterações, sobretudo na perspectiva da noção de tempo de trabalho.

[415] Dutra, Renata Queiroz e Lima, Renata Santana. **Relações de Trabalho, Reformas Neoliberais e a Pandemia do Covid-19: as Políticas para o Trabalho no Epicentro da Estratégia de Saúde Coletiva**. In: Revista de Direito Público. Brasília, V. 17, n. 94, 465-492, jul./ago. 2020.p. 480

[416] Mello Filho, Luiz Philippe Vieira de e Dutra, Renata Queiroz. **Desafios da tutela do trabalho no contexto da pandemia: desconstitucionalização, despublicização e desproteção.** In: A devastação do trabalho: a classe do labor na crise da pandemia. Oliveira, Dalila Andrade e Pochmann, Márcio (orgs. Brasília: Gráfica e Editora Positiva: CNTE – Confederação Nacional dos Trabalhadores em Educação e Grupo de Estudos sobre Política Educacional e Trabalho Docente, 2020.p.162

[417] Ibidem.p. 162

[418] Ramos, Adirson Antônio Glório de. **Coronavírus como fato legitimador da flexibilização de regras fundamentais sociais do trabalho.** In: A ressignificação do Direito a partir da pandemia do novo coronavírus. Revista online Fadivale, Governador Valadares, Edição Especial, 2020.p.01-15. p.01

A pandemia revelou a imprescindibilidade dos recursos tecnológicos para a consecução de inúmeras tarefas, seja por meio de redes, aplicativos ou outras plataformas. Indubitavelmente, que esta conexão, além de trazer uma promiscuidade entre tempo de trabalho e lazer, traz consigo as ideias de imediatismo e de urgência, diante da agilidade com que a informação é passada. Nessa perspectiva, é preciso repensar o Direito do Trabalho à luz da sua etiologia e dos seus princípios.

Certamente, nesse processo de reorientação do Direito do Trabalho não há como respaldar, validamente, a ideia de plasticidade de regras cogentes trabalhista. A flexibilização não pode se desviar dos Direitos Humanos e Fundamentais do trabalhador, afinal o que está em processo de mutação é a forma como o trabalho é executado e não a pessoa do prestador de serviço que continua sendo humana e, portanto, detentora de direito irrenunciáveis. Nesse sentido analisa Ramos:

> O conceito de trabalho humano certamente será alterado após a pandemia. A Constituição sofrerá mutações. O seu texto será alterado, formal ou informalmente. A forma de interpretar o texto constitucional sofrerá avanços, logicamente, subordinados à cosmovisão da sociedade, onde pouco se falará em retrocessos, mas em medidas profiláticas com vista ao equilíbrio no modo capitalista de produção. O discurso será alterado com o apoio da grande mídia. (...) Nesse sentido, dentro do ambiente da economia dita liberal, há que remunerar o capital para que se busquem melhores condições sociais, seja por investimentos da iniciativa privada, seja por prestações positivas do Estado, entretanto vedando-se medidas de retrocesso social.[419]

Em períodos de crise, como a pandemia trouxe, é indispensável que o Estado fomente o diálogo social democrático. Aplicar-se a lógica liberal como resposta e solução para situações adversas produz mais crise na medida em que aprofunda e apressa a precarização do trabalho. A percepção do coletivo e da solidariedade devem ser avivadas em contextos calamitosos. Outrossim, um Estado atuante se mostra essencial para enfrentamento da crise da Covid-19, como tentativa de minimizar os impactos nocivos produzidos tanto para a empresa quanto para os trabalhadores."...é fundamental o papel do Estado e a volta da política do *Welfare State* ... para

[419] RAMOS, Adirson Antônio Glório de. Op.cit.p. 07

manter a economia girando, arrefecer os impactos da drástica redução das atividades econômicas."[420]

A Lei nº 13.467/2017 e a legislação da Covid-19 marcam, dessa forma, o que Ferreira denominou de "Direito do Trabalho de exceção."[421] O mercado, assim, orienta não somente a economia, mas a própria vida humana. Observa-se, portanto, um processo de ruptura aprofundado dos direitos sociais, com o objetivo maior de modificar a sua própria fundamentalidade. Esse movimento é identificado no discurso que procura afastar do Direito as ideias de justiça social de modo a retrair a marca do Direito Laboral em nome do desenvolvimento econômico.[422]

Muito embora o Direito Laboral esteja em uma marcha de mutação, diante das alterações da economia, nessa dinâmica não pode se desviar dos direitos fundamentais inerentes à condição humana. Nem mesmo o processo de mutação constitucional permite romper com as cláusulas pétreas como os direitos e garantias individuais (artigo 60, parágrafo 4º da CF). Nesse sentido caminhou Braghini:

> Entendemos que essa perspectiva permite uma readequação do texto não para desmonte do Constitucionalismo Social, mas para uma maior adequação prática de instrumentos emergenciais utilizados com a finalidade de preservação do próprio interesse social, congregando livre iniciativa, expressão do direito fundamental do direito de propriedade, sem a negação da valorização do trabalho, mas com o realinhamento de sua síntese, ou seja, justiça social voltada à preservação do emprego e renda do trabalhador.[423]

Poderia se cogitar que, em momentos de calamidade, a limitação de um direito seria justificado, já que a pandemia se equipararia aos estados de defesa e de sítio agasalhados constitucionalmente nos artigos 136 e 137.[424]

420 SANTOS, Enoque Ribeiro dos. **O direito coletivo do trabalho em tempos de coronavirus**. Gen Jurídico, São Paulo, 18 mar. 2020. Disponível em: http://genjuridico.com.br/2020/03/18/direito-coletivo-do-trabalho-coronavirus/. Acesso em: 27.jun.2021

421 FERREIRA, Antônio Casimiro.Op.cit.p. 75

422 Ibidem.p. 63

423 BRAGHINI, Marcelo. **Contrato de Trabalho de Emergência em Tempos de Crise (COVID-19): Análise da Reconstrução do Constitucionalismo Social pela Perspectiva do STF e os Reflexos no Contencioso Trabalhista**. São Paulo: JH Mizuno, 2020.p. 37

424 "Art. 136. O Presidente da República pode, ouvidos o Conselho da República e o Conselho de Defesa Nacional, decretar estado de defesa para preservar ou prontamente restabelecer,

Diante desse contexto emergencial, teria amparo a aplicação de um Direito do Trabalho de exceção. E esse direito pretendido se resumiria em elastecer o poder do empregador, mormente na administração do tempo do trabalho.

Todavia, é preciso traçar uma distinção entre poder do empregado e exercício de um direito subjetivo, porque no primeiro caso é necessário que seja orientado pelo interesse coletivo.[425] Assim, o empregador, mesmo em conjunturas de crise, precisa convergir o seu poder diretivo em prol do direito coletivo. Verifica-se, portanto, que a mitigação do uso da negociação coletiva em relação ao salário e à jornada de trabalho, elementos centrais do contrato de trabalho, demonstra uma pretensão de se estabelecer um Direito do Trabalho de exceção, esquivando-se da Constituição e, por derradeiro, do próprio Estado Democrático de Direito.

No mais, o contexto da pandemia da Covid-19 convida a revisitar a própria estrutura sindical. Robortella identificou alguns problemas burocráticos que engessam a atuação rápida do sindicato diante de uma crise:

> (...) entraves burocráticos para a negociação coletiva, formalidades e prazos para convocação de assembleias, além da presença física prevista na maioria dos estatutos (...) falta de liberdade sindical, que leva à baixa representatividade dos sindicatos, com índices pequenos de filiação(...)[426]

em locais restritos e determinados, a ordem pública ou a paz social ameaçadas por grave e iminente instabilidade institucional ou atingidas por calamidades de grandes proporções na natureza. (...) Art. 137. O Presidente da República pode, ouvidos o Conselho da República e o Conselho de Defesa Nacional, solicitar ao Congresso Nacional autorização para decretar o estado de sítio nos casos de:I – comoção grave de repercussão nacional ou ocorrência de fatos que comprovem a ineficácia de medida tomada durante o estado de defesa; II – declaração de estado de guerra ou resposta a agressão armada estrangeira."

[425] FREDIANI, Yone e NAHAS, Thereza C. **Limites da negociação individual em tempos de coronavírus.** IN: Direito do Trabalho na crise da Covid-19. Org. Belmonte, Alexandre A. Martinez, Luciano e Maranhão, Ney. Salvador: Editora JusPodivm, 2020. p. 395

[426] Nesse sentido seguiu o art 17, II, da MP 936/2020, orientando-se pela nota técnica 06/2020 do MPT (CONALIS)–, "...poderão ser utilizados meios eletrônicos para atendimento dos requisitos formais previstos no Título VI da Consolidação das Leis do Trabalho, aprovada pelo Decreto-Lei nº 5.452, de 1943, inclusive para convocação, deliberação, decisão, formalização e publicidade de convenção ou de acordo coletivo de trabalho;" In: ROBORTELLA, Luiz Carlos Amorim e PERES, Antônio Galvão. **Interpretação jurídica em tempos de pandemia.** In: Direito do Trabalho na crise da Covid-19. Org. Belmonte, Alexandre A. Martinez, Luciano e Maranhão, Ney. Salvador: Editora JusPodivm, 2020. p. 77

Entretanto, a flexibilização prevista pelo constituinte originário tem como escopo a solução de impasses aflorados em momentos de crise experimentada no âmago das relações trabalhistas. Nessa senda caminha Robortella exemplificando condutas que poderiam ser realizadas durante a pandemia e o necessário isolamento social:

> A Constituição Federal não contém nos artigos 7º e 8º exceções para o estado de calamidade pública, mas se afiguram necessárias para enfrentamento da crise. Em nome da viabilidade do modelo de isolamento (lockdown horizontal) para preservação da saúde de todos, além de regras para reequilíbrio das relações de trabalho, outras podem ser desenvolvidas: a) facilitação da negociação coletiva com supressão temporária de seus requisitos formais, como forma e prazos de convocação de assembleias, admitindo-se inclusive consulta aos trabalhadores por meios telemáticos (...)[427]

O artigo 5º da LINDB estabelece que o juiz deverá se orientar pelos fins sociais e pelo bem comum. Ademais, o artigo 8º da CLT estabelece que "As autoridades administrativas e a Justiça do Trabalho(...) decidirão (...) sempre de maneira que nenhum interesse de classe ou particular prevaleça sobre o interesse público."[428] Dessa maneira, na dimensão trabalhista não poderão prevalecer o interesse da classe, tampouco o interesse particular do empregador, impondo-se sempre o interesse público.

Contudo, no momento em que se legitima a utilização de acordos individuais para solucionar os impasses gerados na crise em flagrante ruptura do princípio da isonomia, a liberdade contratual desaparece. A quebra da isonomia das partes contratantes traz uma mácula na vontade emitida. Logo, o afastamento do sindicato não se afigura uma simples transação dos trabalhadores em prol de um interesse coletivo maior e sim a quebra do requisito de validade da própria flexibilização engendrada. Mesmo na perspectiva civil, o legislador ordinário ao prever tratamentos diferenciados em contextos de força maior ou caso fortuito, embora tenha permitido alguma transação de direitos, não admitiu negócios jurídicos viciados. Nesse sentido analisou Adamovich traçando comparativo com o Direito Civil:

[427] Ibidem. p. 86

[428] BRASIL. **Consolidação das leis do trabalho.** Op. cit.

> Não será o fato de um trabalhador, por exemplo, ter firmado acordo com seu empregador para suspensão de seu contrato ou redução de sua jornada, que permitirá afirmar que tal manifestação de vontade é perfeita, uma vez que partida de uma escolha racional do mesmo trabalhador no exercício de sua autonomia privada de vontade. Tal raciocínio, em momentos de crise, não seria válido nem mesmo no Direito Civil, sabendo-se que este também conhece a teoria objetiva da vontade e a função social do contrato subordinada à boa-fé igualmente objetiva, além de ser lá o terreno de surgimento de exceções materiais destinadas a salvaguardar uma das partes da excessiva onerosidade abruptamente surgida em razão de fatores externos imprevisíveis.[429]

É possível afirmar que o julgamento proferido pelo STF no bojo da ADI 6.363/2020 traz perigoso precedente, ao autorizar o afastamento do sindicato nas questões coletivas dos trabalhadores. Essa decisão aponta para um fortalecimento do processo de fissura da solidariedade dos trabalhadores. Outrossim, demarca uma tendência neoliberal do Poder Judiciário, ao pretender conduzir o Direito do Trabalho sob à logica privada. É possível reconhecer, nesse movimento jurisprudencial, um objetivo de desconstruir a racionalidade social, aproximando-se da "Era *Lochner* na Suprema Corte americana."[430] É certo que o processo de mutação constitucional deve se curvar ao conjunto das normas constitucionais, principalmente aos direitos sociais fundamentais, entre eles a negociação coletiva. Nesse sentido converge Hesse:

[429] ADAMOVICH, Eduardo Henrique Raymundo Von. **O vetor constitucional da isonomia em tempos de coronavírus** In: Direito do Trabalho na crise da Covid-19. Org. Belmonte, Alexandre A. Martinez, Luciano e Maranhão, Ney. Salvador: Editora JusPodivm, 2020. p. 146

[430] O caso Lochner tinha como objeto a lei novaiorquina, de 1895 que limitava a jornada dos padeiros a 10 horas diárias e 60 semanais. Lochner era proprietário da padaria e questionou a limitação da jornada, alegando que os trabalhadores poderiam exercer a sua liberdade de pactuarem jornadas superiores se assim desejassem. A Corte de Nova York decidiu favoravelmente à Lochner, fundamentando que o trabalho pode ser comprado como qualquer mercadoria "o Estado de Nova York, almejando proteger a saúde dos trabalhadores padeiros, editou uma lei limitando a jornada destes em 60 horas semanais, ou 10 horas por dia, considerando-se o repouso aos domingos. No julgamento por maioria, vencidos os juízes Harlan e Holmes, a Suprema Corte decidiu pela inconstitucionalidade da lei, por considerá-la uma intervenção arbitrária e desnecessária na liberdade contratual decorrente da relação entre empregado e empregador, liberdade essa protegida pela Emenda nº XIV." In: VALE, Silvia Isabelle Ribeiro Teixeira do. **As decisões trabalhistas no STF: a nossa era Lochner**. Revista do TST. São Paulo, vol. 86, nº 2. p. 262-279 abr/jun 2020.p. 265

> (...) uma mudança das relações fáticas pode – ou deve – provocar mudanças na interpretação da Constituição. Ao mesmo tempo, o sentido da proposição jurídica estabelece o limite da interpretação e, por conseguinte, o limite de qualquer mutação normativa. A finalidade (Telos) de uma proposição constitucional e sua nítida vontade normativa não devem ser sacrificadas em virtude de uma mudança da situação. Se o sentido de uma proposição normativa não pode mais ser realizado, a revisão constitucional afigura-se inevitável. Do contrário, ter-se-ia a supressão da tensão entre norma e realidade com a supressão do próprio direito: Uma interpretação construtiva é sempre possível e necessária dentro desses limites. A dinâmica existente na interpretação construtiva constitui condição fundamental da força normativa da Constituição e, por conseguinte, de sua estabilidade. Caso ela venha a faltar, tornar-se-á inevitável, cedo ou tarde, a ruptura da situação jurídica vigente.[431]

Destarte, a pandemia e seu caráter emergencial não autorizam a retirada da atuação sindical na medida em que a Constituição estabeleceu a negociação como mecanismo a ser manejado justamente em situações de crise.

2.4. Limites da flexibilização e o tema 1046 do STF

Para compreender o alcance dos limites da flexibilização, é necessário estabelecer um diálogo entre o objeto da negociação e os direitos fundamentais trabalhistas. No contexto normativo construído pela reforma trabalhista, a determinação expressa da primazia das fontes autônomas negociadas em detrimento do legislado não veio acompanhada de alterações normativas que produzissem o fortalecimento sindical. Contrariamente, a Lei nº 13.467/2017 procurou agilizar o processo já em curso de desestabilização do sindicato. Essa condição normativa ressoa nos limites da flexibilização.

O cenário social atual marcado pelas alterações produzidas pelo avanço tecnológico, pela globalização e pela racionalidade neoliberal procuram reforçar o dever de desregulamentar ou, pelo menos, de flexibilizar os direitos trabalhistas. Entretanto, essa conjectura fática não pode deslocar o eixo central dos direitos sociais, qual seja, a sua fundamentabilidade que se coloca como limite natural da flexibilização.

[431] Hesse, Korand. **A força normativa da Constituição Federal**. Trad. Gilmar Ferreira Mendes. Porto Alegre: Fabris editor, 1991.p.23

O primeiro limite que emerge como um axioma da flexibilização é de que a negociação não pode ser propulsora de normas nocivas aos trabalhadores, sob pena de servir de instrumento de reforço das desigualdades já inerentes na relação trabalhista. A permissibilidade de acordos e convenções coletivas que tragam condições mais lesivas que as estabelecidas pelas fontes heterônomas não possui respaldos principiológico e, tampouco, constitucional.

A partir da conjugação do artigo 7º, caput e seu inciso XXVI, da Carta Magna, é possível apreender que a autonomia privada coletiva deve ser interpretada à luz da melhoria da condição social do trabalhador. Por conseguinte, a flexibilização deve ser organizada pelo princípio da vedação ao retrocesso social ou efeito cliquet, como é designado na perspectiva dos Direitos Humanos, somente podendo operar mudanças mais benéficas em comparação às implementadas anteriormente.[432]

Sarlet identifica na expressão "vedação ao retrocesso social" uma proteção contra as atuações do poder público, do legislador ou do administrador engajadas na supressão ou na limitação dos direitos fundamentais.[433] Prossegue o autor, identificando uma certa conexão entre a vedação ao retrocesso social e a segurança jurídica que fundamenta o respeito ao direito adquirido, ao ato jurídico perfeito e à coisa julgada (artigos 6º, da LINDB e 5º, inciso XXXVI da CF). Por derradeiro, explica o que resultaria da proibição do retrocesso:

> Resulta perceptível, portanto, que a proibição de retrocesso atua como baliza para a impugnação de medidas que impliquem supressão ou restrição de direitos sociais e que possam ser compreendidas como efetiva violação de tais direitos, os quais, por sua vez, também não dispõem de uma autonomia absoluta no sistema constitucional, sendo, em boa parte e em níveis diferenciados, concretizações da própria dignidade da pessoa humana. [434]

432 REIS, Daniela Muradas. **O princípio da vedação do retrocesso no direito do trabalho**. São Paulo: LTr, 2010, p. 20

433 SARLET, Ingo Wolfgang. Notas sobre a assim designada proibição de retrocesso social no constitucionalismo latino-americano. **Revista do TST**, Brasília, vol. 75, no 3, jul/set 2009. p.116-149. p. 121

434 SARLET, Ingo Wolfgang. **Notas sobre a assim designada proibição de retrocesso social no constitucionalismo latino-americano**.Op.cit.p. 126

De resto, embora o constituinte originário tenha permitido a flexibilização, como no caso da jornada de trabalho,[435]ainda assim, é preciso manter incólumes as normas de ordem pública. Esses direitos sociais mínimos não podem ser retirados. Nesse sentido, esclarece Silva sobre a necessidade de manutenção de uma tutela mínima:

> Em primeiro lugar, há que se manter uma tutela mínima indispensável para a relação de emprego: a modificação estrutural propugnada não chega ao ponto de autorizar a revogação das regras de proteção aos trabalhadores. Normas acerca da limitação da jornada de trabalho, dos períodos de férias e repouso, do conteúdo do contrato de trabalho, de proteção ao trabalho da mulher e do adolescente, de garantia contra as dispensas imotivadas, de segurança e medicina do trabalho: são muitos os exemplos de matérias que devem ser reguladas na Constituição Federal e na lei.[436]

Os limites da negociação são demarcados pelo Direito Laboral. São os fundamentos estruturantes dessa disciplina que tem o condão de apontar os parâmetros que devem ser respeitados na negociação. Em sua gênese o Direito do Trabalho foi concebido como mecanismo essencial para harmonização das relações entre capital e trabalho, devendo trazer critérios legais mínimos para minimizar os efeitos nefastos que podem advir da exploração do trabalho humano. Em vista disso, esse ramo jurídico se coloca como importante instrumento para a concretização da justiça social.

A partir do momento em que se pretende esvaziar os direitos sociais trabalhistas mínimos, imprimindo uma lógica liberal autorizativa da irrestrita autonomia privada, há uma aproximação da dialética do Direito Civil. Desta forma, a adoção de ampla flexibilização apartada das balizas ditadas pelo Direito Laboral torna as relações trabalhistas perversas, aproximando-se da realidade desenhada no contexto da Revolução Industrial do século XVIII.

Portanto, a questão dos limites da negociação coletiva passa necessariamente pela análise dos Direitos Humanos e Fundamentais. A flexibilização não pode ser usada unicamente como instrumento do capital. É importante relembrar que a afirmação dos Direitos Humanos e Fundamentais ocorreu a partir de um processo de construção articulado pelas classes operarias.

[435] Artigo 7º, incisos XIII e XIV da CF

[436] Silva, Otávio Pinto e. **A Contratação Coletiva Como Fonte do Direito do Trabalho.** São Paulo: LTr, 1998.p.123

A flexibilização orquestrada com o fito único de atender aos desideratos do mercado servirá de simples mecanismo de retirada de direitos trabalhistas. Assim, a negociação orientada no sentido de consolidar constantes reduções de direitos, atingindo o mínimo do mínimo, sob o argumento de auxiliar na consecução da atividade econômica, torna-se perigosa. Isso ocorre porque, nesse processo de permissibilidade gradativa da diminuição do núcleo mínimo de proteção, poderá estabilizar a legitimação do afastamento total do Direito do Trabalho, promovendo uma alteração de sua própria racionalidade.

É preciso lembrar que os direitos passíveis de negociação e de redução são limitados de modo que para que a flexibilização guarde ressonância com a dialética trabalhista deve salvaguardar um patamar civilizatório mínimo. Desta feita, as fronteiras da flexibilização são: impossibilidade de negociação de regras cuja indisponibilidade seja absoluta, bem como a primazia da atuação sindical e, portanto, da negociação coletiva em detrimento das alterações meramente bilaterais entre empregado e empregador.

As negociações ocorridas individualmente se distanciam dos princípios da isonomia e da liberdade negocial. Destarte, as normas decorrentes da pactuação bilateral seriam passiveis de nulidade em razão de se aproximariam do conceito de regras puramente protestativas.[437]

As fronteiras da flexibilização sempre foram construídas em âmbito jurisprudencial. Eis a relevância do Poder Judiciário nesse aspecto. Todavia, a reforma trabalhista, no artigo 8º, parágrafo 3º da CLT, procurou diminuir a atuação da Justiça do Trabalho no contexto das negociações coletivas.

É importante resgatar a função precípua do Direito Laboral que é a de trazer o equilíbrio dentro das relações trabalhistas. Essa isonomia somente se aperfeiçoa por meio de normas mínimas protetivas revestidas de ordem pública e que, portanto, não estão abertas à negociação em razão de sua filiação à própria dignidade da pessoa humana. Caso seja ultrapassada a barreira do mínimo, o desequilíbrio se instaura na relação, produzindo a ruptura do Direito do Trabalho.

Assim, os limites da flexibilização precisam ser refletidos, especialmente em um contexto em que a negociação coletiva é dialogada por sindicatos já

[437] Aqueles que dependem da vontade de somente uma das partes. É um puro arbítrio. Art. 122 do CC: São lícitas, em geral, todas as condições não contrárias à lei, à ordem pública ou aos bons costumes; entre as condições defesas se incluem as que privarem de todo efeito o negócio jurídico, ou o sujeitarem ao puro arbítrio de uma das partes

fragilizados pelos processos de desconstrução sofridos desde sua origem. Aliado a isso, observa-se um movimento exterior às relações de trabalho que contribui para a aceitação da ampliação do direito negociado. Situações de crises econômicas, unidas ao desemprego estrutural na sociedade favorecem o aprofundamento da lógica da flexibilização ilimitada.

Traçar os limites da negociação coletiva, obviamente, traz uma dificuldade, na medida em que, de certa forma, pode haver a adoção de interpretações propensas a legitimar posicionamentos menos benéficos aos trabalhadores. Diante dessa dificuldade, o Comitê de Liberdade Sindical da OIT foi instado a se pronunciar informando, em breve síntese, que os temas objetos de flexibilização pela autoridade pública são, frequentemente, incompatíveis com a Convenção 98 da OIT.[438] Assim, na tentativa de reduzir as inseguranças, a legislação portuguesa, por exemplo, estabeleceu um rol bem detalhado sobre as matérias passiveis ou não de serem objeto de negociação coletiva:[439]

438 **BRASIL. Ministério do trabalho e Previdencia.** Relatórios dos Grupos de Estudos Temáticos (GAET) Disponível em: https://www.gov.br/trabalho-e-previdencia/pt-br/noticias-e-conteudo/trabalho/2021/arquivos/nota-de-apresentacao-dos-relatorios-final.pdf. Acesso em: 09out.20. p. 208

439 "Destaca-se do Código de Trabalho Português: "Artigo 3º Relações entre fontes de regulação 1 – As normas legais reguladoras de contrato de trabalho podem ser afastadas por instrumento de regulamentação coletiva de trabalho, salvo quando delas resultar o contrário. 2 – As normas legais reguladoras de contrato de trabalho não podem ser afastadas por portaria de condições de trabalho. 3 – As normas legais reguladoras de contrato de trabalho só podem ser afastadas por instrumento de regulamentação coletiva de trabalho que, sem oposição daquelas normas, disponha em sentido mais favorável aos trabalhadores quando respeitem às seguintes matérias: a) Direitos de personalidade, igualdade e não discriminação; b) Proteção na parentalidade; c) Trabalho de menores; d) Trabalhador com capacidade de trabalho reduzida, com deficiência ou doença crónica; e) Trabalhador estudante; f) Dever de informação do empregador; g) Limites à duração dos períodos normais de trabalho diário e semanal; h) Duração mínima dos períodos de repouso, incluindo a duração mínima do período anual de férias; i) Duração máxima do trabalho dos trabalhadores noturnos; j) Forma de cumprimento e garantias da retribuição; l) Capítulo sobre prevenção e reparação de acidentes de trabalho e doenças profissionais e legislação que o regulamenta; m) Transmissão de empresa ou estabelecimento; n) Direitos dos representantes eleitos dos trabalhadores. 4 – As normas legais reguladoras de contrato de trabalho só podem ser afastadas por contrato individual que estabeleça condições mais favoráveis para o trabalhador, se delas não resultar o contrário. 5 – Sempre que uma norma legal reguladora de contrato de trabalho determine que a mesma pode ser afastada por instrumento de regulamentação coletiva de trabalho entende-se que o não pode ser por contrato de trabalho" In: Ibidem. p. 209

> A liberdade contratual do trabalho vem dar na organização pura e simples do domínio do mais forte. A liberdade individual bastaria para assegurar a harmonia coletiva (...) se não reinassem inúmeras desigualdades entre os indivíduos, ou se suas situações, sem serem geometricamente equivalentes, fossem, ao menos, pouco afastadas. Suponhamos dois homens dotados de forças iguais. Não é necessário promulgar leis para que eles (...)Mas, admitindo que não tenham iguais forças, se lhes deixarmos toda a liberdade de ação, o mais robusto não se demorará para agarrar o outro e subjuga-lo. Daí resulta este princípio: –dada desigualdade de forças econômicas, a liberdade sem freio constitui causa fatal de usurpação e de opressão. E deste princípio surge a necessidade de se precisarem certas condições do trabalho salariado, pondo de parte o respeito fetichistico da liberdade.[440]

A flexibilização precisa estar estruturada no princípio protetivo do trabalhador para que se respeite a isonomia entre as partes que convergem na relação de trabalho. A flexibilização é desejável, contanto que sejam observados a dignidade da pessoa humana, os objetivos da República Federativa do Brasil (artigo 3º, da CF) e a valorização do trabalho humano (artigo 170 da CF).

A retirada ou abrandamento do princípio protetor, que é a pilastra do Direito Laboral, conduzirá ao esvaecimento desse ramo jurídico. A legitimação da ampla flexibilização teria o condão de favorecer a aproximação entre os contratos de trabalho e de prestação de serviço civil. Esclareça-se que a flexibilização ilimitada levará a uma situação menos vantajosa que a estabelecida na perspectiva contratual civil. Isso ocorreria porque, no Direito Civil, existem princípios de ordem pública que devem orientar o exercício da autonomia privada, como a função social do contrato, estabelecida no artigo 421 do CC e o princípio da boa-fé albergado no artigo 422 do CC.

Outrossim, a definição dos limites da flexibilização não pode ser contaminada pelos discursos econômicos. Não obstante o Direito do Trabalho mantenha uma conexão com a economia, não é possível aplicar a ele a mesma lógica que conduz o mercado econômico sob pena de se trasmudar para Direito Econômico. É inegável a necessidade de equilibrar os desideratos da economia com os direitos trabalhistas, entretanto, existem fun-

[440] MORAES, Evaristo de. **Apontamentos de Direito operário.** Op. cit. p. 16-17

damentos do Direito Laboral que se retirados o desestruturariam. Nessa dimensão, o uso da flexibilização chancelaria o aprofundamento da assimetria das partes das relações trabalhistas, trazendo o desequilíbrio de toda sociedade.

Sobrepujar a força econômica em detrimento dos direitos trabalhistas produziria mazelas sociais tão profundas de modo a ruir com o equilíbrio mínimo necessário para a manutenção do sistema capitalista. A desigualdade social profunda teria o poder de enfraquecer o mercado de consumo: pessoas abaixo da linha da pobreza não têm meios para comprar os bens da sociedade capitalista. É preciso repensar, portanto, a flexibilização a partir da concepção de justiça social. A negociação deve se orientar pelos Direitos Humanos e Fundamentais que transcendem as relações trabalhistas e os anseios da economia.

Os Direitos Humanos são tradicionalmente classificados em dimensões. Os direitos de primeira dimensão são referentes à liberdade do indivíduo, exigindo um Estado negativo. Os direitos de segunda dimensão abarcam o Direito do Trabalho. Nessa perspectiva, é almejada a concretização da igualdade, exigindo, para tanto, uma atuação do Estado. Os de terceira dimensão são direitos das coletividades e se estribam na noção de solidariedade. Os direitos de quarta dimensão são considerados após a globalização e envolvem a democracia, o pluralismo e a universalização dos Direitos Humanos. Emergem, hodiernamente, os direitos de quinta dimensão que são relacionados à paz.[441]

Portanto, os direitos trabalhistas para implementarem a isonomia subordinam-se à atuação Estatal. Por meio do Estado o trabalhador consegue concretizar os seus direitos sociais que "...não são direitos contra o Estado, mas sim direitos através do Estado, exigindo do poder público certas prestações materiais. São os Direitos Fundamentais do homem-social dentro de um modelo de Estado que tende cada vez mais a ser social..."[442]

Os direitos sociais carregam um duplo aspecto: a sua prestação e a sua defesa "... no sentido de direitos a medidas ativas de proteção de posições jurídicas fundamentais dos indivíduos por parte do Estado, bem como os

[441] BONAVIDES, Paulo. **Curso de Direito constitucional**. São Paulo, Malheiros, 2008. p. 570-583

[442] KRELL, Andreas. **Direitos sociais e o controle judicial no Brasil e na Alemanha: os (descaminhos) de um direito constitucional "comparado".** Porto Alegre: Sergio Antônio Fabris, 2002. p. 19-20

direitos a participação na organização e procedimento."[443] Nesse sentido, o Direito Laboral foi revestido de alta carga protetiva, tendo como escopo trazer normas mínimas protetivas responsáveis por concretizar a igualdade.

Ademais, os direitos sociais são considerados fundamentais, impondo-se normativamente como expressão dos Direitos Humanos. [444] Nesse diapasão convergem os artigos 1º, caput, IV " A República Federativa do Brasil(...) tem como fundamentos: os valores sociais do trabalho e da livre iniciativa" e 170, caput "A ordem econômica, fundada na valorização do trabalho humano e na livre iniciativa, tem por fim assegurar a todos existência digna, conforme os ditames da justiça social."[445] Delgado identifica a fundamentalidade dos direitos trabalhistas ao a firmar que o artigo 7º contempla um "...padrão mínimo de civilidade nas relações de poder e de riqueza inerentes à grande maioria do mercado laborativo próprio ao capitalismo. "[446]

Destaque-se que o artigo 7º da CF, não obstante expressamente não estabeleça direitos individuais, aproxima-se da sua dialética. Nessa medida, os direitos sociais se colocam como verdadeiras cláusulas pétreas, não podendo ser abolidos nem por emenda constitucional.[447] De fato, a dignidade da pessoa humana aparece como fundamento da República Federativa do Brasil, de modo que o rol de direitos fundamentais individuais não são exaustivos, tanto que no próprio artigo 5º, parágrafo 2º da CF existe uma cláusula de abertura para outros direitos.

À vista disso, os limites da flexibilização se colocam, sob a ideia kantiana, como imperativos categóricos do Direito do Trabalho, diante da sua fundamentalidade. As relações de trabalho gravitam em torno das concepções

[443] SARLET, Ingo Wolfgang. **A eficácia dos direitos fundamentais: uma teoria geral dos direitos fundamentais na perspectiva constitucional.** 11ª ed. Porto Alegre: livraria do advogado, 201p. 155.

[444] SARLET, **Ingo Wolfgang. Dignidade da pessoa humana e direitos fundamentais na Constituição Federal de 1988.** Porto Alegre, Liv. do Advogado, 2001.p. 92

[445] BRASIL. **Constituição Federal**.Op.cit.

[446] DELGADO, Mauricio Godinho. Op. Cit.p.184

[447] GOLDSCHMIDT, Rodrigo. **Flexibilização dos direitos trabalhistas: ações afirmativas da dignidade da pessoa humana como forma de resistência.** Florianópolis: UFSC, 2008. Disponível em: <https://repositorio.ufsc.br/bitstream/handle/123456789/91866/252613.pdf?sequence=1&isAllowed=y >. Acesso em: 08,jan.2020. p. 119. E Art. 60, parágrafo 4º, inciso IV da CF "Não será objeto de deliberação a proposta de emenda tendente a abolir os direitos e garantias individuais"

de dignidade e humanização, uma vez que o objeto principal do contrato de trabalho, a atividade humana, não poder ser coisificado. Desta forma, a irrenunciabilidade dos direitos trabalhistas emerge do próprio objeto do contrato. Como a prestação de serviço é executada pelo ser humano, o trabalho está entrelaçado ao direito de personalidade, inserindo-se na dimensão do próprio eu.[448]

Delgado, ao estabelecer os limites da negociação coletiva e explicar o princípio da adequação setorial negociada, aponta duas matizes da irrenunciabilidade: a absoluta e a relativa. No primeiro caso, são compreendidos os direitos revestidos de impossibilidade total de renúncia, pois são inseparáveis da humana, tratando-se de normas de ordem pública integrantes do patamar civilizatório mínimo. Em contrapartida, existem direitos que fluem da relação contratual, mas cobertos de indisponibilidade relativa, podendo ser relativizados em confronto com outros interesses.

Normas relativas à saúde e medicina e segurança do trabalho são de ordem pública. Portanto, as disposições relativas à duração do trabalho se inserem no âmbito da indisponibilidade absoluta, porquanto envolve o tempo do trabalho e a saúde.[449]Dessa forma, em que pese as alterações efetuadas pela reforma trabalhista, por meio da inserção dos artigos 611-A, III e 611-B, parágrafo único, ambos da CLT,[450]a jurisprudência do TST sempre caminhou no sentido de irrenunciabilidade do tempo relativo ao intervalo

[448] Código Civil. Art. 11. "Com exceção dos casos previstos em lei, os direitos da personalidade são intransmissíveis e irrenunciáveis, não podendo o seu exercício sofrer limitação voluntária."

[449] "SAÚDE E DURAÇÃO DO TRABALHO. É inconstitucional o parágrafo único do art. 611-B da CLT, pois as normas e institutos que regulam a duração do trabalho, bem como seus intervalos, são diretamente ligados às tutelas da saúde, higiene e segurança do trabalho como estabelecidas pelos arts. 7°, XIII, XIV e XXII, 196 e 225 da Constituição Federal, pelos arts. 3°, "b" e "e", e 5o da Convenção 155 da OIT, pelo art. 7°, II, "b" e "d", do PIDESC (ONU), pelo art. 7°, e, g e h, do Protocolo de San Salvador (OEA), e pelo próprio art. 58 da CLT, que limita a jornada a oito horas diárias, sendo, assim, insuscetíveis de flexibilização por convenção ou acordo coletivos. (Enunciado Aglutinado no 11 da Comissão 3)". In: BRASIL. **ANAMATRA.** Op. cit.

[450] Art. 611-A da CLT "A convenção coletiva e o acordo coletivo de trabalho têm prevalência sobre a lei quando, entre outros, dispuserem sobre(...)III – intervalo intrajornada, respeitado o limite mínimo de trinta minutos para jornadas superiores a seis horas". Art. 611-B, Parágrafo único da CLT "Regras sobre duração do trabalho e intervalos não são consideradas como normas de saúde, higiene e segurança do trabalho para os fins do disposto neste artigo". In: BRASIL. **Consolidação das leis do trabalho.** Op. cit.

intrajornada, conforme se extrai da súmula 437 do TST.[451] Verifica-se que a jurisprudência trabalhista atual avança no sentido de inadmissibilidade de redução de direitos com indisponibilidade absoluta, mesmo após a Lei 13.467/2017. Nesse sentido, seguiu o TST no julgamento do Recurso de Revista cujo relator foi o ministro Maurício Godinho Delgado:

> (...)RECURSO DE REVISTA. PROCESSO SOB A ÉGIDE DA LEI 13.015/2014 E ANTERIOR À LEI 13.467/2017. PRINCÍPIO DA ADEQUAÇÃO SETORIAL NEGOCIADA. TURNOS ININTERRUPTOS DE REVEZAMENTO. ELASTECIMENTO DE JORNADA PARA ALÉM DO LIMITE DE 8 HORAS DIÁRIAS. NULIDADE DA NORMA COLETIVA. SÚMULA 423/TST. Esta Corte, ante a controvérsia surgida em torno da interpretação do art. 7º, XXVI, da CF, editou a Súmula 423, no sentido de que é possível a ampliação, por meio de negociação coletiva, da jornada superior a 6 horas, limitada a 8 horas por dia, e carga de trabalho semanal, para o limite de 44 horas, pagando-se como extra as horas que ultrapassarem esses limites. Contudo, conforme consta da citada súmula, a validade do elastecimento de jornada em turnos ininterruptos de revezamento apenas pode ser aceita se fixada por regular negociação coletiva e se for limitada a 8 horas diárias, ainda que o elastecimento seja para fins de compensação da carga semanal. Noutro norte, amplas são as possibilidades de validade e eficácia jurídicas das normas autônomas coletivas em face das normas heterônomas imperativas, à luz do princípio da adequação setorial negociada. Entretanto, essas possibilidades não são plenas e irrefreáveis, havendo limites objetivos à criatividade jurídica da negociação coletiva trabalhista. Desse modo, ela não prevalece se concretizada mediante ato estrito de renúncia ou se concernente a direitos revestidos de indisponibilidade absoluta (e não indisponibilidade relativa), os quais não podem ser transacionados nem mesmo por negociação sindical coletiva. Nesse contexto, não poderia a norma coletiva restringir os efeitos de um direito assegurado constitucionalmente aos empregados, mormente quando se sabe que a jornada de trabalho superior a 8 horas diárias é, obviamente, mais desgastante para o trabalhador, sob o ponto de vista biológico, familiar e até mesmo social, por supor o máximo de dedicação de suas forças

[451] "...II – É inválida cláusula de acordo ou convenção coletiva de trabalho contemplando a supressão ou redução do intervalo intrajornada porque este constitui medida de higiene, saúde e segurança do trabalho, garantido por norma de ordem pública (art. 71 da CLT e art. 7º, XXII, da CF/1988), infenso à negociação coletiva'.

físicas e mentais. Dessa forma, ante o labor diário superior a oito horas – premissa fática inconteste à luz da Súmula 126/TST -, deve, de fato, ser aplicada a norma prevista no art. 7º, XIV, da CF, c/c a Súmula 423 do TST, Observados os limites do pedido formulado na petição inicial. Julgados desta Corte Superior. Recurso de revista conhecido e parcialmente provido" (RR-1454-61.2017.5.11.0010, 3ª Turma, Relator Ministro Mauricio Godinho Delgado, DEJT 01/07/2019).[452]

No âmbito das tratativas bilaterais individuais, envolvendo empregado e o empregador, de acordo com a doutrina majoritária, a irrenunciabilidade se impõe em dois momentos: na formação e na duração do contrato. Logo, após extinto o vínculo de emprego, permite-se a renúncia. Nesse sentido caminha Romita:

> Não é correta, contudo, a assertiva de que os direitos trabalhistas – do trabalhador individualmente considerado – sejam indisponíveis. (...). Nenhum preceito legal estabelece, de antemão, a indisponibilidade dos direitos do trabalhador. (...) É que os direitos do trabalhador admitem uma divisão: direitos absolutamente indisponíveis e os direitos relativamente disponíveis. O art. 9° da CLT não declara indisponíveis os direitos do trabalhador, apenas priva de eficácia o ato do empregador tendente a inviabilizar o gozo dos direitos assegurados por lei ao trabalhador. (...). Os direitos patrimoniais são plenamente disponíveis, após o término da relação de emprego e apenas relativamente indisponíveis durante a vigência do contrato.[453]

Em contrapartida, Pereira defende que a indisponibilidade é absoluta na fase pré-contratual. Entretanto, afirma que durante e após o contrato ela se torna relativa, autorizando a transação.[454]

Na dimensão coletiva, muitos reconhecem que as negociações não devem servir de instrumento para criação de normas lesivas aos empregados. Todavia, existem posições que rechaçam a necessidade de as negocia-

[452] BRASIL. **Tribunal Superior do Trabalho.** Op.cit.

[453] ROMITA, Arion Sayão. Prefácio contido no livro de SOUZA, Zoraide Amaral. **Arbitragem – Conciliação – Mediação nos conflitos coletivos trabalhistas.** São Paulo. LTr, 2004. p. 11-12.

[454] PEREIRA, Leone. **Direito do Trabalho: Coleção Elementos do Direito**; V. 9. 4.ed. São Paulo: Revista dos Tribunais. 2014. p. 38-39

ções implementarem melhorias, defendendo a possibilidade de alterações nocivas no contrato. Nesse sentido caminha Nascimento, ao defender a relativização do princípio da norma mais favorável.[455]

De fato, ainda que fosse possível legitimar alterações nocivas encetadas nas cláusulas das convenções e dos acordos coletivos do trabalho – pela teoria do conglobamento –, no conjunto normativo é necessário trazer condições mais benéficas. Contudo, a reforma trabalhista rechaçou essa possibilidade ao liberar negociações coletivas que estipulem patamares inferiores ao antes praticados, conforme se extrai do artigo 611-A, § 2º da CLT "A inexistência de expressa indicação de contrapartidas recíprocas em convenção coletiva ou acordo coletivo de trabalho não ensejará sua nulidade por não caracterizar um vício do negócio jurídico."

O indigitado artigo 611-A da CLT, que trouxe a prevalência do negociado sobre o legislado, precisa ser articulado com o artigo 7º, XXVI, da CF. Assim, o constituinte originário, ao reconhecer a negociação coletiva, não aprovou a retirada de direitos humanos e fundamentais, permitindo a precarização do trabalho. Nesse sentido, o Supremo Tribunal Federal, em julgamento liminar proferido pelo ministro Gilmar Mendes, em 2019 no bojo do ARE 1121633, firmara o entendimento de que: "a validade de norma coletiva de trabalho que limita ou restringe direito trabalhista não assegurado constitucionalmente."[456]

Por conseguinte, o artigo 611-A, § 2º da CLT, ao autorizar que as negociações coletivas possam sufragar a eliminação e a redução de direitos trabalhistas, afastando a necessidade de as negociações coletivas fixarem contrapartidas recíprocas, rompe com a a lógica inerente aos direitos fundamentais do trabalho, qual seja: a contínua busca da melhoria da condição social do trabalhador, segundo se infere do artigo 7º, caput da CF.

Entretanto, em junho de 2022 o Tribunal Pleno do STF, em decisão de mérito alterou o tema 1046, permitindo que a negociação coletiva tenha por objeto a limitação ou a retirada de direitos constitucionais trabalhistas, ao estabelecer como núcleo rígido e infenso à negociação somente os "direitos absolutamente indisponíveis"[457], conforme analisado alhures. Ademais, o STF confirmou o teor do artigo 611-A, parágrafo 2º, da CLT

[455] Nascimento, Amauri Mascaro do.1997.Op.cit.p. 120

[456] Teor do tema 1046 do STF: Validade de norma coletiva de trabalho que limita ou restringe direito trabalhista não assegurado constitucionalmente."... – TEMA 1046 (ARE 1121633)

[457] BRASIL.**STF.** Op.cit.

ao assentir com a ausência de contrapartidas recíprocas na negociação ao mesmo tempo que condicionou à negociação coletiva à observância do princípio da adequação setorial negociada.

Nesse cenário traçado pela Suprema Corte, é possível observar algumas incongruências e obscuridades no tema 1046[458] o que leva à mais insegurança jurídica.

A primeira questão que nos convida a refletir é a determinação expressa pelo STF de que: os acordos e convenções coletivas se orientarão pelo princípio da adequação setorial negociada. Tal princípio demarca justamente os limites da negociação coletiva, harmonizando a interação entre as regras autônomas e heterônomas. Segundo Delgado e conforme já citado acima, pelo princípio da adequação setorial negociada, as regras autônomas somente prevalecerão sobre as heterônomas se respeitados os seguintes critérios:

> (...)quando as normas autônomas juscoletivas implementem um padrão setorial de direitos superior ao padrão geral oriundo da legislação heterônoma (...) quando as normas autônomas juscoletivas transacionem setorialmente parcelas justrabalhistas de indisponibilidade apenas relativa (e não de indisponibilidade absoluta). No primeiro caso (...) as normas autônomas elevam o patamar setorial de direitos trabalhistas, em comparação com o padrão geral imperativo existente.[459]

Portanto, aparentemente, impõe-se como inconciliável a pactuação de uma negociação coletiva que eleve o padrão heterônomo ao mesmo tempo que traga em seu bojo a redução e a retirada de direitos trabalhistas sem contrapartidas.

A segunda elucubração que o tema 1046 nos convida a fazer é acerca do termo "direitos absolutamente indisponíveis". Seria uma alusão aos

[458] "O Tribunal, por maioria, apreciando o tema 1.046 da repercussão geral, deu provimento ao recurso extraordinário, nos termos do voto do Relator, vencidos os Ministros Edson Fachin e Rosa Weber. Em seguida, por unanimidade, foi fixada a seguinte tese: "São constitucionais os acordos e as convenções coletivos que, ao considerarem a adequação setorial negociada, pactuam limitações ou afastamentos de direitos trabalhistas, independentemente da explicitação especificada de vantagens compensatórias, desde que respeitados os direitos absolutamente indisponíveis". Ausentes, justificadamente, o Ministro Luiz Fux (Presidente), impedido neste julgamento, e o Ministro Ricardo Lewandowski. Presidiu o julgamento a Ministra Rosa Weber, Vice-Presidente. Plenário, 2.6.2022. ".In: Ibidem.

[459] DELGADO, Maurício Godinho. Op.Cit.p. 1596

direitos revestidos de indisponibilidade absoluta concebidos por Delgado ao construir as bases do princípio da adequação setorial negociada? Em caso positivo, o diploma coletivo poderia, assim, permitir a negociação de parcelas revestidas de indisponibilidade relativa que são, por exemplo: "...modalidade de pagamento salarial, tipo de jornada pactuada (...) ou o montante de jornada."[460]?

Ora, os direitos revestidos de indisponibilidade absoluta estruturam-se em torno da ideia de interesse público, inserindo-se na categoria de patamar civilizatório mínimo, ligando-se à própria dignidade da pessoa humana. Segundo Delgado

> (...)esse patamar civilizatório mínimo está dado, essencialmente, por três grupos convergentes de normas trabalhistas heterônomas: as normas constitucionais em geral (...) as normas de tratados e convenções internacionais vigorantes no plano interno brasileiro (...)as normas legais infraconstitucionais que assegurem patamares de cidadania ao indivíduo que labora(...).[461]

Outra interpretação que se abre é ponderar o termo "direito absolutamente indisponível" como uma nova categoria de direito orquestrada pelo STF. Nesse caso, conforme analisou Souto Maior, a Suprema Corte se desvia da melhor técnica jurídica, visto que, se um direito é indisponível não há como ser flexibilizado, passando ocupar a categoria de direito disponível:

> (...)embora o STF pareça ter pretendido criar, por meio do emprego de um advérbio de intensidade, uma categoria jurídica específica, a dos "direitos absolutamente indisponíveis", em contraposição aos "meros" "direitos indisponíveis", resta evidente a impropriedade técnica cometida, pois o que já é indisponível é, como o próprio nome diz, indisponível. Não se pode transformar o que é indisponível em disponível, criando a figura do "absolutamente indisponível", ainda mais sem parâmetro para separar um do outro.[462]

[460] Ibidem.p. 1596

[461] DELGADO, Maurício Godinho. Op. Cit. p. 1597

[462] SOUTO MAIOR, Jorge Luiz. **O STF (no ARE 1.121.633) não fixou tese de que o negociado prevalece sobre o legislado, para o efeito de eliminar direitos trabalhistas.** Disponível em: https://www.dmtemdebate.com.br/o-stf-no-are-1-121-633-nao-fixou-tese-de-que-o-negociado-prevalece-sobre-o-legislado-para-o-efeito-de-eliminar-direitos-trabalhistas/. Acesso em: 24.jun.2022

Portanto, infere-se que o STF tem se inclinado pela primazia do negociado sobre o legislado. Ao investigar algumas decisões da Suprema Corte, verifica-se que ela tem se posicionado amplamente favorável às negociações coletivas, afirmando que, como na perspectiva coletiva não há o desequilíbrio das partes, como acontece nas relações individuais, a retirada e/ou a minoração de direitos revestidos de indisponibilidade relativa seria permitida. No Recurso Extraordinário nº 590415, ao analisar o plano para dispensa incentivada do BESC/Banco do Brasil, o Ministro Luís Barroso sinalizou essa tendência. Observa-se, assim, um avanço da jurisprudência na direção dos artigos 611-A e 611-B, ambos da CLT:[463]

> Nos modelos de normatização autônoma, os conflitos entre capital e trabalho são, como regra, resolvidos no âmbito da sociedade civil, através de mecanismos de negociação coletiva entre sindicatos, associações profissionais e trabalhadores. Pode haver legislação estatal tutelando os direitos mais essenciais ou dispondo sobre procedimentos a serem observados no âmbito das negociações coletivas, mas as normas que regulam as relações de trabalho são produzidas pelos particulares, com considerável liberdade, através de instrumentos similares aos acordos e convenções coletivas. Esse é o modelo típico das democracias consolidadas, defendido pela Organização Internacional do Trabalho. (...) (*grifo nosso*). **Por fim, de acordo com o princípio da adequação setorial negociada, as regras autônomas juscoletivas podem prevalecer sobre o padrão geral heterônomo, mesmo que sejam restritivas dos direitos dos trabalhadores, desde que não transacionem setorialmente parcelas justrabalhistas de indisponibilidade absoluta. (...)**[464]

Nascimento tece considerações no sentido similar ao esposado pelo STF ao afirmar que o princípio da irrenunciabilidade somente reverbera na dimensão dos contratos individuais de trabalho.[465] Em contrapartida,

[463] "Recentes decisões do STF prestigiam a negociação coletiva, admitindo a ampla quitação de direitos mediante adesão a plano de demissão voluntária previsto em acordo ou convenção coletiva, supressão das horas de trajeto (in itinere) por negociação coletiva, limitação da validade da norma coletiva ao prazo de vigência estipulado, vedando a "ultratividade" ou eficácia além desse prazo". Relatórios dos Grupos de Estudos Temáticos (GAET). Op. cit. p. 214

[464] RECURSO EXTRAORDINÁRIO nº 590.415. RELATOR: MIN. Roberto Barroso. Disponível em: https://redir.stf.jus.br/paginadorpub/paginador.jsp?docTP=TP&docID=8590961. Acesso em: 07.jan.2022.p. 08,16 e 19.

[465] Nascimento, Amauri Mascaro. **Compêndio de Direito Sindical**. 7ªed. São Paulo: Ltr, 2012.

Teodoro, invocando o princípio da adequação setorial negociada, orienta-se em direção oposta ao defender que a negociação coletiva não pode permitir renúncias "...o que o empregado não pode renunciar no plano individual, o sindicato, que o representa, também não pode fazê-lo na esfera coletiva..." [466]

Muito embora o direito às limitações das jornadas e da duração do trabalho fundamentem-se no direito à saúde, o 7º, incisos XIII e XIV da CF, autoriza a flexibilização do tempo do trabalho. Nesse sentido, a Constituição teria permitido a flexibilização de normas de ordem pública, não traçando limites à negociação?

Nessa perspectiva, Delgado verifica que na hipótese de permissibilidade do aumento da jornada em turnos ininterruptos, o constituinte originário trabalhou com uma exceção à regra da norma mais favorável.[467] Ora, o elastecimento da jornada em sistema de turnos ininterruptos de revezamento é prejudicial ao empregado, em que pese argumentos contrários que validam a fixação de regimes 12 x36 nesses casos, alegando que no conjunto a alteração se mostra mais benéfica. Outrossim, ao se permitir a flexibilização da jornada nos casos do artigo 7º, inciso XIV da CF, o empregado experimentará uma perda do pagamento de horas extras. Assim, observa-se um afastamento da jornada mais protetiva de 6 horas dos turnos acompanhada da redução do valor hora laborado após a 6ª, de modo a produzir uma desvalorização das horas extras, aproximando-se à sistemática do banco de horas.[468]

A partir da interpretação sistemática da Carta Magna, mediante a intersecção entre as técnicas de hermenêutica da unidade da Constituição, da harmonização e do diálogo das fontes, a ilação mais razoável é a de que a negociação coletiva deve buscar a melhoria e o progresso dos direitos trabalhistas, conforme se infere da conjugação dos artigos 1º, III e IV, 3º, 7º, caput, incisos XIII, XIV e XXVI e 170. O princípio da vedação ao retro-

[466] TEODORO, Maria Cecília Máximo. **O princípio da Adequação Setorial Negociada no Direito do Trabalho.** Editora: Ltr – São Paulo, 2007.p.90 e 111.

[467] DELGADO, Mauricio Godinho. Op.cit.. p.1038.

[468] Sumula 423 do TST; TURNO ININTERRUPTO DE REVEZAMENTO. FIXAÇÃO DE JORNADA DE TRABALHO MEDIANTE NEGOCIAÇÃO COLETIVA. VALIDADE. (conversão da Orientação Jurisprudencial nº 169 da SBDI-1) Res. 139/2006 – DJ 10, 11 e 13.10.2006) Estabelecida jornada superior a seis horas e limitada a oito horas por meio de regular negociação coletiva, os empregados submetidos a turnos ininterruptos de revezamento não têm direito ao pagamento da 7ª e 8ª horas como extras.

cesso social aliado ao princípio da norma mais favorável consubstancia a lógica de progresso dos direitos sociais que deve inspirar as negociações trabalhistas.

Repise-se que a negociação coletiva não pode contemplar renúncia de direitos, pois se coloca como um instrumento para possibilitar a transação que é caracterizada por concessões reciprocas.[469] Ademais, só há espaço para negociar quando houver a necessidade, segundo se infere do próprio conceito clássico de flexibilização, visto que todo direito manejado de forma abusiva é passível de nulidade, segundo o artigo 187 do CC cc artigo 9º da CLT.

Para se aferir a necessidade da flexibilização e sua conformação ao princípio protetivo trabalhista é preciso usar técnicas de ponderação congêneres às utilizadas na hermenêutica jurídica.[470] É essencial analisar a negociação coletiva à luz do princípio da proporcionalidade que se ramifica em: adequação, necessidade/utilidade e proporcionalidade em sentido estrito. Logo, a validade de uma negociação deve se submeter à verificação do princípio da proporcionalidade, pois somente assim será possível aferir se, de fato, a medida flexibilizatória era imperiosa e se as regras estabelecidas por meio dela se mostram equilibradas. [471]

A flexibilização somente pode ser empregada em contextos específicos, como no caso da crise econômica, não podendo se desviar de regras de ordem pública na busca da preservação dos interesses da empresa. As negociações encetadas com o fito único de maximizar os lucros, mediante a retirada de direitos do empregado não podem ser autorizadas. Cassar observa que é somente a lei heterônoma que poderia possibilitar a transação de direitos indisponíveis, colocando a flexibilização como medida excepcional.[472]

Esse caráter extraordinário da flexibilização se pronuncia mesmo na perspectiva das hipóteses expressamente autorizadas, como no caso do artigo 7º, inciso, VI, XIII e XIV da CF. Nesse sentido, converge Resende ao afirmar que "...a maioria da doutrina entende que é necessário... a motivação tipificada...não pode o sindicato simplesmente acatar a redução sala-

[469] Art. 840 do CC "É lícito aos interessados prevenirem ou terminarem o litígio mediante concessões mútuas."

[470] ROBORTELLA, Luiz Carlos Amorim. Op.cit. p. 120.

[471] SARLET, Ingo Wolfgang. **A eficácia dos direitos fundamentais**. Op.cit. p.286

[472] CASSAR, Vólia Bomfim. Op.cit. p. 21-22.

rial sem qualquer motivação e/ou contrapartida (vantagem) deferida ao trabalhador."[473]

A Anamatra, ao interpretar a Lei nº 13.467/2017, trilhou o mesmo sentido ao estabelecer os enunciados da 2ª Jornada de Direito Material e Processual do Trabalho:

> ADEQUAÇÃO SETORIAL NEGOCIADA.I – NEGOCIAÇÃO COLETIVA. LIMITES. ADEQUAÇÃO SETORIAL NEGOCIADA. (...) II – A adequação setorial negociada não autoriza a supressão ou redução de direitos "tout court", cabendo às partes, nos termos do artigo 611-A da CLT, com a redação dada pela Lei 13.467/2017, justificar a excepcionalidade da adequação e sua transitoriedade, bem como definir as contrapartidas, com razoabilidade e de boa-fé, sendo inconstitucional o disposto no parágrafo 2o do art. 611-A da CLT (Enunciado Aglutinado no 1 da Comissão 3).[474]

A flexibilização se mostra como um mecanismo para se obter a transação e não a renúncia de direito. Aqui reside importante questão: a flexibilização deverá solucionar o impasse, mediante concessões reciprocas: ambas as partes ganham e perdem. Somado a isso, a transação não pode se afastar das normas de ordem pública. Martins, nesse sentido, observa que todos deverão fazer algum sacrifício: a empresa com a redução de lucros, mas com a manutenção do empreendimento para garantir as vagas de trabalho e o empregado, com a diminuição temporária de alguns direitos disponíveis, como forma de se manter no emprego.[475]

Além das normas heterônomas, a própria principiologia laboral estabelece limites à flexibilização. A título de exemplo, citem-se os princípios da indisponibilidade das normas, da norma mais benéfica, da condição mais benéfica e da inalterabilidade contratual lesiva agasalhado no artigo 468 da CLT. No mais, o exercício da autonomia privada se condiciona pela eficácia horizontal dos direitos fundamentais. Assim, nas negociações coletivas as partes deverão, sempre, observar os direitos e garantias fundamentais. Nesse sentido convergem Martin e Zacheo:

[473] RESENDE, Ricardo. **Direito do trabalho esquematizado.** 6ª ed. Rio de Janeiro: Forense: São Paulo: Método, 2016. p. 700/701.

[474] BRASIL. **ANAMATRA.** Disponível em: https://www.anamatra.org.br/imprensa/noticias/26227-enunciados-aprovados-na-2-jornada-de-direito-material-e-processual-do-trabalho-sao-organizados-por-tema. Acesso em:09 jul.2021

[475] MARTINS, Sérgio Pinto. **Flexibilização das condições de trabalho.** Op.cit. p. 138.

> (...)autonomia da vontade não pode se confrontar com os direitos fundamentais, uma vez que no conflito entre ambos, a depender do caso em questão, deve ser observado a prevalência das garantias fundamentais, respeitando suas peculiaridades sem se olvidar da sua importância, garantindo uma relação laboral justa e igualitária (...).[476]

O primeiro direito fundamental que desponta é a igualdade das partes: direito *sine qua non* para o exército pleno da liberdade. Somente um acordo estabelecido entre partes iguais poderá vincular e obrigar os envolvidos. [477]A autonomia da vontade é um direito fundamental que possibilita o exercício da liberdade contratual, desde que haja um equilíbrio mínimo e não exista cenário algum que possa limitar a emissão da vontade. Logo, a eficácia horizontal somente poderá vicejar em um ambiente negocial pautado na igualdade das partes, de modo a garantir o exercício pleno da autonomia privada.[478]

Nessa perspectiva, não há como afastar da flexibilização trabalhista a presença do ente coletivo sindical, na medida em que a negociação é inerente às próprias funções do sindicato, conforme tratado alhures. Somado a isso, é somente a presença da entidade que trará a paridade de armas, concretizando a isonomia necessária para a liberdade negocial. Com efeito, a transação, como um negócio jurídico, depende da capacidade das partes e da livre manifestação da vontade, conforme o artigo 104 do CC prevê.

É preciso, no entanto, trazer um contraponto a esses debates: a flexibilização pode representar, certamente, um meio adequado ao enfrentamento das mudanças nos perfis de trabalho. Contudo, seu uso generalizado, como pretendeu o legislador nos artigos 611-A e 611-B, ambos da CLT, aliado a manutenção de uma estrutura sindical ainda fortemente estabelecida em bases corporativistas, reforça a precarização das relações de trabalho, contribuindo para a desumanização das relações laborais. Nesse sentido converge Silva:

[476] MARTIN, Andréia Garcia e ZACHEO, César Augusto. **Uma análise sobre as reformas de flexibilização trabalhista à luz da eficácia horizontal dos direitos fundamentais.** In: Rev. do Dep. de Dir. do Trab. e da Seg. Soc., São Paulo v. 10 pp.185 – 209 jan./dez. 2019.p. 193

[477] PLÁ RODRIGUEZ, Américo. **Princípios de direito do trabalho**. 3. ed. São Paulo: LTr, 2000.p. 66

[478] MARTIN, Andréia Garcia e ZACHEO, César Augusto. Op.cit.p. 194

> (...)o atual momento político-econômico mostra-se bastante propicio e adequado para uma ampla modernização das relações de trabalho, o que tende a acontecer por intermédio do incremento da contratação coletiva. No entanto, ao meu ver se fazem necessárias substanciais mudanças no quadro legal e constitucional brasileiro (...) Tais mudanças estão fundadas principalmente em medidas que venham a redefinir: a) o sistema de organização sindical, b) o processo de negociação coletiva, c) o papel do Estado.[479]

Portanto, a exigência das observâncias do princípio da adequação setorial negociada e das normas de patamar civilizatório mínimo revestidas de indisponibilidade absoluta devem nortear a prática da flexibilização, especialmente em um ambiente em que se intensifica a fragilidade sindical mediante a perda da representatividade do sindicato e a diluição da solidariedade da classe obreira. Desponta, nesse sentido, a importância da atuação do Poder Judiciário para corrigir ilegalidades cometidas por meio de convenções ou acordos coletivos, devendo ser afastada a regra contida no artigo 8º, parágrafo 3º da CLT que limita a atuação órgão.

Verifica-se uma tendência de se firmar um Direito do Trabalho mínimo, conforme se extrai das alterações legislativas, como a Lei nº 13.467/2017 e as normas de emergências da Covid-19 e a jurisprudência do STF inclusive. Nesse sentido, Sardenha afirmou que "(...) o Direito do Trabalho que se vislumbra no horizonte, é o da intervenção mínima, onde o Estado deve reduzir o quanto possível sua ação na solução dos conflitos." [480] Entretanto, mesmo nessa perspectiva o núcleo mínimo deverá ser mantido. Segundo Moraes Filho:

> O direito positivo brasileiro inseriu este princípio no artigo 9º, da Consolidação das Leis do Trabalho, com reflexos também nos arts 444 e 468 do mesmo corpo consolidado. Quer dizer, direito privado de ordem pública, nesta parte contratual, não permite a legislação especial pactos, convênios, acordos, contratos, cláusulas, celebrados entre empregados e empregadores que derroguem normas expressas desse direito tutelar...Significa que, uma

479 SILVA, Otávio Pinto e. **A Contratação Coletiva Como Fonte do Direito do Trabalho.** Op.cit.p. 111

480 SARDENHA, Miguel Angel. **O novo direito do trabalho**. Disponível em: https://ambitojuridico.com.br/cadernos/direito-do-trabalho/o-novo-direito-do-trabalho/. Acesso em: 05fev.2020

> vez respeitado o mínimo fixado pelo Estado; uma vez respeitadas as normas consideradas de ordem pública e as demais fontes normativas da legislação do trabalho, nada impede que os empregados e empregadores celebrem entre si livres cláusulas contratuais, sem qualquer eiva de nulidade. [481]

Destarte, emerge a necessidade de se resgatar o sentido do princípio da autonomia privada coletiva agasalhado no 7º, XXVI, da CF. Mostra-se imperativa a construção de um diálogo entre a Constituição Federal, os Direitos Humanos e os Direitos Internacionais para se definir os limites da negociação coletiva. Os vetores da justiça social e da busca pelo bem comum devem iluminar a flexibilização. As negociações não podem se desviar da dignidade da pessoa humana (artigo 1º, III da CF), da busca da justiça e da igualdade social, do bem comum (artigo 3º, incisos I, III e IV da CF) e da valorização do trabalho humano (artigo 170, caput da CF). Por derradeiro, a negociação coletiva não pode franquear a retirada ou minoração de Diretos Humanos estabelecidos em Convenções internacionais.

481 MORAES FILHO, Evaristo de. **Tratado elementar de Direito do Trabalho.** Op.cit. 208-209

CAPÍTULO 3
A CRISE DO DIREITO DO TRABALHO x FUNDAMENTOS DA REFORMA TRABALHISTA

3.1. O Direito do Trabalho: objetivos e princípios

A compreensão do conceito, dos objetivos e dos princípios do Direito do Trabalho pressupõe um breve diálogo entre os fatores econômico, político e social presentes no momento de imposição e de justificação do Direito Laboral. A partir dessa contextualização, será possível identificar a racionalidade que orienta esse ramo jurídico. Conforme já enfatizou Supiot, o estudo das razões existenciais do Direito Laboral é extremamente relevante, afinal "...não se pode aplicar e interpretar o Direito do trabalho sem ter visto a sua razão de ser."[482]

Na sua origem, a noção de trabalho estava atrelada às representações de dor, castigo e penosidade, pois era usado como um instrumento de tortura. Na época da escravidão, o exercício do trabalho era desprovido de qualquer direito ou garantia à pessoa que o exercia, pois o trabalhador era concebido como "uma coisa", inerente ao direito de propriedade de seu dono.[483]

No século XII, com a queda do feudalismo, emergiram as corporações de ofício. Nesse cenário, os trabalhadores estavam "livres" dos senhores feudais e negociavam a prestação de serviço. Na prática essa liberdade de contrato produzia uma outra forma de exploração, marcada pela prática de jornadas extenuantes, sob o comando de uma autoridade.[484] Barros pon-

[482] Original: "...on ne peut appliquer et interpréter le droit du travail sans avoir em vue as raison d'être." In: SUPIOT, Alain. **Pourquoi um droit du travail?**Droit social.nº 06, 1990. pp.485-492.p. 485

[483] GOLDSCHMIDT, Rodrigo e FINCO, Suzane. **A flexibilização das normas trabalhistas sob uma perspectiva constitucional.**Disponivel em: https://repositorio.ufsc.br/. Acesso em: 29 nov.2021. p. 22

[484] Ibidem.p. 23

dera que havia uma regulamentação normativa do trabalho exercido nas corporações, mas ainda muito tímida, embora já existisse algum direito social nas hipóteses de invalidez ou morte do trabalhador:

> A preocupação dominante nas corporações, sobretudo na França, no século XII (...) era assegurar a lealdade da fabricação e a excelência das mercadorias vendidas (...). O ajuste contratual deixa de ser norma reguladora para ser substituído pelas regras da Corporações de Ofício, aplicáveis a todos os seus membros (...) na época medieval, as relações jurídico-laborais que se desenvolviam nas corporações de oficio enquadravam-se dentro de uma regulamentação heterônoma. A regulamentação das condições de trabalho era estabelecida por normas alheias à vontade dos trabalhadores. Nota-se, no entanto, que na hipótese de invalidez ou morte do artesão, as corporações os amparavam ou as suas famílias.[485]

Com a Revolução Industrial, no século XVIII, a questão da atividade humana ganha uma nova dimensão, estendendo-se para além dos confins do trabalho braçal do campo. Advêm, portanto, as primeiras noções de trabalho assalariado. A mecanização das atividades produtivas contribuiu para o aumento da demanda da mão de obra, desencadeando o processo de migração dos trabalhadores do campo para as cidades. Essa situação, trouxe um crescimento urbano indiscriminado, permitindo o fortalecimento das condições precárias de trabalho e a exploração dos trabalhadores. Aliado a isso, desponta-se o ideário liberal, mote da Revolução Francesa, propugnando pela liberdade ampla entre os atores sociais envolvidos na relação de trabalho. Defende-se a mitigação da atuação estatal nas relações jurídicas estabelecidas.

Essa conjunção de fatores favoreceu a união da classe operária oprimida e ávida por condições mais humanas de trabalho, na medida em que a ampla autonomia privada das partes se revelou incapaz de atender às demandas fisiológicas. O liberalismo demonstrou, portanto, que a liberdade somente pode ser exercida se houver o equilíbrio entre as partes negociantes. Nessa perspectiva, vislumbra a principal função do Direito do Trabalho, qual seja, garantir a isonomia das partes na relação trabalhista.[486]

485 Barros, Alice Monteiro de. Op.cit.p.49

486 Moraes Filho, Evaristo de; Moraes, Antônio Carlos Flores de. Op.cit.p.29

Para Polanyi, o Direito do Trabalho foi uma resposta do próprio sistema capitalista liberal, uma vez que o liberalismo mostrou as vicissitudes sociais que irromperam no universo da ampla liberdade econômica.[487] Assim, esse Direito se reveste de essencialidade social na medida em que se coloca como instrumento normativo hábil a possibilitar o desenvolvimento do sistema capitalista de produção. Nessa perspectiva analisou Moraes Filho:

> O direito do trabalho (...) determinado e condicionado pelas particulares condições das novas relações econômicas oriundas do regime do salariado livre no mundo moderno, é uma das manifestações ideológicas desta cultura. Não se trata de uma parte isolada, criada ao acaso e sem maiores ligações com o todo. Produto de uma época em que os homens tomaram consciência do sentido evolutivo de seu tempo, desempenha o direito do trabalho o papel funcional de um instrumento modelar da mudança social, verdadeira invenção formal para conter e encaminhar esta mudança (...)Com os problemas criados pela nova maneira de trabalhar e produzir, principalmente com a industrialização, tornou-se urgente e necessária uma nova invenção na parte não-material da cultura, capaz de trazer solução a esses problemas, prevenindo o seu recrudescimento e tornando possível um ajustamento entre os homens que tomam parte nesta cultura material(...)[488]

Cardoso, também, reconhece o Direito do Trabalho como um instrumento necessário para harmonizar a interação entre a isonomia, a democracia e o sistema capitalista. Nesse sentido ponderou:

[487] "Durante um século a dinâmica da sociedade moderna foi governada por um duplo movimento: o mercado se expandia continuamente, mas esse movimento era enfrentado por um contramovimento que cercava essa expansão em direções definidas. Embora tal contramovimento fosse vital para a proteção da sociedade, ele era, em última análise, incompatível com a auto regulação do mercado e, portanto, com o próprio sistema de mercado. Simultaneamente, porém, ocorreu um contramovimento e ele foi mais do que o costumeiro comportamento defensivo de uma sociedade que enfrenta mudanças. Foi uma reação contra um transtorno que atacava o tecido da sociedade e que teria destruído a própria organização da produção a que mercado dera vida. A perspicácia de Robert Owen provou ser verdadeira: se se deixasse a economia de mercado desenvolver-se de acordo com as suas próprias leis ela criaria grandes e permanentes males. (...)enquanto a produção, teoricamente, podia ser organizada dessa forma, a ficção da mercadoria menosprezou o fato de que deixar o destino do solo e das pessoas por conta do mercado seria o mesmo que aniquilá-los. Assim, o contramovimento se propunha a enfrentar a ação do mercado em relação aos fatores de produção – trabalho e terra. Foi esta a função principal do intervencionismo".In;"POLANYI, Karl. Op.cit.p.161-162

[488] MORAES FILHO, Evaristo de. Op.cit.,1958. p. 27-28

> Como o direito do trabalho constitui as relações de produção, estabelecendo proteção real aos trabalhadores contra o arbítrio completo do patrão... nestas condições ele contribui para a reprodução pacifica da ordem capitalista, ao mesmo tempo em que amplia as bases da democracia liberal. Ele conferiria legitimidade à exploração da força de trabalho e daria caldo de sustentação ao compromisso de classe que permite a convivência, sempre tensa, entre capitalismo e democracia. [489]

Considerando a derrota do liberalismo consolidada a partir da interligação entre as classes trabalhadoras, os capitalistas e o Estado, Vianna investigou o Direito Laboral sob os enfoques público e privado. Ao analisar a inserção do público na tentativa de controlar o privado, por meio legislativo, a autor observou um processo de "publicização do privado." A partir dessa contextualização, Vianna chega à ilação de que o Estado que advém após a ruptura do liberalismo, ainda se coloca como mecanismo de concretização do industrialismo.[490]

Como o Direito do Trabalho fora concebido a partir do desequilíbrio característico das relações trabalhistas, a busca pela isonomia material se impõe como o seu objetivo primevo. Para atingir tal desiderato, foi revestido de princípios protetivos. Nesse sentido, pode-se afirmar que a função principal que emerge do Direito do Trabalho é trazer o equilíbrio contratual, paralisando os efeitos nefastos da exploração capitalista.

Sob o viés da lógica do sistema capitalista, o trabalho é concebido como uma mercadoria. Assim, no contrato de trabalho o empregado venderia a sua força por um preço ajustado que seria o salário. Nessa dinâmica, o trabalho seria mais um fator na produção, tendo seu valor aferido a partir da ideia de tempo de trabalho. Entretanto, como a atividade laboral é executada por uma pessoa humana, a racionalidade que rege o mercado não pode dirigir a relação trabalhista. É certo que o indivíduo ao executar qualquer trabalho imprime o seu "eu", a sua personalidade. Aqui reside toda a emblemática que envolve a discussão em torno do Direito do Trabalho.

Partindo-se da representação mais primitiva de trabalho esposada pelo direito romano, o contrato de trabalho era tratado como uma *locatio operarum* (uma espécie de locação da força de trabalho humana):

[489] CARDOSO, Adalberto. Op.cit.p.116

[490] VIANNA, Luiz Werneck.Op.cit.p. 249-264

Silva[491], ao investigar a *locatio conductio operarum,* analisou, paralelamente, a *locatio conductio operis.* Nesse último contrato, o locador dava ao condutor uma coisa para que executasse algum serviço nela. Em troca desse trabalho, o condutor recebia um valor do locador. Essa locação não era revestida do caráter personalíssimo, podendo o condutor entregar a coisa para ser trabalhada por outrem.

Por outro lado, na *locatio conductio operarum,* o locador se responsabilizava pela prestação de um trabalho ao condutor de forma personalíssima. Como nessa forma de locação, o trabalhador somente se obrigava a realizar um serviço, todos os riscos corriam à cargo do condutor. Em contrapartida, na *locatio conductio operis,* o risco era assumido pelo trabalhador, já que o obreiro se comprometia a entregar a coisa trabalhada. Nesse sentido analisou Silva, ao afirmar que o risco:

> ...é repartido entre os contratantes de forma diferente, dependendo do tipo de contrato: na locatio operis o risco é totalmente do trabalhador, que se obriga a prestar a obra pronta (...). Já na locatio operarum o risco do resultado é do empreendedor, pois o trabalhador se obriga a prestar a sua energia...[492]

Portanto, é plausível afirmar que o princípio da alteridade que orienta a relação de emprego hodiernamente é inerente à própria forma que o trabalho é prestado. Ademais, Gomes e Gottschalk, identificaram que na *locatio conductio operarum* havia um comprometimento da liberdade humana, pois trazia uma sujeição pessoal.[493] Mais tarde, com o liberalismo no século XVIII, procura-se esvaziar as ideias de sujeição e de restrição da liberdade no trabalho, mediante a pujança do aspecto contratual e "voluntário" inerente à locação de serviço. Procura-se firmar que o contrato de prestação de serviços se orienta pelo individualismo e pela autonomia da vontade, aproximando-o da racionalidade civil que pressupõe a paridade de armas nas negociações contratuais.[494]

[491] SILVA, Otávio Pinto e. **Subordinação, autonomia e parassubordinação nas relações de trabalho**. São Paulo: Ltr, 2004. p. 83-85

[492] Ibidem.p. 86

[493] GOMES, Orlando; GOTTSHALK, Elson. **Curso de Direito do Trabalho**. 16ª ed. Rio de Janeiro: Forense, 2004.p.102-103

[494] PORTILHO, Raphaela Magnino Rosa.**O Direito do trabalho na visão crítica de Alain Supiot**. Disponível em: http://www.publicadireito.com.br/artigos/?cod=092cb9ab3aaf99bd. Acesso em: 24 set.2021

Ora, essa aproximação do contrato de trabalho com o contrato civil parte, inexoravelmente, da concepção de que o trabalho é uma mercadoria negociável. Consolida-se a concepção, portanto, de que o contrato de trabalho tem natureza eminentemente contratual. Em contrapartida, sob o olhar do direito germânico, observa-se um fortalecimento da ideia de contrato de trabalho mais relacionada à pessoa do trabalhador.

Assim, é necessário estabelecer uma conjugação entre os aspectos subjetivos da teoria alemã (a pessoa do trabalhador) e os aspectos objetivos da teoria romana (a atividade desenvolvida), construindo uma dialética entre trabalho-mercadoria e o trabalhador-pessoa humana que se coloca como sujeito de direito.[495]Nessa intersecção, deve repousar o Direto do Trabalho para que possa promover uma harmonização entre a liberdade do contrato e as necessidades da pessoa humana do trabalhador. Supiot observa que o trabalho para ser executado envolve o tempo de vida e o próprio corpo.[496] Diante dessa complexidade que envolve a relação de trabalho, emerge inegavelmente a ideia de que o contrato de trabalho implica uma atividade executada por uma pessoa (caráter pessoal do contrato de trabalho).[497]

O Direito do Trabalho ao promover o equilíbrio da relação trabalhista atua como um fator de mercantilização do trabalho "...ao transferir ao patrão e ao Estado parte substancial dos custos de reprodução do trabalhador individual e de sua família.[498]" Para Krein, o Direito do Trabalho foi estruturado a partir do pressuposto de assimetria das partes e pela construção sociopolítica de que o trabalho não pode ser encarado como uma mercadoria:

> A regulação social do trabalho, apesar das grandes diferenças nacionais, foi construída tendo dois pressupostos básicos: 1) os mercados de trabalho são marcados por desequilíbrios estruturais (entre capital e trabalho), onde o lado mais débil desta relação (dos que vendem a sua força de trabalho) necessita de uma proteção especial; 2) os mercados de trabalho não podem receber o mesmo tratamento dos demais mercados devido à sua função social de

[495] ROMITA, Arion Sayão. **Subordinação no contrato de trabalho**. 1ªed. Rio de janeiro: Forense, 1979.p.96

[496] SUPIOT, Alain. **Critique du droit du travail**. Paris: Presses Universitaires de France, 1994.p. 54

[497] Ibidem.p. 60

[498] CARDOSO, Adalberto. Op.Cit.p.113

> gerar renda para a manutenção da grande maioria dos lares – a noção de que o trabalho não é uma mera mercadoria constituiu-se em um dos princípios básicos e fundadores da OIT (Organização Internacional do Trabalho). (...) o processo de "desmercantilização" do trabalho foi resultante de uma construção sociopolítica. Pela política, foi construída uma regulação pública do trabalho, por meio da introdução, por um lado, dos direitos trabalhistas e de sistemas de proteção social e, por outro lado, do reconhecimento dos sindicatos e de seu poder de contratação coletiva.[499]

É perceptível, portanto, o elemento político inerente ao processo de afirmação do Direito Laboral. A racionalidade flexibilizante neoliberal ao resgatar a ideia de mercantilização do trabalho, tratando os direitos do trabalhador sob o enfoque exclusivo da atividade exercida e do tempo de trabalho executado, procura afastar o elemento político atávico ao processo de construção do Direito Laboral. O neoliberalismo, assim, intenta consolidar uma "...despolitização da relação entre capital e trabalho... procura acentuar, nessa relação... elementos estruturais do capitalismo: redução da dependência da força de trabalho...e diminuição do custo de contratação."[500]

Conforme já analisou Supiot,[501] o trabalho não pode ser considerado uma mercadoria, porquanto não pode ser exercido por uma coisa, pressupondo sempre um ser humano que o executa. Assim, o neoliberalismo ao pretender iluminar o contrato de trabalho pela racionalidade do mercado promove uma fissura no Direito do Trabalho. Igualmente Braverman, realça a singularidade da força de trabalho diante de qualquer outra mercadoria, a partir da percepção do elemento humano intrínseco a ela:

> O trabalho humano, seja diretamente exercido _ou armazenado em produtos como ferramentas, maquinaria ou animais domesticados, representa o recurso exclusivo da humanidade para enfrentar a natureza. Assim, para os humanos em sociedade, a força de trabalho é uma categoria especial, distinta e não intercambiável com qualquer outra, simplesmente porque é humana. Só quem for o senhor do trabalho de outros confundirá força de trabalho com qualquer outro meio de executar uma tarefa, porque para ele, vapor, cavalo,

499 Krein, José Dari. Op.cit., 2013.p. 21-22

500 Ibidem.p. 22

501 Supiot, Alain. Op.Cit,.1994

água ou músculo humano que movem seu moinho são vistos como equivalentes, como "fatores de produção.[502]

Após essa breve digressão histórica foi possível identificar que o Direito Laboral se coloca como um mecanismo de harmonização entre os interesses capitalistas e os direitos fundamentais da pessoa humana, apoiando a sua existência na coordenação desses dois elementos. O desafio que se impõe ao Direito do Trabalho é conciliar a economia e os interesses da pessoa humana. Nessa conjuntura, reside a função precípua inerente a esse ramo jurídico, qual seja, trazer o equilíbrio nas relações de trabalho. Desta feita, não é possível sobrepujar o humano em prol da economia, devendo o Direito do Trabalho se orientar na busca pela harmonização de ambos. Nesse sentido, pondera Supiot

> A cidade do Humanismo colocaria em no topo do mapa, perto do Céu, pois, ao contrário, vemos ali no direito do trabalho um instrumento de submissão das relações econômicas aos valores morais(...).[503]

Duran igualmente defende que o Direito do Trabalho possui como função primordial trazer valores morais à relação trabalhista ajustada nos termos das exigências do mercado econômico. Assim, o trabalho não pode ser concebido como uma mercadoria:

> (...)a sociedade moderna não permite que o trabalho seja tratado como um bem material, sujeito à lei do mercado. As relações de trabalho estão sujeitas a uma lei especial porque envolvem a pessoa do trabalhador (...) como uma reação contra uma filosofia materialista.[504]

Exatamente por isso que o Direito Laboral se distancia do Direito Civil, na medida em que neste último pressupõe a igualdade das partes. Diante

[502] Braverman, Harry. **Trabalho e capital monopolista: a degradação do trabalho no século XX**. 3ª ed. Rio de janeiro: Editora Guanabara, 1987.p.54

[503] Original: "La cité de l'Humanisme se situerait em haut de la carte, près du Ciel puisqu'on y voit au contraire dnas le droit du travail um instrument de soumission des rapports économiques à des valeurs Morales(...)."In: Supiot, Alain. Op.cit,1990.p. 485

[504] Original: "... la société moderne n'adment pas que le travail soit traté comme um bien matériel, soumis à la loi dum arché.Les rapports de travail son soumis à um droit spécial parce qu'ils engagent la personne du travailleur (...) le droit du travail se presente comme une réaction contre une philosophie matérialiste". In: Duran, Paul. **Traité de droit du travail**.v.3.Paris: Dalloz, 1947.p. 113

desse desequilíbrio inerente à relação trabalhista, esse ramo do Direito se organiza para atingir essa isonomia material que permitirá o exercício pleno da autonomia da vontade dirigida à fixação do contrato de trabalho. Nesse sentido reflete Moraes Filho:

> O direito do trabalho é um direito imperativo, que limita deliberadamente a suposta liberdade de contratar, intervindo o Estado naquela esfera outrora separada da autonomia da vontade, da doutrina liberal....Se o direito civil é de natureza dispositiva...preenchendo simplesmente as lacunas deixadas em claro pela livre vontade dos contratantes- o contrato é a lei entre as partes, diz o velho refrão civilista, – o direito do trabalho coloca-se em ponto diametralmente oposto, é um direito cogente...que determina desde logo a vontade dos indivíduos, regulando-lhes a conduta social, deixando para as partes unicamente o acessório. Suas normas não trazem a ilusão de que todos sejam iguais tratam de propósito desigualmente a seres desiguais, tutelando uma categoria que precisava da sua proteção e bem a merece (...).O direito operário constitui uma reação contra o espirito do direito civil(...)[505]

Supiot analisa que o direito das obrigações é permeado por uma ideologia individualista e liberal que estabelece a primazia do indivíduo sobre o grupo e a sobrepujança da economia sobre o social. Em contrapartida, o direito das pessoas se estrutura a partir de uma ideia comunitária, de modo que o grupo deve se sobrepor diante do indivíduo e a economia deve se subjugar ao social. [506]

Para permitir o equilíbrio das partes nas relações de trabalho, o Direito Laboral é marcado por normas de ordem pública. Como consequência, as normas trabalhistas passam a ser irrenunciáveis e indisponíveis, na medida em que o Estado precisa intervir na vontade das partes para assegurar garantias mínimas que poderiam ser afastadas se houvesse a manifestação da vontade mais livre, como ocorre no Direito Civil, afinal na relação de trabalho emerge um verdadeiro contingenciamento da vontade obreira. Nessa dimensão, o Direito do Trabalho guarda aproximação com o Direito Público, especialmente, no que concerne à duração do trabalho. Moraes Filho analisou nesse sentido:

[505] Moraes Filho, Evaristo de. Op.cit.,1960. p.37

[506] Supiot, Alain. Op.Cit, 1994.p.67

> Próximos deste ponto de vista andam os que admitem o direito do trabalho como um direito de ordem pública. Sem atingir nitidamente o campo do direito público, como acontece a outros ramos jurídicos, tais como o direito constitucional, o administrativo, o penal, já que sua base reside na relação de emprego; contudo, intervém o Estado, cercando-a de garantias e de tutelas a favor do trabalhador, tirando da vontade das partes o livre jogo de suas manifestações. A maioria dos benefícios do direito do trabalho são irrenunciáveis e inderrogáveis pelos negócios jurídicos particulares. (...)A parte referente à duração do trabalho também melhor se classifica no direito público. A ninguém é licito, fora dos casos taxativamente fixados em lei, trabalhar além dos horários normais. Pouco importa que o empregado se cumplicie com o seu patrão, ou mesmo que manifeste sua vontade, livre e expressamente, no sentido de estender sua jornada do trabalho fora dos limites legais. Acima da vontade das partes, persiste um interesse público, que as impede de realizar o que pretendiam.[507]

Os contratos de trabalho devem se submeter a uma ordem pública protetiva, de modo a compensar os desequilíbrios existentes no bojo das relações laborais ou se subjugarem a uma atuação coletiva, pois a liberdade plena do trabalhador somente pode ser realizada na dimensão coletiva, pois as "... liberdades coletivas...são...liberdades individuais de agir coletivamente.[508]"

Reconhece-se, destarte, na relação trabalhista, uma identidade coletiva que emerge da interação entre os trabalhadores. Essa coletividade de obreiros forma a classe operária a partir da relação de trabalho que permite a socialização. Essa realidade produz um direito coletivo paralelo ao contrato individual de trabalho. Como o processo de imposição do Direito do Trabalho foi impulsionado pela união das classes operárias é possível afirmar que as relações de trabalho criaram as bases para o Direito Coletivo. A congregação dos trabalhadores formada a partir das relações de trabalho, orientando-se pelo sentimento de coletividade e de solidariedade plasmaram a identidade coletiva.

Considerando essa identidade coletiva, cabe tecer comentários acerca da Lei nº 13.467/2017 que prestigia os acordos bilaterais, atribuindo prevalência do ajuste individual em detrimento do coletivo. A lei mencionada

[507] MORAES FILHO, Evaristo de. **A natureza jurídica do Direito do trabalho**. Rio de Janeiro:1954. p.123 e 168

[508] SUPIOT, Alain. Op.Cit.,1994p. 140

sobrepujou a atuação coletiva, promovendo uma diluição da identidade coletiva. Segundo Supiot essa situação leva ao afastamento do "caráter subjetivo do trabalhador,"[509] aproximando, mais uma vez, o trabalho da ideia de mercadoria.

Ademais, a identidade coletiva que se manifesta da coletividade, ao mesmo tempo que desenha o poder da classe obreira, possibilita a concreção do princípio da isonomia indispensável para o exercício pleno da autonomia da vontade. Portanto, somente é possível se pensar em liberdade para negociar as condições do contrato na dimensão coletiva ou, no plano individual, mediante a tutela de um direito mínimo estatal. Destarte, o Direito do Trabalho jamais poderá se afastar dessas premissas: fortalecer o ente coletivo e estabelecer normas de ordem pública para orientar os contratos individuais de trabalho.

Igualmente, o Direito Laboral, como ramo do Direito Social, fora projetado para possibilitar a concretização da justiça social na sociedade capitalista: eis a sua essencialidade. A partir de normas protetivas, é possível se trazer o equilíbrio rompido pelo sistema capitalista, de modo a permitir a realização da justiça social. Nessa perspectiva, é coerente afirmar que o Direito do Trabalho é o ramo jurídico que mais se harmoniza com a ideia de justiça social. Nesse diapasão remete Moraes Filho:

> Podíamos fazer ponto final aqui, dando por concluída a nossa tarefa como relator do tema "Justiça social e direito do trabalho", pois os próprios papas como se incumbiram de fazê-lo por nós: começaram pregando e exigindo a justiça social, e terminaram por relacioná-la diretamente com o direito do trabalho, como nova disciplina jurídica, criada exatamente para realizar a fiel e total aplicação da estrita justiça nas relações de produção dos tempos contemporâneos.[510]

Embora a justiça social viceje de forma mais notável no Direito do Trabalho, a sua busca se firma como compromisso fundamental que orienta toda a sociedade. Moraes Filho, ao marcar o valor da justiça social, assevera que o sistema capitalista não pode se distanciar desse valor e nem tampouco da dignidade da pessoa humana e do bem comum, sob pena de se corromper:

[509] Ibidem.p.107

[510] MORAES FILHO, Evaristo de.Op.cit.,1982. p.21

> (...)não é viciosa a natureza do capitalismo, que somente passa a ser condenável, 'quando...escraviza...a classe proletária com o fim e condição de que os negócios e todo o andamento econômico esteja, nas suas mãos e revertam em sua vantagem, desprezando a dignidade humana dos operários, a função social da economia e a própria justiça social e o bem comum.[511]

Nesse sentido, caminhou o constituinte originário, no artigo 170, caput, ao determinar que justiça social deverá dirigir a ordem econômica nos seguintes termos: "A ordem econômica, fundada na valorização do trabalho humano e na livre iniciativa, tem por fim assegurar a todos a existência digna, conforme os ditames da justiça social..."[512]

Para que haja uma ordem jurídica justa, o Direito precisa ser articulado em prol da realização dos anseios do homem. Portanto, deflui que o Direito Laboral deve atuar para a concretização das necessidades humanas, mesmo diante de um contexto marcado pelo desequilíbrio. Nessa trilha seguiu Moraes Filho:

> A pessoa humana é uma finalidade e tem direito a viver uma existência digna; uma ordem jurídica que funciona para uma minoria, cujos bens defende, mas que é impotente para dar satisfação às necessidades humanas, não poderá ser uma ordem justa. O direito do trabalho se apresenta como a iniciação de uma nova ordem e descansa no novo conceito de justiça. Sua ideia é dar satisfação às necessidades do homem que trabalha.[513]

De acordo com o estabelecido pelo constituinte originário no artigo 1º, incisos I, III e IV, o Estado Democrático de Direito do Brasil possui como fundamentos a dignidade da pessoa humana, bem como os valores sociais do trabalho e da livre iniciativa. O Direito do Trabalho deve buscar o equilíbrio nas relações entre capital e trabalho humano, concretizando a justiça social.[514] Cueva, ao tratar do conceito e dos objetivos do Direito Laboral, identifica como elementos estruturantes desse ramo jurídico as ideias de solidariedade, coletividade e de justiça humana:

[511] Ibidem.p.10-12

[512] BRASIL. **Constituição Federal**.Op.cit.

[513] Moraes Filho, Evaristo de. Op.cit.,1982. p.24-25

[514] Oliveira, Paulo Eduardo Vieira de. **O Direito do Trabalho no Estado Democrático de Direito**. Belo Horizonte: Editora Dialética, 2020.p.11.

> Por sua origem, sua essência e suas finalidades, o direito do trabalho é um direito controverso: é por sua origem, porque foi produto de uma luta real (...) porque desde seus primeiros anos se opôs ao individualismo da à sociedade burguesa a ideia da realidade da classe trabalhadora, da sua solidariedade e da sua unidade necessária para a luta pelo seu aperfeiçoamento social, económico e cultural (...) e porque confronto as doutrinas do liberalismo econômico com o princípio que acima das leis econômicas naturais, se realmente o são, está a mensagem de uma justiça humana.[515]

Moraes Filho vai além ao defender que o Direito do Trabalho marcou o próprio processo de inserção da justiça social na dinâmica normativa e jurídica.[516]Nessa medida, o Direito do Trabalho se revela como uma evolução do próprio Direito em si. Assim, como o Direito Laboral possui especificidades, não pode ser interpretado e aplicado à luz da mesma racionalidade empregada no Direito Civil. Nesse sentido verificou Duran:

> Longe de ser apenas a simples implementação do direito consuetudinário, o direito do trabalho muitas vezes constitui o elemento avançado do direito moderno, e as transformações nele observadas muitas vezes prefiguram mudanças em outras partes do direito. Revela ao direito privado a necessidade de atenuar a incapacidade para o exercício de uma atividade profissional; forneceu-lhe o tipo de responsabilidade de montante fixo baseado no risco: ofereceu-lhe, com o estabelecimento patronal, o exemplo de uma

[515] Original: "por su origen, por su esencia y por sus fines, el derecho del trabajo es um derecho polémico: lo es por su origen, porque fue produto de uma lucha real (...) porque desde sus primeiros años opuso al individualismo de la sociedadburguesa la idea de la realidade de la classe trabajadora, de su solidariedade y de sus necessária unidad para la lucha por su mejoramiento socieal, económico y cultural (...) y porque a las coctrinas del liberalismo económico enfrento el principio de que por encima de las leyes económicas naturales, si es que de verdade son tales, está el mensaje de uma justicia humana."In:CUEVA, Mário de la. **El nuevo derecho mexicano del trabajo.** 4ªed. México: Editorial Porrua S/A, 1977.p. 09.

[516] "No último quarto do século passado, quando dos estudos em torno da reforma das leis civis na Alemanha e na Itália, surgiu espontaneamente uma série de críticas ao código civil como insuficiente para regular as novas relações econômicas do trabalho, como igualmente injusto no tratamento das partes em confronto. Embora sem manifesto de escola orgânico, prévio, orientavam-se todos para os mesmos pontos críticos: a necessidade de intervenção do Estado nas relações privadas do trabalho, trazendo maior socialização ao direito, permitindo maior penetração da justiça social ou distributiva no âmbito da clássica justiça comutativa ou contratual. Constituía-se o movimento denominado de socialismo jurídico..." In: MORAES FILHO, Evaristo de. Op.cit.,1954. p. 117

instituição privada; manifesta, através do sistema salarial, a socialização da vida jurídica. (...) Se o direito do trabalho é uma lei particular, nem a expressão legislativa desta lei, nem os tribunais responsáveis por aplicá-la, nem o sistema geral de interpretação não podem mais ser concebidos de acordo com o modo tradicional. [517]

Supiot[518] também reconhece no Direito do Trabalho uma forte racionalidade social. Muito embora todo o Direito seja produto social, recebendo diuturnamente os influxos socias e políticos, é inegável que na perspectiva do Direito Laboral o aspecto sociológico se faz muito mais presente, na medida em que se insere no próprio objeto do Direito do Trabalho. A relação de trabalho é, quiçá, o fato social mais relevante na dinâmica da sociedade. Nessa conjuntura desponta a essência do Direito do Trabalho. Cesarino Junior assim observou:

> A expressão direito social (...) incide na arguição de que todo direito é naturalmente social, por isso que não pode haver direito senão em sociedade.(...) a expressão social (...) visa opô-la ao direito individualista, oriundo da Revolução francesa, significando a predominância do interesse coletivo sobre o individual. (...)embora todo direito hoje se socialize, ou melhor, se penetre de um sentido social (...) É que apesar do sentido social, da humanização do direito ser comum a todos os seus ramos, esse sentido social se acentuou sobremodo (...) neste ramo (...) do direito social.[519]

O Direito do Trabalho que se ergue no final do século XIX também busca a melhoria das condições sociais mediante a quebra da desigualdade

[517] Original:"Loin de n'être que la simple mise em oeuvre d'um droit commun, le droit di travail forme souvent l'élément avance du droit moderne, et les transformations que l'on y observe préfigurent souvent les changements d'autres parties du droit. Il révèle au droit privé la necessite d'alléger les incapacité pour l'exercice d'une activité profissionnelle; il lui a fourni le type d'une responsabilité forfaitaire fondée sur le risque: il lui propose, avec l'établissement patronal, l'exemple d'une instituition privée; il manifeste, par le régime des salaires, la socialisation de l avie juridique. (...) Si le droit du travail est um droit particulier, ni l'expression législative de ce droit, n iles juridictions charges d'appliquer, n ile système général d'interprétation ne peuvent plus être conçus selon le mode traditionnel." In;Duran, Paul. Op.Cit.p. 256

[518] Supiot, Alain. Op.Cit, 1994.p. 140

[519] Cesarino Junior, Antônio F.**Direito social brasileiro.** 2ª ed. 1º v. São Paulo: livraria Martins, 1943.p.05

das partes. Essa função do Direito do Trabalho é apontada por Magano ao defini-lo como "o conjunto de princípios, normas e instituições, que, incidindo sobre as relações do trabalho, visa à proteção do trabalhador e à melhoria da sua condição social."[520]A concepção do Direito do Trabalho como promotor da melhoria da condição do trabalhador, antes mesmo de ser esposada pelo constituinte originário no artigo 7º, caput, já era refletida por Moraes Filho:

> Diante desta triste situação do operariado, sujeito à bruteza do salário mínimo, força é convir que o direito tem de se modificar, e que a função do Estado ou dos governos, ou dos poderes públicos (...) tem de se transformar; não basta a tutela nem a expectação; é necessário intervir por meios legislativos, no sentido de ser efetivamente melhorada a posição econômica do homem assalariado; é preciso regular as condições de trabalho, dando satisfação às necessidades humanas do trabalhador.[521]

O que marca, portanto, os direitos sociais é a busca pela melhoria da condição social. Nesse caminhou continuou Magano:

> Não há confundir os chamados direitos sociais com os direitos democráticos porque enquanto estes giram em torno da ideia de participação, aqueles têm como escopo a melhoria de condições sociais (...) Menor ainda a possibilidade de se confundirem os chamados direitos sociais com os direitos e garantias individuais (...) primeiro, porque estes surgiram para coibir abusos da autoridade(...) enquanto aqueles forjaram-se para a promoção dos pobres (...) segundo, porque as garantias individuais exigem abstenção por parte do Estado, ao passo que os direitos sociais pressupõem da parte deste atividade progressiva(...)[522]

No Direito do Trabalho também pode ser identificado um papel civilizatório ao reorientar o exercício da autonomia privada à luz do princípio da isonomia material. Nesse sentido observou Supiot:

> O direito do trabalho decorre também da incapacidade do direito civil das obrigações de apreender uma relação dominada pela ideia de subordinação

[520] MAGANO, Octávio Bueno. **O direito do trabalho em face da nova Constituição.** Revista LTr. Vol. 52, n 93, Março de 1988.p.277-281.p.277

[521] MORAES FILHO, Evaristo de. Op.cit.,1986.p.11 e 15

[522] MAGANO, Octávio Bueno. Op.cit.p.278

> de uma pessoa a outra. Enquanto no contrato civil a vontade é engajada, na relação de trabalho ela se submete. O compromisso manifesta a liberdade, a submissão a nega. (...) O direito do trabalho teve e ainda tem como principal razão de ser, suprir essa carência, ou seja, "civilizar" o poder patronal, dotando-o de um marco legal de 'prática'. Esse enquadramento significou ao mesmo tempo – ambivalência irredutível da lei – uma legalização e uma limitação desse poder.[523]

Cardoso também reconhece no Direito do Trabalho uma função civilizatória, ao afirmar que esse Direito, ao mesmo tempo em que possibilita o olhar para a pessoa humana do trabalhador, permitindo o seu reconhecimento como um ser único, rechaça as condições de trabalho indignas e abusivas

> (...)tanto na tradição das ciências jurídicas como na tradição sociológica, o elemento civilizatório introduzido pelo direito do trabalho nas relações de classe tem a ver com mudanças culturais de caráter geral, que atribuem novo estatuto à noção e pessoa humana, isto é, do indivíduo e sua singularidade, identidade e liberdade. Aquele elemento civilizatório torna juridicamente canhestros e, ao mesmo tempo, moralmente condenáveis a escravidão, a torturada jornadas infindáveis, o trabalho infantil, o aviltamento das condições de trabalho. Etc. [524]

Na realidade brasileira, Cardoso verifica que o maior papel civilizatório realizado pelo Direito Laboral é estruturar a própria sociedade no que concerne à distribuição das riquezas. Nesse aspecto, o caráter civilizatório do Direito do Trabalho se prende à realização da melhoria da condição social do trabalhador.[525]

[523] Original: "Le droit du travail procede également de l'incapacité du droit civil des obligations à appréhender une realation dominée par l'idée de subordination d'une personne à une autre. Alors que dans le contrat cvil la volonté s'éngage, dans la relation de travail ele se soumet. L'engagement manifeste la liberté, la soumission la nie. (...) Le droit du travail a eu et a toujours pour première raison d'être, de pallier ce manque, c'est-à-dire de "civiliser" le pouvoir patronal, em le dotant d'um cadre juridique d'exercice. Cet encadrement a signifié dans le mêmme temps-irréductible ambivalence du droit-une légalisation et une limitation de ce pouvoir.".In: Supiot, Alain. Pourquoi um droit du travail. Op.cit.,1990.p.487-488

[524] Cardoso, Adalberto. Op.cit.p. 145

[525] "...o direito do trabalho teria cumprido, entre nós, o papel civilizatório que lhe atribui a literatura francesa, não tanto pela pacificação ou humanização das empresas, mas pelas

É imanente ao Direito Laboral a característica expansionista. Essa qualidade se fundamenta nos princípios da melhoria da condição social, albergado no artigo 7º, caput da CF, bem como da vedação ao retrocesso social ou efeito *cliquet* dos direitos humanos. Ora, como o Direito do Trabalho é também um direito humano de segunda dimensão, aplica-se a ele a mesma racionalidade deste último.[526]

O Direito do Trabalho é uma forma encontrada de reconhecer e inserir os trabalhadores no contexto social. Logo, ele exerce uma função progressista para a ciência jurídica. Como as partes que convergem nas relações trabalhistas são desiguais, essas interações acabam produzindo algumas iniquidades. Assim, o Direito do Trabalho atua de forma a concretizar o equilíbrio da relação, promovendo a justiça e a paz sociais, mediante a fixação de garantias.[527]

O Direito do Trabalho também dialoga com a noção de cidadania na medida em que permite que os trabalhadores tenham condições dignas de existência, viabilizando a cidadania plena. Nessa perspectiva, esse ramo jurídico se coloca como mecanismo de afirmação do ser humano como sujeito de direito e cidadão. É certo que a racionalidade que precedeu

vertebração da própria sociedade via estabilização de expectativas dos assalariados a respeito de seu quinhão na riqueza socialmente produzida e seu lugar na estrutura de distribuição de recursos mais propriamente estatutários."In:Ibidem.p. 117

[526] " Em resumo, estes são para nós os caracteres fundamentais do direito do trabalho, como ramo autônomo e especial da ciência jurídica: a)é um direito in fieri, um werdendes Recht, que tende cada vez mais a ampliar-se; b) trata-se de uma reivindicação de classe ou de um direito de classe; c) é intervencionista, contra o dogma liberal da economia, por isso mesmo cogente, imperativo, irrenunciável; d) é de cunho nitidamente cosmopolita, internacional ou universal; e) os seus institutos mais típicos são de ordem coletiva ou socializante; f) é um direito de transição, para uma civilização em mudança. (...) o direito do trabalho cresce, realmente, procurando ampliar o seu conteúdo em três direções bem nítidas: em intensidade, em extensão territorial e em extensão pessoal. Em intensidade, porque aumenta cada vez mais os benefícios em favor dos sujeitos desta legislação; em extensão territorial, porque se estende sempre mais no espaço geográfico, procurando abranges o direito positivo de todos os povos da terra. Constituindo um sistema de leis de aplicação universal...em extensão pessoal, de vez que tende a incluir em seu âmbito um número cada vez maior de pessoas, até então ausentes de sua proteção. Essa extensão progressiva do domínio do direito do trabalho é pacificamente admitida pelos tratadistas, levando Durand e Jaussaud a mostrarem que esta tendência a se estender se faz num pronunciado sentido de diversificação, de maior penetração da vida social, através de suas manifestações concretas, regulando de modo particular as singulares condições de vida profissional..." In: MORAES FILHO, Evaristo de. Op.cit.,1960. p. 31-33

[527] MORAES FILHO, Evaristo de. Op.cit.,1958. p. 17

o Direito Laboral justificava a pobreza e as desigualdades sociais como problemas social e político, mas jamais as associou ao sistema exploratório capitalista. Como resposta a essa situação foi concebido o Direito do Trabalho cujas bandeiras são a dignidade do trabalhador e a humanização das relações do trabalho.[528]

O Direito do Trabalho, para possibilitar a concreção dos valores sociais do trabalho de modo a permitir a melhoria da condição social e a justiça social, foi revestido de princípios. Como essa disciplina foi gestada em um cenário marcado pela exploração e pelas desigualdades, esse ramo jurídico passou a ter características inegociáveis. Entre essas qualidades, estão: a imperatividade das normas e a consequente irrenunciabilidade.

Os princípios são considerados a partir do pós-normativíssimo como verdadeiras normas que coexistem ao lado das regras. Assim, os princípios trabalhistas são "...normas, que inspiram o ordenamento jurídico- trabalhista.[529]" Plá Rodriguez detecta: uma função informadora nos princípios, na medida em que orientam o legislador; uma função normativa (atuam como verdadeiras fontes diante de lacunas) e, por derradeiro, uma função interpretativa (que direciona o sentido da norma).[530]Nesse sentido continua Plá Rodriguez:

> Todo o Direito do Trabalho nasceu sob o impulso de um propósito de proteção. Se este não tivesse existido, o Direito do Trabalho não teria surgido. Surgiu com o preciso objetivo de equilibrar, com uma desigualdade jurídica favorável, a desigualdade econômica e social que havia nos fatos. (...) são os princípios que podem dar consistência, firmeza, segurança à luta para manter e fecundar o Direito do Trabalho. Os princípios refletem o Direito do Trabalho, mas também o armam, respaldam, estruturam e animam.[531]

Como os princípios se colocam na base do Direito Laboral, eventuais modificações nas leis trabalhistas não poderão se distanciar de sua principiologia. Ainda que sejam legítimas e necessárias as alterações das nor-

[528] SANTOS, J.A.B. et al. **Cidadania, trabalho e direitos humanos: Breve análise acerca da flexibilização trabalhista no sistema capitalista**. Disponível em: http://www.congressods.com.br/quarto/index.php/trabalhos-aceites/gt-03-direitos-humanos. Acesso em: 31jan.2022

[529] BARROS, Alice Monteiro de. Op. cit.p.122

[530] RODRIGUEZ, Américo Plá. **Princípios do Direito do Trabalho**.3ª ed. São Paulo: Ltr, 2000.p.43-44

[531] Ibidem.

mas trabalhistas, diante da dinâmica da sociedade e das transformações contemporâneas do trabalho, um núcleo basal deve se manter incólume, sob pena de mais uma vez se trazer fissuras na racionalidade do Direito Laboral. Nunes observa nesse sentido:

> Os princípios são, dentre as formulações deônticas de todo sistema ético-jurídico, os mais importantes a ser considerados não só pelo aplicador do Direito mas também por todos aqueles que, de alguma forma, ao sistema jurídico se dirijam. (...). Nenhuma interpretação será bem feita se for desprezado um princípio. É que ele, como estrela máxima do universo ético-jurídico, vai sempre influir no conteúdo e alcance de todas as normas.(...) E essa influência tem eficácia efetiva, real, concreta. Não faz parte apenas do plano abstrato do sistema. É de ser levada em conta na determinação do sentido de qualquer norma, como exigência de influência plena e direta. Vale dizer: o princípio, em qualquer caso concreto de aplicação das normas jurídicas, da mais simples à mais complexa, desce das altas esferas do sistema ético-jurídico em que foi posto para imediata e concretamente ser implementado no caso real que se está a analisar.[532]

O Direito do Trabalho, como é um direito social de segunda dimensão, possui na atuação Estatal a sua essência jurídica. Iluminado pela dignidade da pessoa humana e pelo valor social do trabalho e se amparando no princípio da proteção possui a função precípua de colmatar as desigualdades produzidas no bojo das relações trabalhistas.

O fundamental princípio trabalhista é o da proteção cuja função é trazer a isonomia material do trabalhador diante de seu empregador. Assim, por meio do princípio da proteção, o Direito do Trabalho consegue promover uma ruptura da assimetria inerente à condição de hipossuficiência do empregado diante de seu empregador. Nesse diapasão remeteu Barros:

> O princípio da proteção é consubstanciado na norma e na condição mais favorável, cujo fundamento se subsume à essência do Direito do Trabalho. Seu propósito consiste em tentar corrigir desigualdades, criando uma superioridade jurídica em favor do empregado, diante de sua condição hipossuficiente.[533]

[532] NUNES, Rizzatto. **Manual de Introdução ao Estudo do Direito**. 14. ed.São Paulo : Saraiva, 2017.p. 224-225

[533] BARROS, Alice Monteiro de. Op.Cit.p.122

O princípio da proteção se divide em 3 dimensões, quais sejam: *in dubio pro mísero ou pro operário*; norma mais favorável e a condição mais benéfica. O primeiro informa que, na ocorrência de dúvida, aplica-se sempre a conclusão mais favorável ao trabalhador. O princípio da norma mais benéfica reverbera na hierarquia normativa trabalhista. Assim, a pirâmide de normas projetada tradicionalmente por Hans Kelsen ostenta uma plasticidade. Desta forma, sempre prevalecerá a norma mais favorável ao trabalhador, salvo se se tratar de norma de ordem pública, caso em que prevalecerá esta última em detrimento da norma mais benéfica. Por derradeiro, a condição mais benéfica acentua a prevalência das condições mais favoráveis ao empregado, em sintonia com o estatuído no artigo 468 da CLT.

O princípio da primazia da realidade se coloca como importante instrumento protetivo porque se ilumina justamente pelas ideias de assimetria das partes e de ausência de livre manifestação da vontade obreira no momento da pactuação do contrato de trabalho. Por isso que na dimensão laboral, a situação fática se impõe em detrimento do que consta escrito no contrato ou mesmo na CTPS.[534]

Insere-se, também, no rol protetivo o princípio da irrenunciabilidade que se associa ao da imperatividade das normas. Desta forma, os direitos trabalhistas não admitem renúncia feita pelo empregado durante o seu contrato de trabalho. Revela-se, portanto, como verdadeiro limite traçado para a autonomia da vontade, afinal a vontade do empregado se encontra contingenciada, mormente durante a vigência do pacto laboral.

No feixe de princípios trabalhistas desponta, igualmente, o da continuidade que visa à preservação do emprego pelo maior tempo possível, protegendo o empregado do desemprego prematuro. Rodriguez justifica esse princípio na própria natureza do contrato de trabalho que é um contrato de atividade de trato sucessivo.[535]

O princípio da irredutibilidade do salário possui íntima associação com a ideia de justiça social, alinhando-se aos objetivos da República Federativa do Brasil, em especial o de reduzir as desigualdades sociais (artigo 3º, III da CF). Outrossim, também se encontra ínsito aos princípios da condição

[534] Súmula nº 12 do TST. CARTEIRA PROFISSIONAL (mantida) - Res. 121/2003, DJ 19, 20 e 21.11.2003
As anotações apostas pelo empregador na carteira profissional do empregado não geram presunção "juris et de jure", mas apenas "juris tantum"

[535] Rodriguez, Américo Plá. Op.cit.p. 239

mais benéfica e da inalterabilidade contratual lesiva que proíbe alterações contratuais prejudiciais ao empregado, conforme se extrai da redação do artigo 468, caput, da CLT.

Ao lado dos princípios específicos trabalhistas, existem os gerais aplicáveis a todo o direito como: a boa-fé (artigo 422 do CC), os valores sociais do trabalho, a liberdade, a isonomia e a dignidade da pessoa humana.

A concepção do Direito do Trabalho pode mudar, de acordo com o ponto de vista adotado. Assim, sob um viés econômico, "o Direito do Trabalho é avaliado, principalmente e como sugerido, em termos dos obstáculos ou incentivos que impõe aos atores no mercado."[536] Em contrapartida, adotando-se uma visão sociológica ou jurídica é possível entender o Direito Laboral como um mecanismo adotado para "...proteger o lado mais fraco da relação de trabalho, isto é, o assalariado." [537]

Após essas considerações iniciais acerca da origem, dos objetivos e das funções do Direito Laboral, é possível refletir sobre o seu conceito. Para Moraes filho, o Direito do Trabalho é "...o conjunto de princípios e de normas que regulam as relações jurídicas oriundas da prestação de serviço subordinado e outros aspectos deste último, como consequência da situação econômica das pessoas que o exercem."[538]

Portanto, a força motriz do Direito do Trabalho é a essencialidade da pessoa humana que transcende qualquer aspiração econômica ou condição mercadológica. A dignidade da pessoa humana deve conduzir qualquer movimento de interpretação e de aplicação do Direito do Trabalho, afinal "...gira o direito do trabalho em torno da ideia da dignificação da pessoa humana, em qualquer de suas manifestações, por mais material e grosseira que seja a ocupação realizada..."[539]

O Direito Laboral além de ter a missão de implementar uma harmonia entre as partes envolvidas na relação trabalhista, também tem a função de conciliar os valores segurança e justiça. A segurança é almejada pela lógica individualista em torno da qual se estrutura o mercado. Em contrapartida, a justiça aspira a uma ruptura econômica e social, orientando-se pela distributividade e pela equidade.[540]

[536] Cardoso, Adalberto. Op.cit.p.113

[537] Ibidem.p.113

[538] Moraes Filho, Evaristo de. **Op.cit.**,1960. p. 24

[539] Ibidem.p. 80

[540] Ibidem.p. 11-13

As novas formas de produção, o avanço tecnológico e a globalização têm desencadeado um processo gradativo de desconstrução do Direito Laboral e de sua principiologia. Procura-se inserir no bojo do Direito do Trabalho medidas legislativas baseadas na flexibilização de direitos sociais ao mesmo tempo em que se averigua promover uma ruptura na atuação coletiva da classe.

Entretanto, a partir do fenômeno da flexibilização, pretende-se, em certa medida, diluir os princípios protetivos trabalhistas em franca ruptura com o próprio Direito do Trabalho. A busca pela concreção da justiça social deve continuar a orientar a relação de trabalho, sob pena de se promover um enfraquecimento do Direito do Trabalho. Barros ao analisar os princípios trabalhistas identificou esse processo de quebra da principiologia laboral na perspectiva do fenômeno da flexibilização trabalhista:

> O princípio da proteção, entretanto, vem sofrendo recortes pela própria lei, com vista a não onerar demais o empregador e impedir o progresso no campo das conquistas sociais. Isso é também uma consequência do fenômeno da chamada flexibilização "normatizada. "Dentro desse espírito, a própria Constituição, no artigo 7, XI, assegura ao trabalhador a participação nos lucros ou resultados, mas desvinculada remuneração, retirando-lhe a feição retributiva. (...)O grande desafio que se enfrenta é determinar o ponto de equilíbrio entre uma flexibilização sensível às preocupações legítimas das empresas e uma legislação que impeça um retrocesso ao antigo arrendamento de serviço, norteado pela autonomia da vontade, que foge completamente dos ideais de justiça social.[541]

Como o Direito do Trabalho encerra inúmeras questões sociais, políticas, econômicas e humanas, esse ramo do Direito possui inquestionável centralidade jurídica. Mostra-se como uma evolução do Direito Civil, na medida em que não engloba somente relações jurídicas contratuais, mas, sobretudo, o ser humano e sua personalidade. Assim, do Direito Laboral dialoga simultaneamente com a ideia de contrato de trabalho, de liberdade, de isonomia e de justiça social.

Procura-se desidentificar do trabalho executado a pessoa do trabalhador. O capitalismo, portanto, produz a fragilidade social do trabalhador, já que contribui para a construção de uma visão reducionista do obreiro,

[541] BARROS, Alice Monteiro de. Op.cit.p.124

despojando-o de sua condição humana. Nesse diapasão, exsurge a importância do Direito Laboral cuja função precípua é humanizar as relações trabalhistas.

Embora seja inegável a função capitalista subjacente à ideia de Direito Laboral, tal fato não pode servir de legitimação para a precarização das condições laborais. Além disso, vale ressaltar que o Direito do Trabalho vai ao encontro dos anseios do mercado, na medida em que somente a partir do cumprimento de direitos fundamentais na perspectiva trabalhista é que se possibilita a convivência social harmônica.

Logo, diante do imperativo capitalista inerente aos contratos de trabalho, mostra-se necessária a estruturação de um Direito que possa harmonizar essa relação. Há latente na ideia de Direito do Trabalho uma gama de funções como: "... econômica, social, conservadora, coordenadora e tutelar.[542]" A melhoria das condições sociais do trabalhador prevista do artigo 7º, caput da CF emerge como principal meta no contexto trabalhista, devendo iluminar a compreensão das medidas flexibilizatórias. Nesse sentido aponta Delgado:

> A força desse valor e direção finalísticos está clara no núcleo basilar de princípios específicos do Direito do Trabalho, tornando excetivas normas justrabalhistas vocacionadas a imprimir padrão restritivo de pactuação das relações empregatícias. Essa função central do Direito do Trabalho (melhoria das condições de pactuação da força de trabalho na ordem socioeconômica) não pode ser apreendida sob uma perspectiva meramente individualista, enfocando o trabalhador isolado (...) Assim, deve-se considerar, no exame do cumprimento da função justrabalhista, o ser coletivo obreiro, a categoria, o universo mais global de trabalhadores, independentemente dos estritos efeitos sobre o ser individual destacado.[543]

A partir deste olhar, pretende-se apontar que não deveriam ser aceitas quaisquer práticas de interpretação da norma jurídica tendentes a fortalecer a concepção de que o Direito Laboral poderia manter sua essência sem observar os preceitos dos direitos fundamentais. É preciso resgatar a finalidade que orientou a própria criação do Direito do Trabalho, qual seja, a tutela à pessoa humana do trabalhador. Esse ramo jurídico deve

[542] LEITE, Carlos Henrique Bezerra. Op.cit.p 48

[543] DELGADO, Maurício Godinho. Op.cit. p. 1460

atingir as expectativas sociais, concretizando um mínimo de humanização nas relações laborais.

Portanto, o valor do trabalho é indissociável ao trabalho realizado. Nessa medida, a ideologia centralizada nas necessidades do mercado e, que pretende influenciar no processo de ruptura do Direito Laboral, precisa ser questionada, sob pena de ser fortalecida a reprodução da racionalidade de aquinhoamento dos direitos inerentes a própria condição humana.

Embora, no contexto econômico o contrato de trabalho se revele de forma objetiva, despersonalizando o exercício do trabalho, o elemento humano deve guiar toda a interpretação do negócio estabelecido, bem como as eventuais alterações legislativas. Braverman, a partir da ideia de tempo de trabalho, analisa que a atividade executada é uma propriedade inalienável do indivíduo e, portanto, indissociável do ser humano. Assim, não há como compreender legitimamente que somente é possível remunerar o tempo de trabalho executado objetivamente, afinal de contas no trabalho não está somente o tempo, mas a própria força de trabalho:

> O trabalho, corno todos os processos vitais e funções do corpo, é uma propriedade inalienável do indivíduo humano. Músculos e cérebros não podem ser ~separados de pessoas que os possuem; não se pode dotar alguém com sua própria capacidade para o trabalho, seja a que preço for, assim como não se pode comer, dormir ou ter relações sexuais em lugar de outra pessoa. Deste modo, na troca, o trabalhador não entrega ao capitalista a sua capacidade para o trabalho. O trabalhador a retém, e o capitalista só pode obter vantagem na barganha se fixar o trabalhador no trabalho. Compreende-se claramente que os efeitos valiosos ou produtos do trabalho pertencem ao capitalista. O que o trabalhador vende e o que o capitalista compra não é uma quantidade contratada de trabalho, mas a força para trabalhar por um período contratado de tempo.[544]

É imperioso resgatar a centralidade do valor do trabalho humano. O valor maior inerente ao trabalho não é atividade fisicamente executada ou o tempo necessariamente despendido e sim o elemento humano que informa o trabalho executado, afinal o homem é quem dá a força motriz e atribui o verdadeiro valor ao labor realizado.[545]

[544] BRAVERMAN, Harry. Op.cit.p. 56

[545] "O que distingue a força de trabalho humano é , portanto, não sua capacidade de produzir um excedente, mas seu caráter inteligente e proposital, que lhe dá infinita adaptabilidade

Magano, ao erigir a proteção do trabalhador e a melhoria da condição social como fundamentos do Direito Laboral catalogou três caminhos divergentes para se atingir tal desiderato. A primeira via, é por meio da tutela jurídica estatal e das normas protetivas. Assim, o Estado abraçaria todas as situações decorrentes da relação de trabalho. O segundo caminho seria resgatar a racionalidade liberal com alguns ajustes. O terceiro meio seria estimular as normas autônomas e as negociações dos sindicatos.[546]Magano, entretanto, observa que o Direito do Trabalho para atingir seus propósitos deveria prestigiar os poderes que advêm dos núcleos de grupos estabelecidos na sociedade. A autonomia desses agrupamentos precisa ser reconhecida. Observa que esse modelo de Direito Laboral é o que mais se alinha aos objetivos da OIT e do Estado Democrático de Direito, conforme esclareceu:

> Esse é o modelo preconizado pela OIT, notadamente na Convenção nº 87, de 1948. Por ele se pautam o sistema americano e o da Europa Ocidental. É, aliás, o único modelo conciliável com uma sociedade democrática, que para se qualificar como tal, há de ser livre e tolerar a formação de grupos, protegendo a respectiva autonomia. A implantação, entre nós, desse último modelo exigirá radical transformação do direito coletivo do trabalho: em lugar do sindicato único, controlado pelo Estado, emergirá a pluralidade sindical; ao invés de condições de trabalho, originadas da lei, mais numerosas serão as derivadas de convenções coletivas. A garantia da autonomia sindical acarretará automaticamente a preponderância dos mecanismos de autocomposição, como os da negociação coletiva e os de arbitragem, sobre os processos coercitivos correspondentes à atuação do poder normativo da Justiça do Trabalho.[547]

e que produz as condições sociais e culturais para ampliar sua própria produtividade , de modo que seu produto excedente pode ser continuamente ampliado . Do ponto de vista do capitalista, esta potencialidade multilateral dos seres humanos na sociedade é a base sobre a q qual efetua-se a ampliação do seu capital. Ele, portanto, empreende todos os meios de aumentar a produção da força de trabalho que comprou quando a põe em ação. Os meios que ele utiliza podem variar desde o obrigar o trabalhador a jornada mais longa possível, como era comum nos inícios do capitalismo, até a utilização dos mais produtivos instrumentos de trabalho e a maior intensidade deste. Seja como for, sempre com vistas a produzir a partir do potencial inerente à força de trabalho o mais valioso efeito do trabalho, porque é isto que lhe renderá o maior excedente e assim o maior lucro."In: Ibidem.p. 58

546 MAGANO, Octávio Bueno. **O direito do trabalho em face da nova Constituição**. Revista LTr. São Paulo, v.52, n. 93, mar.1988

547 Ibidem

3.2. Os fundamentos econômicos, políticos e ideológicos da reforma trabalhista

O processo de globalização ocorrido a partir da década de 1970 acelerou a ruptura nas bases do Direito Laboral. As transformações nos modos de produção orientadas pelos avanços tecnológicos e pela globalização impactaram na maneira como o trabalho é executado. Não obstante a teoria mais recorrente fixe a década de 1980 como o marco da globalização, com efeito o fenômeno não é recente. Tilly[548] elucida quatro ondas da globalização: a primeira, no século XIII, com a expansão afro-euro-asiática; a segunda desenrolada no século XVI, com a ligação do Oceano Índico ao Caribe; a terceira onda, no século XIX, com o domínio da Europa e a quarta onda no final do século XX. Essa última onda foi mais notabilizada porque é um evento qualitativamente novo. Segundo Santos, a atual globalização trouxe um enfraquecimento dos poderes estatais:

> Apesar desta tradição histórica, o impacto actual da globalização na regulação estatal parece ser um fenómeno qualitativamente novo, por duas razões principais. Em primeiro lugar, é um fenómeno muito amplo e vasto que cobre um campo muito grande de intervenção estatal e que requer mudanças drásticas no padrão de intervenção. Para Tilly, o que distingue a actual onda de globalização da onda que ocorreu no século XIX é o facto de esta última ter contribuído para o fortalecimento do poder dos Estados centrais (Ocidentais), enquanto a actual globalização produz o enfraquecimento dos poderes do Estado.[549]

Essa nova globalização que emerge é significativamente diferente das demais, na medida em que trouxe mais uniformização, promovendo uma maior influência em dimensão global, segundo pondera Santos:

> Como período e como crise, a época atual mostra-se, aliás, como coisa nova. Como período, as suas variáveis características instalam-se em toda parte e a tudo influenciam, direta ou indiretamente. Daí a denominação de globalização. Como crise, as mesmas variáveis construtoras do sistema estão

[548] TILLY, Charles. Globalization Threatens Labor's Rights.**International Labor and Working-Class History.** Disponível em: https://www.cambridge.org/core/journals/international-labor-and-working-class-history/article/abs/globalization-threatens-labors-rights/7CFCB98EFB80965E6A29C234AB40B97C.Acesso em: 30 mai.2021.

[549] SANTOS, Boaventura de Sousa. Op.cit.

> continuamente chocando-se e exigindo novas definições e novos arranjos. (...). Este período e esta crise são diferentes daqueles do passado, porque os dados motores e os respectivos suportes, que constituem fatores de mudança, não se instalam gradativamente como antes, nem tampouco são o privilégio de alguns continentes e países, como outrora. Tais fatores dão-se concomitantemente e se realizam com muita força em toda parte. Defrontamo-nos, agora, com uma subdivisão extrema do tempo empírico(...)O computador é o instrumento de medida e, ao mesmo tempo, o controlador do uso do tempo. Essa multiplicação do tempo é, na verdade, potencial, porque, de fato, cada ator–pessoa, empresa, instituição, lugar–utiliza diferentemente tais possibilidades e realiza diferentemente a velocidade do mundo."[550]

O atual processo de globalização traça um plano de desenvolvimento econômico que deve seguir o mercado mundial. Esse objetivo para ser atingido, reclama alterações estruturais, políticas e normativas globais. Desta forma, vindica-se uma quebra dos paradigmas normativos estabelecidos anteriormente. Nesse sentido analisou Santos:

> Quando comparado com os processos de transnacionalização precedentes, o alcance destas pressões torna-se particularmente visível uma vez que estas ocorrem após décadas de intensa regulação estatal da economia, tanto nos países centrais, como nos países periféricos e semiperiféricos. A criação de requisitos normativos e institucionais para as operações do modelo de desenvolvimento neoliberal envolve, por isso, uma destruição institucional e normativa de tal modo maciça que afecta, muito para além do papel do Estado na economia, a legitimidade global do Estado para organizar a sociedade[551].

Ianni ao se ocupar do fenômeno da globalização e do avanço tecnológico identificou uma ruptura da própria forma como o mundo e a humanidade se apresentam e se interrelacionam. Essa nova acomodação social atingiu a forma de prestação do serviço. O afastamento dos limites territoriais que a globalização trouxe rompeu com os limites físicos da empresa, proporcionando a inserção do trabalhador no mundo.[552] Esse cenário desenhado

550 SANTOS, Milton.**Por uma outra globalização: do pensamento único à consciência universal**.6ªed. Rio de Janeiro: Record, 2001.p. 34

551 Ibidem.

552 IANNI, Octávio. Op.cit.p. 11

pela globalização reverberou na economia, espraiando-se a ideia de que existe somente um lugar único global. Essa condição facilitou a difusão da racionalidade neoliberal por todo o mundo.

Conforme acentuado no capítulo primeiro, Mises[553], Friedman[554] e Hayek[555] ao investigarem o sistema neoliberal identificaram a característica de Estado mínimo. O neoliberalismo preconiza a atuação do Estado como garantidor das liberdades. Retoma-se o discurso da Revolução Francesa que afastava a ingerência do Estado nas relações particulares,[556]porque o mercado se autorregula.[557] Com a queda da União Soviética, no final da década de 1980, o neoliberalismo avança, fomentando a flexibilização dos direitos trabalhistas. Nesse sentido segue a análise de Antunes:

> Novos processos de trabalho emergem, onde o cronômetro e a produção em série e de massa são "substituídos" pela flexibilização da produção, pela "especialização flexível", por novos padrões de busca de produtividade, por novas formas de adequação da produção à lógica do mercado (ver Murray, 1983; Sabel e Piore, 1984; Annunziato, 1989; Clarke, 1991; Gounet, 1991 e 1992; Harvey, 1992 e Coriat, 1992a e 1992b). Ensaiam-se modalidades de desconcentração industrial, buscam-se novos padrões de gestão da força de trabalho, dos quais os Círculos de Controle de Qualidade (CCQs), a "gestão participativa", a busca da "qualidade total", são expressões visíveis não só no mundo japonês, mas em vários países de capitalismo avançado e do Terceiro Mundo industrializado. O toyotismo penetra, mescla-se ou mesmo substitui o padrão fordista dominante, em várias partes do capitalismo globalizado. Vivem-se formas transitórias de produção, cujos desdobramentos são também agudos, no que diz respeito aos direitos do trabalho. Estes são desregulamentados, são flexibilizados, de modo a dotar o capital do instrumental necessário para adequar-se a sua nova fase. Direitos e conquistas históricas dos trabalhadores são substituídos e eliminados do mundo da produção. Diminui-se ou mescla-se, dependendo da intensidade, o despotismo taylorista, pela participação dentro da ordem e do universo da empresa, pelo envolvimento

[553] MISES, Ludwing. Op.cit.

[554] FRIEDMAN, Milton. Op.cit.

[555] HAYEK, Friedrich August von. Op.cit.,1985.

[556] laissez faire laissez passer le monde va de lui-même. Tradução: deixe fazer, deixe passar, o mundo caminha por si mesmo

[557] MISES, Ludwing. Op.cit.

manipulatório, próprio da sociabilidade moldada contemporaneamente pelo sistema produtor de mercadorias.[558]

Além da globalização, o crescimento tecnológico e a emergência de um novo modelo de produção baseado no *just in time* dirigiram o mercado de trabalho para uma lógica flexibilizatória. Ademais, na perspectiva brasileira, a década de 1990 foi marcada pelo aumento do capital financeiro no lugar do capital comercial.[559]

O processo de globalização, também, contribuiu para um elastecimento da imigração e da emigração da força de trabalho. Esse movimento amplia a concorrência para uma dimensão mundial de modo que para garantir a competitividade, passa-se a defender a redução de direitos trabalhistas. Esse novo cenário que desponta exige ajustes na produção empresarial para que sejam extraídas a melhor qualidade e a maior produtividade possíveis. Essa forma mais flexível de produção ressoa no contrato de trabalho que passa a demandar por condições mais flexíveis também.

A transição do modelo fordista para o toyotista reorientou as exigências do mercado. A necessidade passa a dirigir a produção. Além disso, para baratear a mão de obra acentua-se a procura por trabalhadores multifuncionais que possuam diversificados conhecimentos. O aumento da demanda por mão de obra mais qualificada vem acompanhado do processo de ruptura das hierarquias entre os trabalhadores de forma a trazer maior proximidade entre os diversos empregados da empresa.

As transformações nos modos de produção orientadas pelos avanços tecnológicos e pela globalização impactaram não somente na maneira como o trabalho é executado, mas também na organização empresarial que passa a ser caracterizada por maior concorrência. Com o pretexto de adequação ao novo mercado, que se desenha cada vez mais competitivo, emergem teorias que propugnam pelo aumento de medidas flexibilizatórias.

558 Antunes, Ricardo. Op.cit., 2011.p.24

559 Ademais, a partir da década de 1990, com a libração do mercado financeiro para estimular investimentos nas bolsas de valores e nas commodities houve um significativo aumento da concorrência. Aliado a isso, corre um constante aumento do desemprego fruto da inflação e do desestímulo de abertura de empreendimentos, provocando queda de indústrias. In: Vaz, Andréa Arruda et al. O Direito do trabalho em tempos de reforma trabalhista e retrocesso social: O Direito do trabalho é o grande vilão da economia brasileira? **Revista do Departamento. de Direito do Trabalho e da Seguridade Social**. São Paulo.v. 10 pp.149-168. jan./dez. 2019.p.153-154

O modelo atual produtivo sinalizado pelas constantes flutuações do mercado e da produção passa a exigir um Direito mais articulado e plástico. Destarte, a flexibilidade que reina no mercado reverbera na legislação. Nessa dinâmica, a flexibilização aparece como meio necessário para regulamentação das relações trabalhistas. Nesse sentido analisaram Casulo e Alves:

> Na era da mundialização do capital, a partir do desenvolvimento das novas tecnologias informacionais e sob a ofensiva neoliberal do capital, que caracterizou as últimas décadas do século XX, a categoria da "flexibilidade" se desdobrou adquirindo múltiplas determinações no interior do processo de trabalho capitalista (...)Entretanto, o que continua sendo elemento estratégico para a acumulação do capital é a flexibilidade da mercadoria -força de trabalho, isto é, aquela flexibilidade relativa à legislação e regulamentação social e sindical da mercadoria- força de trabalho, tendo em vista que ela opera a dimensão do capital variável, único elemento capaz de produzir mais-valor, importante determinação da composição orgânica do capital e da taxa de lucro.[560]

Nessa perspectiva, o Direito do Trabalho mais rígido informado pela lógica do Estado social e pelo modelo produtivo fordista/taylorista fora colocado em xeque, sendo objeto de frequentes ataques. Nutre-se, assim, a ideia de flexibilizar a legislação trabalhista e os direitos laborais. Busca-se uma reorientação da função do Direito Laboral, como forma de minimizar os custos da produção, possibilitando que as empresas alcancem o objetivo do capital.

É assente que a função mais expressiva do Direito do Trabalho é harmonizar as relações trabalhistas, atuando como mecanismo de contenção da exploração do trabalho ao dirigir a atuação empresarial. Entretanto, essa característica passa a sofrer questionamentos.[561] Esse cenário marca o processo contemporâneo de deslegitimação do trabalho que é iluminado pelo discurso neoliberal. Nesse sentido analisa Cardoso:

> É assim que o governo federal, pelas mãos do economista Francisco Dornelles (...)introduziu instrumentos de flexibilização do mercado de trabalho de forte impacto sobre a ordem anterior. No campo da norma jurídica são

560 Casulo, Ana Celeste, Alves, Giovanni. **Precarização do trabalho e saúde mental: O Brasil da era neoliberal**. 1ªed. Bauru: projeto editorial práxis, 2018.p.17-18
561 Cardoso, Adalberto. Op.cit.p. 147

> expoentes o contrato por tempo determinado, como menores custos trabalhistas, e as jornadas de trabalho flexíveis resultantes da legalização dos chamados "banco de horas". Contudo, há razoes para crer que, mais do que pela norma, a flexibilização operou intensamente por medidas administrativas e judiciárias. Dentre as medidas administrativas mais importantes conta-se o relaxamento da fiscalização da aplicação da lei por...determinação do MTE. Dentre as medidas judiciarias está a... regulamentação das comissões de conciliação prévia nas empresas, encarregadas de conciliar o conflito trabalhista individual antes que ele chegue às varas do trabalho.[562]

É importante pontuar que esse processo de deslegitimação do Direito do Trabalho foi forjado na própria dinâmica das relações trabalhistas, conforme identificou Cardoso. O aumento de demandas trabalhistas mostra a fragilidade do poder sindical. Diante desse contexto, "os capitalistas se sentem crescentemente, desobrigados, flexibilizando a frio o mercado de trabalho... Como o modelo é legislado, o resultado esperado não é outro senão o recurso à justiça."[563]

Frequentemente, aponta-se como razão do aumento de demanda o desalinhamento entre o Direito do Trabalho e as exigências do mercado flexível. Contudo, o cotejo dos dados reais nos revela que o crescimento da judicialização foi alimentado por ausência de pagamento do mínimo devido referentes aos valores das verbas rescisórias, conforme verificou Cardoso[564]

Cardoso obtempera que o processo de deslegitimação do Direito do Trabalho começa a se aprofundar a partir da década de 1990, quando houve um aumento significativo de recursos judiciais cujo objeto era questionar a rigidez do Direito do Trabalho. Esse processo de deslegitimarão é acompanhado pelo movimento de enfraquecimento do poder sindical.[565]

A partir de uma análise do sistema capitalista à luz do marxismo, é possível identificar outros fatores que contribuíram para esse processo de

562 Ibidem.p. 158-159

563 Ibidem.p. 159-160

564 "O que é importante notar, enfaticamente, é o fato dos direitos rescisório tornarem-se praticamente universais nos processo depois de 1997 sem prejuízo de temas como horas extras e descanso semanal remunerado...A taxa de exploração da força de trabalho, expressa em extensão de jornadas de trabalho e na quebra do compromisso monetário, não muda no tempo, chegando a aumentar em alguns casos. A burla dos novos direitos rescisório vem somar-se à evasão de outros direitos legais históricos, e não substitui-los". In: Ibidem.p. 185-186

565 Ibidem.p.190

deslegitimação do Direito Laboral. Marx compreende que, no sistema capitalista, como os meios de produção pertencem a algumas pessoas, as demais para sobreviverem precisam alienar a sua força de trabalho. Essa situação revela a exploração inerente ao capitalismo. Ora, a partir do momento em o trabalhador produz algo, nesse produto final, cuja propriedade é do capitalista, está o labor executado. Embora o trabalho executado integre o valor final do produto, o capitalista somente paga o montante da força do trabalho, não considerando esse plus agregado ao produto. Nisso reside a mais valia.

Ocorre que, no contexto atual marcado pelo avanço tecnológico e pela larga substituição da tecnologia em detrimento da atividade humana, o valor da força de trabalho é ainda mais dizimado no mercado capitalista. Essa situação desencadeia um outro processo paralelo de esvaziamento dos direitos trabalhistas, afinal o capitalista busca a maior mais valia possível e, como a tecnologia é mais precisa e mais barata na consecução dos serviços, torna-se mais atrativa. Diante disso, abre-se espaço para mais exploração, conforme analisou Teodoro:

> O empresário pode aumentar a mais-valia de duas formas. Primeiro, prolongando o número de horas na jornada de trabalho, sendo a mais valia absoluta. Porém, cabe ressaltar que o aumento demasiado da jornada esbarra nos limites físicos do trabalhador e na necessidade de controlar a própria quantidade de mercadorias que se produz. Segundo, a mais-valia relativa que é o uso da tecnologia para aumentar a produção, ela aumenta a velocidade do trabalho. A tecnologia também faz com que a qualidade do produto dependa menos da habilidade e do conhecimento técnico do trabalhador individual. Numa situação dessas, a força de trabalho vale cada vez menos e, ao mesmo tempo, graças ao avanço tecnológico, produz cada vez mais.[566]

Essa conjuntura intensifica a demanda por trabalhadores mais qualificados e que laborem mais, aproximando-se a atividade humana à tecnologia. Ocorre, assim, segundo Dal Rosso uma "intensificação do labor". Essa condição favorece uma ruptura nas bases do Direito do Trabalho, acentuando-se a ideia de que somente precisa ser remunerado o trabalho efetivamente realizado:

[566] TEODORO, Luiz Carlos de Almeida. Op. cit. p. 580

> Emprego refere-se à relação empregatícia, com salário fixado no início do contrato de trabalho, com direitos de jornada semanal, regulada segundo a lei (...)No mundo dos "trabalhos", a remuneração dependeria diretamente das tarefas concretas exercidas, não de um salário contratado, mas de um trabalho realizado.[567]

Procura-se, portanto, reorientar o próprio conceito de empregado, ampliando o rol protetivo a todos os trabalhadores que executem uma atividade. Se por um lado essa situação traz um aprofundamento da proteção, de outra senda produz um acentuado enfraquecimento de direitos sociais, na medida em que se enfatiza a necessidade de se remunerar unicamente o trabalho efetivamente executado. Ademais, essa nova exigência do mercado, ao intensificar o trabalho, ampliando em demasia a jornada impulsiona a redução dos postos de trabalho.[568]

A profusão do modelo neoliberal globalizado, que iluminou a reforma trabalhista, exige uma ruptura de paradigmas institucionais e normativos. Dessa forma, conforme analisado no capítulo dois, verifica-se um processo de quebra da noção de Estado Nacional e do monismo normativo kelseniano. Jessop[569] identifica uma tendência de desnacionalização do Estado acompanhada de um aumento de fontes normativas autônomas.

O avanço do neoliberalismo, da globalização e a diuturna evolução tecnológica aceleram ainda mais as tendências de desnacionalização do Estado, bem como o processo de regulação social descentralizada. Diante desse cenário, germina a teoria do direito disruptivo,[570] que exige uma maior flexibilidade normativa.

Desta feita, os influxos econômicos, políticos e sociais impactam na própria concepção de Estado. O aumento de tratados internacionais, a partir da segunda metade do século XX, evidencia um arrefecimento da atuação exclusiva do Estado na defesa dos direitos da pessoa humana. Bobbio já amparava a ideia de um Estado pluralista onde não exista uma fonte única de autoridade que seja competente em absolutamente tudo, nem um

567 DAL ROSSO, Sadi de. **Mais trabalho! A intensificação do labor na sociedade contemporânea**. São Paulo: Boitempo Editorial, 2008.p.13-14

568 DAL ROSSO, Sadi de. Op.cit.p. 71

569 JESSOP,Bob. Op.cit.

570 A tese do direito disruptivo identifica a necessidade de um direito mais dinâmico, conforme já analisado no capítulo segundo.

sistema unificado de direito ou um órgão central de administração, nem uma vontade política geral. Pelo contrário, haveria ali a multiplicidade na essência e nas manifestações.[571]

Nesse sentido, contemporaneamente é observável uma crise do Estado nacional, a partir da intensificação do pluralismo das fontes normativas, aliado a uma consolidação da superposição de um ordenamento internacional.[572] Häberle, seguindo essas mesmas premissas, justifica o afastamento da ideia de Estado autocentrado, propondo um Estado Constitucional cooperativo que atue em um plano transnacional. Esse novo Estado seria dirigido pelas noções de solidariedade e de cooperação.[573]

Impõe-se, assim, o dever de se estabelecer uma profusão de políticas de flexibilização. Mais do que isso, observa-se uma tendência mundial em se adotar um sistema de flexibilização de normas. Diante desses desdobramentos sociais, políticos, ideológicos e econômicos o fenômeno da flexibilização ganha força.

Portanto, a partir da narrativa neoliberal, procura-se sobrepujar a lógica protetiva trabalhista em prol das necessidades do mercado, produzindo a fragmentação do próprio Direito Laboral.

Levando-se em conta o movimento dialético inerente à história do capitalismo e à economia, é possível se verificar uma relação estreita entre dinâmica do mercado e os direitos trabalhistas. Inicialmente, houve a exigência de um Direito do Trabalho qualificado pela intervenção estatal. O liberalismo do século XVIII deflagrou as desigualdades da relação trabalhista. A práxis da liberdade contratual expôs a necessidade de o Estado intervir na relação: nasce assim o Direito do Trabalho qualificado etiologicamente pela busca da igualdade, mediante normas protetivas. Entretanto, a partir da segunda metade do século XX, essa rigidez normativa já não mais se afinizava às demandas do mercado. Assim, o Direito do Trabalho passa por um processo de desconstrução, devendo se afastar de elementos rígidos que inspiraram a sua existência. Portanto, o fenômeno da flexibilização foi produto da dinâmica capitalista a partir da própria dialética entre liberalismo, Estado social e neoliberalismo.

Alarga-se a demanda pelo prestígio da autonomia privada coletiva e pelas fontes autônomas em detrimento das heterônomas. Difunde-se a

[571] BOBBIO, N.;MATTEUCCI, N.; PASQUINO, G. Op.cit. p. 928

[572] FERRAJOLI, Luigi. Op.cit.p.27-32 e CHEVALLIER, Jaques. Op.cit.

[573] HÄBERLE, Peter. Op.cit.

ideia de que o Direito do Trabalho é mais um entrave para o fluxo do mercado e para os avanços econômico e social. Enfatiza-se a inadequação das normas rígidas trabalhistas, propugnando por um Direito Laboral mais plástico e adaptável às mudanças cíclicas e rápidas do mercado. Clama-se por um Direito do Trabalho que seja mais permeável à realidade globalizada.

A intensificação da flexibilização vem acompanhada por um discurso de ódio ao Direito do Trabalho. A reforma trabalhista, embora tenha enaltecido retoricamente a negociação coletiva e a atuação do sindicato, não procurou promover o fortalecimento do sindicato, de modo a se alinhar à racionalidade do Direito do Trabalho[574]. Ao contrário, empenhou-se em podar esse poder coletivo, salvaguardando a ideologia neoliberal.

Procura-se explicar os problemas sociais à luz do capital, colocando a dinâmica do mercado no centro da sociedade. A partir desse norte, explica-se que o desemprego será reduzido se houver menos ônus para as empresas e melhor espaço para que consigam competir mundialmente. A solução encontrada para reduzir as desigualdades e a miséria, organiza-se em torno da ideia autocentrada no indivíduo que deverá investir em si mesmo para ter melhores salários e possibilidades de emprego. Assim, transfere-se a culpa do desemprego ao indivíduo que não se engajou em se preparar adequadamente.[575] Portanto, esse novo mercado globalizado exige mais do indivíduo que deverá gradativamente se especializar e trabalhar cada vez mais para que possa ter qualidade suficiente para competir no mercado de trabalho.

Espraia-se assim, a ideologia de que a criação de empregos está associada aos cortes nos direitos trabalhistas, como se o Direito do Trabalho estivesse ultrapassado e precisasse ser flexibilizado para que seja viabilizado o crescimento interno econômico. Nessa perspectiva analisa Souto Maior

> Para concretizar o objetivo de desmantelar a legislação trabalhista, a ideologia neoliberal procura impor a noção de que o direito do trabalho foi o causador da crise econômica, mais ou menos na mesma linha de pensamento de Malthus, segundo o qual os pobres são pobres por sua própria culpa. Procura, também, convencer-nos de que o alto custo da mão-de-obra, gerado pelas

[574] Magano, Octávio Bueno. Op.cit.

[575] Cardoso, Antônio. Op.cit.p 104-105

regras trabalhistas, foi o que causou o alto índice de desemprego. E, por fim, identifica o Estado social como o culpado de tudo isso, já que teria sido obra sua a criação dos direitos sociais.[576]

Aliado a isso, o cenário é marcado pela desproteção ao trabalhador, inserindo-o em uma tela de concorrência e individualidade. O trabalhador passa a seguir os fluxos ditados pela dinâmica do mercado no momento em que a proteção normativa estatal recua, ao mesmo tempo em que se opera um aumento das fontes autônomas em um cenário marcado pela fragilidade do sindicato. Essa conjuntura qualifica o processo de "desconstrução da regulação pública do trabalho no Brasil" o que contribui para o aprofundamento das desigualdades sociais, conforme observa Biavaschi

> (...)um descompasso entre o crescimento econômico e o desenvolvimento social, num processo que reafirma e, até, amplia profundas desigualdades marcadas por injusta distribuição de terra e de renda. (...) o enfraquecimento da regulação de proteção social tende a favorecer uma distribuição desigual da riqueza na sociedade capitalista atual e um avanço em direção a uma maior "mercantilização" da força de trabalho, em que o mercado tenha maior peso na determinação das condições de uso e contratação do trabalho. [577]

Para compreender essa tentativa de desvincular a busca pela justiça social dos objetivos inatos ao Direito do Trabalho, é importante analisar, ainda que perfunctoriamente, como se estruturou a mensagem neoliberal. Após o período do pós guerra, a economia do capitalismo gravitou em torno de dois princípios: a justiça de mercado e a justiça social. Streeck observou que

> Por justiça de mercado entendo a distribuição do resultado da produção de acordo com a avaliação pelo mercado dos desempenhos individuais dos envolvidos, expressa através dos seus preços relativos. O critério de remuneração

[576] Scuto Maior, Jorge Luiz. **Direito do Trabalho e desenvolvimento econômico: Um Contraponto à Teoria da Flexibilização.** Disponível em: https://www.jorgesoutomaior.com/uploads/5/3/9/1/53916439/direito_do_trabalho_e_desenvolvimento_econ%C3%94mico..pdf. Acesso em: 16.jul.2021.p. 03

[577] Biavaschi, Magda Barros. In: Krein, José Dari. **Debates contemporâneos economia social e do trabalho. As relações de trabalho na era do neoliberalismo no Brasil**.v.8. Fagnani, Eduardo (org.). São Paulo: LTr, 2013.p.16

> que corresponde à justiça de mercado é a produtividade-limite, portanto o valor de mercado da última unidade de produção extraído de acordo com as condições da concorrência (...) A justiça social, pelo contrário, rege-se por normas culturais e baseia-se no direito estatutário, não no direito contratual. Rege-se por conceções coletivas de honestidade, equidade e reciprocidade, concede direitos a um nível mínimo de vida, independentemente do desempenho económico e da capacidade de desempenho e reconhece direitos civis e humanos, tais como o direito à saúde, à segurança social, à participação na vida da comunidade, à proteção do emprego, à organização sindical, etc.[578]

Entretanto, a ideia de justiça social, como é edificada na sociedade, é passível de questionamento, conforme as compleições cultural e política de uma época. A justiça social se apresenta como um conceito mais plástico, porquanto passa pela construção do conteúdo dos valores em um determinado contexto sócio-político. Em contrapartida, a justiça de mercado se expressa mais objetivamente no próprio comportamento empírico da economia. Assim, é possível se criar um discurso que anule a justiça social se esta não atender aos escopos da justiça de mercado. Foi exatamente o que pretendeu o neoliberalismo. [579]

Por conseguinte, o que se observa é o uso da ideologia para poder prosseguir nesse processo de desconstrução do Direito Laboral. Eventual necessidade de adaptação não significa afastamento do Direito Laboral, repise-se. Destarte, é preciso se despojar da racionalidade neoliberal, trazendo o holofote para as origens do Direito Laboral cujo fim precípuo é trazer a melhoria da condição humana. Ora, a perspectiva antropocentrista do Direito que orientou o processo de demarcação dos Direitos Humanos precisa ser resgatada, sob pena de se promover uma ruptura não somente no Direito do Trabalho, mas sobretudo nas próprias bases do Estado Democrático de Direito.

O neoliberalismo solidifica a lógica de que as relações de trabalho precisam se sujeitar ao mercado, desenhando um novo norte para o Direito Laboral. Esse discurso neoliberal correlaciona desenvolvimentos econômico e social com a redução de direitos trabalhistas articulada a partir

[578] STREECK, Wolfgang. **Tempo comparado: a crise adiada do capitalismo democrático.** Lisboa: Actual, 2013.p.54

[579] Ibidem.p.54

do aumento da autonomia individual do empregado. Essa racionalidade se consolida não somente na dimensão econômica, mas em todo o tecido social, penetrando os diversos agrupamentos. Esse cenário possibilita o fortalecimento do discurso neoliberal, realçando o seu poder. Esse poder ideológico permite que as vozes contrárias à sua lógica sejam sufocadas e rechaçadas. Nesse sentido a ideologia se revela como um verdadeiro poder, segundo verificou Mészaros

> (...)a pura verdade é que em nossas sociedades tudo está "impregnado de ideologia", quer a percebamos, quer não.(...) Nas sociedades capitalistas liberal-conservadoras do ocidente, o discurso ideológico domina a tal ponto a determinação de todos os valores que muito frequentemente não temos a mais leve suspeita de sermos levados a aceitar, absolutamente sem questionamento, um determinado conjunto de valores a que se poderia opor uma perspectiva alternativa muito bem fundamentada (...) aqueles que aceitam tacitamente a ideologia dominante como a estrutura objetiva do discurso 'racional" e do 'erudito' rejeitam como ilegítimas todas as tentativas de identificar as suposições-ocultas e os valores implícitos com que está comprometida a ordem dominante. Assim, em nome da 'objetividade' e da "ciência", têm de desqualificar o uso de algumas categorias essenciais do pensamento crítico. (...)Compreensivelmente. a ideologia dominante tem uma capacidade muito maior de estipular aquilo que pode ser considerado como critério legítimo de avaliação do conflito, na medida em que controla efetivamente as instituições culturais e políticas da sociedade. Pode usar e abusar abertamente da linguagem, pois o perigo de ser publicamente desmascarada é irrelevante, tanto devido à relação de forças prevalecente quanto aos dois pesos e duas medidas que se aplicam às questões debatidas pelos defensores da ordem estabelecida.[580]

Althuser[581] também identificou um poder na ideologia, ao analisar os aparelhos ideológicos de Estado, afirmando que:

580 MÉSZAROS, István. **O poder da ideologia**. São Paulo: Ensaio, 1996.p. 13-15

581 "(...)outra realidade que se situa manifestamente do lado do aparelho (repressivo) de Estado, mas não se confunde com ele. Designaremos esta realidade pelo seu conceito: os aparelhos ideológicos de Estado. (...)Designamos por aparelhos ideológicos de Estado um certo número de realidades que se apresentam ao observador imediato sob a forma de instituições distintas e especializadas. (...) podemos desde já considerar como aparelhos ideológicos de Estado as instituições seguintes(...) O AIE religioso (...) escolar (...) familiar (...) jurídico (...) político (...) sindical (...) da informação (...) cultural. (...)O que distingue os AIE do Aparelho (repressivo)

> (...)em princípio a classe dominante detém o poder de Estado (...) e dispõe, portanto, do Aparelho (repressivo) de Estado, podemos admitir que a mesma classe dominante é ativa nos aparelhos ideológicos de Estado. É claro, agir por leis e decretos no aparelho (repressivo) de Estado e "agir" por intermédio da ideologia dominante nos Aparelhos ideológicos de Estado são duas coisas diferentes. (...) Nenhuma classe pode duravelmente deter o poder de Estado sem exercer simultaneamente a sua hegemonia sobre e nos aparelhos ideológicos de Estado. (...)Os aparelhos ideológicos de Estado podem ser não só o alvo mas também o local da luta de classes e por vezes de formas renhidas da luta de classes. A classe (ou aliança de classes) no poder não domina tão facilmente os AIE como o aparelho (repressivo) de Estado, e isto não só porque as antigas classes dominantes podem durante muito tempo conservar neles posições fortes, mas também porque a resistência das classes exploradas pode encontrar meios e ocasiões de se exprimir neles, quer utilizando as contradições existentes (nos AIE), quer conquistando pela luta (nos AIE) posições de combate.[582]

Por isso que o neoliberalismo não se confinou nos limites da economia ou da política, mas se espraiou por toda a sociedade, permeando os aparelhos ideológicos de Estado. Nessa perspectiva, o neoliberalismo que iluminou a reforma trabalhista ganhou muita proeminência não somente por ocupar os espaços econômicos, mas, sobretudo, porque se tornou uma racionalidade de vida em sociedade.[583]

Dardot e Laval identificaram as ideias de concorrência e de individualismo na ideologia neoliberal:

> (...)o neoliberalismo (...) é um projeto social que visa a uma "organização econômica de homens livres". (...) somente se é livre quando se é proprietário,

de Estado é a diferença fundamental seguinte: o aparelho repressivo de Estado "funciona pela violência" enquanto os aparelhos ideológicos de Estado funcionam "pela ideologia".(...) em si mesmo o Aparelho (repressivo) de Estado funciona de uma maneira massivamente prevalente pela repressão (inclusive física) embora funcione secundariamente pela ideologia. (...) em si mesmos, os Aparelhos Ideológicos de Estado funcionam de um modo massivamente prevalente pela ideologia, embora funcionando secundariamente pela repressão, mesmo que no limite, mas apenas no limite, esta seja bastante atenuada, dissimulada ou até simbólica (não há aparelho puramente ideológico)."In: ALTHUSSER, Louis. Op.cit p. 43- 47

582 Ibidem.p. 49-50

583 Trata-se de "...um liberalismo sociológico 'construtor' que tem como objetivo uma remodelação social completa..." DARDOT, Pièrre; LAVAL, Christian.**A nova razão do mundo: ensaio sobre a sociedade neoliberal**. São Paulo: Boitempo, 2016.p. 131

> membro de uma comunidade natural familiar, empresarial e local, podendo contar com solidariedades próximas (famílias, amigos e colegas) e tendo energia para enfrentar a concorrência geral. (...) situa-se entre o "darwinismo social' do laissez-faire e o Estado Social.(...) Ela deve fundar-se na ideia da "responsabilidade individual.[584]

Portanto, o neoliberalismo implica a adoção de uma lógica concorrencial. Desta forma, é essencial gerar no indivíduo a sensação de competição. Ora, se o indivíduo está imerso em um contexto competitivo, é natural que o individualismo tenha prevalência em detrimento do coletivismo, bem como que o trabalhador assuma os riscos da atividade. [585]Bucher sintetiza a teoria liberal sob a ótica de Hayek nos seguintes termos:

> Como condições para que a competição surta os efeitos pretendidos, é necessário que os agentes sejam livres para se defrontar no mercado como iguais, exigindo um ordenamento jurídico orientado pelo respeito à rule of law. No pensamento de Hayek, a rule of law designa o conjunto de normas gerais e abstratas aptas a permitir resultados econômicos anônimos e aleatórios. Liberdade individual e rule of law são os componentes que asseguram a superioridade moral do mercado como ordem espontânea. A rigor, um autêntico Estado de direito seria incompatível com a "miragem" da justiça social.[586]

Chauí verificou que a sociedade do conhecimento atual, marcada pela informação e pela tecnologia, reorienta o trabalho humano que passa a ser mais intelectual do que produtivo. Assim, como a sociedade orbita em torno da ciência e da informação, as novas forças produtivas que emergem são o conhecimento e a informação que passam a compor o próprio capital. Isso provoca uma certa apropriação do conhecimento e da própria informação, pois precisam ser resguardados, já que podem ser objeto de concorrência econômica.[587]

Com o advento do Toyotismo e do sistema de acumulação flexível, ocorre uma fragmentação tanto da produção, quanto da identidade da classe trabalhadora. O capital financeiro se coloca como um elementar

[584] DARDOT, Pièrre; LAVAL, Christian. Op. cit. p.130

[585] Ibidem. p. 328

[586] BACHUR, João Paulo. O Estado de bem-estar em Hayek e Luhman. **Tempo Social, revista de sociologia da USP. São Paulo.** v. 25, n. 2., Nov/2013. pp. 101-121.p.109

[587] CHAUÍ, Marilena. Op. cit. p. 28

para o sistema capitalista, ao mesmo tempo em que se observa uma lógica de descartabilidade. Esse cenário, aliado ao avanço da tecnologia, ressoa diretamente na estrutura social e nas relações de trabalho, remodelando os aspectos espaço e tempo, conforme observa Chauí:

> Os aspectos econômicos e sociais da nova forma do capital são inseparáveis de uma transformação sem precedentes na experiência do espaço e do tempo ou a compressão espaço-temporal, isto é, o fato de que a fragmentação e a globalização da produção econômica engendram dois fenômenos contrários e simultâneos. De um lado, a fragmentação e dispersão espacial e temporal e, de outro, sob os efeitos das tecnologias eletrônicas e de informação, a compressão do espaço – tudo se passa aqui, sem distâncias, diferenças nem fronteiras – e a compressão do tempo – tudo se passa agora, sem passado e sem futuro. Por outro lado, a fragmentação e a dispersão do espaço e do tempo condicionam sua reunificação sob um espaço indiferenciado e um tempo efêmero, ou sob um espaço que se reduz a uma superfície plana de imagens e sob um tempo que perdeu a profundidade e se reduz ao movimento de imagens velozes e fugazes. Pode-se falar em acronia e atopia, ou na desaparição das unidades sensíveis do tempo e do espaço topológico da percepção sob os efeitos da revolução eletrônica e informática. A profundidade do tempo e seu poder diferenciador desaparecem sob o poder do instantâneo. Por seu turno, a profundidade de campo, que define o espaço topológico, desaparece sob o poder de uma localidade sem lugar e das tecnologias de sobrevôo. Vivemos sob o signo da telepresença e da teleobservação(...)[588]

Esses fatores, também, contribuem para profusão da racionalidade neoliberal, pois provocam ainda mais fragmentação da classe trabalhadora ao mesmo tempo em que trazem uma retração do espaço público e a ampliação do espaço privado. Verifica-se, desta feita, um processo denominado por Chauí de "despolitização," fato que enfraquece a participação da classe coletiva nos processos sociais. Criam-se várias bolhas de pessoas, desestimulando a participação pública.[589]

Portanto, como a força da ideologia neoliberal avança para além dos confins da relação de emprego e orienta a própria dinâmica social, as ideias de individualidade, de concorrência, de polivalência e de flexibilidade passam

[588] CHAUÍ, Marilena. Op.cit.p. 29

[589] Ibidem.p. 30

a direcionar o indivíduo e os grupos. Na perspectiva trabalhista, procura-se reforçar a prevalência das fontes autônomas, mas não para prestigiar a atuação sindical e sim para submeter os trabalhadores às flutuações do mercado. Justifica-se, assim, os juízos de flexibilização do Direito do Trabalho.

Essa hegemonia do neoliberalismo, também, pode ser explicada a partir da própria construção da ideia de globalização. Santos pondera que a globalização, que é o apogeu do movimento de internacionalização do capitalismo, estrutura-se a partir dos seguintes fatores: "...unicidade da técnica...convergência dos momentos.... cognoscibilidade do planeta e a existência de um motor único na história, representado pela mais-valia globalizada."[590]

Portanto, a globalização traz uma unicidade em perspectiva mundial. Essa universalidade reverbera em vários seguimentos, tais como: no produto, no crédito e na informação. Nesse contexto, a propagação de uma racionalidade também única é facilitada. Essa generalização fortalece a acomodação de uma determinada ideologia, ao mesmo tempo que produz uma fragmentação de outros pontos de vista.[591] Santos identifica nesse processo uma dinâmica totalitarista:

> É uma forma de totalitarismo muito forte e insidiosa, porque se baseia em noções que parecem centrais à própria ideia da democracia – liberdade de opinião, de imprensa, tolerância –, utilizadas exatamente para suprimir a possibilidade de conhecimento do que é o mundo, e do que são os países e os lugares.[592]

No Brasil, a flexibilização começa ser mais difundida, passando a inspirar não somente o legislador ordinário, mas também o constituinte, em 1988, bem como o próprio Poder Judiciário. As políticas neoliberais se impuseram com força no governo Collor, aprofundando-se na gestão de Fernando Henrique Cardoso. Nesses períodos, foi observado um aumento das privatizações, aliado à um crescimento das reformas trabalhistas informadas pelas políticas flexibilizatórias. Assim, a partir de 1990, observa-se no Brasil um processo de quebra da rigidez das normas trabalhistas que passam a ser orientadas por uma racionalidade mais flexibilizante.

[590] SANTOS, Milton. Op.cit.p. 23-24

[591] Ibidem.p.30 e 45

[592] SANTOS, Milton. Op. cit.p.30 e 45

A partir de 1998, com a Lei nº 9.601/1998, sob a égide do governo de Fernando Henrique Cardoso, intensificou-se o uso das fontes autônomas negociadas por meio da introdução do sistema de banco de horas. "No entanto, três importantes proposições apresentadas não foram viabilizadas politicamente: a liberalização da terceirização, a prevalência do negociado sobre a legislação e a reforma no sistema de organização sindical."[593]

O governo de Fernando Henrique Cardoso, pautado na lógica neoliberal, iniciou, ativamente, esse processo de flexibilização. Com o advento do governo Lula, a partir de 2003, observa-se uma tendência de progresso na perspectiva trabalhista, mas, ainda assim, a flexibilização tem continuidade nas agendas das reformas. Em 2016, com a queda do PT, a flexibilização foi realocada na agenda, orientando o veloz processo de alteração da CLT.

O tema flexibilização reacendeu em 2015, momento em que o Brasil se encontrava em um contexto permeado por instabilidades econômicas e políticas. A ampliação da terceirização estabelecida no PL nº 4330/200420 emerge com força. Nesse cenário, advém um documento do PMDB denominado "uma ponte para o futuro"[594], orientado por uma lógica neoliberal.

[593] Krein, José Dari. O desmonte dos direitos, as novas configurações do trabalho e o esvaziamento da ação coletiva Consequências da reforma trabalhista. Op. cit. p. 82

[594] "Estagnação econômica e esgotamento da capacidade fiscal do Estado não são fenômenos circunscritos apenas à esfera econômica. São fontes de mal-estar social e de conflitos políticos profundos. As modernas democracias de massa não parecem capazes de conviver passivamente com o fim do crescimento econômico e suas oportunidades, nem com a limitação da expansão dos gastos do governo. Mesmo nos países já desenvolvidos, e com generosos regimes de bem-estar social, a interrupção do crescimento econômico e uma pausa na expansão das transferências e dos serviços do Estado estão gerando o enfraquecimento da autoridade política e profunda insatisfação social.(...) "(...) d) executar uma política de desenvolvimento centrada na iniciativa privada, por meio de transferências de ativos que se fizerem necessárias, concessões amplas em todas as áreas de logística e infraestrutura, parcerias para complementar a oferta de serviços públicos e retorno a regime anterior de concessões na área de petróleo, dando-se a Petrobras o direito de preferência; e) realizar a inserção plena da economia brasileira no comércio internacional, com maior abertura comercial e busca de acordos regionais de comércio em todas as áreas econômicas relevantes – Estados Unidos, União Europeia e Ásia – com ou sem a companhia do Mercosul, embora preferencialmente com eles. Apoio real para que o nosso setor produtivo se integre às cadeias globais de valor, auxiliando no aumento da produtividade e alinhando nossas normas aos novos padrões normativos que estão se formando no comércio internacional; (...)i) na área trabalhista, permitir que as convenções coletivas prevaleçam sobre as normas legais, salvo quanto aos direitos básicos;". In: Uma ponte para o futuro. PMDB, 2015.Disponível em https://www.fundacaoulysses.org.br/wp-content/uploads/2016/11/UMA-PONTE-PARA-O-FUTURO.pdf. Acesso em: 22.set.2020.p.03;18-19

Entre as sugestões de mudanças há expressamente "... uma clara indicação de reduzir o tamanho do Estado, reduzir o gasto social, retirar direitos e diminuir a proteção social". [595]

Contudo, em que pese algum avanço social experimentado no governo petista, com a queda de Dilma e a escalada de Temer os discursos flexibilizantes se impuseram com hegemonia, sobrepujando os desideratos do mercado em detrimento dos direitos sociais. Essa situação produz uma fissura do Direito do Trabalho, aproximando-o da principiologia civilista ou empresarial.

Logo, o ambiente de crise econômica vivenciado no Brasil facilitou a promoção da ideologia neoliberal. Na dimensão legislativa, a partir da década de 1990, foi observada uma adesão ao discurso neoliberal, mediante a intensificação da flexibilização dos direitos trabalhistas especialmente no que se remete ao fator tempo e duração do trabalho. A partir disso, várias alterações foram implementadas como: a ampliação da terceirização[596] e as reformas trabalhista e da previdenciária social, desenhando-se um verdadeiro recorte normativo de direitos sociais.

Essa ideologia neoliberal passa a orientar os diversos segmentos da sociedade brasileira, especialmente após 2016. Fonseca identifica que no Brasil, depois do Impeachment da presidente Dilma, a cartilha ultraliberal autoritária se fortalece. Essa política ultraliberal segue uma racionalidade pautada na supremacia da esfera privada em detrimento da pública, mediante a intensificação da "desestatização da economia" e o desmonte da racionalidade do Estado de bem-estar social.[597] Nesse sentido pontua Fonseca uma:

[595] KREIN, José Dari. KREIN, José Dari. O desmonte dos direitos, as novas configurações do trabalho e o esvaziamento da ação coletiva Consequências da reforma trabalhista. Op. cit. p. 86

[596] "o Congresso Nacional retomou e aprovou em 2017, já sob o governo Temer, um outro projeto, o pl 4.302/1998, de autoria do governo Fernando Henrique Cardoso. Esse projeto, cujo alvo principal era a regulamentação do trabalho temporário, mas que também continha disposições destinadas a regulamentar a terceirização, foi votado rapidamente, entre novembro de 2016 e março de 2017, eliminando as barreiras legais para a terceirização de qualquer atividade das empresas". In: MARCELINO, Paula; GALVÃO, Andreia. **O sindicalismo brasileiro diante da ofensiva neoliberal restauradora**. Tempo Social, revista de sociologia da USP. São Paulo.v. 32, n. 1. Jan/abr, 2020. pp. 157-182. p.165

[597] FONSECA, Francisco. Impactos do neoliberalismo ao estado de bem-estar e à democracia: Uma análise conceitual e empírica. **GIGAPP Estudios Working Papers**. Vol. 6. Núm. 117, 2019.pp. 114-130. p. 116

> (...)forte pressão pela quebra do pacto corporativo entre Capital e Trabalho, em nome da liberdade de escolha individual e da soberania do consumidor: daí o vigoroso apoio a "reformas trabalhistas" precarizantes; desregulamentação e desregulação da produção, da circulação dos bens e serviços, do mercado financeiro e das relações de trabalho; ênfase nas virtudes do livre-mercado como instrumento prodigioso por aumentar a riqueza, gerando em consequência a natural distribuição de renda, em razão do aumento da produtividade. (...) concepção de liberdade como "liberdade de mercado", isto é, ausência de empecilhos à relação Capital/Trabalho e à livre realização dos fatores produtivos; concepção "negativa" da liberdade, isto é, caracterizada como ausência de constrangimentos (que não apenas os imprescindíveis à vida em sociedade) e interferências da esfera pública em relação à esfera privada; aceitação da democracia apenas e tão-somente se possibilitadora do mercado livre e da liberdade individual.[598]

Em 28 de abril de 2017, após alguma demora, os sindicatos organizaram uma greve geral cuja bandeira era paralisar o trâmite da reforma trabalhista. Nesse sentido avaliam Marcelino e Galvão:

> Com o objetivo de evitar o retrocesso nos direitos trabalhistas e previdenciários, essa greve – convocada por todas as centrais sindicais politicamente relevantes, inclusive por aquelas que ocuparam posições distintas no processo de impeachment, como a Força Sindical e a Conlutas – teve grande repercussão, alcançando, segundo os organizadores, 35 milhões de trabalhadores em 26 estados e mais o Distrito Federal13. No total, foram seis as manifestações contrárias às reformas de Temer em 2017, entre as quais uma nova greve geral, realizada às vésperas da votação da reforma trabalhista. Diferentemente da reforma da previdência, que gerou grande insatisfação popular e foi suspensa no decorrer do governo Temer, a mudança na legislação trabalhista não provocou mobilizações muito expressivas na fase final de sua aprovação.[599]

[598] FONSECA, Francisco. Op, cit.p.116. "Temas como participação popular, controle social, gestão societal e democracia política e social são claramente ou desestimulados ou reprimidos na era liberal do capitalismo individualizante e de choque. Por fim, o Poder Judiciário tem protagonizado no Brasil papel extremamente contrário à ordem democrática, não apenas ao não garantir os preceitos constitucionais como ao partidarizar-se (no sentido gramsciano de representar grupos de elite em razão da fragilidade dos partidos políticos tradicionais), indo vigorosamente além da chamada "judicialização da política." In: Ibidem.p.126

[599] MARCELINO, Paula; GALVÂO, Andreia. Op. cit.p.165

Essa apatia no engajamento dos trabalhadores diante da reforma trabalhista mostra a força que o discurso neoliberal já adquiriu no âmago da sociedade, até mesmo já se infiltrando na coletividade dos trabalhadores. É possível verificar, nesse cenário, uma ideia muito fortalecida de normalização da precarização do trabalho, diante da crise vivenciada por décadas. Assenta-se, com certa hegemonia, o discurso de que a promoção da justiça social, traduzida na possibilidade de se ter acesso a um emprego, somente pode ser alcançada se houver um sensível diminuição dos direitos sociais trabalhistas. Nesse sentido verificaram Marcelino e Galvão:

> A nosso ver, isso se deve a vários fatores, entre os quais destacamos: (1) o fato de que a maior parte dos trabalhadores brasileiros já trabalha em condições bastante precárias (a alta informalidade que historicamente caracteriza o mercado de trabalho no Brasil e os contratos atípicos existentes antes mesmo da reforma podem causar indiferença dos trabalhadores diante de uma legislação que não os protege); (2) a incorporação do discurso da modernização e da flexibilização das relações de trabalho por parte do movimento sindical (como já mencionamos, alguns sindicatos só existem devido à terceirização, uma vez que os terceirizados integram categorias profissionais distintas dos trabalhadores diretamente contratados pelas empresas); (3) a disseminação do discurso de modernização pela mídia e o culto ao empreendedorismo, o que faz com que muitos trabalhadores considerem tais mudanças inevitáveis, ou até mesmo desejáveis14; (4) a difusão da lógica do "menos pior", que consagra a tese de que é melhor ter menos direitos do que perder o emprego; (5) a transmutação da noção de justiça social, de modo que reduzir e diferenciar os direitos existentes passa a ser considerado uma forma de se promover a inclusão; e, por fim, (6) a divisão no interior das centrais, pois uma parte do movimento sindical não apostou na mobilização e sim na possibilidade de negociar uma medida provisória com o governo para promover a alteração dos aspectos considerados mais nefastos na reforma.[600]

Após a consolidação da Reforma trabalhista, algumas centrais sindicais, como a CUT e a Força Sindical, entenderam que a Lei nº 13.467/2017 feria a Convenção 98, denunciando a reforma à OIT. Ademais, a CUT se engajou na busca de assinaturas para um projeto de lei de iniciativa popular, cujo

600 Ibidem.p.165.

objeto era anular as alterações implementadas pela reforma trabalhista.[601] Entretanto, em que pese essa denúncia, fato é que até o momento presente, a OIT ainda não decidiu, em definitivo, a questão. Em 2018, a reforma trabalhista levou a OIT a inserir o Brasil na *short list* que contempla os países sob suspeita de implementarem péssimas condições laborais. Em 2019, a 108ª Conferência Internacional do Trabalho determinou a manutenção do Brasil nessa lista, retirando-o em 2021.[602]

Observa-se, destarte, que em certa medida, a reforma trabalhista revelou uma cisão no próprio sindicato. Essa falta de estratégia eficaz sindical é fruto de um processo já iniciado na década de 1960 que se encarregou de inserir o discurso ideológico neoliberal na entidade. Nessa época, o aumento da industrialização e, por conseguinte, das empresas nacionais e estrangeiras, permitiu que as ideologias neoliberais ganhassem vigor. A partir da década de 1990, com a consolidação maior da globalização e do neoliberalismo, a racionalidade do mercado começa a penetrar o próprio sindicato.[603]A central sindical denominada Força Sindical, que desponta em 1991 na gestão Collor, trazia como objetivo a difusão da ideologia neoliberal para a classe obreira, conforme analisado no capítulo dois.

601 "Essas mesmas centrais discutiram a formulação de uma medida provisória para rever as cláusulas da reforma por elas consideradas mais nefastas, como o fim do imposto sindical, o trabalho insalubre para gestantes e lactantes, o trabalho intermitente, a homologação da rescisão de contrato de trabalho sem a presença sindical e a negociação individual das condições de trabalho. A CUT, porém, não participou de nenhuma dessas discussões, negando-se a se sentar à mesa com um governo por ela considerado ilegítimo, o de Michel Temer. Conlutas e Intersindical tampouco participaram. Apesar do apoio dado por parte da Força Sindical ao impeachment, o governo Temer não foi capaz de construir uma base sindical, de modo que nenhuma central sindical o sustentava politicamente."In: MARCELINO, Paula; GALVÃO, Andreia.Op.cit.p.166-167

602 "Apesar de o país não ter integrado a *short list* em 2021, a exemplo do que ocorreu nos anos anteriores, o *"caso Brasil"* continua em apreciação pela OIT, uma vez que ainda não houve qualquer manifestação do organismo internacional a esse respeito. Em outras palavras, a não inclusão do Brasil na lista dos 24 casos com graves violações a normas internacionais neste ano não significa que a OIT apreciou a observância do Brasil às Convenções 98, 151 e 154 da OIT. Mas apenas que, no momento, não houve consenso entre as entidades sindicais de trabalhadores e de empregadores para a referida discussão, diante da existência de casos considerados mais urgentes e que necessitam de apreciação imediata, como o caso da Colômbia, por situações peculiares que têm ocorrido no país." In. Disponível em: https://contee.org.br/a-reforma-trabalhista-e-o-brasil-na-oit-guerra-de-ideias-ou-disputa-de-narrativas/. Acesso em: 27.jun.2022

603 POCHMANN, Márcio. Op. cit. p. 304

Assim, no momento da reforma trabalhista a racionalidade neoliberal já se revelava bem disseminada na perspectiva coletiva sindical. Essa situação, aprofundou a cisão nos organismos de representação coletiva dos trabalhadores fato que, indubitavelmente, trouxe fissuras no poder do sindicato. A existência de duas ideologias antagônicas entre as centrais sindicais e o sindicato fragmenta a força de classe. Diante dessa polarização, não se forma um consenso sobre os efeitos prejudiciais da reforma no bojo das centrais sindicais " ... uma vez que parte das lideranças sindicais, justamente aquela mais permeável ao discurso da modernização, avalia que a "prevalência do negociado sobre a lei" poderá fortalecer o movimento sindical". [604]

Dirigindo-se por esses propósitos neoliberais, a Lei nº 13.467/2017 concertou a prevalência do negociado sobre o legislado. Ianni[605] constatou que a racionalidade neoliberal conduziu inúmeras reformas, marcando os processos de privatização. O objetivo dessa nova ideologia era articular a redução dos custos, os aumentos da produtividade e da competitividade das empresas brasileiras na perspectiva internacional, inclusive. Assim, o mercado acaba conduzindo os rumos de vários seguimentos sociais.

E a flexibilização trazida pela Lei nº 13.467/2017 foi aquela que se enquadra na ideia de diminuição de direitos trabalhistas, em franca ruptura com os direitos inerentes à própria condição humana, conforme definido no capítulo anterior. Assim, pretendeu-se inserir uma política de flexibilização desalinhada com os escopos do artigo 7º, caput, da CF, afastando-se do princípio da melhoria da condição social dos trabalhadores que é um dos objetivos do Direito Laboral.

Cabe enfatizar que os princípios trabalhistas emergem da própria essência do Direito do Trabalho de modo que a relativização do princípio protetivo traz, inegavelmente, a quebra da essência desse ramo do Direito, descaracterizando-o. É possível observar um processo de ruptura dos próprios direitos humanos, na medida em que há um deslocamento do eixo central da tutela da relação trabalhista que deixa de ser a dignidade da pessoa humana, passando a realçar as necessidades do mercado.

Dessarte, a reforma trabalhista, introduzida pela Lei nº 13.467/2017, ao aprofundar as medidas de flexibilização da jornada, distancia-se da

[604] Marcelino, Paula; Galvão, Andreia. Op. cit. p.167

[605] Ianni, Octávio. Op. cit. p. 260

racionalidade interventiva do Direito Laboral, compartilhando, em certa medida, os riscos inerentes às oscilações do mercado e da economia entre empregador e empregado. Verifica-se uma tentativa de abalar os escopos inerentes aos fundamentos do Direito do Trabalho. Inicia-se, um movimento cujo objetivo é esvaziar o Direito Laboral. Passa-se a argumentar que os direitos sociais estabelecidos por normas estatais se mostram desarrazoados para atender às novas demandas econômicas desenhadas a partir dos avanços tecnológico e da globalização. Essa nova racionalidade aproxima-se da ideia de um Direito do Trabalho de exceção, conforme explicam Agambem[606] e Casimiro.[607]

Agamben ao analisar o direito de exceção defende que sua etiologia se assenta em aspectos exógenos ao Direito, iluminando-se, portanto, por ideários políticos e sociais. Essa condição, acaba agregando ao direito de exceção um viés totalitarista de modo a autorizar o afastamento do direito social, conforme os interesses de um dado grupo ou de uma determinada ideologia mais preponderante naquele momento histórico. Desta forma, opera-se uma desarticulação do Estado Democrático de Direito e da sua racionalidade, ao procurar autorizar o afastamento de diretos sociais em prol das exigências econômicas.[608]

Hodiernamente, observa-se que o excepcional tem se apresentado como o definitivo. Se antes as normas de Direito do Trabalho eram majoritariamente estatais, contemporaneamente se pretende marcar o Direito Laboral por normas autônomas. Se antes o emprego de medidas flexibilizatórias era exceção, atualmente planeja-se colocá-las como regra principal para solução dos conflitos advindos das relações estabelecidas entre capital e trabalho.

Inicia-se o processo, portanto, de fissura do Direito Laoral, impondo-se como mais adequado e moderno o manejo de um direito de exceção. Esse direito de exceção, conforma verifica Agambem,[609] acaba se tornando a regra normativa basal. Essa situação provoca a ruptura do Estado Democrático de Direito, na medida em que passa a ser usado como justificativa para sobrepujar os interesses mercadológicos em detrimento dos interesses sociais e democráticos, entre os quais, a valorização do trabalho e a busca da justiça social.

[606] AGAMBEN, Giorgio. **Estado de exceção.** 2. ed. São Paulo: Boitempo, 2004.

[607] FERREIRA, Antônio Casimiro. Op.cit..p.62-75

[608] AGAMBEN, Giorgio. Op.cit.p. 38

[609] Ibidem.p.21

Ora, de acordo com a lógica do Estado Democrático de Direito, o epicentro não é a economia, mas sim, a dignidade da pessoa humana, os valores sociais do trabalho e a justiça social. Assim, a prevalência dos interesses de mercado de forma permanente rompe com a democracia social que é um dos baluartes do Direito do Trabalho. Nessa dimensão, desponta a fundamentalidade dessa disciplina para o processo de construção e efetivação do próprio Estado Democrático de Direito. A criação de um Direito do Trabalho amparado essencialmente na flexibilização de regras protetivas e orientado, eminentemente, pelos interesses do mercado, afasta-se da dignidade da pessoa humana e, portando, de seu eixo central, qual seja: a busca da justiça social.

Esse Direito de Exceção passa a ser justificado e imposto como necessário ao atendimento do novo perfil de trabalho gestado no contexto econômico. Autoriza-se, portanto, a diluição de regras protetivas para que sejam "harmonizados" os desideratos do mercado e do trabalhador. Verifica-se, desta forma, um processo de relativização da própria Constituição Federal. Ora, a CF inseriu o trabalho no centro do Estado Democrático de Direito ao valorizar o trabalho humano, a dignidade da pessoa humana e a busca da justiça social. Assim, o Direito do Trabalho se coloca no centro da democracia. Entretanto, as inúmeras reformas trabalhistas ao aprofundarem medidas de flexibilização procuraram diminuir a importância desse ramo jurídico. Segundo verificou Casemiro, intenta-se acolher um Direito de Trabalho de exceção, ao mesmo tempo em que se busca promover a racionalidade da irrelevância do Direito do Trabalho de modo a normalizar as injustiças sociais.

> A excecionalidade deste direito faz parte do processo de austerização suportado por uma racionalidade instrumental e de cálculo custo-benefício, a qual liquidifica e fragiliza os obstáculos colocados pelo direito até então vigente. (...) Fenómeno particularmente evidente na esfera laboral, onde o direito de exceção se apresenta em rutura paradigmática com os pressupostos do direito do trabalho, eliminando o conflito enquanto elemento dinâmico das relações laborais e a proteção do trabalhador enquanto condição de liberdade. As funções do direito do trabalho são igualmente questionadas, nomeadamente(...) a função económico-instrumental sempre dependente dos débeis equilíbrios entre a mercantilização do trabalho e os limites impostos pelo estatuto conferido pelo direito do trabalho ao trabalhador vacila perante

> as anunciadas alterações ao tempo de trabalho e descanso, enquanto a função de organização das relações de poder na esfera laboral colocada sob o efeito da dispensabilidade dos trabalhadores e do estreitamento da negociação coletiva torna a organização da "submissão voluntária" do trabalhador à autoridade do empregador num exercício de poder despótico, sem contrapoder. Legalizar o contrato leonino, na medida em que o poder fáctico e as práticas ilegais extracontratuais passam a ser direito, constitui um objetivo a atingir, mesmo que para isso tenha de se negar as funções antropológicas e sociológicas do direito do trabalho(...)[610]

O Direito do Trabalho, portanto, vem sofrendo um processo de ruptura de sua própria principiologia. As reformas introduzidas, em maior número, a partir da década de 1990 concorrem para o enfraquecimento dos próprios escopos do Direito do Trabalho, quais sejam, buscar o equilíbrio das partes e a justiça social como forma de imprimir maior civilidade à relação trabalhista. Contrariamente, o novo Direito do Trabalho que se intenciona estruturar almeja atender aos reclamos do mercado, protegendo a empresa. Nesse sentido pondera Fretel:

> O direito do trabalho foi historicamente construído para proteger a parte mais fraca do contrato de trabalho e para reconhecer que não é um contrato como outro qualquer, encontrando-se o empregado em uma relação de subordinação em face do empregador. No direito do trabalho, tratava-se de "civilizar" o poder do empregador (Supiot, 1994) e de produzir um direito de equilíbrio, inspirando-se nisso nas técnicas do direito civil, mas atentando para a situação de subordinação, que leva a introduzir o coletivo na definição de direitos (Supiot, 1990). É uma origem muitas vezes esquecida. No entanto, o fim do boom pós-fordista e a dificuldade de encontrar uma dinâmica de emprego no novo modo de regulação do capitalismo pós-fordista levaram à transformação gradual do direito do trabalho em direito do trabalho, o que modificou o equilíbrio em favor do empregador. Como aponta Gérard Lyon-Caen, "nenhuma medida visa mais proteger a "parte mais fraca" [que está na origem do direito do trabalho] (...). A lei agora visa flexibilizar a gestão da força de trabalho (...). O novo papel atribuído ao direito do trabalho é permitir que o Estado assuma sua missão, melhorar a situação do emprego, o que implica não fazer nada que possa comprometer a prosperidade da empresa

610 Ferreira, Antônio Casimiro. Op.cit.p.75-76

> (...). O direito ao trabalho [direito de obter um emprego] é a justificativa para a retirada do direito do trabalho" (Lyon-Caen, 1988).[611]

A Lei nº 13.467/2017 ao se pautar eminentemente pelas exigências do mercado econômico, aprofunda a precarização. Segundo Paim, a reforma "liberou a terceirização irrestrita e facilitou a chamada "uberização", que é o trabalho com todas as características da relação empregatícia, mas sem o reconhecimento de tal vínculo".[612] Segundo Pochmann, a reforma trabalhista não se preocupou em estabelecer direitos aos trabalhadores:

> O que se verificou em 2017, de certa forma, é o fim do sistema de relações de trabalho corporativo. Isso porque a reforma de 2017 tratou de três elementos que são fundamentais no sistema corporativo de relações. Primeiro: foi justamente o ataque ao monopólio da representação sindical, na medida em que a legislação estabelece a possibilidade de acordos entre patrões e empregados não mais serem mediados pelos sindicatos, mas sim contratos individuais. A segunda mudança está relacionada ao papel da Justiça do Trabalho (...) O que se percebe, justamente, é que tivemos uma queda profunda na presença

[611] Original:"Le droit du travail s'est historiquement construit pour protéger la partie faible au contrat de travail et reconnaître qu'il ne s'agit pas d'un contrat comme un autre, le salarié se retrouvant dans un rapport de subordination face à l'employeur. Via le droit du travail, il s'agissait de « civiliser » le pouvoir de l'employeur (Supiot, 1994) et de produire un droit d'équilibre, s'inspirant en cela des techniques du droit civil mais en prenant acte de la situation de subordination, ce qui conduit à introduire le collectif dans la définition des droits (Supiot, 1990). C'est une origine souvent oubliée. Or la sortie des Trente glorieuses et la difficulté à retrouver une dynamique d'emploi dans le nouveau mode de régulation du capitalisme post-fordiste ont conduit à transformer progressivement le droit du travail en un droit de l'emploi, ce qui a modifié le droit d'équilibre en faveur de l'employeur. Comme le souligne Gérard Lyon-Caen, « aucune mesure n'a plus pour finalité la protection de la "partie la plus faible" [ce qui est à l'origine du droit du travail] (...). La loi vise aujourd'hui à assouplir la gestion de la force de travail (...). Le nouveau rôle imparti du droit du travail est de permettre à l'État d'assumer sa mission, d'améliorer la situation de l'emploi, ce qui suppose de ne rien faire qui risque de compromettre la prospérité de l'entreprise (...). Le droit au travail [droit d'obtenir un emploi] est la justification du repli du droit du travail » (Lyon-Caen, 1988)", In:FRETEL, Anne. **Réformes du marché du travail: que disent les « exemples » étrangers?. Disponível em:https://www.cairn.info/revue-chronique-internationale-de-l-ires-2016-3-page-3.htm**.Acesso em: 13 abr. 2022. p.19

[612] PAIM, Paulo. **Especialistas apontam muitos desafios para a classe trabalhadora neste 1º de Maio.** Entrevista concedida a Agência Senado. Senado Notícias. Disponível em: https://www12.senado.leg.br/noticias/materias/2021/04/30/especialistas-apontam-muitos-desafios-para-a-classe-trabalhadora-neste-1o-de-maio. Acesso em: 13 mai.21

> da Justiça do Trabalho intermediando conflitos trabalhistas. O abandono de parte dos trabalhadores em buscar enfrentar a injustiça ocorrida no local de trabalho através do processo trabalhista denota não uma melhoria nas condições de trabalho, mas justamente o contrário. Que é o distanciamento da Justiça do Trabalho de enfrentar situações de injustiça existentes nos locais de trabalho. E o terceiro elemento importante é justamente o sufoco das instituições sindicais, através do fim da obrigatoriedade da contribuição sindical.[613]

Nicoladeli observou as principais influências neoliberais na dimensão da reforma trabalhista trazida pela Lei nº13.467/2017, afirmando que ela fora conduzida por uma lógica autoritária neoliberal:

> (...)as características resgatadas do momento presente – neofascismo político e econômico – sintetizam-se nos seguintes elementos de inflexão: i) não diferenciação entre o tempo de trabalho e o tempo de desconexão; ii) a mitificação e fusão da ideia de uma governança autoritária no espaço público, privado e familiar (líder político, chefe no trabalho e o pai); iii) a democracia é superada pelo autoritarismo de mercado (...)edifica-se um direito neoliberal do trabalho, potencialmente inimigo do trabalhador, pois funde esse ideário econômico ao autoritarismo e reacionarismo, por óbvio, edulcorado na fraseologia do momento "modernização das relações de trabalho". Nesse contexto, a organização da produção, acumulação e consumo não mais admite os contornos existentes no contexto da regulação democrática que ordena as liberdades civis, direitos sociais e instâncias de mediação tradicionais no trabalho (sindicato). (...)a regulação normativa não estaria destinada a resolver conflitos de interesses entre capital e trabalho com mediação estatal sindical. Doravante a regulação serviria apenas e tão somente para garantir a manutenção e a sobrevivência do sistema(...)[614]

O arquétipo pretendido de regulamentação neoliberal flexível busca flexibilizar os elementos primários da relação trabalhista, quais sejam, "...

[613] POCHMANN, Márcio. **Especialistas apontam muitos desafios para a classe trabalhadora neste 1º de Maio.** Entrevista concedida a Agência Senado. Senado Notícias. Disponível em: https://www12.senado.leg.br/noticias/materias/2021/04/30/especialistas-apontam-muitos-desafios-para-a-classe-trabalhadora-neste-1o-de-maio. Acesso em: 13 mai.21

[614] NICOLADELI, Sandro Lunard. **A ambiência sócio-política dos "altos estudos" do GAET.** In: LIMA, Francisco Gérson Marques de (org). Direito do Trabalho em xeque: Contraponto às propostas de nova reforma trabalhista. Fortaleza: Grupe, 2021.p.126-127

alocação, contratação, jornada e remuneração."[615] Krein, também, identificou as principais mudanças visadas pelo neoliberalismo:

> (...)(1) redução do poder do Estado e dos sindicatos em influir na definição das relações de trabalho, em uma perspectiva de fortalecer a descentralização das negociações no âmbito do local de trabalho e até individualizando a definição das regras para os trabalhadores mais qualificados; (2) ampliação dos contratos atípicos (por tempo parcial, temporários, intermitentes, especiais para alguns segmentos), combinados com redução dos custos e maiores facilidades às empresas dispensarem; (3) "despadronização" da jornada de trabalho, diferenciando-a por segmento econômico, empresa e setor de trabalho (Gibb, 2017); (4) remuneração variável, em que o pagamento fica vinculado ao resultado obtido pela empresa, pelo coletivo e até pelo trabalhador individual; (5) redução da proteção social, especialmente com alterações no seguro desemprego e na previdência social. A característica comum é deixar o trabalhador em uma condição de maior insegurança e vulnerabilidade em relação ao trabalho e à renda, para que ele se sujeite à lógica da concorrência permanente com outros para poder se inserir no mercado e auferir alguma renda. [616]

A partir do diálogo entre a ideologia que orientou a reforma trabalhista e as mudanças produtivas e econômicas engajadas pela globalização e pelo desenvolvimento tecnológica, é possível compreender porque a reforma procurou acentuar a flexibilização da jornada e da duração do trabalho. Ela buscou facilitar sistemas de compensação de jornada, como o banco de horas, e simplificar as contratações temporárias, terceirizadas e intermitentes. Esse conjunto normativo demonstra um claro alinhamento legal aos desejos do mercado e da economia. O objetivo é justamente reduzir os entraves da produção e os custos. Como o componente tempo de trabalho é o que mais precisa ser articulado para a dinâmica do novo perfil produtivo é o que mais foi flexibilizado.

A política de flexibilização, além de promover uma plasticidade da jornada de trabalho e do fator tempo, influencia, ideologicamente, na desconstrução valorativa do Direito Laboral. O livre manejo do fator tempo de

[615] KREIN, José Dari. **Debates contemporâneos economia social e do trabalho.** Op. cit.p.40

[616] KREIN, José Dari. **O desmonte dos direitos, as novas configurações do trabalho e o esvaziamento da ação coletiva Consequências da reforma trabalhista.** Op.cit. p. 83

trabalho se coloca como verdadeira ferramenta do capital apta a otimizar a produção e o lucro, subjugando as necessidades humanas do trabalhador. [617]

Krein identifica que o Brasil, como foi marcado pelo capitalismo atrasado, "sempre teve um mercado de trabalho flexível...permitindo ao empregador ajustar o volume e o preço da força de trabalho às diferentes conjunturas econômicas."[618]Essa peculiaridade brasileira dificultou o país de atingir um nível de proteção social minimamente aceitável. Desta feita, o Brasil já foi inserido, em certa medida, sob os influxos neoliberais antes mesmo de concretizar a realização dos direitos sociais. Essa condição torna a reforma trabalhista ainda mais perversa.

Essa ideologia neoliberal procura romper até mesmo com a noção de vínculo de emprego ao trazer fissuras no próprio princípio clássico do Direito do Trabalho que é a alteridade. Isso ocorre porque, em defesa do discurso baseado no crescimento econômico e na garantia de emprego, essa racionalidade está empenhada em convencer os trabalhadores de que as relações modernas de trabalho são mais precárias e que a assunção de riscos do empreendimento passa a ser compartilhada entre empregado e empregador. Tenciona-se normalizar o juízo de que trabalhador é seu próprio patrão. Nesse sentido observam Colombi e Krein:

> O elemento central consiste em retirar do Estado a função de proteção social e dar a ele o papel de levar a cabo as reformas que produzam um enquadramento jurídico capaz de minar a lógica democrática da cidadania social, reforçando as desigualdades e trazendo a responsabilização sobre a vida no trabalho e fora dele para a dimensão individual.[619]

Streeck, ao analisar a conexão entre capitalismo e democracia identificou que o neoliberalismo precisa de um Estado que seja capaz de refrear as demandas sociais e sindicais. Nesse sentido, associa o neoliberalismo a uma política antidemocrática, afirmando que "... o neoliberalismo não é compatível com um Estado democrático, se entendermos por democracia

[617] DAL ROSSO, Sadi. **O ardil da flexibilidade: os trabalhadores e a teoria do valor**. São Paulo: Boitempo, 2017.p. 70-75

[618] KREIN, José Dari. **Debates contemporâneos economia social e do trabalho**. Op.Cit.p, 19

[619] COLOMBI, Ana Paula Fregnani; KREIN, José Dari. **A reforma trabalhista em foco: desconstrução da proteção social em tempos de neoliberalismo autoritário**. Disponível em: https://www.scielo.br/j/es/a/X9zPP8bXjjvTHTXK4wYqszk/?lang=pt. Acesso em: 30 jul.2021

um regime que intervém, em nome dos seus cidadãos e através do poder público, na distribuição dos bens económicos resultante do funcionamento do mercado ..."[620]

O neoliberalismo ataca as bases da democracia ao refutar que o Estado possibilite a concreção da isonomia entre os atores sociais. Ora, é característica indelével da democracia a construção de espaços sociais que permitam as várias vozes, de modo a consolidar um interesse coletivo. O neoliberalismo pretende retirar os espaços coletivos e o poder da coletividade ao concentrar na individualidade de cada pessoa a busca pelo bem-estar social. Ocorre uma ruptura importante na ideia de coletividade, solidariedade e pluralidade que são as bases da democracia. Como consequência, afasta-se a importância de realizar um recuo das desigualdades, afinal cada um é responsável pela busca de seu bem estar que é atingido dentro do curso normal da economia. [621] Nesse sentido sintetiza Brown:

> Assim, mais que um projeto de ampliação da esfera da competição e valoração de mercado (...), o neoliberalismo hayekiano é um projeto político-moral que visa proteger as hierarquias tradicionais negando a própria ideia do social e restringindo radicalmente o alcance do poder político democrático nos Estados-nação. O ataque contemporâneo à sociedade e à justiça social em nome da liberdade de mercado e do tradicionalismo moral é, portanto, uma emanação direta da racionalidade neoliberal, e não se limita aos assim chamados "conservadores. [622]

Brown analisa o neoliberalismo como uma espécie de "assalto ao social", na medida em que procurou dizimar a própria racionalidade pró-social, não se restringindo somente a afastar a realização dos direitos sociais das agendas políticas, jurídica e econômica:

[620] Streeck, Wolfgang. Op. cit.p.53

[621] "À medida que o ataque ao social derrota a compreensão democrática de sociedade zelada por um povo caracterizado pela diversidade e habilitado a governar a si de forma igualitária e compartilhada, a política se torna um campo de posicionamento extremo e intransigente, e a liberdade se torna um direito de apropriação, ruptura e até mesmo destruição do social – seu inimigo declarado. O assalto à sociedade e à justiça social nas décadas neoliberais é mais comumente identificado no projeto de desmantelar e depreciar o Estado social em nome de indivíduos livres e responsabilizáveis." In: Brown, Wendy. **Nas ruínas do neoliberalismo: a ascensão da política antidemocrática no ocidente**. São Paulo: Editora Politeia, 2019.p.39

[622] Ibidem.p.23

> O assalto neoliberal ao social, juntamente com sua identificação do poder exclusivamente com coerção, promulgou como consequência uma reformatação do liberalismo. À medida que saturava o discurso estatal e popular, o ataque neoliberal à justiça social, à reforma social e aos serviços sociais desafiava a igualdade, reformulava as guerras culturais e produzia uma desorientação geral da esquerda. (...)Quando a racionalidade neoliberal tem êxito em fazer desaparecer os poderes sociais, as reivindicações críticas enraizadas neles não são nada mais do que as lamúrias infundadas de "flocos de neve".(...)Por pum lado, deslegitimação das preocupações com a igualdade exceto a igualdade legal formal, e das preocupações com o poder, exceto a coerção explícita, forneceu esse novo significado e prática da liberdade sob o manto exclusivo do direito. Essa liberdade não supera simplesmente outros princípios políticos ela é tudo que existe. Por outro lado, a liberdade, arrancada do social, não se torna apenas ilimitada, mas exercida legitimamente sem preocupação com o contexto ou as consequências sociais, sem restrição, civilidade ou cuidado com a sociedade como um todo ou com os indivíduos dentro dela.[623]

Destarte, a Lei nº 13.467/2017, ao trazer como um dos principais motes a prevalência do negociado sobre o legislado acompanhada da possibilidade de alterações bilaterais do contrato de trabalho, seguiu a ideologia neoliberal, pois verifica-se um relevo aos princípios da liberdade contratual e da autonomia privada, aproximando-se da lógica que reveste o Direito Civil e os direitos de primeira dimensão relacionados à liberdade do indivíduo. Assim, a reforma procurou concretizar a racionalidade neoliberal, reorientando o Direito do Trabalho no sentido de ampliar a desregulamentação dos direitos trabalhistas, enfraquecendo as "...instituições de proteção e individualização dos riscos"[624] Ademais, ela procurou consolidar no tecido social uma ideologia do empreendedorismo, em detrimento da lógica protetiva.

3.3. O Direito do Trabalho na sociedade em transição: novas configurações de trabalho

O diálogo entre o Direito do Trabalho e as mudanças no mundo do trabalho vivenciadas a partir da década de 1970 permite demarcar as caracte-

[623] Ibidem.p.53-55

[624] COLOMBI, Ana Paula Fregnani; KREIN, José Dari. Op.cit.

rísticas inovadoras que orientam as atividades laborais nesse século XXI, bem como possibilita a identificação dos elementos basilares do Direito Laboral que foram perdidos nesse processo. Propõe-se, assim, reafirmar a principiologia atávica a esse ramo jurídico nesse contexto marcado por profundas transformações nos modos de produção e de realização do trabalho humano.

Com o neoliberalismo que emerge em 1980 no Brasil, observa-se uma expansão do discurso que propõe o uso da flexibilização dos direitos trabalhistas para se atingir o desenvolvimento econômico. Esse novo objetivo acaba afetando o Direito Laboral, na medida em que impõe a necessidade de flexibilizar cada vez mais os direitos sociais. O neoliberalismo desponta, desta forma, como ferramenta de desconstrução do Direto do Trabalho.

Conforme analisado alhures, as décadas de 1980 e 1990, foram marcadas por políticas neoliberais que introduziram uma redução da qualidade do emprego, bem como dos direitos sociais trabalhistas. Aliado a isso, a forma como o trabalho é executado recebera ainda mais influências de novos avanços tecnológicos.[625] Doravante, são construídas novas configurações de trabalho, como o trabalho em rede. Nesse sentido converge Castells:

> Uma revolução tecnológica concentrada nas tecnologias da informação está remodelando a base material da sociedade em ritmo acelerado. Economias por todo o mundo passam a manter interdependência global, apresentando uma nova forma de relação entre economia, o Estado e a sociedade em um sistema de geometria variável.[626]

A tecnologia hoje, portanto, se revela o mais importante fator de produção. Nesse sentido esclarece Dowbor:

> (...) a tecnologia é hoje o principal fator de produção. Isso desloca o capitalismo, porque o conhecimento tecnológico, diferente das máquinas e do trabalho físico é imaterial. A máquina continua importante, sem dúvida, mas o eixo estruturante é o conhecimento incorporado...a base material do que conhecíamos como capitalismo industrial se transforma.[627]

625 LEVY, Pièrre. **O que é o virtual**. São Paulo: Ed. 34, 1996.

626 CASTELLS, Manuel. **A sociedade em rede**.v.1. ed.2ª. São Paulo: Paz e Terra, 1999.p.21

627 DOWBOR, Ladislau. **O capitalismo se desloca: novas arquiteturas sociais**. São Paulo: Edições Sesc, 2020.p. 29

Para compreender as transformações do trabalho, é importante realizar um breve estudo do período compreendido entre 1960 e 1990. Boltanski e Chiapello observaram que o trabalhador da década de 1990 possuía mais autonomia na execução das tarefas e que a hierarquia e a burocracia entre os trabalhadores haviam se diluído. Processara-se uma descentralização das decisões para atender ao novo perfil econômico cada vez mais baseado na tecnologia, na concorrência e na celeridade das decisões. Nesse sentido ponderam:

> As questões que se apresentam para os autores dos anos 90 mostram-se diferentes e idênticas, de acordo com o aspecto considerado. São idênticas por retomarem o gancho da crítica à burocracia dos anos 60, levando-a ao extremo: a hierarquia é uma forma de coordenação que deve ser banida por basear-se na dominação; dessa vez não se trata apenas de libertar os executivos, mas todos os assalariados. São diferentes porque se tornam fundamentais alguns motivos novos, como a pressão concorrencial e as exigências dos clientes. A rejeição à hierarquia, nos anos 90 (...) Os motivos alegados para justificar essa carga anti-hierárquica muitas vezes são de ordem moral e fazem parte de uma recusa mais geral às relações dominantes-dominados". (...).Outro traço marcante dos anos 90 é que o tema da concorrência e o da mudança permanente e cada vez mais rápida das tecnologias – já presentes nos anos 60 – ganham uma amplitude sem precedentes, e em praticamente todos os textos se encontram conselhos para a implantação dessa organização flexível e inventiva que saberá "surfar" sobre todas as "ondas", adaptar-se a todas as transformações, ter sempre um pessoal a par dos conhecimentos mais recentes e estar permanentemente à frente dos concorrentes em termos tecnológicos.[628]

A década de 1990 é bombardeada por inovações e transformações no trabalho e na forma de sua administração. Essa nova estruturação das atividades é dirigida pela ideia de empresa enxuta e em rede, envolvendo inúmeros trabalhadores e participantes. Nesse cenário se observa uma ampliação das formas de trabalho em equipe. Esses novos ideários reverberaram no fomento da descentralização das atividades periféricas, fomentando a terceirização. Nesse sentido, Boltanski e Chiapello explicam:

[628] Boltanski, Luc; Chiapello, Ève. Luc, Boltanski.Op.cit.p. 98-100

> A expressão francesa entreprise maigre [empresa magra] foi calcada na expressão lean production [produção enxuta], inventada no início dos anos 90 para reunir o conjunto dos novos métodos de produção(...)A empresa enxuta, "leve", "sem adiposidades", perdeu a maioria dos escalões hierárquicos, ficando com apenas três a cinco e desempregando camadas hierárquicas inteiras'. Ela também se desfez de grande número de funções e tarefas, terceirizando tudo o que não fizesse parte do cerne de sua atividade (...) Os próprios trabalhadores – conforme nos dizem – devem ser organizados em pequenas equipes pluridisciplinares (pois elas são mais competentes, flexíveis, inventivas e autônomas do que as seções especializadas dos anos 60), cujo verdadeiro patrão é o cliente", tendo um coordenador, mas não um chefe'.[629]

Outro elemento importante que sofreu alteração, especialmente a partir da década de 1990, foi a direção do empreendimento. Alimenta-se a ideia de autocontrole, produzindo uma ruptura do conceito tradicional de direção do empreendimento centralizada no empregador. Opera-se, assim, um deslocamento do poder diretivo e dos riscos do empreendimento na medida em que o empregado de agora se vê muito mais envolvido na própria empresa e no êxito dela. Essa alteração impacta diretamente na concepção de subordinação do empregado. Esse autogerenciamento é bem analisado por Boltanski e Chiapello:

> Não existe uma infinidade de soluções para" controlar o incontrolável": a única solução é, de fato, que as pessoas se autocontrolem – o que consiste em deslocar a coerção externa dos dispositivos organizacionais para a interioridade das pessoas -, e que as forças de controle por elas exercidas sejam coerentes com um projeto geral da empresa (...)Isso explica a importância atribuída a noções como "envolvimento do pessoal" ou de "motivações intrínsecas", que são motivações ligadas ao desejo e ao prazer de realizar o trabalho, e não a um sistema qualquer de punições-recompensas impingido de fora para dentro' só capaz de gerar" motivações extrínsecas"'. (...) A cultura e os valores da empresa, o projeto da empresa, a visão do líder, a capacidade do dirigente empresarial de "compartilhar seu sonho" são meios auxiliares que devem favorecer a convergência dos autocontroles individuais, controles exercidos por cada um sobre si mesmo, de modo voluntário, tendo todos mais

[629] Boltanski, Luc; Chiapello, Ève. Op.Cit.p.101-103

probabilidade de permanecer coerentes entre si, visto que são inspirados por uma mesma fonte original.[630]

Na década de 1990, intenta-se dissolver a organização empresarial formulada a partir das ideias de autoridade e de hierarquia construídas na década de 1960. Isso explica porque a legislação trabalhista de 1960 se estrutura em torno das concepções de estabilidade e de fixação no emprego. Por isso, em 1990 essas garantias passam a sofrer questionamentos.[631]

Também se observa uma alteração do perfil do trabalhador. Na década de 1960, o trabalhador mais eficiente era mais reconhecido. Em contrapartida, em 1990, desloca-se o eixo de valorização, prestigiando-se um empregado que possua qualidades flexíveis, que saiba trabalhar em equipes, mantendo boas relações interpessoais e que tenha boa capacidade de adaptação.[632] Essas transformações produtivas impulsionaram o processo de fissura das bases principiológicas do Direito Laboral, em especial do princípio da alteridade atrelado ao elemento da subordinação. Nesse sentido, ponderam Boltanski e Chiapello:

> Um dos eixos principais da nova estratégia das empresas (...) foi o grande crescimento daquilo que, a partir dos anos 80, foi chamado de flexibilidade, que possibilitou transferir para os assalariados e também para subcontratados e outros prestadores de serviços o peso das incertezas do mercado. Ela se decompõe em flexibilidade interna, baseada na transformação profunda da organização do trabalho e das técnicas utilizadas (polivalência, autocontrole, desenvolvimento da autonomia etc.), e flexibilidade externa, que supõe uma chamada organização do trabalho em rede, na qual empresas "enxutas" encontram os recursos de que carecem por meio de abundante subcontratação e de uma mão de obra maleável em termos de emprego (empregos precários, temporários, trabalho autônomo), de horários ou de jornada do trabalho (tempo parcial, horários variáveis).[633]

630 Ibidem.p.110-111
631 Ibidem.p.116 e 121
632 Ibidem.p.124
633 Boltanski, Luc; Chiapello, Ève. Op.Cit.p.240

Portanto, verifica-se que as formas atuais de organizar o trabalho baseadas no sistema *just in time* e no avanço tecnológico estão se estruturando em torno da noção de autogerenciamento do trabalhador.

Também, é possível averiguar que o trabalho na sociedade brasileira se concentra, predominantemente, no setor terciário. Pochmann, a partir da construção de três temporalidades, analisa as fases históricas que orientaram o trabalho no Brasil. No primeiro período, o trabalho era marcado pela agricultura. Entre as décadas de 1930 e 1980, verifica uma segunda temporalidade caracterizada pela transição para a sociedade industrial. A partir do início do século XXI, o Brasil adentra na terceira temporalidade qualificada pela ruptura prematura da industrialização e recrudescimento da sociedade de serviços.[634]

> É perceptível também, particularmente nas últimas décadas do século XX, uma significativa expansão dos assalariados médios no "setor de serviços", que inicialmente incorporou parcelas significativas de trabalhadores expulsos do mundo produtivo industrial, como resultado do amplo processo de reestruturação produtiva, das políticas neoliberais e do cenário de desindustrialização e privatização. Nos EUA, esse contingente ultrapassa a casa dos 70%, tendência que se assemelha à do Reino Unido, da França, Alemanha, bem como das principais economias capitalistas. Se, entretanto, inicialmente se deu uma forte absorção, pelo setor de serviços, daqueles(as) que se desempregavam do mundo industrial, é necessário acrescentar que as mutações organizacionais, tecnológicas e de gestão também afetaram fortemente o mundo do trabalho nos serviços, que cada vez mais se submetem à racionalidade do capital e à lógica dos mercados. Como exemplos, poderíamos lembrar a enorme redução do contingente de trabalhadores bancários no Brasil dos anos de 1990, em função da reestruturação do setor, ou ainda daqueles serviços públicos que foram privatizados e que geraram enorme desemprego.[635]

634 "Decorrente do precoce processo de desindustrialização que acompanha o país desde a inserção passiva e subordinada desencadeada na década de 1990 por governos neoliberais, o funcionamento do mercado de trabalho tem convergido para a generalização de condições extremamente regressivas associadas ao relativo declínio de ocupações intermediárias e generalização do emprego na base da pirâmide social, o que favorece o aprofundamento da polarização social."In: POCHMANN, Márcio. Estremecimento do trabalho no Brasil. **Revista Labor**.v. 23, N. XX DOI: https://doi.org/10.29148/revista%20labor.v1i23.44481.p. 35-54.p.37

635 ANTUNES, Ricardo; ALVES, Giovanni. As mutações no mundo do trabalho na era da mundialização do capital. **Educ. Soc.**, Campinas, vol. 25, n. 87, p. 335-351, maio/ago. 2004. p. 338

O crescimento do terceiro setor é retroalimentado a partir da conjunção de dois fatores: o recuo da indústria e o desemprego estrutural. Essa situação propulsiona o aumento de empregos informais e precarizados, forjando um novo perfil de trabalhador. Nesse diapasão observam Antunes e Alves:

> A classe trabalhadora, portanto, é mais ampla que o proletariado industrial produtivo do século passado, embora este ainda se constitua em seu núcleo fundamental. Ela tem, portanto, uma conformação mais fragmentada, mais heterogênea, mais complexificada. Que somente pode ser apreendida se partirmos de uma noção ampliada de trabalho. E apresentar essa processualidade multiforme é muito diferente, como vimos, do que afirmar o fim do trabalho ou até mesmo o fim da classe trabalhadora.[636]

Moraes e Pochmann observam que a expansão do setor terciário contribui para um aprofundamento ainda maior da precarização do trabalho. Nesse sentido afirmam:

> Desde os anos de 1990, com a adoção do receituário neoliberal, o precoce movimento da desindustrialização da economia nacional se generalizou acompanhado da emergência de uma nova classe trabalhadora de serviços. Isso porque se passou a assistir, especialmente no âmbito dos pequenos empreendimentos, à expansão considerável do setor terciário, portador de um inédito e crescente precariado de dimensão nacional. Atualmente, quase quatro quintos dos postos trabalho existentes pertencem ao setor terciário da economia, bem como duas a cada grupo de três ocupações abertas no segmento privado não agrícola são provenientes dos negócios com até dez trabalhadores. Nessa nova classe trabalhadora de serviços, em expansão, prevalece elevada heterogeneidade, sobretudo nos pequenos empreendimentos que reúnem desde atividades associadas à estratégia de sobrevivência às ocupações tecnologicamente avançadas, com vínculos às grandes empresas nacionais e internacionais. Por conta disso, o curso da nova classe trabalhadora de serviços assenta-se majoritariamente nas ocupações inseguras e amparadas por baixa remuneração.[637]

636 ANTUNES, Ricardo; ALVES, Giovanni.Op.cit. p. 343

637 MORAES, Reginaldo;POCHMANN, Márcio. **Capitalismo, classe trabalhadora e luta política no início do século XXI: experiencias no Brasil, Estados Unidos, Inglaterra e França**. São Paulo: Fundação Perseu Abramo, 2017.p. 76

Esse arranjo da economia brasileira, em torno do setor de serviço, caracteriza, segundo Pochmann, a "sociedade de serviços"[638] que se organiza em torno da hegemonia do "desemprego aberto, da ampliação da subutilização da força de trabalho e da generalização da precarização nas ocupações...."[639].Essa situação se impõe diante do recuo da industrialização, aliado ao crescimento de reformas neoliberais.

A sociedade de serviço alavanca o trabalho informal, aumentando a gama de trabalhadores alijados da legislação protetiva trabalhista. Ora, a informalidade precisa ser combatida, seja por meio da criação de empregos formais, seja pela ampliação dos direitos trabalhistas para além dos confins das relações empregatícias, sob pena de se consolidar uma sociedade de trabalhadores desprovidos dos direitos mínimos intrínsecos à própria condição humana, afinal como verificaram Vaz et al:

> (...)o mercado informal funciona com uma alternativa de fuga, da desvalorização da mão de obra do trabalhador. Desta forma o trabalhador estaria garantido ao menos, o sustento de sua família, mesmo aceitando oportunidades com qualificações exigidas inferiores as suas qualificações.[640]

A informalidade do trabalho é um sintoma do sistema capitalista baseado essencialmente na extração da mais valia máxima, revelando a superexploração do trabalhador. Nesse sentido, escrevem Casulo e Alves:

Esse processo de precarização do trabalhador se fortalece a partir da década de 1990, diante das alterações do perfil buscado de trabalhador orientadas pelas mudanças do modelo produtivo agora mais dinâmico e flexível, somado ao baixo crescimento industrial e ao aumento do setor de serviços. Outro fator importante que se associa nesse movimento de precarização é o aumento de medidas legais ordenadas sob a lógica neoliberal. Diante disso, observa-se um esvaziamento da classe média e de emprega-

[638] "(...)diante da tendência de terciarização dos sistemas produtivos, sobretudo após a segunda metade do século passado, os serviços emergiram como papel de destaque crescente. No passado das sociedades agrária e urbana e industrial, os serviços eram geralmente considerados estáveis, pois responsáveis por irrisórios ganhos de produtividade diante de intensa agregação de trabalhadores. Mais recentemente, contudo, o setor terciário passou a assumir inédito protagonismo(...) diante da constituição da nova sociedade de serviços". POCHMANN, Márcio. **Estremecimento do trabalho no Brasil**. Op. cit.p.36

[639] Ibidem.p.35

[640] VAZ, Andréa Arruda et al. **Op. cit**. p. 162

dos industriais, aprofundando a desigualdade social conforme analisam Moraes e Pochmann:

> O quadro de polarização social aprofundou-se com a recessão desencadeada desde o ano 2015. De um lado, a degradação da estrutura social herdada da industrialização fordista tem se expressado tanto pela desconstituição de ampla parcela da classe média assalariada quanto pelo fortalecimento de um novo segmento de precariados no interior do conjunto da classe trabalhadora, no segmento que alguns têm denominado de "nova classe média". (...)Nessa regressão econômica e social desencadeada pela recessão, assiste-se à implementação de uma segunda geração das políticas de corte neoliberal baseada em novo padrão de superexploração da classe trabalhadora. Por conseguinte, registra-se um movimento maior de desestruturação da sociedade salarial(...) Como resultado, assiste-se, atualmente, à transição das tradicionais classes médias assalariadas e de trabalhadores industriais para o inédito e extensivo precariado. Essa polarização social é permeada pelo espontaneísmo e pela rejeição de formas organizativas clássicas, adotando características próximas do anarquismo. Concomitante com as novas tecnologias de informação e comunicação, as mobilizações sociais e trabalhistas transcorrem acima da setorialização e fragmentação da tradicional organização sindical, o que gera estranhamento e distanciamento entre as estruturas existentes e as formas de mobilização espontâneas. (...) Com o esvaziamento da regulação social e trabalhista, as promessas de modernidade trazidas pelo receituário neoliberal constituem o novo padrão de superexploração do trabalho, em que o predomínio de baixos rendimentos.[641]

Nesse contexto, avoluma-se o trabalho intermitente baseado em contratos zero hora, ao mesmo tempo em que ocorre uma fragilização dos sindicatos e da percepção de classe trabalhadora, aprofundando a exploração. Observa-se, portanto, uma redução da atuação sindical na dimensão negocial. Moraes e Pochmann explicam que esse exaurimento do sindicato "...se generaliza pela fragmentação da própria base social e territorial." [642]Ademais, esse cenário produziu um desmantelamento da antiga classe média empregada, emergindo uma nova classe média mais precarizada.

641 MORAES, Reginaldo; POCHMANN, Márcio. Op. cit. p. 93-94

642 Ibidem.p.77

Outra significativa transformação contemporânea na configuração do trabalho envolve o elemento territorial, a flexibilidade e a agilidade na dinâmica produtiva. O empregado para se alinhar a esse contexto marcado pela rapidez das informações e pela flexibilidade precisa ter a característica da mobilidade. Boltanski e Chiapello com muita propriedade analisaram esse elemento inerente à execução do trabalho contemporâneo:

> (...)a mobilidade tem uma dimensão geográfica, mas ela se manifesta na maioria das vezes como afastamento de tudo o que é excessivamente específico, ligado a circunstâncias precisas (àquilo que não é transferível a outras produções, no caso presente). Difundem-se equipamentos industriais modulares, flexíveis e pouco específicos. Eles são deslocados com mais facilidade de um lugar para outro, mas também de uma produção para outra. O consumidor é outra fonte de instabilidade. (...) As empresas quiseram atingir um nível de mobilidade ajustado à suposta volatilidade do desejo do consumidor. (...)Elas trabalham em regime de just-in-time para não se exporem ao risco de ficar com produção encalhada.[643]

Indubitavelmente, o elemento tempo de trabalho é o que mais sofreu transformações nessa nova configuração do trabalho e, também, o que mais foi impactado pelas políticas de flexibilização, na medida em que o tempo de trabalho está diretamente ligado ao processo de ajustamento da produção às demandas rápidas e flexíveis. Atualmente, se observa um aumento da jornada de trabalho. Isso porque, nessa sociedade marcada pelo trabalho informal e precarizado, o trabalhador para atingir um mínimo de renda necessária para a sobrevivência deverá se submeter a mais trabalho. Essa situação é mais um reflexo da dinâmica da economia no país baseada em uma precoce desindustrialização, associada a uma ausência de Estado de bem-estar social.[644]

[643] BOLTANSKI, Luc; CHIAPELLO, Ève. Op.cit. p.378-379

[644] "Sem a presença do estágio de bem-estar social, ocasionada, em grande medida, por uma rede de proteção social a funcionar ante os riscos do trabalho (doença, acidente e desemprego), cabe ao trabalhador apostar no empreendimento próprio mesmo com altíssimas taxas de mortalidade dos negócios, como forma de procurar proteção da volúpia do capitalismo selvagem à moda brasileira. Na toada temporal, os sentidos atuais do trabalho confirmam a permanência de uma sociedade pouco fundada no assalariamento regular e regulamentado. A estratégia auto-ocupacional permanece ativa, afirmando-se cada vez mais pela necessidade de sobreviver no capitalismo selvagem, avesso a reformas civilizatórias".In: POCHMANN,

A partir da lógica do sistema *just in time* também é possível perceber a importância reinterpretar o tempo de trabalho. Busca-se remunerar somente o tempo efetivamente laborado. Boltanski e Chiapello verificaram que:

> As novas formas de organização do trabalho, sobretudo as inspiradas no toyotismo, também possibilitam" tender a uma situação em que a força de trabalho nunca fique improdutiva e possa ser descartada assim que as encomendas diminuam" (Lyon-Caen, 1980). Shimizu (1995) explica que a redução permanente do custo de produção (mais conhecida com o nome de Kaizen ou "melhoria contínua"), objetivo essencial da empresa Toyota, hoje tomada como modelo pelos maiores grupos, era obtida principalmente pela busca de economia com a mão de obra, supondo-se o uso de ardis técnicos e organizacionais, mas também a extinção de todos os intervalos e o aumento máximo do ritmo de trabalho.[645]

Dowbor e Chiauí[646] identificam, hodiernamente, uma sociedade de conhecimento. Após a decadência da sociedade agrária, que se estruturava em torno da terra, irrompe-se o crescimento industrial. Esse novo cenário desloca a estruturação social da noção de terra para a noção de propriedade privada. Com a queda da sociedade industrial, emerge a atual sociedade do conhecimento cujas bases são a tecnologia e a informação.[647] A sociedade industrial se baseia na divisão do trabalho e na socialização da produção. As relações de poder se estruturam em torno da ideia de propriedade privada dos meios de produção. E dessa conjuntura, deflui logicamente, que deverá ser pago o trabalho exercido.[648] Dowbor pondera que a sociedade do conhecimento é mais:

> (...)informada, conectada e colaborativa (...) Hoje o homem programa a operação das máquinas. O que ele gera, fundamentalmente, são conhecimento, tecnologia, design, o chamado imaterial (...) o grande eixo transformador e que a tecnologia é hoje o principal fator de produção. Isso desloca o capita-

Márcio. **Mal-estar ainda predomina no trabalho**. Folha de São Paulo, São Paulo, 24 mar. 2002. Especial 8. Disponível em: Acesso em: 15 set.2021

645 BOLTANSKI, Luc; CHIAPELLO, Ève. Op.Cit.p. 274

646 CHAUÍ, Marilena. Op.cit.p. 28

647 DOWBOR, Ladislau. Op.cit.p. 26

648 Ibidem. p. 25

lismo, porque o conhecimento tecnológico, diferentemente das máquinas e do trabalho físico, é imaterial. A máquina continua importante (...), mas o eixo estruturante é o conhecimento incorporado.[649]

O trabalho na contemporaneidade é qualificado por um paradoxo: ao mesmo tempo em que se observar um recuo da oferta de trabalho e, portanto, uma redução da jornada, de outra ponta se verifica um excesso de trabalho experimentado por aqueles trabalhadores que ainda possuem emprego. Nesse sentido, escreve Krein ao apontar um movimento de polarização do tempo de labor. Esse processo de mudanças no tempo do trabalho é dirigido pela dinâmica da precarização gradativa das relações laborais associado aos ideários de competitividade, autogerenciamento e individualismo. Nessa perspectiva observou Krein:

> Essas alterações precisam ser entendidas em um contexto mais amplo – político, econômico e ideológico – em que se viabiliza a acumulação capitalista, na qual os ganhos de produtividade tendem a eliminar postos de trabalho e a criar outras atividades. Contudo, até o momento, uma redução mais efetiva da jornada não tem ocorrido. O tamanho da jornada do ponto de vista formal não se alterou, houve, entretanto, um aumento dos contratos parciais e temporários que reduziu horas de trabalho e ao mesmo tempo avançou a parcela de pessoas que trabalham além da jornada legal(...). As manifestações de precariedade, possivelmente, não mais se refletem nas taxas de desemprego, pois parte das pessoas simplesmente não está mais buscando se inserir ou aceitando qualquer atividade pela necessidade de sobreviver. (...) no presente a tendência aponta para um sentido contrário, com o aumento da desproteção e da submissão dos indivíduos à permanente concorrência.[650]

Boltanski e Chiapello, também, observam significativas transformações no mundo do trabalho a partir da identificação de mudanças no tecido produtivo. Eles identificaram um aumento da terceirização e uma elevação do trabalho temporário, ou seja, um avanço de subcontratações de precarização das atividades.[651]

[649] Ibidem. p. 27 e 29

[650] KREIN, José Dari. O desmonte dos direitos, as novas configurações do trabalho e o esvaziamento da ação coletiva Consequências da reforma trabalhista. Op.cit.p. 77-104

[651] " O desenvolvimento da terceirização foi considerável, passando de 5,1 % da receita bruta industrial em 1974 para 8,9% em 1991, mantendo-se esse nível a partir daí.(...)uma pesquisa

Igualmente, é possível verificar um processo de "dualização dos assalariados." Observa-se a organização de duas espécies de mão de obra: uma mais qualificada e sindicalizada e outra mais instável, menos qualificada e mais alijada do sistema normativo protetivo.[652]

Portanto, as transformações do trabalho contemporâneas são marcadas por um processo de consolidação da precarização. Para a otimização dos resultados e dos lucros, é desejado que o trabalho tenha uma redução nos custos, além de se revestir de uma maior plasticidade para modelar o fator tempo de trabalho. Nessa conjuntura, o manejo de contratos com prazo determinado, temporários e intermitentes, aliados à medidas de flexibilização da duração e da jornada de trabalho se colocam como medidas essenciais para o capital.[653]

Procura-se articular a força de trabalho de acordo com os anseios da produção. Nessa dinâmica, a flexibilização da jornada se coloca como mecanismo importante para possibilitar a retirada das porosidades no trabalho executado.[654]

Sobre a generalização das formas precárias de labor, é possível afirmar que é alimentada pelo aumento de medidas flexibilizatórias concedidas ao empregador que passa a ter maior facilidade para transitar nas condi-

recente do Ministério da Indústria junto a empresas de indústria manufatureira com mais de 20 empregados procurou dimensionar a "subcontratação total" para fazer um levantamento da sua evolução desde a simples modelagem (a partir de material fornecido pelo terceirizador) até "parcerias industriais"'. Os números são então mais elevados, pois se obtém um volume total de subcontratações da ordem de 21 % da produção industrial (...) Com o desenvolvimento de relações de subcontratação mais estritas e duradouras, as empresas procuram reduzir o número de interlocutores, de tal forma que se assiste a uma organização da subcontratação em vários níveis: as grandes empresas recorrem a subcontratados de primeiro nível, que subcontratam empresas de segundo nível, e assim por diante. Quanto mais complexo o produto final, mais longa é a cadeia. (...)O trabalho temporário também passou por grande crescimento, tornando esse setor um dos maiores criadores de empregos. A taxa de recurso ao trabalho temporário, ou seja, o número de postos ocupados por temporários em comparação com o total dos postos, em 1997, é de 5,1 % na construção e de 4,3% na indústria, mas de apenas 0,9% no setor terciário, que prefere recorrer a contratos de duração determinada ou de tempo parcial para obter flexibilidade. "In: Boltanski, Luc; Chiapello, Ève. Op. cit. p. 242 -243

652 Ibidem. p. 253

653 Ibidem.p.249-250

654 Abílio, **Ludmila Costhek. O futuro do trabalho é aqui: uberização, autogerenciamento subordinado e modos de vida periféricos.** Disponível em: https://revistarosa.com/4/o-futuro-do-trabalho-e-aqui. Acesso em: 09 set.2021

ções do contrato de trabalho, adaptando-o conforme os desideratos do mercado e da produção.

Atualmente, as instabilidades geradas pelas novas formas de produção aprofundaram-se. A intensificação do capital financeiro somada ao aumento da tecnologia marca as novas formas de emprego. Nesse cenário, observa-se uma ruptura nos padrões de subordinação e de emprego realizados que se revestem de maior autonomia e celeridade. Acentuam-se os autônomos ao mesmo tempo em que se verifica um recuo do trabalho subordinado. A execução de trabalho informais, em plataforma como a do Uber, expande-se.

Esse contexto, assinalado pelo crescimento de uma nova classe média desenhada a partir da dinâmica das economias nacional e internacional, produz um novo trabalhador precarizado. O aumento da tecnologia esculpe uma moderna forma de prestação do trabalho: o labor por plataformas. Pretende-se construir uma nova modalidade de trabalho neoliberal. Essa racionalidade passa a conceber um trabalhador apartado do sistema protetivo trabalhista sob a justificativa de que possui uma maior autonomia na execução de sua tarefa. Entretanto, essa dita autonomia identificada na possibilidade teórica de gerenciar seu tempo de trabalho, somente lhe traz o ônus de assumir os riscos do empreendimento. Todavia, a livre possibilidade de administrar o seu tempo de trabalho e a sua atividade, conforme deflui da ideia de trabalho autônomo, está ausente. Segundo Kalil:

> As empresas têm amplo controle sobre o trabalho realizado, o que é viabilizado pela administração da mão de obra por meio dos algoritmos.[2] Há a automação de atividades anteriormente atribuídas a gerentes, encarregados, contadores, atendentes e trabalhadores do setor de recursos humanos, a partir de informações extraídas dos trabalhadores diretamente pelas plataformas digitais e por meio do *feedback* de seus clientes. A programação algorítmica permite distribuir atividades entre os trabalhadores, fixar o valor do trabalho, indicar o tempo para a realização de uma tarefa e a duração de pausas, determinar como o serviço deve ser feito, avaliar os trabalhadores e aplicar sanções. É o que se chama de gerenciamento algorítmico.[655]

[655] KALIL, Renan Bernardi. **Desvelar para proteger**. In: Revista rosa. Disponível em: https://revistarosa.com/4/desvelar-para-proteger. Acesso em: 09 set.2021

Essa nova forma de prestar o trabalho revela um novo perfil de controle patronal na dinâmica da prestação da atividade. Diante do avanço tecnológico emerge, assim, um poder diretivo algorítmico que precisa ser considerado pelo direito. Mossi e Rosenfield denominam o trabalho realizado por meio de plataformas de microtrabalho.[656] Para eles, essa atividade é caracterizada pela fragmentação dos trabalhadores, pois, as tarefas são efetivadas em "escala micro", sem ligação alguma como os demais trabalhadores ou mesmo com o local de trabalho. Ademais, as atividades são fracionadas. Essa condição de trabalho favorece a ruptura da organização coletiva, promovendo, igualmente, uma alteração nas noções de tempo trabalhado e espaço do trabalho.[657]Essa situação, aliada às ideais de autorregulamentação, facilita o afastamento da essencialidade da fixação dos limites da duração do trabalho.

Assim, o microtrabalho carrega a ideia de alta flexibilidade, autorregulação e individualidade, produzindo uma alienação do trabalho mais profunda que a vivenciada no sistema de produção taylorista. Opera-se uma alienação da identificação coletiva do trabalhador na medida em que a plataforma torna invisíveis todos os atores envolvidos na relação de trabalho, afinal a plataforma é concebida como um simples algoritmo, despido de personalidade. Entretanto, é preciso lembrar que existe sempre uma atuação humana que dirige o algoritmo.

Essas novas formas de prestação dos serviços não podem ser justificativas para a ruptura ou mesmo o afastamento do Direito do Trabalho, sob a alegação que não há como inserir no conceito de relação de emprego celetista. Eventual descompasso da CLT com essas transformações no mundo do trabalho exige uma reflexão maior, devendo se considerar uma reinterpretação da subordinação ou mesmo a extensão do rol dos direitos sociais a toda espécie de trabalho humano.

656 "Ainda que alguns autores possam se referir a uma forma de taylorismo digital, não se pode afirmar tão simplesmente que seria uma forma de taylorismo, pois não se trata de assalariamento, e sim de um trabalho por microtarefas que se renovam a cada instante. Se no taylorismo havia a parcialização das tarefas, o trabalhador integrava um todo maior sobre o qual não tinha ingerência, mas tinha conhecimento. A parcialização das tarefas e a alienação decorrente eram como que recompensadas pela relativa estabilidade e segurança do assalariamento. "In: MOSSI, Thays Wolfarth;ROSENFIELD, Cinara. **Trabalho decente no capitalismo contemporâneo: dignidade e reconhecimento no microtrabalho por plataformas.** Disponível em: https://doi.org/10.1590/s0102-6992-202035030004. Acesso em; 17jun.2020

657 Ibidem.

A racionalidade neoliberal que conduziu o processo de flexibilização trabalhista não pode dirigir as novas formas de labor prestado na atualidade. A ideia difundida pelos neoliberais de liberdade individual, mediante flexibilização dos direitos trabalhistas, esconde uma nova forma de gerenciamento da atividade e uma maior exploração do sistema capitalista. Ora, a produção baseada no sistema *just in time* e a ruptura de poder centralizado hierárquico revelam a dinâmica do atual mercado que propugna pela execução de trabalho mais intensificado e acelerado. De fato, é certo que o controle do empregador ainda permanece e de forma muito mais precisa, pois é realizado pela tecnologia e por meio de sistemas algorítmicos matematicamente estruturados. Essa dinâmica de trabalho produz novas formas de controle mais sutis, escondendo-se nas ideias de autonomia, autogerenciamento e liberdade. [658]Nesse sentido caminhou Sennett:

> A repulsa à rotina burocrática e a busca da flexibilidade produziram novas estruturas de poder e controle, em vez de criarem as condições que nos libertam. O sistema de poder que se esconde nas modernas formas de flexibilidade consiste em três elementos: reinvenção descontínua de instituições; especialização flexível de produção; e concentração de poder sem centralização. Os fatos que se encaixam em cada uma dessas categorias são conhecidos da maioria de nós, nenhum mistério; já avaliar a consequência deles, é mais difícil.[659]

Ademais, houve profundas mudanças na percepção de território de trabalho. Os influxos da globalização e do avanço tecnológico trouxeram tanto uma ampliação da noção de territorialidade, na medida que as empresas estão agora inseridas no mundo, quanto uma desterritorialização das atividades, ao possibilitarem o trabalho à distância. O teletrabalho também experimentou importantes mudanças impulsionadas pela pandemia da Covid-19. Diante do distanciamento social imposto como medida de contenção da disseminação do vírus, o trabalho em domicílio e o teletrabalho intensificaram. Entretanto, essa forma de trabalho acentua, ainda mais, as noções de autogerenciamento e de individualidade nutridas pelo neoliberalismo e pelo Toyotismo.[660]

[658] SENNETT, Richard. **A corrosão do caráter: consequências pessoais do trabalho no novo capitalismo**. 16ªed. Rio de Janeiro: Editora Record, 2015.

[659] Ibidem.

[660] ANTUNES, Ricardo. **Os sentidos do Trabalho: ensaio sobre a afirmação e negação do trabalho.** 2ªed.São Paulo: Boitempo Editorial, 2009 p. 114

Somado a esses fatores, a Revolução 4.0 reconfigurou as formas de execução da atividade, diminuindo acentuadamente a exigência da atuação humana para diversas atividades. Essa realidade traz um recuo dos postos de trabalho segundo analisam Jakobson e Santos:

> (...)digitalização da produção de bens e serviços por meio de três áreas diferentes. A primeira, o sistema de assistência, é o mais simples ao implicar na montagem de produtos por trabalhadores com o apoio de computadores para melhorar a qualidade e a produtividade. A segunda área seriam os "sistemas cyberfísicos" ou a chamada "internet das coisas", criando as "fábricas inteligentes" onde as máquinas serão todas interconectadas em rede, permitindo intervenções externas, bem como das próprias máquinas, na execução da produção automatizada. A mão de obra necessária nesse caso seria mínima. (...) A terceira, a de "inteligência artificial", seria a mais sofisticada ao envolver também os serviços, além da fabricação, pois a quantidade de dados que a digitalização permite acumular propicia analisar com profundidade o perfil dos consumidores e o processamento de macrodados (Big Data).[661]

Essa retração da atuação humana nas diversas atividades, contribui para o agravamento do desemprego estrutural brasileiro, possibilitando um aumento na precarização das condições do trabalho. Nesse diapasão, explica Schwabs:

> Os primeiros sinais apontam para uma onda de inovações que substituirão o trabalho de vários setores e categorias de trabalho que, provavelmente, irão ocorrer nas próximas décadas. Substituição do trabalho Diferentes categorias de trabalho, particularmente aquelas que envolvem o trabalho mecânico repetitivo e o trabalho manual de precisão, já estão sendo automatizadas. Outras categorias seguirão o mesmo caminho, enquanto a capacidade de processamento continuar a crescer exponencialmente. Antes do previsto pela maioria, o trabalho de diversos profissionais diferentes poderá ser parcial ou completamente automatizado, a saber, advogados, analistas financeiros, médicos, jornalistas, contadores, corretor de seguros ou bibliotecários. Até o momento, a evidência é a seguinte: a quarta revolução industrial parece

[661] JAKOBSEN, Kjeld A; SANTOS, Artur Henrique S. **O trabalho nas atuais transformações da globalização capitalista**. In:OLIVEIRA, Dalila Andrade e POCHMANN, Márcio (orgs). A devastação do trabalho: a classe do labor na crise da pandemia.Brasília : Gráfica e Editora Positiva, 2020.p. 22

estar criando menos postos de trabalho nas novas indústrias do que as revoluções anteriores.[662]

A partir do diálogo entre as alterações da produção e a ideologia neoliberal, foi possível verificar que o trabalho humano contemporâneo passou a se revestir de novas características estribadas em torno das ideias de individualidade, competitividade e autogerenciamento. Essa conjuntura, fortalece o sentimento de concorrência entre os trabalhadores ao mesmo tempo que remodela as noções de tempo, de remuneração e de controle. A própria ideia de subordinação vem recebendo essas influências de modo que hodiernamente, mesmo os empregados passam a ser identificados como colaboradores, procurando-se reduzir a gama de trabalhadores inseridos na conjuntura normativa protetiva.

O que se vislumbra é uma tentativa de afastar a centralidade do Direito do Trabalho neste novo cenário produtivo. Esse esvaziamento dos direitos trabalhistas, além de revelar essa tendência de descentralização do trabalho humano, mostra uma legalização da precarização máxima, na medida em que se procura compartilhar os riscos do empreendimento entre empresário e empregado, como se observa nos trabalhadores que laboram por aplicativo. Afirma-se, frequentemente, que o trabalhador é quem administra a sua atividade, mas na realidade mascara uma nova forma de exploração na medida em que, como observa Abílio, existe "um autogerenciamento que é inteiramente subordinado."[663]

A alteração nessa perspectiva é profunda, afetando as bases principiológicas do Direito Laboral e, até mesmo, o próprio sentido do trabalho humano.[664] Procura-se afastar o elemento humano inerente à execução do trabalho de modo a objetivar cada vez mais a relação de trabalho. Nesse contexto, o discurso que propugna pela diminuição da tela protetiva passa a ser normalizado. No mais, ao se afastar a pessoa humana da dimensão da atividade executada, legitima-se a aplicação da racionalidade do mercado nas relações de trabalho. Entretanto, conforme ponderou Braverman, a partir da concepção marxista, o trabalho executado possui um pouco do ser humano:

662 Schwabs, Klaus. Op.cit.p. 43

663 Abílio, **Ludmila Costhek**. Op. cit.

664 Krein, José Dari. Debates contemporâneos economia social e do trabalho. Op. cit. p. 26

> (...)no trabalho humano o mecanismo regulador é o poder do pensamento conceptal, que tem origem cm todo um excepcional sistema nervoso central(...) Entre as diferenças físicas dos homens e dos macacos está o relativo aumento de quase todas as partes do cérebro, e em especial o pronunciado volume das partes frontais e parietais dos hemisférios cerebrais, o que é mais importante para explicar a capacidade humana para o trabalho conceptualizado antes e independente da orientação do instinto.(...) Assim, o trabalho como atividade proposital, orientado pela indigência, é produto especial da espécie humana. Mas esta, por sua vez, é produto especial desta forma de trabalho. (...) Assim, para os humanos em sociedade, a força de trabalho é uma categoria especial, distinta e não intercambiável com qualquer outra, simplesmente porque é humana. Só quem for o senhor do trabalho de outros confundirá força de trabalho com qualquer outro meio de executar uma tarefa, porque para ele, vapor, cavalo, água ou músculo humano que movem seu moinho são vistos como equivalentes, como "fatores de produção.[665]

Diante dessas novas formas de labor que emergem, a reforma trabalhista, sob o discurso de modernização da legislação trabalhista, também, busca inserir os trabalhadores informais e precarizados na legislação, tratando-os, ora como autônomo, ora como intermitentes. Todavia, ao legalizar o trabalho informal como intermitente produz paralelamente uma gradativa diminuição do rol de trabalhadores protegidos.

Essa lógica é alimentada pela ideologia neoliberal. Ora, a ideia de individualismo do trabalhador, somada à de empreendedorismo justifica esse novo perfil de gestão da mão-de-obra. Assim, o trabalhador de plataforma é definido como um autônomo, já que é responsável pela gestão de seu mister, somente se utilizando das plataformas e dos aplicativos. Nessa conjuntura, o que se deseja é reforçar ainda mais o processo de desvalorização do Direito Social do Trabalho que passa a ser concebido como desnecessário e prejudicial ao desenvolvimento econômico. Outrossim, observa-se uma tentativa de quebra do valor trabalho, com a valorização do valor econômico.

O avanço tecnológico reduz a oferta de trabalho, além de possibilitar uma significativa redução de custos para o empreendedor. "Empresas como o Instagram ou o WhatsApp, por exemplo, não exigem muito finan-

[665] Braverman, Harry. Op. cit. p. 51-54

ciamento para iniciar, mudando o papel do capital e a escala dos negócios no contexto da quarta revolução industrial."[666] Essa situação, reforça o processo de precarização do trabalho, permitindo um aumento maior das desigualdades sociais, visto que permitirá uma maior concentração de renda de um lado e um aprofundamento da pobreza de outro. A revolução tecnológica também imprime um aumento na velocidade e na amplitude das atividades. Esse feixe de consequências redesenham a dinâmica das relações de trabalho. Nesse sentido analisa Schwabs:

> A incerteza fundamental tem a ver com a quantidade de postos de trabalho que serão substituídos pela automação. Quanto tempo isso vai demorar e aonde chegará? Para começarmos a compreender isso, precisamos entender os dois efeitos concorrentes que a tecnologia exerce sobre os empregos. Primeiro, há um efeito destrutivo que ocorre quando as rupturas alimentadas pela tecnologia e a automação substituem o trabalho por capital, forçando os trabalhadores a ficaram desempregados ou realocar suas habilidades em outros lugares. Em segundo lugar, o efeito destrutivo vem acompanhado por um efeito capitalizador, em que a demanda por novos bens e serviços aumenta e leva à criação de novas profissões, empresas e até mesmo indústrias.[667]

Os influxos tecnológicos, igualmente, trazem uma mudança no perfil buscado de trabalhador. Segundo Schwabs, é possível verificar uma tendência de se buscar trabalhadores com características mais criativas e com habilidades para solucionar problemas complexos. De outro senda, observa-se um recuo importante na procura de pessoas aptas a realizar atividades mais repetitivas, na medida em que a tecnologia tem substituído a atuação humana nessa seara.[668]Se por um lado, essa nova acomodação produtiva permite uma maior flexibilidade do tempo e do local físico de

[666] Schwabs, Klaus. Op.cit.p. 21

[667] Ibidem.p. 42

[668] "É interessante notar que as substituições não estão sendo causadas apenas pela capacidade crescentes dos algoritmos, robôs e outras formas de ativos não humanos. Michael Osborne observa que um fator crucial para a possibilidade da automação é o fato de as empresas estarem trabalhado de forma árdua para melhor definir e simplificar os empregos nos últimos anos como parte de seus esforços para terceirizar, criar off-shores e permitir o "trabalho digital" (por exemplo, através da Amazon Mechanical Turk ou serviço MTurk, uma plataforma colaborativa – croivdsourcing – com base na internet). A simplificação do trabalho significa que os algoritmos são mais capazes de substituir os seres humanos". Schwabs, Klaus. Op.cit.p. 44

trabalho, de outra senda se observa uma maior facilidade do aprofundamento da precarização e da redução do acesso à tela protetiva trabalhista. Nesse sentido observa Schwabs:

> As tecnologias digitais e a infraestrutura de comunicação global alteram significativamente os conceitos tradicionais de trabalho e remuneração, possibilitando o surgimento de novos tipos de empregos extremamente flexíveis e inerentemente transitórios (economia sob demanda). Enquanto esses novos postos de trabalho permitem que as pessoas tenham horários de trabalho mais flexíveis e possam desencadear uma nova onda de inovações no mercado de trabalho, eles também suscitam preocupações importantes no que se refere ao reduzido grau de proteção no contexto da economia sob demanda, em que cada trabalhador passa a ser essencialmente um contratado temporário, sem as vantagens da segurança e longevidade empregatícia.[669]

Assim, essas transformações do trabalho humano trazem desafios para o Direito do Trabalho. É preciso combater a precarização do trabalho e ao mesmo tempo resgatar a identidade do trabalhador e a solidariedade coletiva. Em um contexto de intensificação do individualismo, associado ao aprofundamento das ideias de autogerenciamento e de flexibilização dos direitos, é imperioso o resgate da força sindical.

Os novos postos de trabalho, que estão surgindo em função das transformações das tecnologias e da divisão internacional do trabalho, não oferecem, em sua maioria, ao seu eventual ocupante as compensações usuais que as leis e contratos coletivos vinham garantindo. Para começar, muitos destes postos são ocupações por conta própria, reais ou apenas formais. A "nova morfologia do trabalho"[670] mostra uma queda do emprego estável celetista acompanhada de um aumento da informalidade e da transitoriedade das atividades de trabalho.

O fator tempo de trabalho é o que mais sofreu impactos dessas transformações, em todas as suas variáveis, seja pela intensidade do labor, seja pela redução do tempo de trabalho e consequentemente redução do salário, seja pela possibilidade de articulação do tempo de trabalho

[669] Ibidem.p. 71

[670] ANTUNES, Ricardo. **A Nova Morfologia do Trabalho, as Formas Diferenciadas da Reestruturação Produtiva e da Informalidade no Brasil.** Disponível em: https://vlex.com.br/vid/morfologia-diferenciadas-informalidade-503502902. Acesso em: 12.abr.2021

à luz dos desideratos da economia. Supiot, ao analisar as mudanças operadas no bojo das relações trabalhistas, apontou a questão do tempo de trabalho:

> Se olharmos um pouco hoje, observaremos com pouca atenção três coisas essenciais, três "tendências pesadas" de nossa Sociedade: tendências à individualização, desconcentração e dualização. No processo da individualização, acrescentemos: a diversificação das formas legais de emprego, a reavaliação do contrato individual de trabalho (...) a flexibilização da organização do tempo de trabalho (...) por um lado, os sinais de uma tendência para a descentralização (desenvolvimento do direito convencional e dos acordos societários, questionamento da noção de ordem social pública) e, por outro, os de uma tendência oposta, a internacionalização (surgimento do direito europeu, direito de grupo).[671]

Também na perspectiva do controle do tempo, feito pelo empregador, há sensíveis alterações, em especial, diante dos trabalhos exercidos em plataformas. Procura-se afastar a fiscalização do tempo laborado. Verifica-se um aumento de práticas de "...jornadas mais diversificadas, descentralizadas e individualizadas."[672]

Todas essas situações sufragam um processo dinâmico de precarização constante do trabalho, apontando para uma tendência de mercantilização da força de trabalho. Diante dessas alterações estruturais profundas no trabalho contemporâneo, é preciso reforçar a centralidade do valor do trabalho humano. Para tanto, o Direito do Trabalho precisa se modernizar a partir da lógica da inclusão de modo a regulamentar essas novas formas

[671] Original:"Si nous y jetons um peu d'oeil aiujourd'hui, nous y observerons avec um peu d'atention trois choses essentielles, trois "tendances lourdes" de notre Société: tendances à l'individualisation, à la déconcentration et à la dualisation. Au dossier de l'individualisation, versons: la diversification des formes juridiques d'emploi, la revalorisation du contrat indivoduel de travail (...) la flexibilisation de l'organidsation du temps de travail (...)Au dossier de la déconcentration versons: d'une part, les signes d'une tendance à la décentralisation (dévelopement du droit convencionel et des accords d'entreprise, remise em cause de la noion d'ordre public social) et, d'autre part, ceux d'une tendance inverse, á l'internationalisation (émergence du droit européen, du droit des groupes)". In; Supiot, Alain. Pour quoi um droit du travail?. Op.cit.p.489-490

[672] Teixeira, Marilane Oliveira. **Redução da jornada de trabalho: um debate necessário.** Disponível em: https://fsindical.org.br/artigos/reducao-da-jornada-de-trabalho-um-debate-necessario, acesso em: 22 jun.2021

de trabalho. Conforme enfatiza Dowbor, é preciso se pensar em uma adaptação mais humanizada da tutela das relações de trabalho, não podendo a "mão invisível "[673] comandar a regulamentação do trabalho.

[673] Referência à economia. In: DOWBOR, Ladislau. Op.cit.p.09

CAPÍTULO 4
A LEI Nº 13.467/2017 E O PROCESSO DE DESCONSTRUÇÃO DO DIREITO DO TRABALHO

4.1. A reforma trabalhista na perspectiva dos Direitos Humanos e Fundamentais

A etiologia dos Direitos Humanos foi orientada pelos princípios da solidariedade e da ética humana que fundamentaram a necessidade de união da humanidade em busca da justiça social. Nesse sentido analisou Comparato:

> Foi justamente para corrigir e superar o individualismo próprio da civilização burguesa, fundado nas liberdades privadas e na isonomia, que o movimento socialista fez atuar, a partir do século XIX, o princípio da solidariedade como dever jurídico, ainda que inexistente no meio social a fraternidade enquanto virtude cívica. A solidariedade prende-se à ideia de responsabilidade de todos pelas carências ou necessidades de qualquer indivíduo ou grupo social. A solidariedade prende-se à ideia de responsabilidade de todos pelas carências ou necessidades de qualquer indivíduo ou grupo social. (...). O fundamento ético desse princípio encontra-se na ideia de justiça distributiva, entendida como a necessária compensação de bens e vantagens entre as classes sociais, com a socialização dos riscos normais da existência humana. (...)A solidariedade técnica traduz-se pela padronização de costumes e modos de vida, pela homogeneização universal das formas de trabalho, de produção e troca de bens, pela globalização dos meios de transporte e de comunicação. Paralelamente, a solidariedade ética, fundada sobre o respeito aos direitos humanos, estabelece as bases para a construção de uma cidadania mundial, onde já não há relações de dominação, individual ou coletiva.[674]

[674] "Mas a plena afirmação desses novos direitos humanos só veio a ocorrer no século XX, com a Constituição mexicana de 1917 e a Constituição de Weimar de 1919. O reconhecimento dos

As declarações americanas de direitos, juntamente, com a declaração francesa em 1789 impactaram na gênese dos Direitos Humanos, representando uma emancipação do indivíduo em relação aos grupos intrassociais. Comparato analisa que o liberalismo do século XVIII, ao provocar o movimento proletário engajado na busca de melhores condições laborais, fomentou não somente a afirmação dos direitos trabalhistas, mas também a construção dos Direitos Humanos.

Com a criação da OIT, por meio do Tratado de Versalhes em 1919, assentou-se que a realização da paz mundial seria alcançada por meio da busca pela justiça social que somente poderá ser atingida se houver o respeito ao Direito do Trabalho. Sobre o contexto social que marcava o pós-guerra e o momento da formação da OIT ponderou Abramo:

> A OIT nasce em abril de 1919, em meio a uma crescente comoção social, e a um movimento operário cada vez mais organizado, que exigia que o acordo de paz que colocaria fim ao primeiro conflito bélico de dimensão mundial contemplasse as reivindicações dos trabalhadores, já organizados em vários países, através da adoção de regras internacionais de proteção a seus direitos. O seu surgimento responde também à posição de industrialistas visionários que consideravam que o progresso social era condição para a sobrevivência e desenvolvimento das empresas e países. Expressava assim, desde o seu nascimento, a necessidade de que o desenvolvimento econômico fosse acompanhado pelo desenvolvimento social.[675]

direitos humanos de caráter econômico e social foi o principal benefício que a humanidade reconheceu do movimento socialista, iniciado na primeira metade do século XIX. O titular desses direitos, com efeito, não é o ser humano abstrato, com o qual o capitalismo sempre conviveu maravilhosamente. É o conjunto dos grupos sociais esmagados pela miséria, a doença, a fome e a marginalização. Os socialistas perceberam, desde logo, que esses flagelos sociais não eram cataclismos da natureza nem efeitos necessários da organização racional das atividades econômicas, mas sim verdadeiros dejetos do sistema capitalista de produção, cuja lógica consiste em atribuir aos bens de capital um valor muito superior ao das pessoas. Os direitos humanos de proteção do trabalhador são, portanto, fundamentalmente anticapitalistas, e, por isso mesmo, só puderam prosperar a partir do momento histórico em que os donos do capital foram obrigados a se compor com os trabalhadores.". In: Comparato, Fábio Konder. **Afirmação histórica dos direitos humanos**.10ªed. São Paulo: Saraiva, 2015.p.78-79 e 51

675 Abramo, Laís. **Uma década de promoção do trabalho decente no Brasil: uma estratégia de ação baseadano diálogo social.** Genebra: OIT,2015.Disponível em: https://www.ilo.org/wcmsp5/groups/public/---americas/---ro-lima/---ilo-brasilia/documents/publication/wcms_467352.pdf. Acesso em: 14 fev.2021. p.22

Orientando-se pela busca da paz e da justiça social a OIT, em 1919, estabeleceu na sua primeira Convenção a limitação do tempo de trabalho, fixando a jornada de 8 horas e a duração semanal em 48 horas. Igualmente, temas como: proibições dos trabalhos noturno e infantil, proteção à maternidade, acidentes de trabalho, liberdade sindical, aposentadoria e salário mínimo formaram o leque de direitos trabalhistas.[676] O esforço contra o desemprego, também, integrou, inicialmente, as Convenções da OIT. Nesse sentido, identicamente, caminharam a Declaração de Filadélfia, de 1944, bem como a Agenda 2030 da ONU que trata do Desenvolvimento Sustentável.[677]

Em 1944, a Conferência Internacional do Trabalho estabeleceu a Declaração de Filadélfia responsável por instituir os princípios e os objetivos da OIT, traçando quatro vetores fundamentais da OIT, quais sejam: o trabalho é fonte de dignidade, o trabalho não é mercadoria, a pobreza prejudica a prosperidade e todos os indivíduos dotados de liberdade e de dignidade podem perseguir o bem-estar. Outrossim, dispôs que a finalidade social deve iluminar a economia para que haja o desenvolvimento das nações.[678]

Na década de 1990, já sob os influxos do avanço tecnológico, da globalização, do modelo de produção toyotista e da flexibilização, a OIT, por meio da Conferência Internacional do Trabalho, traz a Declaração dos Direitos e Princípios Fundamentais no Trabalho em 1998. As liberdades sindical e de associação, o reconhecimento da negociação coletiva, a eliminação de todas as formas de trabalho forçado ou obrigatório, a abolição do trabalho infantil e a eliminação da discriminação no trabalho são erigidos como princípios fundamentais do trabalho.[679] Sobre o contexto social e histórico que pautou esse processo de definição dos princípios, Abramo analisou:

[676] Ibidem. p.22-23

[677] OIT. **Relatório Inicial para a Comissão Mundial sobre O Futuro do Trabalho** Disponível em: https://www.ilo.org/wcmsp5/groups/public/---europe/---ro-geneva/---ilo-lisbon/documents/publication/wcms_682688.pdf. Acesso em: 22mai.2021. p. 23

[678] ABRAMO, Laís. Op. cit.p.23-24

[679] "Declara que todos os Membros, ainda que não tenham ratificado as convenções aludidas, têm um compromisso derivado do fato de pertencer à Organização de respeitar, promover e tornar realidade, de boa fé e de conformidade com a Constituição, os princípios relativos aos direitos fundamentais que são objeto dessas convenções, isto é: a) a liberdade sindical e o reconhecimento efetivo do direito de negociação coletiva; b) a eliminação de todas as formas de trabalho forçado ou obrigatório; c) a abolição efetiva do trabalho infantil; e d) a eliminação da discriminação em matéria de emprego e ocupação."In: **Declaração de princípios da**

> É importante notar que a Declaração dos Direitos e Princípios Fundamentais no Trabalho foi adotada em um momento caracterizado pelo auge do Consenso de Washington e em que predominavam as ideias relacionadas ao fim do trabalho, à desidratação dos sujeitos coletivos associados ao mundo do trabalho e à própria noção de que este pudesse ser um locus significativo de constituição de identidades e sujeitos coletivos. Um momento em que era visto como quase inevitável a diminuição ou a desaparição progressiva do trabalho formal, protegido, estável, regulado, devido tanto ao processo de desenvolvimento tecnológico, que produzia um desemprego estrutural, como ao processo de globalização que, ao acirrar a competitividade entre as empresas e os países, tornaria necessário e inevitável reduzir os custos do trabalho como parte dos custos da produção.[680]

Portanto, segundo a OIT, o desenvolvimento econômico isolado não contribui para a concretização da isonomia, do progresso social e do recuo da pobreza. Nesse sentido, o bem-estar social para ser atingido exige o acesso aos direitos sociais mínimos. Somado a isso, é oportuno lembrar que esses princípios, estabelecidos em 1998, vinculam a todos, demarcando o rol fundamental e inalterável do Direito do Trabalho.[681]

Segundo Susssekind, o Direito Internacional carrega duas importantes finalidades, quais sejam, "...universalizar os princípios da justiça social e... incrementar a cooperação internacional visando à melhoria das condições de vida do trabalhador e à harmonia entre o desenvolvimento técnico-econômico e o progresso social."[682] Para realizar esses objetivos, no contexto contemporâneo, a OIT procurou conscientizar sobre o trabalho decente, formalizando a sua definição em 1999 nos seguintes termos:

> O trabalho decente é um trabalho produtivo e adequadamente remunerado, exercido em condições de liberdade, equidade e segurança, sem quaisquer formas de discriminação, e capaz de garantir uma vida digna a todas as pessoas que vivem de seu trabalho.[683]

OIT. Disponível em: https://www.ilo.org/public/english/standards/declaration/declaration_portuguese.pdf. Acesso em: 21set.2021.

680 Abramo, Laís. Op.cit.p. p.25

681 Ibidem.p.26

682 Sussekind, Arnaldo. **Curso de direito do trabalho**.3ed. Rio de janeiro: Renovar, 2010. p.42

683 O trabalho decente é um trabalho produtivo e adequadamente remunerado

Deflui do conceito de trabalho decente a primazia da busca pela vida digna. Assim, o trabalho decente somente pode ser concretizado se forem estabelecidas condições e direitos mínimos que possibilitem a existência digna. Para atingir esse patamar mínimo, a OIT determinou quatro diretrizes: respeito aos direitos trabalhistas fundamentais, promoção do emprego, aumento da proteção social e fomento do diálogo social.[684]Nessa perspectiva, a realização do trabalho decente pressupõe o engajamento das nações no progresso do Direito do Trabalho, ampliando o sistema protetivo e o diálogo social. Dessa forma, conforme analisou Abramo, o trabalho decente exige um sistema articulado de medidas entre economia, sociedade e governos:

> A noção de Trabalho Decente integra, portanto, a dimensão quantitativa e qualitativa do emprego. Ela propõe não apenas medidas de geração de postos de trabalho e de enfrentamento do desemprego, mas também de superação de formas de trabalho que geram renda insuficiente para que os indivíduos e suas famílias superem a situação de pobreza ou que se baseiam em atividades insalubres, perigosas, inseguras e/ou degradantes. Afirma a necessidade de que o emprego esteja também associado à proteção social e aos direitos do trabalho, entre eles os de representação, associação, organização sindical e negociação coletiva.[685]

Outro ponto importante enfatizado pela OIT é que o trabalho decente deverá ser garantido não somente ao empregado celetista, mas a todos os que exerçam algum trabalho, afinal as garantias sociais mínimas são direitos de todos. Emerge, pois, a ideia de universalidade inerente à construção do conceito de trabalho decente. [686]O trabalho decente também guarda estreita relação com a dignidade da pessoa humana, porquanto o trabalho é um fator de integração social, contribuindo para a formação da identidade da pessoa.[687]

684 **OIT**. Disponível em: https://www.ilo.org/brasilia/temas/trabalho-decente/lang--pt/index.htm. acesso em: 17mar.2022

685 ABRAMO, Laís. Op.cit.p. p.28

686 OIT. **Uma década de promoção do trabalho decente no Brasil: uma estratégia de ação baseada no diálogo social**. Genebra: OIT, 2015.Disponível em: https://www.ilo.org/wcmsp5/groups/public/---americas/---ro-lima/---ilo-brasilia/documents/publication/wcms_467352.pdf. Acesso em: 14fev.2021. p.29

687 "Trata-se do trabalho exercido atualmente e de suas expectativas de futuro; das condições em que este se exerce; do equilíbrio entre a vida doméstica e a vida familiar; de um trabalho que

Rosenfield e Pauli verificam uma distinção entre trabalho digno e decente. O primeiro é previsto na Declaração Universal dos Direitos do Homem, de 1948, enquanto que o segundo integra os objetivos da OIT. Ambos se harmonizam e conduzem a um denominador em comum, qual seja, garantir a concretização da dignidade da pessoa humana.[688] O diálogo entre a Declaração Universal dos Direitos Humanos e os Pactos de Direitos civis e econômicos de 1966 mostra a necessidade de estabelecer uma interação harmônica entre todos os direitos para que seja garantida a proteção à dignidade da pessoa humana.[689]

Emerge, destarte, a centralidade do Direito do Trabalho em perspectiva internacional. Nesse sentido, observou o Comitê de Direitos Econômicos, Sociais e Culturais ao analisar o artigo 6ª do Pactos de Direitos Econômicos, Sociais e Culturais de 1966:

permita manter os filhos na escola e evitar que eles sejam levados ao trabalho infantil. Trata-se da igualdade de gênero e raça/etnia, de igualdade de reconhecimento e da possibilidade de que as mulheres, os negros, indígenas e outros grupos discriminados possam optar e assumir o controle sobre as suas próprias vidas. Trata-se das capacidades pessoais para competir no mercado, manter-se em dia com as novas tecnologias e preservar a sua saúde, física e mental. Trata-se de desenvolver as qualificações empresariais e receber uma parte equitativa da riqueza que se ajuda a criar e de não ser objeto de discriminação. Trata-se de poder expressar-se e ser ouvido, no lugar de trabalho e na comunidade ABRAMO, Laís. Op. cit.p.30

688 "(...)conceito de trabalho decente remete à noção de cidadania e direitos sociais. Possui indicadores objetivos e quantificáveis. Já o trabalho digno remeteria à noção de direitos humanos universais, à dimensão moral (avaliação do que é bom e do que é mau). O trabalho digno necessita do reconhecimento da contribuição e da utilidade do trabalho. É um trabalho que supõe autonomia. O trabalho digno se traduz em uma contribuição ao todo, é dotado de reconhecimento social..." In: ROSENFIELD, Cinara L e PAULI, Jandir. Para além da dicotomia entre trabalho decente e trabalho digno: reconhecimento e direitos humanos. **Caderno CRH.** v.25.Maio/agosto, 2012.p.319

689 "a DUDH associou o discurso liberal da cidadania com o discurso social, de forma a articular tanto direitos civis e políticos (arts.3 e 21), quanto direitos sociais, econômicos e culturais (arts.22 e 28), percebidos como direitos fundamentais. Essa perspectiva é ratificada no Pacto Internacional sobre os Direitos Econômicos, Sociais e Culturais (PIDESC) da Assembleia Geral da ONU de 1966, na Proclamação de Teerã de 1968, na Resolução da Assembleia Geral de 1977, e no Protocolo Adicional à Convenção Americana sobre os Direitos Econômicos, Sociais e Culturais, conhecido como Protocolo de São Salvador, de 1988. De certa forma, tal concepção rompe com as declarações anteriores e inaugura o reconhecimento da dimensão coletiva dos direitos, estabelecendo uma reciprocidade entre direitos formais como a liberdade e a base econômica adequada para o seu exercício."In: ROSENFIELD, Cinara L e PAULI, JandirOp.cit.p.320

> 1. O direito ao trabalho é um direito fundamental reconhecido em vários instrumentos legais internacional. O Pacto Internacional sobre Direitos Econômicos, Sociais e Culturais, em seu artigo 6º trata desse direito de forma mais completa do que qualquer outro instrumento. O direito de o trabalho é indispensável para o exercício de outros direitos humanos; é inseparável e faz parte integral à dignidade humana. Todos têm o direito de poder trabalhar, permitindo-lhes assim viver com dignidade. O direito ao trabalho contribui tanto para a sobrevivência do indivíduo quanto para a sua família e, na medida em que o trabalho seja livremente escolhido ou aceito, seu desenvolvimento e seu reconhecimento na comunidade[690]

Em 1966 foi estabelecido o Pacto Internacional dos Direitos Econômicos, Sociais e Culturais, tendo o Brasil o ratificado em 1992. Após 4 anos da ratificação, o Brasil inaugura o I Programa Nacional de Direitos Humanos (PNDH 1). Em 2002 foi estabelecido o PNDH 2 cujos principais lemas foram os Direitos Econômicos, Sociais e Culturais. Desde os anos 2000, o Brasil tem se engajado na luta contra o desrespeito aos Direitos Humanos, tendo estabelecido diversos programas em prol da sua efetividade. Em 2000, realizou inúmeras Conferências Nacionais com o objetivo de tratar do trabalho decente.[691] Essas Conferências permitiram a evolução dos objetivos traçados no PNDH II, e dos estabelecidos no PNDH III criado em 2009. [692]

O avanço da globalização mobilizou a OIT, em 2001, a criar a Comissão mundial sobre a dimensão social da globalização. Em 2005, essa Comissão elaborou um relatório cujas conclusões foram que o processo de globalização produziu impactos diferentes em cada país, aprofundando as desigual-

[690] ONU. Comité des droits economiques, sociaux et culturels **Observation générale nº 18/2005. Article 6 du Pacte international relatif aux droits économiques, sociaux et culturels**. Trente-cinquiËme session GenËve, 7-25 novembre 2005. Disponível em: https://www.right-to-education.org/sites/right-to-education.org/files/resource-attachments/Comite_DESC_Observation_Generale_18_2005FR.pdf. Acesso em: 19.jan.2021

[691] Iniciou o tema com a quinta edição cujo lema foi "Brasil 500 anos: 30 Empresas e Direitos Humanos na Perspectiva do Trabalho Decente". In: SILVA, Ana Letícia e PARRA, Mariana. (coords). **Empresas e Direitos Humanos na Perspectiva do Trabalho Decente: marco de referência.** Instituto ethos. Disponível em: https://www.ethos.org.br/wp-content/uploads/2012/12/04_Empresas-e-Direitos-Humanos-na-Perspectiva-do-Trabalho-Decente-%E2%80%93-Marco-Referencial.pdf. Acesso em: 13jul.2021

[692] Ibidem.

dades especialmente nos países que compõem a periferia do capitalismo. Entre as consequências nefastas da globalização estão: aumento da desigualdade e das exclusões sociais, primazia da economia em detrimento de políticas sociais e enfraquecimento da autonomia dos Estados. [693]

Como a globalização, o avanço tecnológico, o modelo de produção *just in time*, bem como a racionalidade neoliberal provocaram alterações na dimensão das relações de trabalho, a OTI, em 2008, trouxe a Declaração sobre a justiça social cujo mote era a busca por uma equidade global. Para tanto, determinou-se que era necessária a articulação entre desenvolvimento econômico e progresso social, inserindo o trabalho na centralidade das preocupações normativas e econômicas.

Segundo a OIT, ao contrário da racionalidade que orientou a reforma trabalhista, a estruturação da noção de trabalho decente foi uma resposta à crise de desemprego.[694]Assim, o desemprego somente pode ser combatido mediante a concretização de políticas que conduzam ao trabalho decente e não o contrário. Isso porque, normalmente, o desemprego vem acompanhado de uma precarização. Assim, as situações de crise levam a um recuo dos direitos mínimos trabalhistas. Nesse sentido caminhou o considerando da Declaração de Princípios e Dos Direitos Fundamentais

[693] "Segundo a análise da Comissão, esses fenômenos não eram consequência da globalização em si mesma, mas sim dos problemas relacionados à sua "governança". Sobre a base de profundas desigualdades já existentes, os mercados globais haviam crescido rapidamente e esse crescimento não havia sido acompanhado por um desenvolvimento paralelo das instituições econômicas e sociais necessárias para que o seu funcionamento tivesse um caráter mais justo. As regras globais chave em matéria de comércio e finanças eram muito pouco equitativas e a suas repercussões muito desiguais para os países ricos e os países pobres. Isso acontecia porque essas regras e políticas tinham sua origem em um sistema de governança global configurado, em grande medida, por alguns poucos países e atores poderosos. A grande maioria dos países em desenvolvimento continuava tendo muito pouca influência nas negociações globais sobre essas regras e na determinação das políticas das instituições econômicas e financeiras chave ABRAMO, Laís. Op.cit. p.32-33

[694] apesar das taxas de crescimento econômico relativamente elevadas registradas nesse período (1995- 2005, anterior, portanto, à eclosão da crise econômica financeira internacional de 2008), a economia mundial não havia respondido de forma adequada à demanda pela criação de novos empregos para os que ingressavam no mercado de trabalho. Não apenas a intensidade do processo de criação de empregos havia sido baixa, como a qualidade desses empregos, e as condições em que eles se exerciam, eram insuficiente e inadequadas para a garantia de uma vida digna. " In."OIT. **Uma década de promoção do trabalho decente no Brasil: uma estratégia de ação baseada no diálogo social**. Op. cit.p.31-32

da OIT de 1998 ao vincular o desenvolvimento econômico à realização da justiça social: [695]

> Considerando que, com o objetivo de manter o vínculo entre progresso social e crescimento econômico, a garantia dos princípios e direitos fundamentais no trabalho reveste uma importância e um significado especiais ao assegurar aos próprios interessados a possibilidade de reivindicar livremente e em igualdade de oportunidades uma participação justa nas riquezas a cuja criação têm contribuído, assim como a de desenvolver plenamente seu potencial humano.[696]

A partir desse recorte, a OIT defende a necessidade de uma governança mais democrática, alinhada aos Direitos Humanos e à busca pela justiça social. Para tanto, os Estados deverão buscar o desenvolvimento econômico ao mesmo tempo em que ampliam as medidas de proteção social e o respeito à legislação trabalhista. Nesse sentido, realça a importância das associações civis e da consolidação das organizações sindicais.[697]

Desta feita, a agenda global do trabalho decente coloca o labor como instrumento de recuo das desigualdades sociais e da pobreza, permitindo a efetiva inclusão social. Nesse sentido atua como meio para exercício da cidadania.

[695] "Considerando que o crescimento econômico é essencial, mas insuficiente, para assegurar a equidade, o progresso social e a erradicação da pobreza, o que confirma a necessidade de que a OIT promova políticas sociais sólidas, a justiça e instituições democráticas". Declaração de Princípios da OIT.

[696] Declaração de Princípios da OIT.

[697] O Relatório apontava o desafio de promover "uma globalização justa, que crie oportunidade para todos" (OIT, 2005). Alguns aspectos chave dessa proposta seriam: uma "boa" governança política, baseada em um sistema político democrático; o respeito aos direitos humanos, ao império da lei e à justiça social; estados eficazes e fortalecidos, que garantissem o crescimento econômico significativo e estável, proporcionassem bens públicos, proteção social e o respeito à legislação trabalhista e potencializassem as capacidades das pessoas através do acesso universal à educação de qualidade e a outros serviços sociais, assim como à igualdade de gênero; sociedades civis dinâmicas, com liberdade de associação e de expressão, e que refletissem e expressassem a diversidade de interesses e opiniões; sólidas organizações representativas de trabalhadores e empregadores, assim como das pessoas em situação de pobreza e outros grupos desfavorecidos e discriminados, como condição para um diálogo social frutífero e uma governança participativa e socialmente justa. O Relatório acrescentava ainda que "deve-se aceitar sem reservas a necessidade de que exista um mínimo de proteção social para os indivíduos e as famílias como parte do fundamento socioeconômico da economia global." Abramo, Laís. Op.cit. p.34

Destarte, a Lei nº 13467/2017 ao se orientar, eminentemente, pela lógica do mercado, articulando um processo de retirada dos direitos sociais, afastou-se dos desideratos da OIT, promovendo um agravamento da precarização, um avanço da miséria e uma intensificação do desemprego, segundo convergiu o relatório emitido em 2020 pela OIT.[698] As alterações na legislação trabalhista aprofundadas pela reforma trabalhista de 2017 elevaram os níveis de empregos precarizados e flexíveis marcados por ínfimos salários, distanciando-se da busca dos direitos mínimos próprios à condição humana.[699] Elucidando as implicações da precarização do trabalho na sociedade e na economia, aborda Dowbor:

> (...).a desigualdade se torna particularmente absurda quando se sabe que a concentração da renda e do patrimônio, ao privar a massa da população do consumo, trava os próprios processos produtivos pela redução da demanda (...) as economias que mais funcionam se apoiam numa distribuição razoavelmente equilibrada dos recursos da sociedade, e isso é valido para praticamente todos os exemplos de sucesso econômico do mundo (...) O sistema de exploração, portanto, ampliou-se e sofisticou-se. Os avanços de produtividade que resultam de uma ampla revolução cientifico-tecnológica no planeta poderiam assegurar...a generalização da prosperidade. Mas a massa da população se vê privada do acesso que merece pelo triplo processo de exploração que acumula a baixa remuneração, a extorsão por juros abusivos e a restrição do acesso aos bens públicos de consumo coletivo, como saúde, educação, segurança e outras políticas sociais.[700]

É preciso, portanto, descontruir os discursos que fundamentam a introdução de legislações cuja aspiração é estabelecer uma erosão do Direito do Trabalho. Mais que a expansão numérica do trabalho, é essencial a concre-

[698] Segundo Guy Ryder, diretor geral da OIT: "As persistentes e substanciais desigualdades e exclusões relacionadas ao trabalho estão impedindo-as de encontrar trabalho decente e melhores futuros. Essa é uma descoberta extremamente séria que tem implicações profundas e preocupantes na coesão social". Disponível em: https://radardofuturo.com.br/mercado-de-trabalho-em-2020-faltam-oportunidades-para-milhoes/. Acesso em: 01dez.2020

[699] CEM FLORES. **A deterioração do mercado de trabalho e o aumento dos protestos no mundo, segundo a OIT** Disponível em: https://cemflores.org/index.php/2020/03/13/a-deterioracao-do-mercado-de-trabalho-e-o-aumento-dos-protestos-no-mundo-segundo-a-oit/. Acesso em: 04 dez.2020

[700] DOWBOR, Ladislau. Op. cit. p.66 e 68

tização do trabalho decente orientado pelos Direitos Humanos. Somente a partir dessa intersecção, é que será possível experimentar um desenvolvimento econômico sustentável e atingir a realização da justiça social.

Após essas digressões iniciais, urge compreender o que são os Direitos Humanos. Esses direitos são marcados pela historicidade na medida em que são (re) construídos ao longo do tempo. Segundo Piovesan,[701] os Direitos Humanos se colocam como resistência, aspirando à concretização da dignidade da pessoa humana. Nessa dimensão, desponta a sua inquestionável essencialidade. Piovesan constrói uma definição contemporânea de Direitos Humanos a partir do diálogo entre a Declaração Universal dos Direitos do Homem, de 1948, e a Declaração de Viena, de 1993.

> (...)a Declaração de 1948 inova a gramática dos direitos humanos, ao introduzir a chamada concepção contemporânea de direitos humanos, marcada pela universalidade e indivisibilidade destes direitos. Universalidade porque clama pela extensão universal dos direitos humanos, sob a crença de que a condição de pessoa é o requisito único para a titularidade de direitos, considerando o ser humano como um ser essencialmente moral, dotado de unicidade existencial e dignidade. Indivisibilidade porque a garantia dos direitos civis e políticos é condição para a observância dos direitos sociais, econômicos e culturais e vice-versa. Quando um deles é violado, os demais também o são. Os direitos humanos compõem, assim, uma unidade indivisível, interdependente e inter-relacionada, capaz de conjugar o catálogo de direitos civis e políticos ao catálogo de direitos sociais, econômicos e culturais.[702]

Piovesan identifica nos Direitos Humanos um "... referencial ético a orientar a ordem internacional contemporânea" que foi estruturado internacionalmente, impondo aos Estados a necessidade de proteção dos direitos fundamentais.[703] O valor ético que emerge como orientador de todas as normas fundamentais é a dignidade da pessoa humana e, por isso mesmo os

[701] PIOVESAN, Flávia. **Direito constitucional módulo V: Direitos humanos e direito constitucional internacional**. EMAGIS: TRF4, 2006.p. 06

[702] PIOVESAN, Flávia. Op. cit. p. 08

[703] "(...) no âmbito do Direito Internacional, começa a ser delineado o sistema normativo internacional de proteção dos direitos humanos. É como se se projetasse a vertente de um constitucionalismo global, vocacionado a proteger direitos fundamentais e limitar o poder do Estado, mediante a criação de um aparato internacional de proteção de direitos" Ibidem. p. 06-07

Direitos Humanos se impõem como um princípio superior. Essa condição dos direitos humanos traz impactos nas tradicionais ideias de soberania e de espaço normativo. Também produz um direito subjetivo da humanidade em dimensão internacional.[704]

Doutrinariamente existem posições que estabelecem uma distinção entre os Direitos Humanos e os Direitos Fundamentais. Segundo Sarlet, os primeiros são fixados em âmbito internacional, ao passo que os Direitos Fundamentais se referem aos Direitos Humanos internamente estabelecidos pelo constituinte. Portanto, materialmente não há uma diferença entre as terminologias, somente na perspectiva da fonte criadora.[705] Canotilho traça a diferença entre Direitos Humanos e Fundamentais, afirmando que esses últimos são "...direitos jurídicos-positivamente vigentes numa ordem constitucional."[706]

Incialmente, os Direitos Humanos eram compreendidos a partir da ideia de gerações. Entretanto, hodiernamente, esses direitos devem ser pensados como um todo, de forma que um não exclua o outro. Assim, contemporaneamente é utilizada a terminologia dimensão dos Direitos Humanos.

Como materialmente há uma aproximação entre Direitos Humanos e Fundamentais, é possível concluir que os direitos trabalhistas, também, são Direitos Humanos. Portanto, além dos direitos trabalhistas previstos na Constituição é possível identificar outros contidos em Tratados e Convenções internacionais. Aliás, segundo a própria compreensão das dimensões dos Direitos Humanos, o Direito do Trabalho se firma como um direito social de segunda dimensão que busca realizar a igualdade das partes por meio da atuação do Estado.

A Declaração Universal dos Direitos do Homem, de 1948, no seu artigo 24 insere o limite do tempo laborado como um direito humano nos seguintes termos "Todo homem tem direito a repouso e lazer, inclusive à limitação razoável das horas de trabalho e a férias remuneradas periódicas". Embora a Declaração tenha uma natureza de *soft law,* ela termina condicionado todos os outros diplomas normativos, atuando como uma verdadeira diretriz principiológica.

[704] Ibidem. p. 07

[705] SARLET, Ingo Wolfgang. **A eficácia dos direitos fundamentais**. Op.cit.p. 19-22

[706] CANOTILHO, José Joaquim Gomes. **Direito Constitucional e Teoria da constituição.** 7ªed. Coimbra-Portugal: Almedina, 2003.p. 377

Em 1966, advieram os Pactos Internacionais sobre Direitos Civis e Políticos e sobre Direitos Econômicos, Sociais e Culturais. Ambos sufragam a ideia de progressividade dos direitos.[707]Nesse sentido, não há como respaldar alterações legislativas que tragam o recuo de Direitos Fundamentais e Humanos já conquistados. O Pacto de São José da Costa Rica também traz a ideia de progressividade dos direitos sociais, segundo consta no seu artigo 26.[708]Desta forma, os Direitos Humanos plasmam um padrão protetivo mínimo, competindo aos Estados avançarem na busca pela justiça social e pela melhoria das condições sociais. Nesse sentido, também, convergem a Carta das Nações Unidas[709] e o Pacto São José da Costa Rica.[710]

707 Decreto 591, de 06 de julho de 1992. Art. 2º 1. Cada Estado Parte do presente Pacto compromete-se a adotar medidas, tanto por esforço próprio como pela assistência e cooperação internacionais, principalmente nos planos econômico e técnico, até o máximo de seus recursos disponíveis, que visem a assegurar, progressivamente, por todos os meios apropriados, o pleno exercício dos direitos reconhecidos no presente Pacto, incluindo, em particular, a adoção de medidas legislativas. "Cada Estado Parte do presente Pacto compromete-se a adotar medidas, tanto por esforço próprio como pela assistência e cooperação internacionais, principalmente nos planos econômico e técnico, até o máximo de seus recursos disponíveis, que visem a assegurar, progressivamente, por todos os meios apropriados, o pleno exercício dos direitos reconhecidos no presente Pacto, incluindo, em particular, a adoção de medidas legislativas." Pacto de direitos econômicos, sociais e culturais. In: BRASIL, **Planalto**. Op. cit.

708 "Art. 26 Desenvolvimento Progressivo Os Estados-Partes comprometem-se a adotar providências, tanto no âmbito interno como mediante cooperação internacional, especialmente econômica e técnica, a fim de conseguir progressivamente a plena efetividade dos direitos que decorrem das normas econômicas, sociais e sobre educação, ciência e cultura, constantes da Carta da Organização dos Estados Americanos, reformada pelo Protocolo de Buenos Aires, na medida dos recursos disponíveis, por via legislativa ou por outros meios apropriados." Em: Ibidem.

709 "Nós, os povos das nações unidas, resolvidos a preservar as gerações vindouras do flagelo da guerra, que por duas vezes, no espaço da nossa vida, trouxe sofrimentos indizíveis à humanidade, e a reafirmar a fé nos direitos fundamentais do homem, na dignidade e no valor do ser humano, na igualdade de direito dos homens e das mulheres, assim como das nações grandes e pequenas, e a estabelecer condições sob as quais a justiça e o respeito às obrigações decorrentes de tratados e de outras fontes do direito internacional possam ser mantidos, e a promover o progresso social e melhores condições de vida dentro de uma liberdade ampla. E para tais fins praticar a tolerância e viver em paz, uns com os outros, como bons vizinhos, e unir as nossas forças para manter a paz e a segurança internacionais, e a garantir, pela aceitação de princípios e a instituição dos métodos, que a força armada não será usada a não ser no interesse comum, a empregar um mecanismo internacional para promover o progresso econômico e social de todos os povos. Resolvemos conjugar nossos esforços para a consecução desses objetivos." "In: **Carta das nações**. Disponível em: http://www.planalto.gov.br/ccivil_03/decreto/1930-1949/d19841.htm. Acesso em: 04 mai.2022

710 "Os Estados americanos signatários da presente Convenção, reafirmando seu propósito de consolidar neste Continente, dentro do quadro das instituições democráticas, um regime de

O diálogo entre os artigos 4º e 5ª, item I, do Pacto de Direitos Econômicos, Sociais e Culturais mostra que no plano internacional existem restrições para a exclusão ou diminuição dos direitos sociais.[711] Somente é possível impor limitações, exclusivamente, com o escopo de contribuir para o bem-estar geral. Portanto, medidas flexibilizatórias devem ser restritas a situações específicas e desde que sejam em prol coletivo, sob pena de confluírem para a intensificação da exclusão social, a miséria e a precarização das relações trabalhistas.

Como consequência, os Pactos Internacionais albergaram o princípio da vedação ao retrocesso social ou efeito *cliquet* que orienta os Direitos Humanos. Canotilho identifica que o princípio em tela permite a criação de verdadeiros direitos subjetivos e adquiridos, infensos, portanto, a qualquer alteração ulterior:

> A ideia aqui expressa também tem sido designada como proibição de "contrarrevolução social" ou da "revolução reacionária". Com isso quer dizer-se que os direitos sociais e econômicos (...), uma vez obtido um determinado grau de realização, passam a constituir, simultaneamente, uma garantia institucional e um direito subjectivo. (...) o direito em análise limita a reversibilidade dos direitos adquiridos (...) em clara violação do princípio da proteção da confiança e da segurança dos cidadãos no âmbito econômico, social e cultural, e do núcleo essencial da existência mínima inerente ao respeito pela digni-

liberdade pessoal e de justiça social, fundado no respeito dos direitos essenciais do homem; Reconhecendo que os direitos essenciais do homem não derivam do fato de ser ele nacional de determinado Estado, mas sim do fato de ter como fundamento os atributos da pessoa humana, razão por que justificam uma proteção internacional, de natureza convencional, coadjuvante ou complementar da que oferece o direito interno dos Estados americanos. In: BRASIL, Planalto. Op,cit.

[711] "Artigo 4º: Os Estados Partes do presente Pacto reconhecem que, no exercício dos direitos assegurados em conformidade com o presente Pacto pelo Estado, este poderá submeter tais direitos unicamente às limitações estabelecidas em lei, somente na medida compatível com a natureza desses direitos e exclusivamente com o objetivo de favorecer o bem-estar geral em uma sociedade democrática. Artigo 5º, I: Nenhuma das disposições do presente Pacto poderá ser interpretada no sentido de reconhecer a um Estado, grupo ou indivíduo qualquer direito de dedicar-se a quaisquer atividades ou de praticar quaisquer atos que tenham por objetivo destruir os direitos ou liberdades reconhecidas no presente Pacto ou impor-lhes limitações mais amplas do que aquelas nele previstas." BRASIL.**Pacto de direitos econômicos, sociais e culturais**. Disponível em: http://www.planalto.gov.br/ccivil_03/decreto/1990-1994/d0591.htm. Acesso em: 14 jun.2021.

dade da pessoa humana. O reconhecimento desta proteção de "direitos prestacionais de propriedade", subjectivamente adquiridos, constitui um limite jurídico do legislador e, ao mesmo tempo, uma obrigação de prossecução de uma política congruente com os direitos concretos e as expectativas subjectivamente alicerçadas. A violação do núcleo essencial efectivado justificará a sanção de inconstitucionalidade relativamente a normas manifestamente aniquiladoras da chamada "justiça social.[712]

Portanto, a reforma trabalhista precisaria seguir essas balizas, como prossegue Canotilho:

> (...)a liberdade de conformação do legislador nas leis sociais nunca poderá afirmar-se sem reservas, pois está sempre sujeita ao princípio da igualdade, princípio da proibição de discriminações sociais e de políticas antissociais. As eventuais modificações destas leis devem observar os princípios do Estado de direito vinculativos da actividade legislativa e o núcleo essencial dos direitos sociais.[713]

O princípio da vedação ao retrocesso social se relaciona com o princípio *pro homine*, que também orienta os Direitos Humanos, estabelecendo que sempre deverá ser observada a interpretação que mais os amplie os Direitos Humanos e que mais proteja a pessoa humana. Nessa dimensão, é possível identificar uma correlação entre as diversas hierarquias normativas quando o objeto da norma envolver Direitos Humanos, devendo sempre prevalecer aquela que mais conceda direito à pessoa.

A reforma trabalhista se orientou pela racionalidade neoliberal, conforme analisado no capítulo três. Ora, o neoliberalismo pretendeu distanciar o Direito do Trabalho da busca pela justiça social, mediante uma política informada pela ideia de privatização do Estado de bem-estar social, relegando-se aos atores privados o concerto das relações trabalhistas. Entretanto, não há como se realizar a justiça social sem uma atuação estatal que possibilite assegurar a igualdade e a liberdade do cidadão. Nesse sentido, Canotilho, partindo da ideia de que a justiça é inerente ao direito, afirma que o Estado de justiça pressupõe a proteção aos direitos das minorias

[712] CANOTILHO, José Joaquim Gomes. Op. cit. p.338-339

[713] Ibidem p. 339

> O Estado de justiça é também aquele em que há equidade (fairness) na distribuição de direitos e deveres fundamentais e na determinação da divisão de benefícios da cooperação em sociedade. (...) Estado de justiça considerar-se-á ainda o estado social de justiça" (justiça social) em que existe igualdade de distribuição de bens e igualdade de oportunidades (Marx). Embora a ideia de justiça compreenda diversas esferas, nela está sempre presente (...) uma ideia de igualdade. (...) A justiça fará, assim, parte da própria ideia de direito (...) e esta concretizar-se-á através de princípios jurídicos materiais cujo denominador comum se reconduz à afirmação e respeito da dignidade da pessoa humana, à proteção da liberdade e desenvolvimento da personalidade e à realização da igualdade.[714]

A partir desse olhar, é plausível afirmar que a Lei nº 13.467/2017, outrossim, articulou uma desconstrução dos Direitos Humanos ao prejudicar a realização da justiça social por meio do aumento da precarização e da desigualdade social. Também é possível identificar um afastamento da Declaração de Filadélfia de 1944 ao procurar associar o trabalho humano à mercadoria. Ao facilitar a flexibilização do tempo de trabalho promove uma tentativa de desintegração do trabalho do homem que o executa. Nessa perspectiva, o tempo laborado é tratado como mais um objeto do contrato de trabalho que pode ser manejado segundo os interesses do empreendimento. Entretanto, como todo labor realizado pressupõe a atuação de um indivíduo, todo trabalho envolve também o respeito à dignidade da pessoa humana. Essa condição remete à necessidade pujante de cumprimento dos Direitos Humanos em qualquer relação trabalhista que se desenrole.

O atributo da dignidade da pessoa humana é inerente à condição de homem. Na percepção de Kant, a dignidade não pode ser em hipótese alguma suprimida. Assim, ao ser erigida normativamente o que se objetiva é forçar o seu respeito. Contemporaneamente, contudo, existem vozes que identificam na dignidade uma plasticidade. Nessa perspectiva, o conceito de dignidade estaria sujeito à mutabilidade, amoldando-se à dinâmica da sociedade e da economia. Essa ilação, contudo, prejudica a precisão na aferição do núcleo mínimo de direitos revestidos de indisponibilidade, provocando uma ruptura na ideia de Direitos Humanos e também uma crise de efetividade dos Direitos Humanos e Fundamentais. Nesse sentido, verificaram Rosenfield e Pauli:

[714] Canotilho, José Joaquim Gomes. Op. cit. p. 245

> A questão que se coloca, no entanto, é o risco de um viés utilitarista do conceito de dignidade, que o inseriria em um raciocínio instrumental, perfeitamente adaptável à realidade do mercado e do modo de produção capitalista. O conceito perderia, assim, seu caráter de um direito necessário e essencial para tornar-se refém da lógica econômica, em que o bem-estar social coincide com o crescimento econômico, com a alta produtividade e com o incremento da técnica.[715]

Essa plasticidade estruturada em torno da ideia de que os Direitos Humanos são dinâmicos e, por isso mesmo, propensos a se amoldarem em um dado contexto social. Essa circunstância, ao imprimir uma maior mutabilidade ao princípio da dignidade, facilita a construção de Direitos Humanos ajustados à lógica econômica, legitimando, nessa medida, a estruturação da dignidade humana a partir da sua interação com o mercado.[716] Essa conjectura permitiria restringir a garantia à dignidade da pessoa humana ao simples acesso aos bens. Nesse sentido, refletiu Flores ao identificar uma estreita relação entre dignidade da pessoa humana e acesso aos bens materiais:

> (...)quando falamos de direitos humanos, falamos de dinâmicas sociais que tendem a construir condições materiais e imateriais necessárias para conseguir determinados objetivos genéricos que estão fora do direito (...) quer dizer, ao lutar por ter acesso aos bens, os atores e atrizes sociais que se comprometem com os direitos humanos colocam em funcionamento práticas sociais dirigidas a nos dotar, todas e todos, de meios e instrumentos- políticos, sociais, econômicos, culturais ou jurídicos- que nos possibilitem construir as condições materiais e imateriais necessárias para poder viver.[717]

[715] ROSENFIELD, Cinara L e PAULI, Jandir. Op. cit. p.322

[716] "...os direitos humanos seriam os resultados sempre provisórios das lutas sociais pela dignidade. Entenda-se por dignidade não o simples acesso aos bens, mas que tal acesso seja igualitário e não seja hierarquizado "a priori" por processos de divisão do fazer que coloquem alguns, na hora de ter acesso aos bens, em posições privilegiadas, e outros em situação de opressão e subordinação. Mas cuidado" Falar de dignidade humana não implica fazê-lo a partir de um conceito ideal ou abstrato. A dignidade é um fim material, trata-se de um objetivo que se concretiza no acesso igualitário e generalizado aos bens que fazem com que a vida seja "digna' de ser vivida.". In: FLORES, Joaquín Herrera. **A (re) invenção dos direitos humanos**. Florianópolis: Fundação Boiteux, 2009.p. 31

[717] Ibidem. p. 29

De acordo com essa percepção, o conceito de dignidade é permeável ao contexto e à dinâmica da história, encontrando-se em constante (re) construção. Na perspectiva de Flores, a dignidade da pessoa humana, por seu uma construção normativa, não é estática e nem mesmo inerente à pessoa. A dignidade, portanto, é endógena e necessária para permitir a distribuição dos bens entre os indivíduos, permitindo a concretização da harmonia social. Bobbio[718] ao analisar esse processo de construção e reconstrução dos Direitos Humanos identificou que, embora nascessem a partir da ideia de direitos naturais, desenvolvem-se como direitos positivados em perspectiva internacional.

Portanto, é possível afirmar que, como o processo de construção dos Direitos Humanos é dinâmico e influenciado pelo contexto histórico, a definição da dignidade da pessoa humana passa a ser orientada pela ideologia vigente. No momento atual, procura-se redesenhar os Direitos Humanos a partir da racionalidade neoliberal de modo que se busca legitimar os discursos que cada vez mais defendam um direito ao trabalho (ao emprego), ainda que seja cada vez mais esvaziado o núcleo mínimo protetivo. Observa-se, assim, uma tentativa de reduzir a dignidade da pessoa humana à garantia e ao acesso aos bens.

Nesse cenário, é possível entender que os Direitos Humanos, como qualquer outro direito, também sofrem influências da economia, das ideologias e da sociedade. Assim, a dignidade da pessoa humana é tomada, em muitos momentos, para fundamentar os discursos flexibilizatórios. Nesse sentido bem elucidou Gosdal:

> A lógica econômica é aceita sem reservas, assim como os primados da produção e do crescimento. Generaliza-se a ideia de que os homens estão reunidos em sociedade para produzir mais. O bem-estar, possibilitado pelo crescimento econômico, torna-se fim dos indivíduos e da sociedade, colocando-se a produção, os meios de produção e a técnica no centro dos interesses da sociedade. Como o dinheiro é o principal meio para a realização desta finalidade, o objetivo da produção passa a ser o dinheiro. Nenhum valor se opõe à técnica e o indivíduo e sua existência passam a ser uma mera contin-

[718] "A Declaração Universal contém em germe a síntese de um movimento dialético, que começa pela universalidade abstrata dos direitos naturais, transfigura-se na particularidade concreta dos direitos positivos, e termina na universalidade não mais abstrata, mas também ela concreta, dos direitos positivos universais" In: BOBBIO, Norberto. **A era dos direitos**. Rio de Janeiro: Elsevier, 2004.p.19

gência. Com a mundialização da economia esta tendência se acentua, neutralizando-se qualquer conteúdo de valor. Poder fazer torna-se a substância ética da liberdade e a emancipação passa a ser compreendida como bem-estar econômico, posse de bens de consumo. Este mundo da técnica e do consumo é apresentado como natural, como única via possível para a existência social. A dignidade do trabalhador é compreendida dentro da perspectiva estrita do acesso a bens e serviços.[719]

Flores defende a necessidade de reorientar os Direitos Humanos à luz das mudanças políticas, sociais e econômicas hodiernas. A globalização neoliberal traz quatro características: a pluralidade de centros de poder, mediante a diminuição da soberania estatal; a caótica rede de conexões financeiras, com flutuações econômicas imprevisíveis; as informações em tempo real e o ataque aos direitos sociais e do trabalho.[720]Essas transformações provocam uma alteração nos Direitos Humanos, conforme analisou Flores:

> Essas características (...) estão causando uma mudança importante na consideração dos direitos humanos. No plano jurídico, esses eventos levaram, em primeiro lugar, à crise do direito nacional dos direitos humanos, desde as constituições – especialmente as que surgiram na América Latina e na Europa Latina após as ditaduras do último terço do século XX , e em que se derramou a última esperança do Estado democrático de direito, estão perdendo seu caráter normativo e se aproximam perigosamente do que Karl Loewestein chamou de constituições nominais e semânticas; e, em segundo lugar, estão assumindo a reconfiguração do direito internacional com uma matriz particularista e soberana que surgiu após a proclamação da Declaração Universal. (...) O estabelecimento gradual de uma ordem global desigual e injusta está afetando, não apenas o que resta do Estado de Bem-Estar (...), mas o que é mais grave, a capacidade social e coletiva de propor alternativas baseadas na justiça social.[721]

[719] GOSDAL, Thereza Cristina. **Dignidade do trabalhador: um conceito construído sob o paradigma do trabalho decente e de honra**. Tese de doutorado. Universidade Federal do Paraná, 2006.

[720] FLORES, Joaquín Herrera. **Los derechos humanos como productos culturales: criticas del humanismo abstracto**. Madri: catarata, 2005 p. 225

[721] Original: "Estas características (...) están provocando um cambio importante em la consideración de los derechos humanos. A um nível juridiidco, estos hevhos han inducido,

Aqui reside o ponto de inflexão dos Direitos Humanos. Ora, a sua característica da historicidade e a sua plasticidade não podem conduzir a seu esvaziamento ou mesmo franquear a sua utilização em prol exclusivo do mercado. É preciso lembrar que existe uma essência da dignidade da pessoa humana que permanece sempre imutável, tendo em vista que a dignidade é inerente à própria condição humana.

Ademais, a dignidade da pessoa humana transcende qualquer normatização, posicionando-se como fundamento para todos os outros direitos fundamentais. Nesse sentido, convergiu o próprio constituinte originário ao estatuí-la como fundamento da República Federativa do Brasil (artigo 1º, III). Segundo Comparato, o fundamento dos direitos fundamentais não está na sua normatização, afinal "a dignidade da pessoa humana não pode ser reduzida à condição de puro conceito:"[722]

> É irrecusável, por conseguinte, encontrar um fundamento para a vigência dos direitos humanos além da organização estatal. Esse fundamento, em última instância, só pode ser a consciência ética coletiva, a convicção, longa e largamente estabelecida na comunidade, de que a dignidade da condição humana exige o respeito a certos bens ou valores em qualquer circunstância, ainda que não reconhecidos no ordenamento estatal, ou em documentos normativos internacionais. Ora, essa consciência ética coletiva, como se procurou mostrar nestas páginas, vem-se expandindo e aprofundando no curso da História.[723]

Sarlet, também, caminha no mesmo sentido ao reconhecer que a dignidade não é um direito fundamental e sim uma condição inerente ao homem por ser pessoa, sendo equivocado se afirmar que foi reconhecida

em primer lugar, a la crisis del derecho nacional de los derechos humanos, ya que las constituciones-sobre todo , las que surgieron em América Latina y em la Europa Latina tras las dictaduras del último tercio del siglo XX, y em las que se vertió la última esperanza del Estado democr.[ático de derecho-están perdiendo su carátcter normativo y se están acercando peligrosamente a lo que Karl Loewestein denominaba constituciones nominales y semânticas; y, em segundo lugar, están suponiendo la reconfiguración del derechointernacional de matriz particularista y soberanista que primo tras la proclamacion de la Declaración Universal. (...) La instauración paulatina de um orden global desigual e injusto está afectando, no sólo a lo que va quedando de Estado del Beinestar (...) sino lo que es más grave, a ala capcaidad social y colectiva de proproner alternativas basadas em la justicia social."Ibidem. p. 226

[722] Comparato, Fábio Konder. Op. cit. p. 241

[723] Ibidem. p 72-73

pelo ordenamento jurídico.[724] No século XVIII, a dignidade da pessoa humana era associada ao direito natural. Essa ilação consta na Declaração dos Direitos do Homem e do Cidadão de 1789, inclusive. Todavia, no século XIX, essa natureza passa a ser questionada, mormente pelos positivistas. Entretanto, em 1969, o Pacto São José da Costa Rica insere a dignidade como atributo do ser humano.

Assim, considerando que os Direitos Humanos têm por fundamento a dignidade da pessoa humana e que esta transcende a simples ideia de acesso aos bens em uma sociedade, analisemos mais de perto as afrontas perpetradas aos Direitos Humanos pela reforma trabalhista.

A prevalência do negociado sobre o legislado e a intensificação da flexibilização definidas pela Lei nº 13467/2017 precisam ser compreendidas a partir dos Direitos Humanos. Desta forma, a flexibilização e a prevalência das fontes autônomas na regulamentação da relação trabalhista devem respeitar à isonomia para que possa viabilizar a plena liberdade na definição das condições do contrato.

O Brasil ratificou a maioria dos tratados e das convenções que envolvem o trabalho decente com exceção da Convenção nº 87 da OIT, cujo objeto é a pluralidade sindical. Em que pese esse cenário, desde a década de 1990 o Brasil tem sistematicamente flexibilizando os direitos trabalhistas, por meio de minirreformas, aprofundando o processo de desconstrução do Direito Social do Trabalho em 2017 com a reforma trabalhista.

A Lei nº 13.467/2017 ao permitir a alteração da jornada de trabalho, sem a participação dos sindicatos, ou mesmo ao determinar a primazia do negociado sobre o legislado juntamente com o afastamento da obrigatoriedade da contribuição sindical caminhou na contramão dos Direitos Humanos, distanciando-se da busca pela justiça social. Ademais, ao intensificar o manejo da flexibilização, permitindo concertos bilaterais entre empregado e empregado também se desviou das ideias de progressividade dos direitos sociais, de trabalho decente e do primado da dignidade da pessoa humana. A reforma trabalhista procurou ampliar a exploração ao estabelecer uma presunção de isonomia das partes em um contexto marcado pela desigualdade. Ora, onde não há igualdade também não há liberdade e sim injustiças sociais.

[724] SARLET, Ingo Wolfgang. **Dignidade da pessoa humana e direitos fundamentais na constituição federal de 1988**. Op. cit.

Impulsionar a flexibilização da jornada fortalece a precarização, ampliando as desigualdades e as injustiças sociais. A uma porque favorece o aumento da jornada de trabalho, afetando a saúde e a vida do trabalhador; a duas porque a ausência de repouso, aliada à facilitação dada ao empregador de articular as condições do trabalho dirigido pelas exigências do mercado elimina a voz do trabalhador, alijando-o não somente da tela de proteção normativa, mas, sobretudo, do seu eu, da sua liberdade, da sua vontade, anulando, por fim, a sua dignidade humana. Também é possível verificar uma ruptura da Declaração de Filadélfia de 1944, ao tratar normativamente a mão de obra humana como uma mercadoria, na medida em que ao ampliar a flexibilização da duração de trabalho, traz uma aproximação do tempo humano com a ideia de objeto que pode ser ajustado de acordo com os influxos e com a demanda do mercado.

Segundo Piovesan, a Declaração Universal dos Direitos Humanos, de 1948, inaugurou as características da universalidade, da interdependência e da indivisibilidade dos Direitos Humanos. A universalidade é identificada na ideia de que os Direitos Humanos são inerentes a todos, porquanto atávicos à condição humana, de modo que cada indivíduo possui uma singular existência, revestindo-se de dignidade. A interdependência e a indivisibilidade mostram que os Direitos Sociais e Econômicos são pressupostos para a observância dos Direitos Civis e Políticos e vice-versa. Portanto, violado um Direito Humano todos os demais são prejudicados. [725]

Os direitos sociais são de segunda dimensão, assim buscam concretizar a igualdade por meio da atuação estatal. Nessa perspectiva, mostra-se teratológico o respaldo de negociações bilaterais firmadas entre empregado e empregador. Um exemplo é o artigo 59, § 5º da CLT que permitiu o acordo bilateral para a fixação do banco de horas. Ademais, a permissibilidade de negociações coletivas efetivadas por um sindicato aquinhoado e desprovido de representatividade e de poder rompe com a isonomia. Por conseguinte, a reforma trabalhista, mais uma vez se aparta dos Direitos Humanos.

Existe uma interação entre os Ordenamentos internacional e nacional, havendo uma relação de retroalimentação entre ambos. Essa conexão permite uma ampliação da proteção da pessoa humana.[726]Segundo Carlesso, o Convênio Europeu de Direitos Humanos já se pronunciou no sentido

[725] PIOVESAN, Flávia. Op. cit. p. 18

[726] CARLESSO, Luciano Arlindo. **O princípio da prevalência dos direitos humanos**. Brasília: ESMPU, 2019.p.60-62

de reconhecer uma integração entre Direitos Humanos e Fundamentais cujo escopo maior é proteger a dignidade da pessoa humana. Ambos os direitos compõem um "...sistema global de proteção da pessoa que sofre interações recíprocas."[727]

Os Tratados Internacionais ratificados pelo Brasil integram o ordenamento jurídico, segundo o artigo 5º, §2º da CF. Assim, ao lado dos direitos e garantias inseridos formalmente na Constituição, também existem os direitos e garantias contemplados em Tratados que passam a ser considerados materialmente constitucionais. Essa cláusula de abertura está em sintonia com as concepções de cooperação e progressividade dos Direitos Humanos e Fundamentais.

Silva identifica três espécies de direitos fundamentais: os expressos na CF, os implícitos, que são subentendidos nas normas, e os decorrentes dos tratados.[728] Portanto, a CF conferiu natureza de norma materialmente constitucional aos tratados internacionais que envolvam direitos e garantais fundamentais. A partir da interpretação calcada na unidade da Constituição e na máxima efetividade é possível chegar a ilação de que os tratados concernentes a Direitos Humanos possuem hierarquia constitucional. Piovesan, mesmo antes da EC 45/04, defendia a tese de que os tratados internacionais de Direitos Humanos possuem hierarquia constitucional

> (...)a hierarquia constitucional dos tratados de proteção dos direitos humanos decorre de previsão constitucional do artigo 5º, parágrafo 2º, à luz de uma interpretação sistemática e teleológica da Carta, particularmente da prioridade que atribui aos direitos fundamentais e ao princípio da dignidade da pessoa humana. Essa opção do constituinte de 1988 se justifica em face do caráter especial dos tratados de direitos humanos e, no entender de parte da doutrina, da superioridade desses tratados no plano internacional.[729]

Entretanto, antes da EC 45/2004 que trouxe a redação do artigo 5º, § 3º da CF, o STF reiteradamente assim não entendia. A jurisprudência

[727] Ibidem. 64

[728] SILVA, José Afonso da. **Curso de direito constitucional positivo.** 25ª ed. São Paulo: Malheiros, 2005.p. 194

[729] PIOVESAN, Flávia. **Direitos humanos e o direito constitucional internacional**. 13ªed. São Paulo: Saraiva, 2012.p.124

da Suprema Corte afirmava que a hierarquia dos tratados era equivalente à hierarquia da lei ordinária, contrariamente ao artigo 27 da Convenção de Viena.[730]

A EC 45/2004 estabeleceu no artigo 5º, § 3º da CF que os tratados e as Convenções sobre Direitos Humanos "...que forem aprovados, em cada casa do Congresso Nacional, em dois turnos, por três quintos dos votos dos respectivos membros, serão equivalentes às emendas à Constituição. " Diante disso, em dezembro de 2008, o STF, ao julgar o RE n.466.343, estabeleceu a súmula vinculante 25, proibindo a prisão civil por dívida do depositário infiel a partir da interpretação do artigo 7º, parágrafo 7º da Convenção Americana de Direitos Humanos.

Na ocasião, o Supremo trouxe um sistema de hierarquia diferenciado ao correntemente adotado para inserir os tratados internacionais. Doravante, o STF passou a compreender que os tratados de Direitos Humanos ratificados com observância do quórum exigido para as emendas terão hierarquia constitucional. No entanto, se ratificados sem a observância do quórum próprio das emendas terão caráter supralegal. Essa situação, além de conferir uma hierarquia diferenciada aos tratados que envolvem os Direitos Humanos, atrai a incidência do artigo 60, §4º da CF, impondo o questionamento acerca da inserção dos tratados como cláusulas pétreas. Nesse sentido, Piovesan verificou que os tratados seriam revestidos de imutabilidade pelo constituinte derivado.

> Ao se admitir a natureza constitucional de todos os tratados de direitos humanos, há que ressaltar que os direitos constantes nos tratados internacionais, como os demais direitos e garantias individuais consagrados pela Constituição, constituem cláusula pétrea e não podem ser abolidos por meio de emenda à Constituição, nos termos do artigo 60, parágrafo 4º . Atente-se que as cláusulas pétreas resguardam o núcleo material da Constituição, que compõe os valores fundamentais da ordem constitucional.[731]

[730] "Desde 1977 o supremo tribunal Federal (...) acolhe o sistema que equipara juridicamente o tratado internacional à lei federal. Com efeito, no julgamento do recurso extraordinário n. 80.004, em 1977, o supremo tribunal Federal firmou o entendimento de que os tratados internacionais estão em paridade com a lei federal, apresentando a mesma hierarquia que esta. Por consequência, concluiu ser aplicável o princípio segundo o qual a norma posterior revoga a norma anterior com ela incompatível." In: PIOVESAN, Flávia. **Direitos humanos e o direito constitucional internacional**. Op. cit. p. 117

[731] Ibidem. p. 139

Portanto, do diálogo entre o artigo 5º, §§ 1º, 2º e o artigo 60, § 4º, inc. IV, ambos da CF, é possível afirmar que os Direitos Humanos, além de fundamentais, são cláusulas pétreas.[732] Silva Neto também defende que os direitos sociais são cláusulas pétreas, porquanto o direito social tem como mote a concretização do próprio Estado social.[733]

Ademais, como os direitos trabalhistas são fundamentais, em conformidade com o artigo 5º, § 1º da CF, possuem aplicação imediata, não se exaurindo no rol descritivo da CF. Ora, o constituinte originário estabeleceu no artigo 5º, § 2º o chamado bloco de constitucionalidade ou cláusula de abertura. Nesse sentido, os Direitos Humanos também integram no rol de direitos fundamentais e, nessa medida, são considerados cláusulas pétreas. Entretanto, é importante pontuar que o Estado ao denunciar um tratado de Direitos Humanos, por exemplo, poderá se desobrigar, a princípio, do seu cumprimento.

Piovesan verificou que a globalização da economia e a difusão das políticas neoliberais estimularam o avanço de medidas flexibilizatórias, oferecendo riscos aos Direitos Humanos. Isso acontece porque, tem-se observado um aumento significativo das desigualdades sociais e da exclusão social, acompanhado de uma redução dos direitos sociais. Diante desse cenário, é preciso redesenhar a atuação Estatal para que haja a efetivação dos Direitos Humanos.[734] Cecato identifica que o trabalhador informal e

[732] "Neste sentido, percebe-se, desde logo, que o Constituinte não pretendeu, com certeza, excluir do âmbito do art. 5º, § 1º, de nossa Carta, os direitos políticos, de nacionalidade e os direitos sociais, cuja fundamentalidade – pelo menos no sentido formal – parece inquestionável. Também não há como sustentar, no direito pátrio, a concepção lusitana (lá expressamente prevista na Constituição) de acordo com a qual a norma que consagra a aplicabilidade imediata dos direitos fundamentais abrange apenas os direitos, liberdades e garantias (Título II da CRP) que, em princípio, correspondem aos direitos de defesa, excluindo deste regime reforçado (e não apenas quanto a este aspecto) os direitos econômicos, sociais e culturais do Título III da Constituição portuguesa.76 A toda evidência, a nossa Constituição não estabeleceu distinção desta natureza entre os direitos de liberdade e os direitos sociais, encontrando-se todas as categorias de direitos fundamentais sujeitas, em princípio, ao mesmo regime jurídico, o que também parece corresponder (ao menos no concernente ao disposto no artigo 5º, § 1º, da CF) ao entendimento dominante no Supremo Tribunal Federal." SARLET, Ingo Wolfgang. Op. cit. p.381

[733] SILVA NETO, Manoel Jorge. **Curso de direito constitucional do trabalho**. São Paulo: Malheiros editores, 1998 p. 181

[734] PIOVESAN, Flávia. **Direito constitucional módulo V: Direitos humanos e direito constitucional internacional**. Op. cit. p. 17-18

o desemprego estrutural, como acendem a vulnerabilidade e a precarização do trabalho, obstam a realização dos Direitos Humanos e da hegemonia do humano.

> No que respeita ao primeiro, vale observar que a relação de trabalho subordinado concorre para os atentados aos direitos humanos. Não se fala, aqui, apenas da subordinação que atribui juridicidade à relação de emprego, nos moldes do artigo 3º da Consolidação das Leis do Trabalho – CLT, mas igualmente daquela que aparece, de fato, em outras prestações de serviços, incluindo boa parte das informais. O poder de mando do capital sobre o trabalho coloca este último em posição de submissão. (...) A dinâmica do capitalismo, no contexto atual de intensa globalização econômica, acentua tais práticas, visto que as empresas buscam um perfil competitivo que impõe a conquista de metas de produção e a redução do custo da mão-de-obra. Dessa feita, nas constantes exigências de desempenho e de prazos que garantam o processo de enriquecimento e o sucesso do negócio explorado, é frequente e comum que a pessoa humana do trabalhador seja sumariamente ignorada. Com relação ao segundo, a prevalência da procura sobre a oferta de empregos coloca o trabalhador "de joelhos" em sua relação com o empregador, fazendo-o acatar mesmo ingerências e ordens que ultrapassam a medida do razoável e que, ordinariamente, atentam contra sua dignidade.[735]

A reforma trabalhista foi engendrada sob os influxos da ideologia neoliberal, conforme analisado no capítulo anterior, consolidando o movimento que Vieira denominou de negação dos Direitos Humanos, concretizado a partir da racionalidade de flexibilização/desregulamentação e do fortalecimento das fontes autônomas em detrimento das heterônomas. Vieira observa um processo de "desaparecimento" dos Direitos Humanos e sociais.[736]

Ora, apenas com a concretização da justiça social e o recuo da exclusão social é possível desenvolver a igualdade e a isonomia. Em um cenário marcado pela profunda pobreza e pelo afastamento do elemento humano,

[735] CECATO, Maria Áurea Baroni. **Direitos humanos do trabalhador: para além do paradigma da declaração de 1998 da O.I.T.**In: SILVEIRA, Rosa Maria Godoy Et.Al (orgs.) Educação em Direitos Humanos: fundamentos teórico-metodológicos. João Pessoa: Editora universitária, 2007.p.351-371.p.358-359

[736] VIEIRA, Rogério Henrique. Op.cit.

com a sobrepujança da economia não há como se realizar validamente a flexibilização. Sem igualdade das partes, a utilização de medidas flexibilizatórias fortalece a reprodução da desigualdade e da injustiça social.

Os Direitos Humanos, portanto, integram o processo de construção da igualdade. A Lei nº 13467/2017 ao acentuar a flexibilização rompe com os Direitos Humanos além de se demover da democracia. Nesse diapasão, Bobbio analisa que o não acatamento dos diretos humanos provoca rupturas na própria democracia:

> Hoje, estamos cada vez mais convencidos de que o ideal da paz perpétua só pode ser perseguido através de uma democratização progressiva do sistema internacional e que essa democratização não pode estar separada da gradual e cada vez mais efetiva proteção dos direitos do homem, democracia e paz são três momentos necessários do mesmo movimento histórico: sem direitos do homem reconhecidos e efetivamente protegidos não existe democracia, sem democracia não existem as condições mínimas para a solução pacífica dos conflitos que surgem entre os indivíduos, entre grupos e entre as grandes coletividades tradicionalmente indóceis e tendencialmente autocráticas que são os Estados, apesar de serem democráticas com os próprios cidadãos.[737]

Portanto, a flexibilização do tempo de trabalho, ao desconsiderar o limite da jornada e da duração do trabalho, mediante a facilitação de sistemas de compensação de jornada, desvia-se da ideia de trabalho decente concebido pela OIT. Ora, a questão da limitação do tempo de trabalho integra o processo de criação da OIT, sendo um dos meios de se atingir a justiça social. A Lei nº 13.467/2017 ao autorizar a realização indiscriminada do labor em regime de sobrejornada, mediante inúmeros artifícios, desde acordos bilaterais até negociações coletivas encetadas por sindicatos fragilizados e destituídos de representatividade, anula o direito à limitação da jornada.

É importante recordar que o trabalho extraordinário é caraterizado pela excepcionalidade.[738] Barros analisa que, mesmo antes da reforma trabalhista, a CLT no artigo 59, ao contrário de outros países, já pretendia tornar ordinária a prática de horas extras, distanciando-se, por via oblíqua,

[737] Bobbio, Norberto. Op.cit.p.93

[738] Barros, Alice Monteiro de Barros. Op. cit. p.102-119.

dos limites constitucional e internacional da duração do trabalho.[739] Ora, o limite da duração do trabalho não deveria ser ainda mais restringido e sim difundido para todos aqueles que trabalham, ainda que não possuam vínculo empregatício. Nesse sentido caminharam o relatório da OIT de 2009 e o enunciado 17 da 1ª Jornada de Direito Material e Processual do Trabalho

> 17. LIMITAÇÃO DA JORNADA. REPOUSO SEMANAL REMUNERADO. DIREITO CONSTITUCIONALMENTE ASSEGURADO A TODOS OS TRABALHADORES. INCONSTITUCIONALIDADE DO ART. 62 DA CLT. A proteção jurídica ao limite da jornada de trabalho, consagrada nos incisos XIII e XV do art. 7º da Constituição da República, confere, respectivamente, a todos os trabalhadores, indistintamente, os direitos ao repouso semanal remunerado e à limitação da jornada de trabalho, tendo-se por inconstitucional o art. 62 da CLT.[740]

É preciso resgatar a primazia dos Direitos Humanos. A investigação conjunta da Declaração sobre o Direito ao Desenvolvimento de 1986, com a Declaração de 1993 de Viena permite concluir que a prevalência da pessoa humana deve direcionar as políticas, a sociedade e a economia para que seja atingido o desenvolvimento. Assim, as buscas pela inclusão social e pela realização da justiça social devem informar a economia, visto que a sociedade contemporânea se estrutura em torno do trabalho e do sistema capitalista. Nesse mesmo diapasão, remeteu a OIT, em 1999, ao realizar a 87ª Conferência Internacional do Trabalho cujo objetivo foi traçar as diretrizes acerca do trabalho decente. Ghai,[741] transcendendo as conceituações em torno do tema, demarca concretamente o caminho para a realização do trabalho decente idealizado pela OIT.

> No relatório que acabamos de mencionar, especifica-se que este conceito assenta em quatro pilares: emprego, proteção social, direitos dos trabalhadores e diálogo social. O termo “emprego” significa aqui trabalham em todas as suas formas e em seus aspectos quantitativos e qualitativa. Como resultado, a

[739] Ibidem. 437-438

[740] Disponível em:https://angelotto.jusbrasil.com.br/noticias/147964524/enunciados-aprovados-na-1-jornada-de-direito-material-e-processual-na-justica-do-trabalho. Acesso em: 26 fev.2022

[741] GHAI, Dharan. Travail décent: concept et indicateurs. **Revue Internationale du Travail**. Genève, v.142, n.2, p.121-157, 2003.p.121

> noção de trabalho decente não se aplica apenas aos trabalhadores da economia formal, mas também aos assalariados em situação informal e a pessoas que trabalham por conta própria ou residência. O trabalho decente é também a possibilidade de acesso a um emprego, remuneração adequada (em dinheiro ou em espécie), segurança do trabalho e condições saudáveis de trabalho. Segurança segurança social e segurança de renda são dois outros elementos essenciais, cuja definição varia de acordo com as capacidades e o nível de desenvolvimento de cada sociedade. Os outros dois componentes dizem respeito principalmente às relações sociais dos trabalhadores: por um lado, sua direitos fundamentais (liberdade de associação, não discriminação no trabalho, ausência de trabalho forçado e trabalho infantil); por outro lado, o diálogo social, através do qual podem exercer o seu direito de fazer valer o seu ponto de vista, defender os seus interesses e negociar com os empregadores e autoridades em matéria trabalhista.[742]

Portanto, a partir dos escopos da OIT identificados ao ponderar sobre o trabalho decente, é possível concluir que os Direitos Humanos devem orientar as relações trabalhistas. Um núcleo mínimo de direitos deve ser assegurado não somente aos trabalhadores formais, mas também aos que laboram informalmente. Demarca-se, assim, a necessidade de uma universalização e progressividade dos Direitos Humanos. A concretização do trabalho decente exige não somente o acesso a um emprego, mas a observância de regras inerentes à segurança do trabalho, a garantia de um mínimo salarial, além de viabilizar o diálogo.

[742] Original: Dans le rapport que nous venons d'évoquer, il est précisé que cette notion repose sur quatre piliers: l'emploi, la protection sociale, les droits des travailleurs et le dialogue social. Le terme «emploi» designe ici le travail sous toutes ses formes et dans ses aspects quantitatifs et qualitatifs. De ce fait, la notion de travail décent ne s'applique pas seulement aux travailleurs de l'économie formelle, mais aussi aux salariés en situation informelle et aux personnes travaillant à leur compte ou à domicile. Le travail décent, c'est également la possibilité d'accéder à um emploi, une rémunération (en espèces ou en nature) appropriée, la sécurité au travail et des conditions de travail salubres. La sécurité sociale et la sécurité du revenu en sont deux autres éléments essentiels, dont la définition varie en fonction des capacités et du niveau de développement de chaque société. Les deux autres composantes ont principalement trait aux relations sociales des travailleurs: d'une part, leurs droits fondamentaux (liberté syndicale, non-discrimination au travail, absence de travail forcé et de travail des enfants); d'autre part, le dialogue social, grâce auquel ils peuvent exercer leur droit de faire valoirleur point de vue, de défendre leurs intérêts et de négocier avec les employeurs et les autorités sur les questions relatives au travail." In: GHAI, Dharan. .Op.cit.p.121-122

Considerando o sistema normativo brasileiro, inspirado no positivismo de Kelsen, a CF ocupa o topo da pirâmide, irradiando validade às demais normas infraconstitucionais. Desta forma, a investigação sobre a constitucionalidade da Lei nº 13.467/2017 impõe-se como essencial. Pretende-se averiguar a constitucionalidade da flexibilização da duração do trabalho a partir do diálogo entre os artigos 59, 611-A e 611-B, todos da CLT. Assim, a questão que se coloca é: as negociações coletivas e bilaterais podem reduzir ou mesmo extinguir direitos fundamentais?

Com a queda do liberalismo no final do século XIX acendem os movimentos *pro* Direitos Humanos. Essas revoluções internacionais ecoaram nacionalmente, fomentando o estabelecimento do Estado Social. Esse movimento contribuiu para a constitucionalização dos Direitos Humanos, consolidando, portanto, os direitos fundamentais trabalhistas. Essa mesma dinâmica foi observada em outros países. O México, em 1917, estabelece a sua Constituição, inaugurando na América Latina o reconhecimento dos direitos sociais. Igualmente a Alemanha, em 1919, trouxe a Constituição de Weimar que contemplou os direitos sociais fundamentais. Segundo Silva Neto, essas mobilizações mostram o esforço em concretizar a justiça social por meio da consolidação das igualdades.

> A introdução de normas de direitos sociais nas constituições (...) revela o compromisso solenemente assumido entre os detentores dos meios de produção e da força de trabalho no sentido de buscarem uma sociedade menos desigual, ao mesmo tempo dignificadora do trabalhador e viável à atividade empresarial como expressão da economia de mercado e da livre iniciativa. (...) o constitucionalismo social está fundamentalmente vinculado ao princípio da não neutralidade, isto é, comprometimento da filosofia constitucional com os desfavorecidos.[743]

A Constituição de 1988 foi informada pelos ideários de Direitos Humanos. Assim, a dignidade da pessoa humana foi erigida como fundamento do Brasil (artigo 1º, III da CF). Igualmente trouxe a justiça social, a valorização do trabalho e a redução das desigualdades sociais como objetivos da República Federativa do Brasil e como condicionantes da atividade econômica (artigo 3º, I, III e 170, ambos da CF).

[743] Silva Neto, Manoel Jorge. Op. cit. p. 54-55

Nesse cenário normativo o Direito do Trabalho se estabelece. Assim, emerge de forma clara a essencialidade não somente social do Direito do Trabalho, mas jurídica, colocando-se como verdadeiro princípio de toda a sociedade. Diante dessa fundamentalidade do direito social trabalhista marcada pela Constituição Federal, o artigo 7º contemplou a progressividade desses direitos ao determinar a busca de constante ampliação para realizar a melhoria da condição social do trabalhador, alinhando-se aos escopos traçados pela OIT e pela ONU, conforme demarcado alhures. Os Direitos Humanos trabalhistas inseridos na CF são encarados como direitos fundamentais definidos por Sarlet nos seguintes termos

> Direitos fundamentais são(...) todas aquelas posições jurídicas concernentes às pessoas, que, do ponto de vista do direito constitucional positivo, foram, por seu conteúdo e importância (fundamentalidade em sentido material), integradas ao texto da Constituição e, portanto, retiradas da esfera de disponibilidade dos poderes constituídos (fundamentalidade formal), bem como as que, por seu conteúdo e significado, possam lhes ser equiparados, agregando-se à Constituição material, tendo, ou não, assento na Constituição formal (aqui considerada a abertura material do Catálogo).[744]

Sarlet identifica uma aproximação entre Direitos Humanos e Fundamentais na perspectiva material, afirmando que ambos possuem fundamentalidade, porquanto tutelam valores e bens primordiais ao ser humano.[745] Portanto, é o aspecto formal que distancia os Direitos Fundamentais dos Direitos Humanos. Essa essencialidade dos Direitos Fundamentais é albergada no art. 5º, § 1º da CF que estabeleceu, tanto a eficácia imediata aos Direitos Fundamentais, quanto a proteção em relações a eventuais reformas constitucionais (art.60, § 4º, inc. IV, da CF).

Segundo Sarlet os direitos fundamentais possuem uma dimensão jurídico subjetiva e jurídico objetiva. Desse modo, poderão ser qualificados como direitos de defesa, como os direitos que tutelam a liberdade e a autodeterminação do indivíduo, exigindo uma abstenção do Estado.[746] Igual-

[744] SARLET, Ingo Wolfgang. **A eficácia dos direitso fundamentais: uma teoria geral dos direitos fundamentais na perspectiva constitucional.** Op. cit.p.61

[745] SARLET, Ingo Wolfgang. Os direitos fundamentais sociais na constituição. **Revista diálogo jurídico.** Ano I.v. I,n º.1.Salvador: Bahia. Abril/2001.p.10-11

[746] "Percebe-se, pois, que o espectro dos direitos de defesa, os quais podem ser enquadrados no "status negativus e/ou libertatis" do qual já nos falava Jellinek, é de uma amplitude ímpar,

mente, podem ser caracterizados como direitos prestacionais, como no caso dos direitos sociais que buscam a concretização da isonomia. Esses enfocam a atuação do Estado que deverá se engajar para a efetivação da igualdade na medida em que somente após atingir esse equilíbrio é que se poderá consolidar a verdadeira liberdade. Nesse caminho convergiu Sarlet:

> (...)a tarefa de colocar à disposição os meios materiais e implementar as condições fáticas que possibilitem o efetivo exercício das liberdades fundamentais, os direitos fundamentais a prestações objetivam, em última análise, a garantia não apenas da liberdade-autonomia (liberdade perante o Estado), mas também da liberdade por intermédio do Estado, partindo da premissa de que o indivíduo, no que concerne à conquista e manutenção de sua liberdade, depende em muito de uma postura ativa dos poderes públicos.[747]

Pondere-se que, conquanto a qualidade prestacional seja mais presente na dimensão dos direitos sociais, é possível identificar direitos de liberdade prestacionais, bem como direitos sociais de defesa. Nesse sentido elucidou Sarlet:

> Para além do exposto, importa ter presente que também os direitos a prestações abrangem um feixe complexo e não necessariamente uniforme de posições jurídicas, que podem variar quanto a seu objeto, seu destinatário e até mesmo quanto à sua estrutura jurídico-positiva, com reflexos na sua eficácia e efetivação. Assim, conforme o seu objeto, poder-se-á distinguir os direitos a prestações em direitos a prestações materiais ou fáticas e direitos a prestações normativas ou jurídicas. Neste contexto, há que atentar para o fato de que os direitos a prestações não se restringem aos chamados direitos sociais, entendidos como direitos a prestações fáticas, englobando também os direitos à proteção e direitos à participação na organização e procedimento.[748]

Os direitos sociais prestacionais também são denominados de liberdades públicas, já que o indivíduo possui a liberdade de requerer presta-

englobando também as garantias fundamentais (direitos-garantia), os direitos políticos, proteção da intimidade e vida privada, parte dos direitos sociais e até mesmo os novos direitos contra manipulações genéticas e a assim denominada liberdade de informática e o direito a autodeterminação informativa". SARLET, Ingo Wolfgang. Os direitos fundamentais sociais na constituição. Op. cit.p.14

747 Ibidem.p.15

748 Ibidem.p.16

ções do Estado. Os direitos fundamentais sociais, portanto, são marcados etiologicamente pela necessidade de atuação do Estado para que prospere o exercício pleno das liberdades. Assim, para colmatar as desigualdades inerentes às relações de trabalho, o Estado atua em prol das minorias alocadas à margem da relação negocial para possibilitar o vicejar pleno das liberdades. Logo, os direitos fundamentais sociais, como é o Direito do Trabalho, impõe-se como condição *sine qua non* para a própria tutela dos direitos fundamentais. Portanto, não há como se cogitar a realização dos direitos fundamentais sem os direitos sociais, já que, em contextos permeados por desigualdades, não há a concretização das liberdades.

Os direitos sociais trabalhistas, como pertencem à segunda dimensão dos direitos, orientam-se pela busca da isonomia, mediante a atuação do Estado. Os artigos 6º até o artigo 11 da CF estabelecem os direitos fundamentais sociais que, por sua própria definição, são marcados essencialmente pela necessidade de o Estado fornecer uma prestação. Esse direito à prestação pode exigir uma conduta fática do Estado, mas também uma atuação normativa, condicionando as atividades legislativas estatais à busca pela realização dos direitos sociais. Nesse sentido apontou Alexy:

> Os direitos que o cidadão tem, contra o Estado, a ações estatais positivas podem ser divididos em dois grupos: aquele cujo objeto é uma ação fática e aquele cujo objeto é uma ação normativa (...)Quando se fala em "direitos a prestações" faz-se referência, em geral, a ações positivas fáticas. Tais direitos, que dizem respeito a prestações fáticas que, em sua essência, poderiam ser também realizadas por particulares, devem ser designados como direitos a prestações em sentido estrito. Mas, além de direitos a prestações fáticas, pode-se também falar de prestações normativas. Nesse caso, também os direitos a ações positivas normativas adquirem o caráter de direitos a prestações. Eles devem ser designados como direitos a prestações em sentido amplo.[749]

Portanto, os direitos sociais demandam uma atividade do Estado para que seja assegurada a isonomia material. Nessa medida são direitos essencialmente prestacionais. Silva[750]conceituou os direitos sociais como verdadeiras "...prestações positivas proporcionadas pelo Estado direta ou indiretamente", trazendo como escopo a possibilidade de ser concretizada

[749] ALEXY, Robert. **Teoria dos direitos fundamentais**. São Paulo: Malheiros, 2006.p.201-203

[750] SILVA, José Afonso da. Op. cit. p.286-287.

a melhoria da condição social na medida em que procuram suprir as desigualdades. Segundo Sarlet:

> Enquanto a função precípua dos direitos de defesa é de limitar o poder estatal, os direitos sociais (como direitos a prestações) reclamam uma crescente posição ativa do Estado na esfera econômica e social.(...) os direitos sociais a prestações (...) encontram-se intimamente vinculados às tarefas de melhoria, distribuição e redistribuição dos recursos existentes, bem como à criação de bens essenciais não disponíveis para tosos os que deles necessitem.[751]

Outrossim, os direitos sociais são revestidos de eficácia, em que pese ainda parte da doutrina afirmar que os direitos prestacionais são relativos "...já que geralmente colocados sob uma reserva do possível, que os coloca na dependência da conjuntura socioeconômica."[752] A eficácia dos direitos sociais é revelada a partir da constatação de que os direitos sociais implicam a revogação de atos normativos anteriores ao mesmo tempo em que orientam o legislador. Desta feita, irradiam validade às normas infraconstitucionais (efeito ab-rogante geral) e servem de mecanismo para hermenêutica e integração das normas jurídicas, gerando "...sempre algum tipo de posição jurídico-subjetiva...".[753] Como bem pondera Sarlet, também traz uma obrigação de abstenção ao Estado, ainda que seja qualificado como um direito prestacional:

> Cuida-se, portanto, de uma dimensão negativa dos direitos positivos, já que as normas que os consagram, além de vedarem a emissão de atos normativos contrários, proíbem a prática de comportamentos que tenham por objetivo impedir a produção dos atos destinados à execução das tarefas, fins ou imposições contidas na norma de natureza eminentemente programática.[754]

Os direitos fundamentais são revestidos de eficácia imediata, em consonância com o art. 5º, § 1º, da CF. Tal eficácia é estendida aos direitos implícitos e aos estabelecidos em tratados internacionais (artigo 5º, § 2º).

751 SARLET, Ingo Wolfgang. **Os direitos fundamentais sociais na constituição.** Op. cit. p. 283-284

752 Ibidem. 291

753 Ibidem. 295-299

754 SARLET, Ingo Wolfgang. **Os direitos fundamentais sociais na constituição.** Op. cit. 34

Entretanto, como apontam Sarlet[755] e também Silva[756] existem normas fundamentais que possuem eficácia limitada, como por exemplo o artigo 7º, inciso XI da CF que condiciona o direito à participação nos lucros e resultados da empresa à existência de lei. Essa interpretação ampliativa da eficácia reforça a essencialidade dos direitos fundamentais.

Logo, a atuação do Estado na concretização dos direitos sociais é condição inarredável e intransacionável, sob pena de se promover uma ruptura dos direitos trabalhistas. Nessa perspectiva, caso se deseje fomentar as negociações coletivas e a flexibilização trabalhista, torna-se premente a necessidade de se fortalecer o sindicato para que seja concretizada a paridade de armas. Somado a isso é incogitável a ideia de flexibilizações bilaterais dado que, nesse caso, jamais terá substituído eventual afastamento do Estado. Nessa hipótese Direito do Trabalho não haverá, em que pese a terminologia usada, pois o acordo bilateral pactuado é ontologicamente oposto ao Direito Laboral.

Os direitos fundamentais sociais também são governados pelos princípios da vedação ao retrocesso social e da progressividade (artigo 5ª, parágrafo 2º e artigo 7º, caput CF). Nesse sentido, analisa Barroso:

> (...)se uma lei, ao regulamentar um mandamento constitucional, instituir determinado direito, ele se incorpora ao patrimônio jurídico da cidadania e não pode ser arbitrariamente suprimido. Nessa ordem de ideias, uma lei posterior não pode extinguir um direito ou garantia, especialmente os de cunho social, sob pena de promover um retrocesso, abolindo um direito fundado na Constituição. O que se veda é o ataque à efetividade da norma, que foi alcançado a partir de sua regulamentação. Assim, por exemplo, se o legislador infraconstitucional deu concretude a uma norma programática ou tornou viável o exercício de um direito que dependia de sua intermediação, não poderá simplesmente revogar o ato legislativo, fazendo a situação voltar ao estado de omissão legislativa anterior.[757]

A vedação ao retrocesso social guarda relação com o princípio da segurança jurídica tutelado nos artigos 6º da LINDB e 5º, inc. XXXVI da CF

[755] Ibidem. p. 28

[756] Silva, Afonso da. Op. cit.

[757] Barroso, Luís Roberto **Direito Constitucional e a efetividade das normas**. 5. ed. Rio de Janeiro, Renovar, 2001.p.158-159.

que estabelecem a proteção ao direito adquirido, ao ato jurídico perfeito e à coisa julgada. É possível também identificar uma estreita relação com o princípio da boa-fé objetiva, em especial com o *venire contra factum proprium* que veda comportamentos contraditórios. Assim, se houve uma conduta em um sentido não é possível alterá-la para outro, surpreendendo as partes. Segundo Barcellos[758] somente se poderia considerar as alterações legislativas que de alguma forma viessem acompanhadas de medidas que trouxessem, no mínimo, um direito equivalente.

Feitas essas considerações propedêuticas, fica evidenciada a relevância da investigação das causas da crise de cumprimento dos direitos fundamentais sociais. É possível identificar uma interface entre os direitos sociais e a política. Como os direitos fundamentais de segunda dimensão são marcados pela atuação estatal, é natural que sejam mais permeáveis aos influxos da econômica, da sociedade, da política e das diversas ideologias. Por isso, o avanço da globalização e o neoliberalismo trouxeram o que Piovesan denominou de "movimento de esfacelamento de direitos sociais", que se qualifica como um sistemático atentado aos direitos sociais e fundamentais. Entretanto, os direitos sociais são fundamentais e confluem para colmatar as desigualdades, colocando-se como os mais importantes instrumentos para atingir a justiça social. Assim, qualificam-se como direitos intangíveis dotados de grande rigidez, de forma que qualquer ato que procure reduzi-los ou extirpá-los é passível de inconstitucionalidade.[759]

A crise do Estado social traz, igualmente, a crise da democracia. Bobbio demonstrou uma relação entre a proteção aos direitos sociais e a democracia.[760] A imposição da racionalidade neoliberal ao intensificar os processos de privatização e o recuo dos investimentos em políticas sociais, provoca uma quebra na concepção de soberania, produzindo um enfraquecimento da atuação estatal. Essa situação fortalece o discurso que sustenta a necessidade de priorizar os anseios econômicos em detrimento dos direitos sociais, provocando a "crise dos direitos fundamentais."[761]

[758] BARCELLOS, Ana Paula de. **A eficácia jurídica dos princípios constitucionais: o princípio da dignidade da pessoa humana**. Rio de Janeiro: Renovar, 2002.p.69.

[759] PIOVESAN, Flávia. **Direitos humanos e o direito constitucional internacional**. Op. cit.

[760] BOBBIO, Norberto. Op. cit. p. 01

[761] SARLET, Ingo Wolfgang. **Os direitos fundamentas sociais na Constituição Federal de 1988**. Op. cit.p.04

> Sem que tenhamos a pretensão de aprofundar a discussão e rastrear todas as causas e sintomas desta "crise dos direitos fundamentais", verifica-se que o aumento da opressão socioeconômica, vinculado a menor ou maior intensidade do "fascismo societal", tem gerado reflexos imediatos no âmbito dos direitos fundamentais, inclusive nos países desenvolvidos. Dentre estes reflexos, cumpre destacar: a) a intensificação do processo de exclusão da cidadania, especialmente no seio das classes mais desfavorecidas, fenômeno este ligado diretamente ao aumento dos níveis de desemprego e subemprego, cada vez mais agudo na economia globalizada de inspiração neoliberal;11 b) redução e até mesmo supressão de direitos sociais prestacionais básicos (saúde, educação, previdência e assistência social), assim como o corte ou, no mínimo, a "flexibilização" dos direitos dos trabalhadores;12 c) ausência ou precariedade dos instrumentos jurídicos e de instâncias oficiais ou inoficiais capazes de controlar o processo, resolvendo os litígios dele oriundos, e manter o equilíbrio social, agravando o problema da falta de efetividade dos direitos fundamentais e da própria ordem jurídica estatal.[762]

Essa conjuntura reforça a ofensiva neoliberal que encontra no enfraquecimento estatal e no avanço das desigualdades sociais a possibilidade de fazer vicejar a dominação do mercado sobre os excluídos e precarizados, ao memos tempo em que traz a" diminuição da capacidade do poder público de assegurar aos particulares a efetiva fruição dos direitos fundamentais" [763] Canotilho aponta que a democracia pressupõe a realização do princípio da socialidade que é a realização das democracias econômicas, social e cultural.[764] Nesse sentido observou

> O princípio da democracia econômica e social constitui uma autorização constitucional no sentido de o legislador democrático e os outros órgãos encarregados da concretização político-constitucional adoptarem as medidas necessárias para a evolução da ordem constitucional sob a óptica de uma "justiça constitucional" nas vestes de uma "justiça social.[765]

Todos os diretos fundamentais são interdependentes e conectados. Assim, para a realização dos direitos sociais é essencial a garantia de um

762 SARLET, Ingo Wolfgang. **Os direitos fundamentais sociais na constituição**. Op. cit p.07
763 Ibidem.p.05-07
764 CANOTILHO, José Joaquim Gomes. Op. cit. p. 335
765 Ibidem.p.338

mínimo que possibilite a concretização da dignidade da pessoa humana. Sem isonomia não há liberdade, dignidade e justiça social. Desse modo, a condição cada vez mais precarizada da sociedade brasileira fortalece o manejo de medidas flexibilizatórias, afastando ainda mais os trabalhadores do acesso aos direitos fundamentais mínimos.

Na perspectiva trabalhista o aumento da informalidade, o desemprego e a precarização aprofundam ainda mais o desequilíbrio inerente à relação de trabalho fato que restringe a vontade do trabalhador. Nessa intersecção é que reside o fundamento de que a reforma trabalhista produz uma desconstrução dos direitos sociais. Ora, "...abaixo de um certo nível de bem-estar material, social, de aprendizagem, de educação, as pessoas não podem tomar parte na sociedade como cidadãos e, muito menos, como cidadãos iguais."[766] Ademais, os direitos sociais são verdadeiros direitos subjetivos inerentes ao cidadão, de modo que "nem o estado nem terceiros podem agredir posições jurídicas reentrantes no âmbito de proteção destes direitos."[767]

A democracia em um contexto social estruturado a partir da ideia de classes somente se realiza a partir da criação de igualdade e liberdade na sociedade. Nesse sentido Chauí analisa que:

> (...) a marca da democracia moderna, permitindo sua passagem de democracia liberal a democracia social, encontra-se no fato de que somente as classes populares e os excluídos concebem a exigência de reivindicar direitos e criar novos direitos. Isso significa, portanto, que a cidadania se constitui pela e na criação de espaços sociais de lutas (os movimentos sociais, os movimentos populares, os movimentos sindicais) e pela instituição de formas políticas de expressão permanente (partidos políticos, Estado de direito, políticas econômicas e sociais) que criem, reconheçam e garantam direitos.[768]

Como a efetividade da norma é reconhecida pela sua aceitação no seio da sociedade, é possível concluir que a atual crise dos direitos sociais se fundamenta em um processo de alteração da hierarquia dos valores da sociedade. Nesse sentido, observa-se uma crise no próprio valor do trabalho humano, contemplado no artigo 1º, IV da CF como fundamento da República Federativa do Brasil.

[766] Ibidem.p. 475

[767] Ibidem.p. 476

[768] Chauí, Marilena. Op.cit.

Por fim, oportuno registrar que cada vez mais se torna perceptível que a crise dos direitos fundamentais não se restringe a uma crise de eficácia e efetividade, mas se revela também como uma crise na esfera do próprio reconhecimento e da identidade dos direitos fundamentais, ainda que esta se encontre diretamente vinculada à crise da efetividade. Sem que tenhamos condições de desenvolver este aspecto, constata-se uma crescente descrença nos direitos fundamentais."[769]

Ferrajoli,[770] ao tratar do neoconstitucionalismo, verifica uma tendência de se aproximar a Constituição ao jusnaturalismo. A inserção de princípios éticos e políticos na Constituição, como a igualdade e a dignidade da pessoa humana, engendra algumas fissuras no positivismo jurídico, porquanto aproxima ainda mais o direito das representações de moral e de justiça. Essa reorientação das Constituições se alinha à racionalidade dos direitos humanos cujo objeto, segundo Bobbio, é o ethos.[771] Nessa dimensão Ferrajoli analisa que:

> Existe também um segundo aspecto das orientações neoconstitucionalistas: a configuração das normas constitucionais não como regras suscetíveis de observância e de aplicação, mas sim como princípios suscetíveis de ponderações e balanceamentos, porque se encontram virtualmente em conflito; e, consequentemente, a centralidade conferida à argumentação na própria concepção de direito. "O direito" – afirma Atienza, por exemplo, – "não pode ser entendido exclusivamente como um sistema de normas, mas também como uma prática jurídica". Por outro lado, acrescente-se, os direitos fundamentais são "valores "ético-políticos, de maneira que não apenas o direito tem uma inevitável conexão com a moral, como uma teoria do direito dotada de capacidade explicativa e em condições de oferecer critérios de solução para os casos difíceis também não pode deixar de incluir uma teoria da argumentação.[772]

Portanto, o neoconstitucionalismo ao trazer uma aproximação da Constituição com os valores éticos, provocaria uma ruptura na teoria positivista.

[769] SARLET, Ingo Wolfgang. **Os direitos fundamentais sociais na constituição**. Op. cit. p.09

[770] FERRAJOLI, Luigi. **Constitucinalismo garantista e neoconstitucionalismo**. Trad. de André Karam Trindade. In: Academia brasileira de direito Constitiucional: Anais do IX Simpósio Nacional de Direito Constitucional.p.96

[771] BOBBIO, Norberto. Op. cit.p.96

[772] FERRAJOLI, Luigi. Op. cit. p. 97

Somado a isso também desencadearia um avanço do ativismo judicial, de modo a promover um estreitamento entre os sistemas *civil law* e *common law*. Por isso, segundo Ferrajoli[773], o neoconstitucionalismo leva ao enfraquecimento das Constituições, na medida em que retira a positividade, relativizando as normas que passam como princípios sujeitos à ponderação.

Essa análise proposta por Ferrajoli permite a reflexão sobre reformas trabalhistas precarizantes que emergiram com mais força a partir de 2010, bem como sobre as decisões do STF carregadas de um viés político neoliberal. Esse afastamento do positivismo, como possibilita uma maior liberdade nas decisões, mostra-se interessante para adaptação das normas e para reafirmar os Direitos Fundamentais e Humanos. Entretanto, esse mesmo ativismo, caso seja alimentado por uma lógica precarizante, pode reduzir os Direitos Humanos e Fundamentais ou mesmo reorientá-los, articulando-os em prol da realização da economia.

A racionalidade neoliberal também nutre esse movimento de redução ou mesmo afastamento da força normativa da Constituição Federal. Observa-se um processo de aprofundamento do privado acompanhado de uma tendência de desconstitucionalização e de despublicização do Direito Laboral.[774]

A Constituição de 1988 foi informada pela marcha de redemocratização do país. Todavia, nesse momento histórico, igualmente se levantavam os ideários neoliberais no Brasil. Portanto, se por um lado a Constitui-

[773] "Em síntese, bem mais que no modelo neoconstitucionalista – que confia a solução das aporias e dos conflitos entre direitos à ponderação judicial, inevitavelmente discricionária mesmo quando argumentada, enfraquecendo, assim, a normatividade das Constituições e a fonte de legitimação da jurisdição –, o paradigma do constitucionalismo rígido limita e vincula de modo bem mais forte o Poder Judiciário, em conformidade com o princípio da separação de poderes e com a natureza tanto mais legítima quanto mais cognitiva – e não discricionária – da jurisdição. Os juízes, com base em tal paradigma, não podem criar normas, o que implicaria uma invasão no campo da legislação, mas somente censurar a sua invalidade por violação à Constituição, anulando-as no âmbito da jurisdição constitucional, ou, então, desaplicando-as ou suscitando exceções de inconstitucionalidade no âmbito da jurisdição ordinária; em ambos os casos, intervindo, assim, não na esfera legítima, mas na esfera ilegítima da política. A legitimidade da jurisdição se funda, na verdade, a meu ver, sobre o caráter mais cognitivo possível da subsunção e da aplicação da lei, dependente por sua vez – bem mais do que pela formulação como regra – do grau de taxatividade e de determinação da linguagem legal; enquanto a indeterminação normativa e a consequente discricionariedade judicial são um fator de deslegitimação da atividade do juiz."In: FERRAJOLI, Luigi. Op. cit. p. 103-104

[774] MELO FILHO, Luiz Philippe Vieira de; DUTRA, Renata Queiroz. Op. cit.p.141-143

ção Federal procurou reforçar os direitos sociais e a construção de normas essencialmente voltadas para a pessoa humana e para a realização do Estado Democrático de Direito como resposta à ditadura anteriormente vivenciada, a legislação infraconstitucional trabalhista recebeu a influência da globalização e do neoliberalismo, acentuando as medidas flexibilizatórias, a precarização e a informalidade no trabalho.[775]

Esse contexto reforça os movimentos de desconstitucionalização e de despublicização do Direito do Trabalho, bem como a fissura na própria ideia de Estado provedor. Tanto que, a partir da década de 1990, advêm as medidas de flexibilização do tempo de trabalho, como o banco de horas. Essa conjuntura global, informada pelos novos modelos produtivos e pelo neoliberalismo, [776]distancia-se da lógica social muito presente na Carta Magna. Observa-se, assim, um descompasso entre a demanda da realidade econômica e o ideal constitucionalmente albergado. Essa dinâmica reverberou na própria construção da jurisprudência trabalhista que passou a oscilar entre a sobrepujança da economia e a hegemonia dos direitos fundamentais. Nesse sentido, analisaram Melo Filho e Dutra:

> (...)a atuação da Justiça do Trabalho é diagnosticada pelos pesquisadores do tema como permeada por contradições: isso porque, se, em alguma medida, foi influenciada pelas perspectivas neoliberais da flexibilização e redefinição do papel do Estado, como alguns enunciados de jurisprudência do TST relacionados ao período indicam, por outro lado, os seus integrantes também "empreenderam movimentos de resistência na perspectiva de assegurar a implementação da regulamentação formal do trabalho"(...).[777]

Ferreira identifica, nesse processo, uma formação de uma "jurisprudência da austeridade.[778] Procura-se promover a lógica neoliberal para tentar romper com os principais compromissos sociais albergados consti-

[775] Ibidem.p.143

[776] Exemplos desta tendência são: o RE 895.759/2016 que autorizou a renúncia das horas in itinere; e a ADPF n° 323 responsável pelo afastamento da ultratividade das negociações coletivas.

[777] MELO FILHO, Luiz Philippe Vieira de; DUTRA, Renata Queiroz.Op.cit.p.146-147

[778] "a atividade dos tribunais, no contexto de crise, revela a existência de uma jurisprudência da "austeridade" que tem por objeto o direito de exceção. É sabido que os tribunais desempenham um forte papel de racionalização da legislação, tanto maior quanto ela assuma um carácter politicamente controverso."In: FERREIRA, Antônio Casimiro. Op.cit.p. 73

tucionalmente. Emerge uma tentativa de construção de uma ideologia de deslegitimação dos ideários democratizadores implementados na Constituição de 1988.[779] A democracia passa a ser substituída pela primazia da racionalidade do mercado. Nesse sentido analisam Melo Filho e Dutra:

> (...)expulsam-se do direito as considerações sobre justiça, promovendo o regresso do direito do trabalho algo exterior a ele e eliminando sua identidade político-jurídica em favor de uma promessa de atração de financiamento externo por parte dos Estados (...) forma jurídica adequada à consecução dos projetos neoliberais coaduna-se com a do Estado de Exceção, dentre outras razões, porque há, no tensionamento neoliberal, uma tendência ao desvirtuamento da atuação contra majoritária do Poder Judiciário em defesa dos direitos fundamentais, sobretudo os de natureza social, quando a atuação das Cortes Superiores, em alinhamento com o projeto dominante, relativiza o projeto constitucional em favor de demandas "pragmáticas" do mercado.[780]

Todos esses processos de desconstrução dos direitos sociais levaram à Lei nº 13.467/2017 que procurou fazer recortes em direitos fundamentais sob o argumento de modernização da legislação laboral. É essencial, contudo, resgatar a hegemonia dos direitos fundamentais sociais e reorientar o Direito do Trabalho no caminho da busca da concretização da justiça social e do valor do trabalho humano.

Urge recordar que, conforme ponderou Silva, a ampliação do rol de direitos fundamentais sociais realizada na Constituição de 1988 foi orientada pela ideia de progressividade desses direitos prevista no Pacto de Direitos Econômicos e Sociais de 1966 e no Pacto São José da Costa Rica de 1969. Outrossim, a constitucionalização dos direitos sociais mostra uma dialética marcada pela persecução da efetividade desses direitos trabalhistas.[781] Ademais, ainda que o neoconstitucionalismo tenha produzido uma certa fratura do positivismo e contribuído para a crise dos direitos fundamentais, segundo Bobbio e a teoria positivista por ele proposta, as normas são compostas de princípios e regras.[782]Assim, mesmo os direitos

[779] Ibidem.p. 75-77

[780] MELO FILHO, Luiz Philippe Vieira de; DUTRA, Renata Queiroz.Op.cit.p.153

[781] SILVA, José Afonso da. Op.cit.p 166-167

[782] Alexy caminhou no mesmo sentido: "Tanto regras quanto princípios são normas, porque ambos dizem o que deve ser. Ambos podem ser formulados por meio das expressões deônticas

sociais carregados de valores éticos e morais e mais identificados como norma princípios devem ser respeitados. Ademais, o ativismo judicial e a hermenêutica normativa devem ser orientados por algumas balizas, conforme pontua Alexy

> Princípios e regras são diferenciados também com base no fato de serem razões para regras ou serem eles mesmos regras, ou ainda, no fato de serem normas de argumentação ou normas de comportamento. (...) o ponto decisivo na distinção entre regras e princípios é que princípios são normas que ordenam que algo seja realizado na maior medida possível dentro das possibilidades jurídicas e fáticas existentes. Princípios são, por conseguinte, mandamentos de otimização, que são caraterizados por poderem ser satisfeitos em graus variados e pelo fato de que a medida devida de sua satisfação não depende somente das possibilidades fáticas, mas também das possibilidades jurídicas. O âmbito das possibilidades jurídicas é determinado pelos princípios e regras colidentes. Já as regras são normas que são sempre ou satisfeitas ou não satisfeitas. Se uma regra vale, então, deve se fazer exatamente aquilo que ela exige; nem mais, nem menos. Regras contém, portanto, determinações no âmbito daquilo que é fática e juridicamente possível. Isso significa que a distinção entre regras e princípios é uma distinção qualitativa, e não uma distinção de grau.[783]

Assim, havendo a colisão entre princípios um deverá ceder, porquanto no plano fático e sob determinadas situações, um princípio tem precedência sobre o outro. Logo, somente na perspectiva fática um princípio tem maior ou menor peso que o outro. [784]Para Alexy não existem princípios absolutos, nem mesmo a dignidade da pessoa humana, na medida em que a adoção de absolutismo de um princípio ensejaria a anulação sempre de um outro o que não seria coerente. Dessa forma, o fato de a dignidade da pessoa humana se impor como absoluta não se fundamenta na conclusão de que é um princípio infenso às ponderações, mas sim na seguinte constatação:

básicas do dever, da permissão e da proibição. Princípios são, tanto quanto as regras, razoes para juízos concretos de dever-ser, ainda que de espécie muito diferente. A distinção entre regras e princípios é, portanto, uma distinção entre duas espécies de normas." ALEXY,Robert. Op.cit. p. 87

783 Ibidem.p. 88-91

784 Ibidem.p. 93-94

> (...)no fato de a norma da dignidade humana ser tratada em parte como regra e em parte como princípio, e também no fato de existir (...) um amplo grupo de condições de precedência que conferem altíssimo grau de certeza de que, sob essas condições, o princípio da dignidade humana prevalecerá contra os princípios colidentes.[785]

Kant,[786] a partir de sua leitura antropocentrista, defende que a dignidade da pessoa humana é inerente a todo ser humano. É a existência dessa qualidade que permite o afastamento de qualquer situação que traga um tratamento à pessoa humana similar a ideia de coisa. Nesse sentido, afirma que o ser humano não pode ser manejado como "...um mero meio para os meus fins,"[787]afinal todo ser vivo é um fim em si, tendo vontade e autodeterminação. Sarlet também vincula a dignidade a uma condição inerente ao ser humano e que por essa razão se impõe como fundamental:

> Não é demais lembrar que, no concernente aos limites da autonomia privada, a incidência direta da dignidade da pessoa humana nas relações entre particulares atua também como fundamento de uma proteção da pessoa contra si mesma, já que a ninguém é facultada a possibilidade de usar de sua liberdade para violar a própria dignidade, de tal sorte que a dignidade da pessoa assume a condição limite material à renúncia e autolimitação de direitos fundamentais (pelo menos no que diz com o respectivo conteúdo em dignidade de cada direito especificamente considerado).[788]

Nesse sentido, a dignidade da pessoa humana como fundamento da maioria dos direitos fundamentais sociais deve iluminar a ponderação das normas princípios, de forma que na maioria dos casos que houver um direito trabalhista estruturado na dignidade da pessoa humana, haverá um limite da autonomia privada. Nessa perspectiva é possível se afirmar que o artigo 611-A, da CLT e seus incisos II, III, XIII que tratam da prevalência do negociado sobre o legislado em relação à jornada de trabalho e do intervalo para refeição, bem como o artigo 59, § 5º da CLT afrontam o

[785] ALEXY, Robert. Op. cit.p.111
[786] KANT, Immanuel. **Metafísica dos Costumes**. Petrópolis, RJ: Vozes; Bragança Paulista, SP: Editora Universitária São Francisco, 2013.p.435
[787] .Ibidem. p.435
[788] SARLET, Ingo Wolfgang. **A eficácia dos direitos fundamentais: uma teoria geral dos direitos fundamentais na perspectiva constitucional**. Op. cit.p.390

artigo 1º, III da CF. Isso porque o limite da duração do trabalho e o direito às horas extras demarcados no artigo 7º, incisos XIII, XIV e XVI da CF, fundamentam-se no direito à saúde e à vida do trabalhador que apontam para a dignidade da pessoa humana.

A Lei nº 13.467/2017 deve se curvar à Constituição Federal e obedecer aos direitos fundamentais trabalhistas. É imperioso refrear as alterações legislativas que procuram consolidar um processo de ruptura não somente dos direitos trabalhistas, mas, sobretudo, dos Direitos Humanos, fundamentais e da própria democracia. A flexibilização da duração do trabalho agride sistematicamente diversos dispositivos constitucionais. O primeiro de todos é o já mencionado artigo 1º, III da CF, ou seja, a própria dignidade da pessoa humana. Da mesma maneira traz um enfraquecimento do próprio valor social do trabalho erigido pelo constituinte originário como fundamento da República Federativa do Brasil (art.1º, IV da CF). Mesmo o artigo 170 da CF, ao tratar da propriedade privada, condiciona o exercício da atividade econômica à necessidade de valorizar o trabalho humano.

Nesse mesmo sentido, a Constituição Federal estabeleceu como objetivos fundamentais a construção de uma sociedade livre, justa e solidária, para garantir o desenvolvimento nacional e a erradicar a pobreza e a marginalização. A redução das desigualdades sociais e regionais desponta como outro objetivo, bem como a promoção do bem de todos. Portanto, a Constituição Federal se afina com as normas internacionais que buscam a realização da justiça e o progresso social. Por derradeiro, o artigo 7º, caput da CF sintetiza a idealização da progressividade dos direitos sociais, ao prever a melhoria da condição social do trabalhador. Segundo Magano, os direitos trabalhistas devem buscar o bem estar social:

> modernamente, caracteriza-se o direito social, como instrumento do Estado do Bem-Estar social, compreende, portanto, o conjunto de normas e instituições, fundadas no princípio da solidariedade e destinadas a promover o bem estar de todo os indivíduos integrantes de uma sociedade.[789]

A primazia do negociado sobre o legislado e o aumento da flexibilização nos termos engendrados pelo legislador da reforma trabalhista se distanciam da persecução pelo bem-estar social, cancelando os direitos sociais.

[789] MAGANO, Octávio Bueno. **O direito do trabalho em face da Nova Constituição.** Op. cit. p.277

O fortalecimento da normatização autônoma em detrimento da estatal nos termos determinados pela reforma trabalhista robustece a crise dos direitos fundamentais. Ora, a facilitação da articulação do tempo de labor, mediante o desrespeito aos limites da duração do trabalho agride o artigo 7º, incisos XIII, XIV e XVI da CF. Ademais, o artigo 611-A, parágrafo 2º da CLT, ao dispensar contrapartidas recíprocas nas negociações colide com as noções de progressividade e de vedação ao retrocesso social atávicas aos Direitos Fundamentais e Humanos.

Especialmente no que concerne ao banco de horas é possível se verificar, minimamente, uma dupla inconstitucionalidade. Primeiramente, porque não prestigia a atuação sindical, conforme prevê o artigo 7º, XXVI da CF. Em segunda lugar, porque se aparta do artigo 7º, inciso XVI da CF, ao afastar o direito ao adicional de horas extras. Assim, o banco de horas procura tornar ordinária a prática do labor extraordinário. Uma vez que o instituto do banco de horas permite a inserção das horas extras laboradas em um banco, possibilitando uma posterior compensação, obliquamente burla o direito ao adicional de horas extras.

Na perspectiva das alterações bilaterais do contrato de trabalho, como nas hipóteses previstas nos §§ 5º e 6º, ambos do artigo 59 da CLT, também é possível identificar uma afronta ao artigo 7º, incisos XIII, XIV e XXVI da CF. Isso porque não prestigiou a autonomia privada coletiva e a atuação sindical.[790]O inciso XXVI do artigo 7º, da CF se ampara na desigualdade que acompanha a relação trabalhista. Assim, para que o equilíbrio seja produzido no bojo da relação é imperativa a atuação do sindicato nas negociações. Por isso mesmo, o artigo 8º, inciso VI da CF determinou a obrigatoriedade da participação sindical nas negociações.

O discurso que intenta respaldar a flexibilização a partir das concepções de necessidade econômica e de manutenção da empresa colide com a Constituição Federal. Os direitos fundamentais sociais, como a duração do trabalho e a negociação coletiva não podem se subjugar à economia.

[790] Nesse sentido caminhou o enunciado 30 da 2ª Jornada de Direito Material e Processual do Trabalho de 2017 in verbis:"30. BANCO DE HORAS INDIVIDUAL. INCONSTITUCIONALIDADE É inconstitucional o disposto no artigo 59, § 5º e § 6º da CLT (nova redação), haja vista que a Constituição Federal de 1988, no art. 7º, XIII, exige que a compensação de jornada seja por acordo coletivo ou convenção coletiva de trabalho." Disponível em: https://www.anamatra.org.br/attachments/article/27175/livreto_RT_Jornada_19_Conamat_site.pdf. Acesso em: 27 mai.20

A reforma trabalhista procurou, portanto, esvaziar a força normativa da Constituição. Nesse sentido, Hesse verificou que a Carta Magna possui uma vontade que lhe confere força, independentemente dos fatores sociais, políticos e econômicos:

> Mas, a força normativa da Constituição não reside, tão-somente, na adaptação inteligente a uma dada realidade. A Constituição jurídica logra converter-se, ela mesma, como força ativa, que se assenta na natureza singular do presente (...)Embora a Constituição não possa, por si só, realizar nada, ela pode impor tarefas." A Constituição transforma-se em força ativa se essas tarefas forem efetivamente realizadas, se existir a disposição de orientar a própria conduta segundo a ordem nela estabelecida, sé, à despeito de todos os questionamentos e reservas provenientes dos juízos de conveniência, se puder identificar a vontade de concretizar essa ordem. Concluindo, pode-se afirmar que a Constituição converter-se-á em força ativa se fizerem-se presentes, na consciência geral – particularmente, na consciência dos principais responsáveis pela ordem constitucional –, não só a vontade de poder (Wille zur Macht), mas também a vontade de Constituição (Wille zur Verfassung) (....)Tal como acentuado, constitui requisito essencial da força normativa da Constituição que ela leve em conta não só os elementos sociais, políticos, e econômicos dominantes, mas também que, principalmente, incorpore o estado espiritual (geistige Situatión) de seu tempo. Isso lhe há de assegurar, enquanto ordem adequada e justa, o apoio e a defesa da consciência geral.[791]

Assim, a "modernização" do Direito do Trabalho precisa se alinhar aos direitos fundamentais. A racionalidade neoliberal não pode subjugar a fundamentabilidade inerente aos direitos trabalhistas. A economia e o mercado não podem dirigir a hermenêutica dos Direitos Humanos e Fundamentais, sob pena de ruptura da própria democracia.

4.2. A reforma trabalhista e o impacto no direito à saúde

A reforma trabalhista intensificou a possibilidade da flexibilização da jornada de trabalho, permitindo a sua alteração mediante acordo bilateral entre empresa e empregado, inclusive. Tal condição contribui para a generalização da prática de jornadas extenuantes. Nesse sentido, há evidentes afrontas ao direito fundamental à saúde do trabalhador.

[791] HESSE, Konrad. Op. cit. p.19

Conforme analisado no capítulo primeiro, a prática constante do trabalho extraordinário sedimentada no século XVIII orientou os movimentos operário na busca de uma proteção jurídica. A demarcação do tempo do trabalho se ampara na limitação física inerente à própria condição humana. Assim, o desrespeito aos limites do tempo de trabalho atinge o direito à saúde e à vida dos trabalhadores. Nessa perspectiva, a limitação da jornada se irrompe como fundamental, associando-se diretamente às regras de saúde e medicina do trabalho.

A saúde do trabalhador nas suas dimensões física e psicológica foi objeto de tutela pela OIT em 1919. Nesse sentido analisaram Kemmelmeier e Santos:

> Por isso, um dos fundamentos iniciais do Direito do Trabalho é a segurança corporal no trabalho, a qual embasou a origem da intervenção estatal no campo laboral, inclusive em Estados refratários à regulamentação estatal das relações de trabalho, como Inglaterra e Estados Unidos (...). A influência da integridade psicocorporal para a conformação de um padrão mínimo de direitos trabalhistas também se apresenta no plano internacional e é uma das razões para a formação da OIT (...). Neste aspecto, conforme Laflamme, o direito à saúde e suas mediações com o Direito do Trabalho compreende diferentes grupos de normas protetivas: No contexto do trabalho, o direito à saúde se concretiza por diferentes normas que protegem os trabalhadores dos atentados à saúde que possam resultar da exploração da sua força de trabalho. Desse modo, há normas que consagram o direito às condições de trabalho justas e razoáveis (às vezes especificadas em disposições específicas relativas, por exemplo, à limitação do tempo de trabalho ou ainda à proteção de certas categorias de trabalhadores mais vulneráveis), o direito à seguridade e à higiene industrial e, mais recentemente, o direito à proteção da dignidade no trabalho.[792]

Após a criação da OIT, despontaram inúmeras Convenções cujo objeto era o tempo de trabalho. Em 1919, a Convenção 1 estabeleceu o limite de 8 horas por dia e 48 horas semanais. Em 1930, a Convenção nº 30, de 1930

[792] KEMMELMEIER, Carolina Spack; SANTOS, Ronaldo Lima dos. **A saúde do trabalhador no âmbito da organização internacional do trabalho**. Disponível em: https://www.academia.edu/41775070/A_SA%C3%9ADE_DO_TRABALHADOR_NO_%C3%82MBITO_DA_ORGANIZA%C3%87%C3%83O_INTERNACIONAL_DO_TRABALHO. Acesso em: 27abr.2021.

trouxe a jornada de 8 horas para trabalhadores do comércio e do escritório. Para os ativadores nas minas de carvão, a Convenção 31 limitou a jornada a 7h45min. Em 1935 advieram as Convenções nº 40 e nº 47 fixando, respectivamente, a duração semanal de trabalho em 40h e 35h. A Convenção n. 132, de 1970, promulgada somente em 1999 pelo Brasil, fixou férias anuais de 3 semanas no mínimo.[793]

Revisitar a etiologia do Direito do Trabalho permite identificar a fundamentalidade da delimitação do tempo de trabalho. Como todo trabalho executado pressupõe uma atuação humana, é certo que as limitações inerentes à condição humana, devem ser respeitadas. Assim, aprofundar a flexibilização da jornada encontra não somente barreiras normativas, mas também humanas. O interesse do mercado não pode subjugar os direitos mínimos sociais e nem mesmo transpor as limitações do ser humano. Deflagra-se, dessa forma, a importância da reafirmação dos Direitos Humanos no contexto neoliberal e diante da Lei nº 13.467/2017.

A vasta possibilidade de flexibilização de direitos concernentes à duração do trabalho contemplada pela reforma trabalhista, conforme artigos 59, §§ 5º e 6º, 611-A , incisos I, II, III, XII e 611-B, § único todos da CLT, procura excluir a dimensão de direito fundamental que reveste a limitação da duração do trabalho. Os limites de tempo de labor são verdadeiras normas de medicina e segurança do trabalho que se esteiam no direito fundamental à saúde. Ora, no cotejo entre necessidades econômicas e a saúde do trabalhador, esta última, na qualidade de norma fundamental, impõe-se em detrimento daquela.

Entretanto, a Lei nº 13.467/2017 ao inserir o artigo 611-B, § único, da CLT afastou a natureza cogente inerente às normas relativas à duração do trabalho e aos intervalos, autorizando amplas flexibilizações do fator tempo de trabalho, nos seguintes termos: "Regras sobre duração do trabalho e intervalos não são consideradas como normas de saúde, higiene e segurança do trabalho para os fins do disposto neste artigo". Contudo, o limite temporal de labor deita suas raízes no direito à saúde que se caracteriza essencialmente como um direito fundamental coberto pela indisponibilidade absoluta.

[793] COIMBRA, Rodrigo. **Fundamentos e evolução da limitação constitucional da duração do tempo de trabalho no brasil**. In: E-Pública, revista eletrônica. Vol. 3 No. 1, Coimbra. Abril 2016. p. 184-206. p.191

Aliás, é oportuno relembrar que normas referentes à duração e ao intervalo sempre foram qualificadas, tanto pela doutrina, quanto pela jurisprudência, como cogentes e revestidas de indisponibilidade absoluta. Assim, essas normas não podem ser negociadas, tendo em vista integram o núcleo rígido dos direitos fundamentais, garantindo um patamar civilizatório mínimo. Nessa perspectiva, a flexibilização da duração do trabalho desvia-se, igualmente, da concepção de trabalho decente, conforme destacado pela OIT. Nesse sentido caminharam a súmula 437 do TST,[794]bem como a 2º jornada de direito processual e material do trabalho de 2017.[795]

A ampliação das flexibilizações na perspectiva da duração do trabalho afeta a saúde do trabalhador, mormente quando o obreiro se ativa em locais insalubres ou quando exerce jornadas extenuantes. Essa generalização do leque de permissibilidade de flexibilização afronta não somente o artigo 7º, incisos XIII e XIV da CF, mas sobretudo o direito à saúde, atingindo os artigos 7º, XXII e 196, ambos da CF.

No artigo 196, o constituinte derivado apontou a relevância do direito à saúde ao determinar que as políticas sociais e econômicas deverão visar à "... à redução do risco de doença e de outros agravos e ao acesso universal e igualitário às ações e serviços para sua promoção, proteção e recuperação".

[794] "**Súmula nº 437 do TST INTERVALO INTRAJORNADA PARA REPOUSO E ALIMENTAÇÃO. APLICAÇÃO DO ART. 71 DA CLT** (...)II – É inválida cláusula de acordo ou convenção coletiva de trabalho contemplando a supressão ou redução do intervalo intrajornada porque este constitui medida de higiene, saúde e segurança do trabalho, garantido por norma de ordem pública (art. 71 da CLT e art. 7º, XXII, da CF/1988), infenso à negociação coletiva.

[795] 34. INTERVALO INTRAJORNADA COMO NORMA DE SEGURANÇA E SAÚDE PÚBLICA I. Regras sobre o intervalo intrajornada são consideradas como normas de saúde, higiene e segurança do trabalho e, por consequência, de ordem pública, apesar do que dispõe o art. 611-B, parágrafo único da CLT (na redação da Lei 13.467/2017). II. O estabelecimento de intervalos intrajornadas em patamares inferiores a uma hora para jornadas de trabalho superiores a seis horas diárias é incompatível com os artigos 6º, 7º, inciso XXII, e 196 da Constituição 37. SAÚDE E DURAÇÃO DO TRABALHO É inconstitucional o parágrafo único do art. 611-B da CLT, pois as normas e institutos que regulam a duração do trabalho, bem como seus intervalos, são diretamente ligados às tutelas da saúde, higiene e segurança do trabalho como estabelecidas pelos arts. 7º, XIII, XIV e XXII, 196 e 225 da Constituição Federal, pelos arts. 3º, B e E, e 5º da convenção 155 da OIT, pelo art. 7º, II, B e E, do PIDESC (ONU), pelo art. 7º, E, G e H, do Protocolo de San Salvador (OEA), e pelo próprio art. 58 da CLT, que limita a jornada a Oito horas diárias, sendo, assim, insuscetíveis de flexibilização por convenção ou acordo coletivos. Disponível em: https://www.anamatra.org.br/attachments/article/27175/livreto_RT_Jornada_19_Conamat_site.pdf. Acesso em: 23 nov.2021.

Desta forma, o constituinte subjugou a economia e o Estado à observância do direito à saúde. A 2ª jornada de direito processual e material do trabalho de 2017 trilhou nesse sentido ao estabelecer os enunciados 32 e 45:

> 32. NEGOCIADO SOBRE LEGISLADO: GRAUS DE INSALUBRIDADE. INSTITUCIONALIDADES, INCONVENCIONALIDADES, RETROCESSO SOCIAL As disposições dos incisos XII e XIII do art. 611-A da CLT (possibilidade de enquadramento de trabalhadores em graus de insalubridade e de prorrogação de jornada em ambientes insalubres por meio de acordo ou convenção coletiva de trabalho) perfazem retrocesso social, com prejuízos à vida digna e à saúde do trabalhador, sendo incompatíveis com os artigos 3º, I e IV, 5º, XXIII, 6º, 7º, XXII, 170, III, 196 e 225 da Constituição Federal, com o art. 11, A, da Convenção 155 da OIT, com o art. 611-B, XVII, da CLT, e, no campo processual/decisório, com os artigos 1º, 8º e 489, § 2º, do CPC. (...) Enunciado 45. INCONSTITUCIONALIDADE NA FIXAÇÃO DE JORNADA SUPERIOR A OITO HORAS EM ATIVIDADES INSALUBRES A fixação de jornada de trabalho superior a OITo horas em atividades insalubres, sem prévia autorização das entidades responsáveis pela higiene e segurança no trabalho, viola os termos do inciso XXII do artigo 7º da Constituição Federal de 1988. Assim, são inconstitucionais o parágrafo único do artigo 60 e o inciso XIII, do artigo 611- A, introduzidos pela Lei 13.467/2017.[796]

A associação entre o excesso de trabalho e a penosidade foi identificada por Moraes.[797] A sobrecarga de trabalho leva ao trabalho penoso. Essa condição laboral se mostra nociva à saúde do trabalhador. O prejuízo à saúde é mais marcado no contexto de sobrejornada em atividades já antecipadamente insalubres. Por isso mesmo, a jurisprudência do TST cancelou a súmula 349, alinhando-se ao disposto no artigo 60 da CLT que condicionou a validade da negociação quando o objeto envolver o labor

[796] BRASIL. **ANAMATRA.** Disponível em: https://www.anamatra.org.br/attachments/article/27175/livreto_RT_Jornada_19_Conamat_site.pdf. Acesso em:28 ago.2021

[797] "A energia do trabalho- diz NITTI- depende da energia vital do indivíduo que o pratica. Todas as vezes que o homem excede o limite das suas forças, provocando fadiga, aparece uma sensação penosa, que modifica a quantidade e a qualidade das coisas produzidas. Ora, essa perda de energia é, evidentemente, prejudicial à sociedade. É preciso tornar o trabalho cada vez menos penoso. Daí resultam duas necessidades: a limitação das horas do trabalho e o estabelecimento de certas condições de salubridade..."MORAES, Evaristo de. **Apontamentos de direito operário.** Op.cit. p. 87-88

extraordinário em condições insalubres à existência de licença prévia das autoridades competentes.[798] Contudo, o artigo 611-A, XIII da CLT, possibilitou a flexibilização de jornadas em atividades insalubres, mesmo sem a "...licença prévia das autoridades competentes."

O direito à vida transcende qualquer pacto laboral. Orientando-se por essa racionalidade, o constituinte originário estabeleceu no artigo 7º, inc. XXII da CF a necessidade de reduzir os "... riscos inerentes ao trabalho, por meio de normas de saúde, higiene e segurança." Nesse mesmo diapasão, convergiu o legislador ordinário ao autorizar a resolução do contrato baseada na culpa do empregador (rescisão indireta), conforme o teor do artigo *483*, c "o empregado poderá considerar rescindido o contrato e pleitear a devida indenização quando: (...);c) correr perigo manifesto de mal considerável". A proeminência do direito à saúde também é destacada no artigo 166 da CLT, que determina a obrigação de a empresa fornecer gratuitamente EPI's . Essa regra é reiterada no artigo 191, do mesmo diploma, ao tratar da eliminação/neutralização da insalubridade. Igualmente ao compulsar o artigo 157 da CLT, verifica-se que o empregador é obrigado a instruir os empregados acerca das normas de medicina e segurança do trabalho.

As normas sobre duração do trabalho se enraízam no direito à saúde e à vida do trabalhador. Assim, o labor realizado além do limite estabelecido como padrão geral, não somente traz fadiga e esgotamentos físico e mental, mas também é uma condição que potencializa os acidentes de trabalho. Delgado[799] observa que a modulação da duração do trabalho compõe as regras de segurança e medicina do trabalho, trazendo um duplo benefício: tanto na perspectiva de saúde laboral para o trabalhador, quanto na dimensão de custos econômico para o empregador, já que contribui para a redução de acidentes:

> (...)a redução da jornada e da duração semanal do trabalho em certas atividades ou ambientes constitui medida profilática importante no contexto da moderna medicina laboral. (...) as normas jurídicas concernentes à duração

[798] Súmula nº 349 do TST.ACORDO DE COMPENSAÇÃO DE HORÁRIO EM ATIVIDADE INSALUBRE, CELEBRADO POR ACORDO COLETIVO. VALIDADE. (cancelada) – Res. 174/2011, DEJT divulgado em 27, 30 e 31.05.2011 A validade de acordo coletivo ou convenção coletiva de compensação de jornada de trabalho em atividade insalubre prescinde da inspeção prévia da autoridade competente em matéria de higiene do trabalho (art. 7º, XIII, da CF/1988; art. 60 da CLT).

[799] DELGADO, Maurício Godinho. Op.cit.p. 975

> do trabalho já não são mais -necessariamente- normas estritamente econômicas, uma vez que podem alcançar, em certos casos, a função determinante de normas de saúde e segurança laborais, assumindo, portanto, o caráter de normas de saúde pública.[800]

O excesso de trabalho, seja pelo tempo laborado, seja pela intensidade do trabalho executado, repercute nos aspectos físico e psíquico do ser humano. Inegável, igualmente, que esse excesso de atividade traz danos existenciais ao empregado na medida em, ao promover a sua alienação social e a familiar, produz uma ruptura na sua identidade. Diante dessa complexidade que envolve o tempo de labor e da sua estreita ligação com a própria condição humana, o limite da jornada emerge como uma norma cogente e autorizadora das limitações do poder diretivo do empregador e da autonomia negocial.

O descumprimento dos limites de jornada também traz danos ao direito de personalidade nas suas dimensões psicológicas e existenciais. Na dimensão fisiológica, o excesso de trabalho pode afetar não somente a saúde do trabalhador, mas reduzir o seu tempo de vida. Nessa perspectiva, o desrespeito aos limites de trabalho conduz a um processo gradativo de morte da pessoa.

A Conferência Internacional do Trabalho, em junho de 2022, preocupada com a questão da saúde do trabalhador reafirmou a fundamentalidade desse direito ao inserir, como mais um princípio fundamental da OIT na Declaração de Princípios de 1998, o ambiente de trabalho seguro e saudável. A inserção desse quinto princípio da OIT, ao lado dos demais marca a tentativa da organização de promover a efetividade e o respeito à saúde do trabalhador. Isso porque a Declaração de Princípios da OIT vincula todos os Estados membros, ainda que não tenham ratificado as Convenções.[801]

No Japão as jornadas excessivas são apontadas como as responsáveis pelo "Karoshi" que se qualifica por um estresse ocupacional causado pelo excesso de trabalho, levando à morte súbita diante de alguma doença cardíaca ou de um acidente vascular cerebral. A OIT apontou que todos os anos cerca de 2,8 milhões de pessoas morrem diante de estresse, jornadas excessivas e doenças. O representante da OIT, Manal Azzi, identificou que,

[800] Ibidem.p. 974

[801] NAÇÕES UNIDAS BRASIL. **OIT adiciona segurança e saúde aos direitos fundamentais no trabalho.** Disponível em: https://brasil.un.org/pt-br/186004-oit-adiciona-seguranca-e-saude-aos-direitos-fundamentais-no-trabalho, Acesso em: 28.jun.2022

diante da alteração do trabalho e do avanço do uso da tecnologia, a prática de jornadas longas aumentou, apontando que 36% dos trabalhadores estão laborando por mais de 48 semanais, diante do aumento da pressão por produtividade.[802]

A Espanha,[803]em 2021 e sob a motivação da pandemia da Covid-19, realizou um experimento cujo mote era reduzir a jornada de trabalho, mas sem diminuir o salário. A proposta teve como objetivo testar a produtividade com a redução da duração do trabalho semanal de 40 h para 32h, fixando a folga de 3 dias por semana.[804] Em sentido similar seguiu a Islândia[805] que fez um experimento similar entre os anos 2015 e 2019. Na ocasião foi observado um aumento da produtividade diante da redução da jornada para quatro dias da semana.

As propostas de redução de jornada estão ganhando visibilidade em outros países da Europa. Na Alemanha, por exemplo, o sindicato IG Metall pleiteou uma redução de jornada, argumentando que diante do avanço tecnológico global isso salvaria inúmeros empregos. A Nova Zelândia[806]

[802] Estresse, jornada de trabalho e doenças excessivas causam a morte de quase 2,8 milhões ONU News: perspectiva global reportagens humanas. 18.04.2019. Disponível em: https://news.un.org/pt/story/2019/04/1668891#:~:text=Todos%20os%20anos%2C%20o%20estresse,%2C%20publicado%20nesta%20quinta%2Dfeira. Acesso em: 08 abr.2020

[803] "A Espanha está atualmente testando uma jornada semanal de 32 horas para empresas em um programa piloto de 50 milhões de euros (cerca de 300 milhões de reais). A empresa de bens de consumo Unilever lançou um experimento no qual está pagando a dezenas de seus funcionários seus salários integrais, enquanto pede que trabalhem apenas quatro dias por semana." In: PANDEY, Ashutosh . **Islândia melhora produtividade com jornada de quatro dias.** In: DW, 06.07. 2021.Disponivel em: https://www.dw.com/pt-br/isl%C3%A2ndia-melhora-produtividade-com-jornada-de-quatro-dias/a-58178823. Acesso em: 25 ago.2020.

[804] ORGAZ, Cristina J. Orgaz. **O experimento na Espanha para reduzir jornadas de trabalho a 4 dias por semana.** Disponível em: https://www1.folha.uol.com.br/mercado/2021/05/o-experimento-na-espanha-para-reduzir-jornadas-de-trabalho-a-4-dias-por-semana.shtml?utm_source=mail&utm_medium=social&utm_campaign=compmail. Acesso em: 03 mai.2021

[805] O experimento, que envolveu mais de 2,5 mil trabalhadores – mais de 1% de toda a população ativa da Islândia – cobriu uma ampla gama de locais de trabalho, desde escolas infantis a hospitais, escritórios e prestadores de serviços sociais. Muitos dos participantes passaram de uma jornada semanal de 40 horas para uma de 35 ou 36 horas." Atualmente, aproximadamente 86% dos trabalhadores do pais estão laborando menos, sem redução salarial. In: In: PANDEY, Ashutosh . Op.cit.

[806] CAVALINI, Marta. **Semana de 4 dias de trabalho: entenda como funciona nas empresas que já adotaram.** Disponível em: https://g1.globo.com/economia/concursos-e-emprego/

está testando, desde 2020, esse sistema de 4 dias de labor na semana. Na Califórnia, nos Estados Unidos, tramita um projeto de lei na Assembleia do Estado cujo objeto é a redução do trabalho para 32h semanais, sem recuo dos salários. O Reino Unido deve iniciar a experiência entre junho e dezembro de 2022.[807]Segundo a Platform London, essa redução de jornada também traria benefícios ao meio ambiente, trazendo menos impactos neste segmento.[808]

Portanto, verifica-se uma tendência de associação da redução do tempo de labor com o aumento da produtividade. Em contrapartida, é possível concluir o contrário, ou seja, quanto maior a jornada de trabalho menor será a produtividade. Nesse sentido, apontou uma pesquisa realizada pelo grupo de pesquisa Trabalho Digital da Rede de Estudos e Monitoramento da Reforma Trabalhista (REMIR) que estudou os entregadores por aplicativo, constando uma queda da produtividade nas circunstâncias de manutenção de extensas jornadas.[809]

Essas experiências também mostram a inexorável relação do tempo de trabalho com a saúde e a condição humana. Nesse sentido, o direito francês estabeleceu o direito à desconexão desde 2016 por meio da lei *El Khomri*.[810]

noticia/2021/07/08/semana-de-4-dias-de-trabalho-veja-como-funciona-nas-empresas-que-ja-adotaram.ghtml. Acesso em: 13 mai.2022

807 Lima, Liliane de. **Semana de 4 dias úteis: veja os países que já adotaram – e quais as chances de isso acontecer no Brasil.** Disponível em: https://www.seudinheiro.com/2022/empresas/semana-de-4-dias-uteis-quais-paises-empresas-adotaram-brasil-lils/. Acesso em: 13 mai.2022

808 "Um relatório encomendado pela campanha 4DayWeek (Semana de 4 Dias), da Platform London, mostrou que migrar para uma jornada semanal de quatro dias também pode oferecer benefícios ambientais. Segundo o estudo, tal mudança poderia reduzir a pegada de carbono do Reino Unido em 127 milhões de toneladas por ano até 2025, ou o equivalente a tirar 27 milhões de carros das estradas." In: Pandey, Ashutosh.Op.cit.

809 Em relação aos meios de proteção e segurança durante a pandemia, a pesquisa evidenciou que os trabalhadores em sua maioria, arcavam com os custos e os procedimentos necessários para sua proteção. 96% dos entrevistados adotavam alguma medida de proteção. Em relação à atuação das empresas, o procedimento mais citado pelos trabalhadores foi a orientação de condutas e procedimentos de segurança durante as entregas (135 entrevistados), seguida da distribuição de álcool em gel, citada por 58 entrevistados."Abílio, Ludmila Costhek. Op.cit.p.270 e 273

810 Essa conquista do direito a desconexão na França foi precedida de atuação sindical que em maio de 2014 cria uma campanha aludindo a necessidade de desconexão do trabalho. Após são realizadas consultas à população, culminando em novembro de 2015 uma proposta de alteração da legislação trabalhista francesa elaborada pela organização sindical da França.

Referido diploma normativo, orientando-se pelas alterações experimentadas no mundo do trabalho na era digital, estabeleceu no artigo L.2242-17 do Código de Trabalho Francês o direito à desconexão. Contudo, a lei *El Khomri* não estatuiu um conceito claro sobre a desconexão, relegando às empresas o encargo de fixar os termos e a extensão desse direito, por meio da "charte" (uma espécie de código da empresa) ou por meio de acordo coletivo.[811]

A desconexão se mostra um desafio no mundo atual. A estruturação do trabalho na sociedade contemporânea dirigida pela globalização e pelo neoliberalismo imprime uma constante necessidade de atualização, competitividade e polivalência dos trabalhadores. Essa conjuntura laboral contribui para a intensificação do trabalho e da duração do trabalho, facilitando o estresse laboral. Ademais, conforme observou De Masi, a reiterada prática de jornadas extenuantes, o chamado *overtime*, acaba aderindo a essência do trabalhador que passa a criar uma dependência psicológica pelo excesso de labor e de conexão, trazendo o workaholic.[812] Essa dinâ-

[811] "Depuis le 1er janvier 2017, le droit à la déconnexion fait partie des sujets à aborder lors de la NAO (négociation annuelle obligatoire) sur la qualité de vie au travail en vue d'un accord, qui doit être engagée au moins une fois par an, ou une fois tous les quatre ans si un accord collectif sur la périodicité des négociations a été conclu, dans toute entreprise où il existe une représentation syndicale, ce qui concerne notamment toutes les entreprises de plus de 50 salariés. En son absence, une charte doit être élaborée après avis du comité économique et social. Son but est de définir les modalités d'exercice du droit à la déconnexion. Elle doit également prévoir de mettre en œuvre des actions de formation et de sensibilisation à un usage raisonnable des outils numériques, aussi bien auprès des salariés, de la hiérarchie et de dirigeants." Tradução livre: "Desde 1º de janeiro de 2017, o direito à desconexão é um dos assuntos a serem abordados durante a NAO (negociação anual obrigatória) sobre qualidade de vida no trabalho com vistas a um acordo, que deve ser iniciado pelo menos uma vez por ano., ou uma vez de quatro em quatro anos se tiver sido celebrado um acordo colectivo sobre a periodicidade das negociações, em qualquer empresa onde exista representação sindical, que diga respeito nomeadamente a todas as empresas com mais de 50 trabalhadores. Na sua ausência, deve ser elaborada uma carta após parecer do comité económico e social. Seu objetivo é definir os procedimentos para o exercício do direito de desconexão. Também deve planejar a implementação de ações de treinamento e conscientização sobre o uso razoável de ferramentas digitais, para funcionários, gestores e gestores." In: JOURNAL DU NET. **Droit à la déconnexion: ce que dit le Code du travail.** Disponível em: https://www.journaldunet.fr/management/guide-du-management/1201613-droit-a-la-deconnexion-code-du-travail-loi/#:~:text=Droit%20%C3%A0%20la%20d%C3%A9connexion%20dans%20le%20Code%20du%20Travail,-La%20loi%20El&text=Pas%20plus%20que%20le%20Code,du%20droit%20%C3%A0%20la%20d%C3%A9connexion. Aceso em: 23. Set.2021.

[812] De Masi, Doménico. Op.cit.p.106

mica laboral acentua o risco de doenças profissionais e do trabalho, conforme observou Coimbra:

> (...)a fadiga física, psíquica e psicológica aumenta o risco de acidentes de trabalho e de doenças resultantes do trabalho, colocando a saúde, a segurança e a vida do trabalhador em risco, aumentando os riscos da infortunística do trabalho e dos custos à título de reparação dos danos decorrentes de acidentes do trabalho e de licenças ocupacionais. Note-se que os repousos constituem-se medidas muito importantes no contexto da moderna segurança e medicina laboral. Não obstante, a condição de trabalhador, dentro das condições específicas da prestação de trabalho, enseja um tratamento jurídico especial, mais detalhado do que a proteção jurídica dada a qualquer cidadão. Proteger a vida, a saúde e dignidade são ideais perseguidos de um modo geral para toda a cidadania, contudo adquirem um matiz especial no tocante ao trabalho, em função das condições de risco em que se encontram determinadas atividades laborais.[813]

Além do direito ao lazer, é, contemporaneamente, abordado o direito ao ócio. Segundo De Masi, embora as conjunturas social, econômica, política e ideológica conduzam a um aumento do trabalho, intensifiquem a procura por excelência e a conexão, o homem não deixou de ser humano e nem nunca o deixará. Nesse sentido nos convida a refletir:

> É preciso saber lidar com a inovação sem criar vítimas. Este é o pulo-do-gato ao qual a esquerda hoje deveria aspirar: sabendo que o progresso tende, devido à : sua própria natureza, a produzir vítimas toda vez que surgem inovações, se deveria predispor mecanismos auxiliares, capazes de prevenir os danos e evitar as vítimas(...)É preciso não impedir o progresso, mas geri-lo de forma a criar uma felicidade mais difundida. (...)O teletrabalho faz com que a gente adquira uma nova dimensão do tempo e do espaço. Sempre que se dá uma mudança de época, as categorias mais sintomáticas são essas duas. Na sociedade rural, o tempo era o das quatro estações e as mudanças eram lentíssimas, cada inovação requeria anos, às vezes até mesmo séculos, antes de ser completamente realizada e incorporada.[814]

813 Coimbra, Rodrigo. Op.cit. p.190

814 De Masi, Doménico. Op.Cit.p. 122

As alterações produtivas informadas pelos processos de globalização e pelo avanço tecnológico produziram impactos na forma de execução do labor humano. Dejours observa um recuo da exigência de trabalho físico acompanhado de um aumento do trabalho mental. Assim, o excesso de jornada e duração do trabalho, atualmente, elevam o número de doenças psíquicas.[815] Esse contexto fomenta situações de estresse nas organizações, bem como a prática de assédios morais. Nesse contexto, emerge contemporaneamente um sofrimento no trabalho na medida em que afeta a saúde do trabalhador.[816]

Essa gestão por estresse e assediante é facilitada pela Lei nº 13.467/2017, ao permitir a flexibilização do tempo de labor e o seu ajuste alinhado às necessidades do empreendimento, ao mesmo tempo em que permite uma redução do valor remuneratório pago. Nessa dinâmica, a pessoa humana é sacrificada. Ademais, promove-se uma ruptura com a representação de meio ambiente equilibrado do trabalho, afinal, a pressão por metas associada à prática de jornadas extenuantes promove as doenças laborais.

Destarte, a precarização e a afronta ao direito à saúde produzidas pela Lei nº 13.467/2017 se mostra mais intensa quando transportada para tutelar o trabalho contemporâneo. Isso porque, atualmente, observa-se uma ruptura das concepções de espaço e tempo inferida a partir dos avanços do teletrabalho e da tecnologia que imprimem maior aceleração e ritmo ao trabalho. Facilitar e generalizar a flexibilização do tempo de trabalho, nesse contexto, conduzirá a uma sociedade doente, explorada e precarizada.

Além da própria Lei nº 13.467/2017 promover uma ruptura do direito à saúde, o trabalho contemporâneo estruturado a partir da ideia flexível acomoda uma nova precariedade salarial, prejudicando a saúde do trabalhador. O avanço tecnológico associado ao sistema *just in time* de produção impactaram a saúde do trabalhador ao imprimirem um aumento no ritmo de trabalho e, consequentemente, um aprofundamento no estresse do trabalho.[817] Casulo e Alves identificam duas novas precariedades que emergem nesse sentido:

[815] Dejours, Christophe. **A loucura do trabalho: estudo de Psicopatologia do Trabalho.** 5ª ed. São Paulo: Cortez-Oboré, 1992.p.23

[816] Ibidem.p.23-25

[817] Casulo, Ana Celeste e Alves, Giovanni. (orgs). **Precarização do trabalho e saúde mental: O Brasil da era neoliberal.** 1ª ed. Bauru-SP: Projeto editoria práxis, 2018.p. 13

> (...)a precarização das condições de existência social do trabalho vivo decorrente do modo de vida just-in-time que produz o fenômeno da vida reduzida e provoca (...)precarização do homem como ser genérico, a precarização da pessoa humana que trabalha que se manifesta por meio de adoecimentos físicos e psicológicos do sujeito que trabalha.[818]

Dal Rosso analisou que o tempo de trabalho não envolve somente a sua duração, mas também a sua intensidade e a maneira como o tempo é distribuído e organizado. Verificou que a organização flexível do tempo de labor carrega nocividade na medida em que facilita a promiscuidade entre tempo de trabalho e tempo de não trabalho, ao mesmo tempo em que promove uma diluição de direitos trabalhistas. Para Dal Rosso a intensidade do trabalho se relaciona com os envolvimentos físico/mental na atividade e o esforço empregado, incluindo o ritmo e a velocidade.[819]

De acordo com o Bureau Internacional do Trabalho,[820]o labor realizado por meio de plataformas digitais traz, a partir de uma análise mais perfunctória, benefícios ao permitirem maior autonomia no gerenciamento das tarefas, tais como a quantidade de trabalho e o local da atividade. Entretanto, de acordo com o relatório do BIT, verificou-se que essa espécie de labor favorece a precariedade e a redução do valor da hora de trabalho, além de intensificar a prática do trabalho em horários atípicos.[821] Também, de acordo com o relatório, 52% das pessoas trabalhavam por seis

[818] Ibidem.p. 13

[819] DAL ROSSO, Sadi de. **Mais trabalho! A intensificação do labor na sociedade contemporânea**. São Paulo: Boitempo Editorial, 2008. p. 95

[820] OIT. **As plataformas digitais e o futuro do trabalho Promover o trabalho digno no mundo digital**. In: Bureau Internacional do Trabalho. Genebra, 2018. Disponivel em: https://www.ilo.org/wcmsp5/groups/public/---europe/---ro-geneva/---ilo-lisbon/documents/publication/wcms_752654.pdf. Acesso em 23.04.22.p. 67

[821] "... os trabalhadores dedicavam 24,5 horas ao trabalho nas plataformas digitais, das quais 18,6 horas eram remuneradas e 6,2 horas não eram remuneradas (por exemplo, procurar tarefas, realizar testes de qualificação) (...) Consequentemente, por cada hora dedicada a trabalho remunerado, é necessário despender aproximadamente mais um terço desse tempo (20 minutos) na procura de tarefas. Esta conclusão foi confirmada nos inquéritos de 2017 e 2015 e também está documentada no estudo de Hara et al. (2018), que registou, através de um módulo de extensão (plugin) descarregável, o tempo despendido pelos trabalhadores na AMT. (...) A necessidade de procurar trabalho constantemente, as idiossincrasias da publicação de tarefas e as diferenças de fuso horário significavam que muitos trabalhadores trabalhavam durante muitas horas e em horários atípicos.Id.Ibidem.p. 67

dias da semana e 36% laboravam durante os sete dias. Também se observou que o trabalho noturno era realizado por 43% das pessoas que laboravam no período das 22h00 às 5h00. Aproximadamente 18% trabalhavam mais de 2 horas à noite por um período superior a 15 dias no mês. Constatou-se que 44% laboravam mais de 10 horas por dia durante 10 dias do mês, enquanto que 23% ativava-se em longas jornadas durante 11 a 30 dias no mês. [822]

O que se observa, portanto, é um uma elevação das horas de trabalho remunerado e não remunerado, aprofundando a confusão entre o tempo de trabalho e de lazer. Essa conclusão é especialmente verdadeira se considerarmos o trabalho das mulheres que acabam exercendo duplas/triplas jornadas.[823]

A flexibilização da duração do trabalho busca consolidar a normalização do labor extraordinário desprovido de qualquer ônus ao empregador, como o não pagamento de horas extras, alinhando-se às exigências do novo mercado globalizado e competitivo. Essa situação não somente afronta à Constituição Federal, promovendo, o que já analisamos alhures, um aprofundamento do processo de desconstitucionalização e despublicização dos direitos fundamentais do trabalho, mas contribui para intensificar, ainda mais, o trabalho, acentuando o risco à saúde do empregado.

O instituto do banco de horas consolida a normalização das práticas reiteradas de labor extraordinário, sem que o empregado tenha acesso ao adicional de horas extras previsto no artigo 7, XVI da CF. O constituinte originário, ao prever o adicional mínimo de 50% sobre as horas extraor-

[822] Ibidem.p. 67

[823] "Cerca de 21 por cento das trabalhadoras da amostra de 2017 têm filhos pequenos (0 a 5 anos), variando entre 15 por cento na América do Norte a 42 por cento na América Latina e Caraíbas. Nas respostas qualitativas e nas entrevistas de acompanhamento, estas mulheres referiram que preferiam o trabalho nas plataformas digitais porque essa forma de trabalho permitia-lhes obter algum rendimento e, ao mesmo tempo, cuidar dos filhos ou de familiares idosos e realizar tarefas domésticas. (...)Para essas mulheres, o trabalho nas plataformas digitais parece ser uma solução que lhes permite executar tarefas remuneradas sem sair de casa e assumir simultaneamente outras responsabilidades, o que se traduz numa dupla carga de trabalho. Mulheres com filhos pequenos passam, em média, cerca de 19,7 horas por semana a trabalhar nas plataformas (figura 4.10, painel A), apenas cinco horas menos do que a média da amostra de 2017 como um todo. Muitas dessas mulheres (36 por cento) trabalham à noite (das 22h00 às 5h00) e ao final da tarde (das 18h00 às 22h00; 65 por cento), e 14 por cento trabalham mais de duas horas à noite durante mais de 15 dias num mês.Ibidem.p. 69-70

dinárias, teve o escopo de desestimular essa prática por parte do empregador, uma vez que o labor executado frequentemente em sobrejornada é prejudicial à saúde. Evidencia-se, portanto, que a reforma trabalhista ao facilitar ainda mais o banco de hora e a compensação de jornada, além de retirar os direitos fundamentais do empregado, dificulta que o trabalhador usufrua do descanso mínimo necessário.

Ademais, o banco de horas, como promove uma corrosão do valor remuneratório, aprofunda a exploração do empregado. Nesse sentido, mais uma vez a reforma trabalhista se demove da realização do trabalho decente e da busca pela justiça social. E para arrematar o processo de desconstrução dos Direitos Humanos e Sociais, o legislador ordinário, repise-se, afastou expressamente as regras sobre duração do trabalho do conceito de saúde, higiene e segurança do trabalho (artigo 611, § da CLT).

Ora, a desconexão ao trabalho e o limite de horas constitucionalmente traçado possuem fundamento no direito à saúde e à vida. Dessa forma, a Lei nº 13.467/2017 ao facilitar a fixação de sistemas de compensação de jornada, inclusive sem a participação sindical, distancia-se do 7º, XIII, XIV, XXII, XXVI da CF e das Convenções 155 e 98 da OIT.

A Convenção 155 da OIT ratificada pelo Brasil impõe ao empregador e ao Estado a obrigação de definir políticas que assegurem o respeito ao meio ambiente de trabalho e à saúde do empregado. Nesse sentido, igualmente segue a Recomendação nº112 de 1959 da OIT que determina a necessidade de garantia de proteção dos trabalhadores:

> (...) assegurar a proteção dos trabalhadores contra todo risco que prejudique sua saúde e que possa resultar do trabalho ou das condições em que esse se efetua; (...) contribuir ao estabelecimento e manutenção do nível mais elevado possível do bem-estar físico e mental dos trabalhadores.

Em 1972, a Declaração sobre Meio Ambiente consolida a noção de que o local de trabalho é uma extensão do meio ambiente e que, consequentemente, precisa ser protegido. Nesse sentido seguiu o artigo 3ºC, da Convenção 155 da OIT ao reconhecer como local de trabalho"...todos os lugares onde os trabalhadores devem permanecer ou onde têm que comparecer, e que estejam sob o controle, direto ou indireto, do empregador". Nessa perspectiva, mesmo diante das novas tecnologias, a proteção à saúde do trabalhador se impõe ainda que labore telepresencialmente ou em home office. O indigitado artigo 3º, e[824] traz um conceito amplo de saúde, englobando aspectos físicos e mentais. No artigo 4º, item 2 realça a necessidade de adoção de políticas preventivas de acidentes e doenças laborais. Esse caráter preventivo harmoniza-se com as concepções de progressividade dos direitos sociais e de melhoria contínua.

Nessa diretriz, em 2002, a OIT deflaga o Programa Internacional para a Melhoria das Condições de Trabalho e do Meio Ambiente de Trabalho. "Esse programa representou um marco institucional no que diz respeito ao reconhecimento de uma relação direta entre organização do trabalho, novas tecnologias e saúde do trabalhador, aspecto esse que tem correlação direta com os pressupostos da Saúde do Trabalhador."[825] Na dimensão do meio ambiente do trabalho, também, é importante registrar a Convenção 187 da OIT[826] que, embora ainda não tenha sido ratificada pelo Brasil, marca, igualmente, a ideia de progressividade dos direitos relativos ao meio ambiente laboral.

Portanto, as alterações legislativas precisam ser orientar pela progressividade desse direito, respeitando o núcleo mínimo de proteção. O princípio da proporcionalidade serve de baliza para aferição *in concreto* do respeito ao núcleo rígido mínimo fundamental. As modificações legislativas devem, destarte, se subjugarem a esse filtro da proporcionalidade, ou seja, devem ser adequadas, necessárias e proporcionais em sentido estrito. A adequação é aferida a partir da constatação de que a mudança legislativa é apta a realizar o objetivo da progressividade e permitir o respeito à dignidade da pessoa humana. A necessidade ocorre quando não houver outro meio para ser realizado o direito fundamental.

824 "(...)o termo saúde, com relação ao trabalho, abrange não só a ausência de afecções ou de doenças, mas também os elementos físicos e mentais que afetam a saúde e estão diretamente relacionados com a segurança e a higiene no trabalho"

825 KEMMELMEIER, Carolina Spack; SANTOS, Ronaldo Lima dos. Op.cit.

826 "1. Qualquer membro que ratificar a presente Convenção deverá promover a melhoria contínua da segurança e saúde no trabalho, a fim de prevenir lesões, doenças e mortes causadas pelo trabalho através do desenvolvimento de uma política, de um sistema e de um programa nacional, em consulta com as demais organizações mais representativas de empregadores e trabalhadores. 2. Os membros devem tomar medidas ativas para atingir progressivamente um ambiente de trabalho seguro e saudável através de um sistema e programa nacionais de saúde e segurança no trabalho, tendo em conta os princípios contidos nos instrumentos da Organização Internacional do Trabalho (OIT) relevantes para o marco promocional da saúde e segurança no trabalho." In; 3 Convenção OIT 187. Disponível em: https://www.ilo.org/brasilia/convencoes/WCMS_242947/lang-- pt/index.htm. Acesso em: 14 set.2020.

Entretanto, a Lei nº 13.467/2017 ao restringir o direito à saúde, mediante a ampliação da flexibilização, não passa pelo crivo da proporcionalidade. Santos[827] aponta que o núcleo mínimo de proteção que reveste o direito ambiental do trabalho envolve a proteção a danos irreversíveis à saúde do trabalhador. Nesse sentido, as normas de medicina e segurança do trabalho devem ser observadas para que seja assegurado um meio ambiente de trabalho minimamente decente. Nessa perspectiva qualquer alteração legislativa que se afaste desse mínimo não é proporcional.

A justificativa da reforma trabalhista para a redução dos direitos fundamentais é a adequação do Direto do Trabalho aos novos reclamos da economia globalizada. Sustenta-se, igualmente, a importância da flexibilização trabalhista para que o pleno emprego seja atingido. Contudo, como já analisado alhures, o recuo de medidas de proteção e a ampliação da jornada não se mostraram capazes de reduzir o desemprego, ao contrário contribuíram para o aprofundamento da informalidade e da precarização das condições de trabalho. O trabalho decente, segundo a OIT, somente pode ser concretizado a partir da geração de emprego e da garantia de cumprimento dos direitos sociais, mediante a ampliação da proteção.

O Pacto de São José da Costa Rica, no seu artigo 4º, prevê o direito à vida, ninguém podendo dela ser privado de forma arbitrária. A proteção ao direito à vida pressupõe a realização de outras garantias, uma vez que se impõe como um direito revestido de essencialidade e de fundamentalidade. O direito à vida se coloca como pressuposto para ao exercício de todos os outros direitos fundamentais. [828]

Outrossim, a flexibilização da jornada, nos moldes especificados na reforma trabalhista, teve como escopo precípuo facilitar a articulação do fator tempo de trabalho para atender às demandas do mercado flexível. Essa condição, como contribui para a intensificação do trabalho e para a redução das porosidades, [829] leva ao aumento de acidentes e de doenças profissionais.

827 SANTOS, Adelson Silva dos. **Fundamentos do direito ambiental do trabalho.** São Paulo: Ltr, 2010.p.110.

828 OLIVEIRA, Sebastião Geraldo de. **Proteção jurídica à saúde do trabalhador**. 6. ed. São Paulo: LTr, 2011.p.102

829 GALVÃO, Andreia et al. (2017), **Dossiê reforma trabalhista.** Campinas, Cesit/ie/Unicamp. Disponível em http://www.cesit.net.br/dossie-reforma-trabalhista/. Acesso em:14 ago.2021 p. 41-42

Portanto, a reforma trabalhista ao facilitar a flexibilização expõe à saúde do trabalhador a um risco maior. Essa sistemática afronta não somente o direito individual do trabalhador, mas, sobretudo, o Direito Coletivo. É certo que o recrudescimento de acidentes de trabalho impacta toda a sociedade, irrompendo-se como uma verdadeira questão de saúde pública. Assim, ao baratear a mão de obra e os custos desse trabalhador para a empresa, o poder público será sobrecarregado no âmbito previdenciário.[830]

Feitas essas digressões, é possível inferir que a reforma trabalhista, ao facilitar os regimes de compensação de jornada, favorece a prática do labor extraordinário precarizado. Ora, nos regimes de compensação não há ônus para o empregador, porquanto não há direito ao adicional de horas extras. Nessa medida, além de permitir o aumento de adoecimentos, aprofunda a exploração do trabalhador, privando-o de todo o sistema protetivo trabalhista no que se remete ao exercício do trabalho em sobrejornada.

Dessarte, os artigos 59, §§ 5º, 6º, 611-A, II, III, XIII e 611-B, § único, todos da CLT promovem rupturas nos artigos 3º, I e IV, 6º, 7º, XXII, 170, 196 e 225, todos da CF e, igualmente, contrariam a Convenção 155 da OIT. Logo, a Lei nº 13.467/2017 afronta a Constituição Federal e o Direito Internacional, afastando-se das noções de trabalho decente e de justiça social. A reforma trabalhista, sob o discurso de modernização das leis laborais, tencionou legalizar a precarização, incentivando a corrosão da principiologia laboral, dos direitos fundamentais, em especial o direito à vida, dos valores constitucionais concernentes à dignidade da pessoa humana, à valorização do trabalho e à justiça social.

[830] "Os registros de CAT (Comunicação de Acidente de Trabalho), da Previdência Social, e do Sistema Nacional de Agravos de Notificação Compulsória (SINAN) informam o impacto das jornadas de trabalho excessivas ou mau dimensionadas na saúde dos trabalhadores, conforme pode-se consultar no observatório digital de saúde e segurança do trabalho organizado pelo MPT e OIT. Mas, para além disso, os efeitos deletérios das jornadas de trabalho excessivas sobre a saúde dos trabalhadores já estão presumidos juridicamente no Decreto n. 3.048/99, exatamente porque a norma previdenciária, à vista da realidade, já reconhece como agentes etiológicos e fatores de risco de natureza ocupacional a "má adaptação ao horário de trabalho (trabalho em turnos e trabalho noturno)", "ritmo de trabalho penoso" e "outras dificuldades físicas e mentais relacionadas ao trabalho." In: MINISTÉRIO DO TRABALHO E PREVIDÊNCIA SECRETARIA DE TRABALHO. **Grupo de altos estudos (GAET). Relatórios dos grupos de estudos temáticos**. Brasília, 2021. Disponível em: https://static.poder360.com.br/2021/12/grupo-de-altos-estudos-do-trabalho-gaet.pdf. Acesso em: 24 nov.2021

4.3. A fragmentação da classe trabalhadora x enfraquecimento do sindicato

A primazia dada à negociação coletiva nos artigos 611-A e 611-B, ambos da CLT, enfraquece a dimensão do sindicato como representante da classe operária. Isto ocorre porque existe a intenção de se utilizar da organização sindical em favor do capital na medida em que legitima a retirada de direitos trabalhistas feita pelo ente coletivo. Consequentemente, evidencia uma tentativa de se se estabelecer uma quebra do sindicato, alienando-o da classe operária. Objetiva-se, por derradeiro, neutralizar o instrumento de poder advindo da classe dos trabalhadores.

Ao analisar a disposição contida no artigo 59, caput, da CLT, é possível perceber um esforço para debilitar os sindicatos, afastando-se dos direitos sociais trabalhistas, tendo em vista que se permite que o banco de horas seja fixado por mero acordo bilateral, entre empregado e empregador. Identifica-se, mais uma vez, uma tentativa de afastar o sindicato da sua dimensão coletiva, arrefecendo a sua força social.

A Lei nº 13.467/2017 marca um processo de forte desconstrução dos direitos sociais, visto que, embora aprofunde a flexibilização e defina a prevalência do negociado sobre o legislado, não trouxe mecanismos de fortalecimento sindical. É bem verdade que o sindicato atual já se encontra bastante fragilizado como resultado de um processo de enfraquecimento sindical intensificado na década de 1990. Diante dessa realidade, é importante construir uma análise da reforma trabalhista na dimensão sindical.

Nesse cenário, marcado por um processo de fragilização do sindicato, o afastamento da obrigatoriedade da contribuição sindical, orquestrada pela reforma trabalhista, intensifica, ainda mais, o enfraquecimento do poder da entidade, é certo que está consolidado o entendimento de que a atuação dos sindicatos dos trabalhadores nas negociações trabalhistas é obrigatória, segundo o artigo 8º, inc.VI da CF, para permitir a paridade de armas. Assim, ao enfraquecer a sua atuação rompe, por via reflexa, a possibilidade real do concerto e o verdadeiro diálogo entre as partes que confluem na relação trabalhista. Nesse cenário, as normas autônomas não serão estatuídas de forma genuinamente negociada, tendo em vista que, na prática, serão impostas unilateralmente pela parte mais forte da relação negocial.

O sindicato possui como fontes de custeio as seguintes contribuições: sindical; confederativa (artigo 8º, IV da CF); assistencial e a mensalidade sindical. As três últimas somente são exigíveis dos filiados, segundo se infere do PN 119 do TST.[831] A primeira era obrigatória antes da reforma trabalhista. No entanto, a partir da Lei nº13.467/2017 passou a ser facultativa.

O diálogo entre os artigos 545, 578, 579, 582, todos da CLT [832]aponta para o afastamento da obrigatoriedade da contribuição sindical. Ademais, o artigo 611-B, inciso XXVI da CLT proibiu que a norma coletiva fixasse o desconto obrigatório em prol do sindicato, estabelecendo que tal cláusula negocial seria inquinada de ilicitude.

O STF foi instado a se pronunciar sobre a constitucionalidade da não obrigatoriedade da contribuição sindical na ADI 5.794/DF e no ARE 1.018.459/PR. Na ocasião, a Suprema Corte se posicionou favoravelmente à reforma trabalhista, invocando a liberdade sindical como argumento da decisão.[833] Diante da repercussão geral firmou o tema 935, nos seguintes

[831] Nº 119 CONTRIBUIÇÕES SINDICAIS – INOBSERVÂNCIA DE PRECEITOS CONSTITUCIONAIS – (mantido) – DEJT divulgado em 25.08.2014 "A Constituição da República, em seus arts. 5º, XX e 8º, V, assegura o direito de livre associação e sindicalização. É ofensiva a essa modalidade de liberdade cláusula constante de acordo, convenção coletiva ou sentença normativa estabelecendo contribuição em favor de entidade sindical a título de taxa para custeio do sistema confederativo, assistencial, revigoramento ou fortalecimento sindical e outras da mesma espécie, obrigando trabalhadores não sindicalizados. Sendo nulas as estipulações que inobservem tal restrição, tornam-se passíveis de devolução os valores irregularmente descontados.

[832] Art. 545. Os empregadores ficam obrigados a descontar da folha de pagamento dos seus empregados, desde que por eles devidamente autorizados, as contribuições devidas ao sindicato, quando por este notificados. Art. 578. As contribuições devidas aos sindicatos pelos participantes das categorias econômicas ou profissionais ou das profissões liberais representadas pelas referidas entidades serão, sob a denominação de contribuição sindical, pagas, recolhidas e aplicadas na forma estabelecida neste Capítulo, desde que prévia e expressamente autorizadas. Art. 579. O desconto da contribuição sindical está condicionado à autorização prévia e expressa dos que participarem de uma determinada categoria econômica ou profissional, ou de uma profissão liberal, em favor do sindicato representativo da mesma categoria ou profissão ou, inexistindo este, na conformidade do disposto no art. 591 desta Consolidação. Art. 582. Os empregadores são obrigados a descontar da folha de pagamento de seus empregados relativa ao mês de março de cada ano a contribuição sindical dos empregados que autorizaram prévia e expressamente o seu recolhimento aos respectivos sindicatos.

[833] "Direito Constitucional e Trabalhista. Reforma Trabalhista. Facultatividade da Contribuição Sindical. Constitucionalidade. Inexigência de Lei Complementar. Desnecessidade de lei específica. Inexistência de ofensa à isonomia tributária (Art. 150, II, da CRFB). Compulsoriedade da contribuição sindical não prevista na Constituição (artigos 8º, IV, e 149 da CRFB). Não violação à autonomia das organizações sindicais (art. 8º, I, da CRFB). Inocorrência de retrocesso social ou atentado aos direitos dos trabalhadores (artigos 1º, III e IV, 5º, XXXV, LV e LXXIV, 6º

termos: "Inconstitucionalidade da contribuição assistencial imposta aos empregados não filiados ao sindicato, por acordo, convenção coletiva de trabalho ou sentença."[834]

Contudo, a Convenção 87, no seu artigo 3º, dispõe que os sindicatos têm liberdade para "...elaborar seus estatutos e regulamentos administrativos, de eleger livremente seus representantes, de organizar a gestão e a atividade dos mesmos e de formular seu programa de ação". Logo, encontra-se inserida na dimensão da liberdade sindical a possibilidade de a entidade estipular a forma de seu custeio, sendo vedada a interferência do poder público. Nesse sentido também converge a Declaração de Princípios da OIT de 1998 que trouxe a liberdade sindical.

Alinhado com a Convenção 87 da OIT, caminhou o PLS 341/2018, de autoria do senador Lindbergh Farias. A proposta permite que a assembleia geral exclua "....a expressa e prévia anuência do empregado, para desconto da contribuição sindical...".[835]

Entretanto, há cizânia jurisprudencial no que se remete ao instrumento formal que veicule a autorização do desconto da contribuição. O TRT2, por exemplo, permitiu que a autorização do desconto fosse realizada por meio de cláusulas de acordo coletivo, dispensando a autorização individual dos trabalhadores. Entretanto, o STF, ao julgar a ADI nº 5.794 firmara posicionamento no sentido de exigir a autorização prévia e expressa do empregado. Com base nesse argumento, o ministro Roberto Barroso definiu que a anuência do desconto da contribuição não pode ser realizada por meio de cláusula coletiva.[836]

e 7º da CRFB). Correção da proliferação excessiva de sindicatos no Brasil. Reforma que visa ao fortalecimento da atuação sindical. Proteção às liberdades de associação, sindicalização e de expressão (artigos 5º, incisos IV e XVII, e 8º, caput, da CRFB). Garantia da liberdade de expressão (art. 5º, IV, da CRFB). Ações Diretas de Inconstitucionalidade julgadas improcedentes. Ação Declaratória de Constitucionalidade julgada procedente. Atualmente, portanto, a contribuição sindical, recolhida anualmente, de uma só vez e correspondente a 1 (um) dia de trabalho, somente poderá ser descontada dos empregados que a tiverem autorizado."

[834] BRASIL. STF. Disponível em: https://www.stf.jus.br/portal/jurisprudenciaRepercussao/verAndamentoProcesso.asp?incidente=5112803&numeroProcesso=1018459&classeProcesso=ARE&numeroTema=935. Acesso em: 28 fev.2022.

[835] BRASIL. **Senado Federal.** Disponível em: https://www25.senado.leg.br/web/atividade/materias/-/materia/133959. Acesso em: 28 jun.2022

[836] CONEXÃO TRABALHO: *Gerência Executiva de Relações do Trabalho*. **STF: Validade do desconto da contribuição sindical está condicionada a autorização individual e**

Em sentido oposto, contudo, converge a convenção 98 da OIT que consagra uma dupla dimensão da liberdade sindical: a positiva (filiar-se) e a negativa (desfiliar-se). Nessa perspectiva, não seria possível a assembleia sindical impor contribuições, segundo o Comitê de Liberdade Sindical firmou em seu verbete 293.[837]

Antes da Lei n 13.467/2017 havia posições que defendiam justamente o contrário. As contribuições sindicais obrigatórias eram ponderadas como entraves ao fomento da liberdade sindical plena. Argumentava-se que a certeza das contribuições ensejava uma acomodação dos sindicatos, tornando-os mais tíbios para se engajarem na luta pelos direitos sociais. Nesse sentido, analisou Oliveira Neto[838] ao afirmar que a contribuição compulsória ao lado da unicidade sindical é um obstáculo à concreção da liberdade sindical que compreende a liberdade sindical e a livre escolha de contribuição, conforme a Convenção 98 da OIT. Oliveira Neto propõe uma "contribuição de solidariedade" que deve ser custeada por aqueles que auferirem os benefícios decorrentes das normas coletivas.[839]Nesse sentido analisa que:

> Especula-se que um dos grandes obstáculos à plena efetivação do princípio da liberdade sindical esteja na forma de financiamento das entidades sindicais. (...) O pagamento dessa contribuição pretende vincular trabalhadores e empregadores filiados ou não ao sindicato que se organiza a partir do critério constitucional da unicidade. A Lei n. 13.467/17, também conhecida como reforma trabalhista, dentre outras modificações, condicionou o desconto das contribuições sindical e negocial à "autorização prévia e expressa"

expressa do empregado. In: Conexão trabalho. Disponível em: https://conexaotrabalho.portaldaindustria.com.br/noticias/detalhe/sindical/2geral/stf-validade-do-desconto-da-contribuicao-sindical-esta-condicionada-autorizacao-individual-e-expressa-do-empregado/#:~:text=Sindical%20Geral-,STF%3A%20Validade%20do%20desconto%20da%20contribui%C3%A7%C3%A3o%20sindical%20est%C3%A1%20condicionada%20a,individual%20e%20expressa%20do%20empregado. Acesso em: 28 jun.2022

[837] "Verbete 293. A faculdade de impor a todos os trabalhadores da categoria profissional interessada o pagamento de contribuições ao sindicato único nacional, cuja existência é permitida para uma ocupação dentro de uma determinada área, não é compatível com o princípio de que os trabalhadores devem ter o direito de filiar-se às organizações que "julguem convenientes"

[838] OLIVEIRA NETO, Alberto Emiliano de. **Contribuições sindicais: Modalidades de Financiamento Sindical e o Princípio da Liberdade Sindical- de acordo com a Lei n. 13.467/17**. 2ª ed. São Paulo: Ltr, 2019.p.120-122.

[839] Ibidem.p.110-122.

> do trabalhador. Dessa forma, com relação à contribuição sindical, especula-se a revogação de sua compulsoriedade pelo legislador ordinário (dessa forma decidiu o STF). Aos menos avisados pode parecer tratar-se de adequação ao modelo preconizado pela OIT, notadamente no âmbito da Convenção n. 87 da OIT, ainda pendente de ratificação pelo Estado brasileiro. Entretanto, considerando-se que não houve alteração critério de organização por categoria, no efeito erga omnes da negociação coletiva, bem como diante da manutenção do princípio da unicidade sindical, é possível aventar a hipótese de que a inovação legislativa representa grave ataque à liberdade sindical, ao passo que impõe aos sindicatos a defesa de todos os trabalhadores que integram a categoria, não obstante a retirada dos meios de financiamento necessários à execução dessa árdua missão.[840]

Embora o afastamento da obrigatoriedade da contribuição sindical se harmonize com o princípio da liberdade sindical e com a convenção 98 da OIT, a reforma trabalhista ao manter a unicidade sindical e a organização por categoria produziu um enfraquecimento do sindicato, aprofundando ainda mais a ofensa à liberdade sindical. Outrossim, a retirada da fonte de custeio aliada à unicidade e à organização por categoria promove uma ruptura do poder sindical, intensificando a crise já antiga de representatividade.

Diante da eliminação da obrigatoriedade da contribuição e da atual fragilidade do sindicato, impõe-se como essencial o estabelecimento de alguma fonte de custeio da entidade que vigore transitoriamente até que o sindicato atinja a sua plena liberdade e representatividade.

Inspirando-se nas experiências estrangeiras, o PL 1046 de 2022, de autoria dos deputados Paulo Teixeira e Ricardo Silva, estabelece a fixação de uma contribuição sindical calculada com base na "...participação na negociação coletiva ou no efeito geral do seu resultado..."[841]. Assim, procura-se estabelecer uma conexão entre o valor da contribuição e os direi-

[840] OLIVEIRA NETO, Alberto Emiliano de.p.110-122.

[841] ""Art. 545-A. A contribuição de negociação coletiva é o valor devido em favor das entidades sindicais, com periodicidade anual, fundada na participação na negociação coletiva ou no efeito geral do seu resultado, ainda que por meio de sentença proferida em processo de dissídio coletivo, na forma do art. 616."Disponível em: https://www.camara.leg.br/proposicoesWeb/prop_mostrarintegra;jsessionid=node01wido5n9whib21nt5j1vmcqt5h13395130.node0?codteor=2161239&filename=PL+1046/2022. Acesso em: 28jun.2022

tos e as vantagens auferidas pelos empregados por meio das negociações coletivas.

Ademais, o PL 1046/22 estimula a participação do sindicato nas negociações ao criar o artigo 545-A, § 5º, da CLT que estatui: "Quando mais de uma entidade sindical participar da negociação coletiva, os valores correspondentes à contribuição serão distribuídos pelas entidades sindicais segundo sua base de representação."[842]Igualmente, o referido PL contempla que todas as demais entidades da estrutura sindical que participaram das negociações receberão um percentual. Observa-se, pois, uma aproximação dos percentuais de contribuição trazidos pela Lei nº11.648/2008 que trata das centrais sindicais. [843]

Viana identifica que a crise de representatividade sindical é congênita à legislação sindical brasileira ao analisar que a lei sindical se estruturou sob a racionalidade corporativista. Assim, legislação sindical é marcada pelo controle do Estado cujo objetivo era conter a deflagração do poder da classe obreira.[844] Conforme verificou Vianna, essa legislação corporativista foi respaldada pela classe trabalhadora em troca de uma legislação social que colocasse o Estado como o centro principal de positivação dos direitos laborais

> (...)a perda desta perspectiva abriu caminho para a teoria do "pacto". A legislação passou a ser vista em função de um contrato celebrado entre o Estado e a classe operária organizada. Esta sacrificava-se politicamente para se capacitar à percepção de determinados benefícios sociais, sob uma liderança já abastardada pelo ethos burocrático.[845]

[842] Ibidem.

[843] "Art. 545-D. O rateio da contribuição aos demais integrantes da estrutura organizativa da entidade que participou da negociação coletiva obedecerá ao procedimento proposto pelo Conselho Nacional do Trabalho e aprovado pelo Ministro do Trabalho e Previdência, com os seguintes percentuais: I – 10% (dez por cento) para as centrais sindicais; II – 5% (cinco por cento) para as confederações; III – 10% (dez por cento) para as federações; IV – 70% (setenta por cento) para os sindicatos; V – 5% (cinco por cento) para o Fundo Solidário de Promoção Sindical – FSPS, nos termos do regulamento. Parágrafo único. Quando a entidade sindical que participou da negociação não estiver filiada ou vinculada a qualquer dessas entidades, os percentuais a elas correspondentes serão repassados ao FSPS." In: Ibidem.

[844] VIANNA, Luiz Werneck. Op.cit.p. 32

[845] Ibidem.p. 32

A partir da década de 1960, o sindicato se impõe de forma mais ofensiva e ativa, engajando-se na luta social. Entretanto, no final da década de 1970, sob as influências da globalização e do neoliberalismo, a fragilização sindical irrompe com força. Nesse sentido verificaram Boltanski e Chiapello:

> Realmente, só podemos ficar surpreendidos diante do contraste entre a década 68-78 e a década 85-95. Primeiro período: movimento social ofensivo (...) sindicalismo muito ativo; referências onipresentes às classes sociais, inclusive no discurso político, no dos sociólogos e, de modo mais geral, dos intelectuais que desenvolvem interpretações do mundo social em termos de relações de forças e veem violência por todo lado; distribuição do valor agregado no sentido de favorecer os assalariados, que também se beneficiam de uma legislação que aumenta suas garantias; (...)Segundo período: movimento social que praticamente só se manifesta na forma de ajuda humanitária; sindicalismo desorientado, que perdeu a iniciativa de ação; desaparecimento quase total da referência às classes sociais (inclusive no discurso sociológico) e, primordialmente, à classe operária, cuja representação já não está garantida, (...) precarização crescente da condição salarial; aumento das desigualdades de renda e distribuição do valor agregado novamente favorável ao capital; volta do controle à força do trabalho, marcada por grande diminuição dos conflitos e das greves, por um recuo nas faltas ao trabalho e na rotatividade, bem como pela melhoria na qualidade dos bens manufaturados.[846]

Inicia-se um processo de constante perda da representatividade sindical fato que inviabiliza a concretização do princípio da isonomia das partes que é pressuposto do exercício pleno da liberdade negocial. Observa-se uma dinâmica de fragmentação constante da classe trabalhadora, trazendo impactos significativos na noção de solidariedade de classe. Procura-se esvaziar o sentido de classe operária, sobrelevando-se o individual em detrimento do coletivo. Esse discurso conduz ao enfraquecimento do sindicato e à sua fragmentação.

Esse cenário é desenhado a partir da alteração nas formas de trabalho provocadas pela globalização e pelo avanço tecnológico. Essa situação produz uma dispersão dos trabalhadores que passam a ocupar diversos segmentos econômicos, trazendo uma diluição da ideia de coletividade. O desemprego estrutural, o recuo prematuro da industrialização no Brasil

[846] BOLTANSKI, Luc; CHIAPELLO, Ève. Op.Cit.p.197-198

e a emergência do setor terciário, confluem para o aumento da informalidade, a precarização e a descentralização da mão-de-obra. Somado a esses aspectos, a racionalidade neoliberal, também, estimula a competitividade e o individualismo. Porto e Carvalho Neto sobre a tendência contemporânea dos sindicatos verificaram que

> (...)sua adaptação, ainda que incipiente e heterogênea, à nova forma de organização do trabalho na economia mundial, em uma tendência de substituição da velha estrutura sindical vertical pelo sindicato estruturado horizontal, como tentativa de disseminar boas práticas de condições de trabalho pelo mundo, se inserir de forma mais incisiva nas discussões políticas que determinam os pactos sociais globais e nacionais, lutando contra as práticas de precarização do trabalho pelo globo e buscando agregar uma classe trabalhadora extremamente fragmentada e heterogênea, com desempregados, estáveis e terceirizados. As novas formas de atuação apontam para a transnacionalização do movimento, atuação em rede, aproximação com outros organismos da sociedade civil e utilização de ferramentas de comunicação a nível internacional, desenhando a nova tendência do movimento sindical mundial no século XXI com atuação para além do ambiente de trabalho, estreitando laços entre os trabalhadores como classe, como cidadãos, independente de sua condição de trabalho atual.[847]

Outro fator que contribui para o aprofundamento da fragilidade sindical e para a perda da representatividade foi a intensificação do setor de serviços acompanhada do recuo das indústrias. Essa associação trouxe ainda mais segregação da classe trabalhadora segundo Pochmann:

> A presença concentrada de trabalhadores por local de trabalho foi substituída pela diversificação da terceirização nas funções especializadas por múltiplos estabelecimentos, em grande medida de micro e pequenos empreendimentos. A mudança no estado da luta de classes refletiu o esvaziamento da antiga classe trabalhadora que sustentava a própria atuação do novo sindicalismo. Em grande medida, a contenção das ocupações intermediárias gerou maior polarização no mundo do trabalho, com a expansão significativa do emprego precário e de baixo rendimento, bem como, em menor intensidade,

[847] PORTO, Roberta Guasti; CARVALHO NETO, Antônio. **O esvaziamento da noção do ser coletivo e a reação sindical no Brasil do século XXI**. Disponível em: http://www.anpad.org.br/admin/pdf/EnGPR224.pdf. Acesso em: 14 nov.2021

dos empregos de maior rendimento e qualificação. A combinação das novas tecnologias de informação e comunicação com o movimento de terciarização da economia na centralidade o trabalho imaterial. Diferentemente do trabalho material na produção de mercadorias, a organização e representação dos interesses no predominante setor de serviços que pressupõe outras formas de atuação em virtude da escassa existência de local determinado e coletivo de execução laboral, associado na contratação individual.[848]

Essa falta de construção de uma identidade sindical e coletiva acarreta uma ruptura do sindicato e do seu poder. Somado a isso, as novas alterações no trabalho alimentadas pelo constante avanço tecnológico trazem um aumento significativo do número de trabalhadores informais despojados da tela protetiva celetista levando a um esvaziamento das coletividades de trabalhadores, dispersando a força coletiva da classe. Diante desse cenário, é importante realocar o poder do sindicato e repensar a atual estrutura normativa sindical. A busca pelo resgate do poder sindical e pela sua representatividade deve preceder a intensificação das fontes autônomas. Nesse sentido seguem Porto e Carvalho Neto:

> (...)o desemprego de caráter estrutural ou conjuntural, o aumento da ocupação no setor de serviços (com menor aderência à sindicalização) e a criação de formas contratuais mais flexíveis (contrato em tempo parcial, por prazo determinado, terceirização, por exemplo) diminuíram as taxas de sindicalização e, consequentemente, a força dos sindicatos. A combinação entre o avanço da integração econômica globalizada e a política econômica neoliberal promo-

[848] Pochmann, Márcio. **Mundo do trabalho e organização dos trabalhadores**. Op. cit.p.300. e: "A profunda transformação no mundo do trabalho durante as últimas três décadas impactou, direta e indiretamente, o comportamento da sindicalização dos ocupados. A queda de 13,8% na taxa nacional de sindicalização contatada entre os 1986 e 2016 decorreu fundamentalmente da intensa redução da filiação dos ocupados de remuneração acima de cinco salários mínimos (28,5%), pois nas faixas menores de rendimentos houve, entre os ocupados, menor diminuição na sindicalização (16,8% entre 2,1 a 5 SM e 1,9% até 2 SM). Do ponto de vista etário, somente houve elevação de 3,4% na taxa de sindicalização entre os ocupados de 50 a 59 anos de idade. Em relação aos setores de atividade econômica, a taxa de sindicalização nos ocupados na agropecuária subiu 18,2% entre os anos de 1986 e 2016. A diminuição mais intensa na taxa de sindicalização aconteceu entre os ocupados jovens (27,4%) e no setor industrial (32,7%). No período de 1986 e 2016, a taxa de sindicalização teve maior queda registrada entre os empregadores (44,6%) e os ocupados por conta própria (28,4%)." In: Pochmann, Márcio. **Mundo do trabalho e organização dos trabalhadores**. Op. cit.p.308

veu mudanças na natureza das empresas, nos locais de trabalho e na própria força de trabalho, criando novos desafios para proteção dos trabalhadores.[849]

Essa dispersão da classe trabalhadora por si só já fragmenta o sindicato e o seu poder. Desta forma, é preciso repensar a legislação sindical diante dessas novas formas de produção marcadas pelo constante avanço tecnológico e pela pulverização da classe trabalhadora. A partir disso é que será possível promover a negociação coletiva não precarizante.

É bem verdade que desde o seu reconhecimento legal, o sindicato no Brasil teve limitadas a sua autonomia e a sua liberdade. Essa situação prejudicou o seu fortalecimento, a consolidação do seu poder e a formação de sua representatividade. Somado a isso, os impactos da globalização e do neoliberalismo trouxeram mudanças no trabalho, intensificando a ruptura e a fragilidade do sindicato a partir da diluição das ideias de solidariedade e coletividade. Assim, ao lado de um sindicato já tíbio, emerge uma classe trabalhadora cada vez mais pulverizada, competitiva e individualizada. Contemporaneamente, com a revolução tecnológica que conduziu a uma intensificação do teletrabalho e do labor por meio de plataformas, a fragmentação da classe operária se impõe de forma mais marcada, fragilizando ainda mais o sindicato.

Nesse cenário desponta a Lei nº 13.467/2017 que, sob a pretensão de "fortalecer" a negociação coletiva, enfraquece demasiadamente o sindicato ao afastar a contribuição compulsória e diminuir sua área de atuação negocial. Essa situação contribui para uma precarização não somente dos direitos trabalhistas e das condições de trabalho, mas, sobretudo, do próprio sindicato.

É imperativo repensar o sindicato à luz dos Direitos Humanos e das convenções 87 e 98, ambas da OIT. A racionalidade do trabalho decente deve orientar todo o processo de modificação legislativa, sendo imprescindível relembrar a missão primordial do sindicato, qual seja, a de trazer o equilíbrio das forças no contexto trabalhista.

A reforma trabalhista deveria romper com a organização sindical estruturada a partir da ideia de categoria. De acordo com o artigo 511 da CLT, as entidades sindicais são organizadas por categoria profissional ou econômica, limitando-se a uma base territorial. A categoria profissional é com-

[849] PORTO, Roberta Guasti;CARVALHO NETO, Antônio. Op.cit

posta por trabalhadores que se reúnem em decorrência da "similitude de condições de vida oriunda da profissão ou trabalho em comum, em situação de emprego na mesma atividade econômica ou em atividades econômicas similares ou conexas" e a categoria econômica é analisada sob a perspectiva da empresa, reunindo os empregadores que exercem "atividades idênticas, similares ou conexas.". Por último, também há a possibilidade de criar sindicatos a partir da categoria diferenciada que se estabelece pela agregação de "...empregados que exerçam profissões ou funções diferenciadas por força de estatuto profissional especial ou em consequência de condições de vida singulares" (art. 511, § 3º, da CLT). Esse sistema sindical promove uma pulverização da classe trabalhadora.

A determinação das categorias profissional e econômica não possui ressonância na realidade social, somente encontrando fundamento na formalidade jurídica. Observa-se, assim, que a conceituação jurídica de categoria foi forjada a partir dos desideratos corporativistas e políticos vigentes no momento de criação da norma. A lei ao vincular o enquadramento sindical à ideia de categoria confinou a representação sindical no conceito legal, promovendo a redução do poder da classe trabalhadora. A legislação trabalhista, quando determinou a existência de homogeneidade de interesses, trouxe uma presunção.[850] Portanto, a legislação impôs uma associação de interesses que não ressoa com a realidade. Isso enfraquece a representatividade sindical que pressupõe uma liberdade de associação entre as pessoas e uma livre escolha do sindicato.

A estrutura sindical, concebida a partir da ideia de categoria, é marcada pela ideologia corporativista. Essa organização sindical dificulta o exercício pleno da liberdade sindical, apartando-se das Convenções 87 e 98, ambas da OIT e da Declaração de princípios da OIT. Logo, é possível identificar na legislação sindical brasileira uma persistente manutenção do controle sobre o sindicato e o poder da classe trabalhadora.

Ao lado desse modelo de organização, a Lei nº 13.467/2017 também manteve a unicidade sindical, que veda a existência de mais de um sindicato da mesma categoria na mesma base territorial, impossibilitando a formação de sindicatos fortes. Essa sistemática albergada pelo constituinte originário se afasta da diretriz da Convenção 87 da OIT que abriga a pluralidade sindical, conforme se depreende do seu artigo 2º:

[850] PAMPLONA FILHO, Rodolfo. **Pluralidade sindical e democracia**.2ª ed. São Paulo: LTr, 2013.p. 112-117

> (...)os trabalhadores e os empregadores, sem distinção de qualquer espécie, terão direito de constituir, sem autorização prévia, organizações de sua escolha, bem como o direito de se filiar a essas organizações, sob a única condição de se conformar com os estatutos das mesmas.

A reforma desejada passa pela quebra do modelo de organização sindical estruturado a partir da ideia de categoria. É primordial a reflexão sobre um modelo sindical que permita a representatividade de todos os que trabalham, ainda que sem vínculos formais de emprego. Dessa forma, será possível garantir a representatividade efetiva da nova classe trabalhadora que emerge pulverizada e fragmentada. O sindicato atual está em processo de reestruturação. Nesse sentido analisa Vianna:

> Mais do que um subproduto do sistema, o sindicato é resultado de um seu modo de ser representado pela fábrica concentrada. Foi ela que reuniu os trabalhadores entre quatro paredes, para melhor controlá-los e racionalizar a produção. Mas foi também ela que os ensinou a lutar. Essa contradição – que fez nascer o sindicato e com ele o próprio Direito – vem sendo pouco a pouco superada. Graças às novas tecnologias, que permitem produzir sem reunir, a fábrica se fragmenta, dividindo a classe operária e minando as normas de proteção – seja alterando, revogando, negociando, relendo ou simplesmente ignorando os seus comandos. (...) Ora, um dos novos desafios do sindicato é exatamente explorar e canalizar essas tendências, fazendo do boicote uma alternativa para a greve. Se isso vier realmente a acontecer, ele terá encontrado fora do trabalho o ambiente de solidariedade que – em seu interior – vem sendo corroído não só pela fábrica em rede, mas pela própria concorrência entre os trabalhadores. E isso nos leva a uma nova e instigante utopia: a possibilidade de o sindicato se organizar já não apenas em volta de categorias ou ofícios, mas em torno de uma luta comum contra o sistema, ou pelo menos contra as suas distorções mais fortes – reunindo empregados e desempregados, operários e engraxates, flanelinhas e ascensoristas, prostitutas e sem terra.[851]

[851] VIANA, Márcio Túlio. Da greve ao boicote: os vários significados e as novas possibilidades das lutas operárias. **Revista da Faculdade de Direito da UFMG**. Belo Horizonte, nº 50, jan/jul., 2007. p. 239-264.p259 e 264

É fundamental promover o estímulo do compromisso social nas diversas empresas, além de fomentar uma maior associação e interação entre os sindicatos, englobando a perspectiva internacional, inclusive.[852] Em um contexto notadamente informado pela globalização, o sindicato, também, precisa se reorientar a partir dessa mesma lógica. Essa ruptura das distancias e das barreiras proporcionadas pela globalização permite o estreitamento dos laços entre os diversos trabalhadores do globo. Porto e Carvalho Neto defendem uma organização sindical pautada na horizontalidade, substituindo o sindicato vertical

> (...)pelo sindicato estruturado horizontal, como tentativa de disseminar boas práticas de condições de trabalho pelo mundo (...)que determinam os pactos sociais globais e nacionais, lutando contra as práticas de dumping social pelo globo e buscando agregar uma classe trabalhadora extremamente heterogênea, com desempregados, estáveis e precários.[853]

Portanto, o uso das tecnologias pode facilitar essa interface entre os diversos sindicatos mundialmente, atuando como uma ferramenta de agregação dos trabalhadores e coletivização das demandas. Nesse sentido, converge o artigo 5º da Convenção 87 da OIT.[854] Antunes caminhou na mesma direção

> Assim como o capital é um sistema global, o mundo do trabalho e seus desafios são também cada vez mais transnacionais, embora a internacionalização da cadeia produtiva não tenha, até o presente, gerado uma resposta internacional por parte da classe trabalhadora, que ainda se mantém predominantemente em sua estruturação nacional, o que é um limite enorme para

852 Porto, Roberta Guasti; Carvalho Neto, Antônio. Op.cit.

853 Assim, as organizações sindicais tentam criar alianças internacionais. Como exemplo, pode-se observar as redes sindicais ligadas a grupos empresariais transnacionais, comitês de trabalhadores por empresa (no modelo da União Européia), ferramentas de comunicação internacionais, desenhando a nova tendência do movimento sindical mundial no século XXI com atuação para além da organização de trabalhadores por ramos de atividade econômica, estreitando laços entre os trabalhadores como classe, como cidadãos, independente de sua condição de trabalho atual "In: Porto, Roberta Guasti; Carvalho Neto, Antônio. Op.cit.

854 "Art. 5. As organizações de trabalhadores e de empregadores terão o direito de constituir federações e confederações, bem como o de filiar-se às mesmas, e toda organização, federação ou confederação terá o direito de filiar-se às organizações internacionais de trabalhadores e de empregadores."

> a ação dos trabalhadores. Com a reconfiguração, tanto do espaço quanto do tempo de produção, dada pelo sistema global do capital, há um processo de desterritorialização e também de desterritorialização. Novas regiões industriais emergem e muitas desaparecem, além de cada vez mais as fábricas serem mundializadas, como a indústria automotiva, onde os carros mundiais praticamente substituem o carro nacional. Isso recoloca a luta de classes num patamar cada vez mais internacionalizado.[855]

A Lei nº 13.467/2017, embora tenha trazido a possibilidade de instituição da comissão de empregados na empresa, impediu, no artigo 510-C, § 1°, da CLT, a interferência sindical na comissão nos seguintes termos "Será formada comissão eleitoral, integrada por cinco empregados (...) vedada a interferência da empresa e do sindicato da categoria". Ademais, o legislador estabeleceu no artigo 510-B da CLT funções similares a do sindicato para as comissões de representação dos empregados, tais como: de representação e de intermediadora da solução dos conflitos.[856] Nessa perspectiva, a reforma trabalhista também se desloca da Convenção 135 da OIT que determina no seu artigo 5º a necessidade de cooperação e de diálogo entre os representantes dos empregados na empresa e o sindicato.[857]

[855] ANTUNES, Ricardo. **Os Sentidos do Trabalho: Ensaio Sobre a Afirmação e a Negação do Trabalho**. Op. cit.p.115

[856] Art. 510-B. A comissão de representantes dos empregados terá as seguintes atribuições I – representar os empregados perante a administração da empresa;_II – aprimorar o relacionamento entre a empresa e seus empregados com base nos princípios da boa-fé e do respeito mútuo;_III – promover o diálogo e o entendimento no ambiente de trabalho com o fim de prevenir conflitos; IV – buscar soluções para os conflitos decorrentes da relação de trabalho, de forma rápida e eficaz, visando à efetiva aplicação das normas legais e contratuais; V – assegurar tratamento justo e imparcial aos empregados, impedindo qualquer forma de discriminação por motivo de sexo, idade, religião, opinião política ou atuação sindical; VI – encaminhar reivindicações específicas dos empregados de seu âmbito de representação; VII – acompanhar o cumprimento das leis trabalhistas, previdenciárias e das convenções coletivas e acordos coletivos de trabalho

[857] Convenção 135 da OIT, artigo 5º "Quando uma empresa contar ao mesmo tempo com representantes sindicais e representantes eleitos, medidas adequadas deverão ser tomadas, cada vez que for necessário, para garantir que a presença de representantes eleitos não venha a ser utilizada para o enfraquecimento da situação dos sindicatos interessados ou de seus representantes e para incentivar a cooperação, relativa a todas as questões pertinentes, entre os representantes eleitos, por uma Parte, e os sindicatos interessados e seus representantes, por outra Parte."

Portanto, a possibilidade de instituição de uma comissão de representação dos trabalhadores na empresa, segundo os artigos 510-A e seguintes da CLT, embora fomente o diálogo entre os trabalhadores e a empresa, posiciona-se como mais um fator de fragilização do sindicato. As comissões intraempresariais precisam ser harmonizadas com os escopos e com a atuação das entidades sindicais, sob pena de promover uma descentralização da representação da classe. Nesse diapasão analisa Righeto:

> Embora tal medida fosse necessária para atribuir eficácia ao artigo 11 da Constituição, a disciplina conferida pela reforma à representação dos trabalhadores no local de trabalho criou um potencial conflito de funções entre as duas instâncias de representação, favorecendo uma relação de concorrência entre as comissões e as organizações sindicais e contribuindo ainda mais para a descentralização das negociações e para o consequente enfraquecimento da representação de classe.[858]

Ademais, conforme verificaram Boltanski e Chiapello:

> Ao estimular o recurso à negociação, especialmente em nível de empresa, a lei deu aos empregadores a oportunidade de validar suas próprias reivindicações, de tal modo que as negociações clássicas em vista de melhoria de direitos e vantagens dos assalariados em relação aos requisitos mínimos legais foram pouco a pouco substituídas por negociações que buscavam acordos "toma lá dá cá", nos quais a relação de forças, desfavorável aos assalariados, redundava na esperança da manutenção do emprego por parte deles, porém em vantagens tangíveis para o empregador, tais como revisão das modalidades de aumento ou de determinação dos salários ou mudanças na jornada de trabalho.[859]

A Lei nº13.467/2017 ao introduzir o § 3º no artigo 8º, da CLT e o § 1º, no artigo 611-A da CLT intentou limitar a atuação judicial na verificação das normas coletivas. Desta forma, restringiu o Poder Judiciário à aferição da validade formal do instrumento coletivo. Essa tentativa de contin-

[858] RIGHETO, Thainara Stefany Haeck. A (in)constitucionalidade do novo modelo de supremacia do negociado sobre o legislado: reforma trabalhista e direitos fundamentais dos trabalhadores. **Revista do Departamento de Direito do trabalho e Seguridade Social**.São Paulo v. 10 p. 11 – 36 jan./dez. 2019.p. 30

[859] BOLTANSKI, Luc; CHIAPELLO, Ève.Op.cit.p. 271

genciamento do ativismo judicial agride os princípios do acesso à justiça e da inafastabilidade da jurisdição, segundo o artigo 5º, XXXIV e XXXV da CF. Ademais, contribui para a precarização do trabalho ao afastar os trabalhadores de qualquer forma de proteção e/ou tutela.

Por derradeiro, a remoção da ultratividade das normas coletivas, segundo se infere do artigo 614, § 3º da CLT promove uma diluição do poder de barganha negocial, diluindo o princípio da isonomia. Desta forma, os direitos estabelecidos em acordo coletivo ou convenção coletiva serão retirados após dois anos. Essa situação impede a fixação de condições mais benéficas aos empregados, permitindo a desconstrução de direitos mínimos definidos anteriormente.

O STF foi provocado a se pronunciar sobre a constitucionalidade do artigo 614, § 3º da CLT, por meio da ADPF 323. Entretanto, segundo a decisão liminar proferida pelo ministro Gilmar Mendes a ultratividade das normas coletivas foi rechaçada.[860]

O abandono da ultratividade retrai o poder de negociação do sindicato, impedindo-o de estabelecer livremente as bases da negociação. Nesse cenário, o princípio da isonomia material fica prejudicado, além de estimular a fixação de negociações unilateralmente impostas pelo empregador. Essa dinâmica produz afrontas ao princípio da isonomia albergado no artigo 5º, inc. I da CF, além de contrariar as Convenções 98 e 154, e a Recomendação 163, todas da OIT.

Essa conjuntura aprofunda bastante o enfraquecimento do sindicato, já que reprime o seu poder negocial, favorecendo a sua articulação em prol dos interesses do mercado e do empregador. É indubitável que o empregador, após a perda da obrigatoriedade da norma coletiva, somente efeti-

[860] O relator, Gilmar Mendes, suspendeu a aplicabilidade da súmula 277 do TST, apontando em seu voto sua inconstitucionalidade, afastando qualquer interpretação que considere a ultratividade das normas coletivas no artigo 114, parágrafo 2º da CF. Para o ministro, o TST supostamente teria ofendido aos princípios da separação dos poderes (artigo 2º da CF) e da legalidade (artigo 5º, II da CF), bem como artigo 7º, XXVI da CF. " Os ministros Nunes Marques, Alexandre de Moraes e Luís Roberto Barroso acompanharam o voto do relator, ministro Gilmar Mendes, pelo afastamento da manutenção das cláusulas após o fim da vigência das normas coletivas. Para o relator, a Súmula da Corte Trabalhista é incompatível com os princípios da legalidade, da separação dos Poderes e da segurança jurídica. Já os ministros Edson Fachin e Rosa Weber divergiram". Disponível em: https://www.migalhas.com.br/quentes/350399/para-especialistas-ultratividade-de-normas-coletivas-deve-acabar. Acesso em: 15 out.2021.

vará novas negociações se forem mais benéficas aos seus interesses. Desta forma, o instrumento da negociação termina por se esvaziar, demovendo-se da busca pela realização progressiva dos direitos sociais dos trabalhadores, uma vez que diante de uma nova negociação os sindicatos dos trabalhadores sempre partirão do zero.

Por conseguinte, a intensificação da flexibilização da jornada, a prevalência do negociado sobre o legislado e a retirada da ultratividade das normas coletivas levam à ruptura dos poderes sindicais. Assim, é possível identificar na reforma trabalhista uma tentativa de articular o poder negocial do sindicato a favor dos interesses do capital.

Nesse horizonte também é preciso refletir sobre o esvaziamento de trabalhadores sindicalizados. A elevação de trabalhos informais, o aumento do labor em plataformas e a intensificação do teletrabalho experimentada, após a pandemia da Covid-19, não podem justificar a destruição dos direitos trabalhistas e do poder do sindicato.

Repensar a representação sindical para além dos confins da relação de emprego celetista se mostra uma solução plausível: afinal os direitos trabalhistas são Direitos Humanos e fundamentais atávicos a qualquer indivíduo que trabalhe. Essa pulverização da coletividade de trabalhadores fortalece a racionalidade da individualização dos direitos. Essa dinâmica pode conduzir não somente à quebra das noções de coletividade e solidariedade da classe trabalhadora, que leva à fratura do poder sindical, mas, sobretudo, pode consolidar a desconstrução do próprio Direito do Trabalho ao autorizar a exclusão da tela protetiva para um segmento de trabalhadores. Nesse sentido analisou Supiot:

> Mas podemos ver inversamente na individualização o risco de redução da proteção do indivíduo pelo grupo, ou seja, como fator de anomia. (...onde a individualização se reduziria a um desmantelamento desses direitos enraizados no coletivo. (...) o refluxo das proteções coletivas abrirá espaço para novas formas de normalização e exploração (dentro e fora (...) da função de integração económica e social que o direito laboral sempre cumpriu, tende a funcionar apenas em benefício de alguns trabalhadores, enquanto, por outro, este direito tornou-se um fator adicional de exclusão.[861]

[861] Original: "Mais on peut à rebours voir dans l'individualisation le risque d'une réduction de la protection de l'individu par le groupe, autrement di comme um facteur d'anomie. (...O l'individualisation se réduirait à um démantélement de ces droits enracinés dans le

Outrossim, a primazia do negociado sobre o legislado, aliada a prevalência irrestrita dos acordos coletivos sobre as convenções, conforme o artigo 620 da CLT, esvazia a princípio protetivo da norma mais favorável. Ademais, a permissão de acordos bilaterais de jornada de trabalho, como no caso do banco de horas (artigo 59, §6º, da CLT), e mesmo o afastamento do sindicato nas negociações que envolvam trabalhadores hiperssuficientes que são aqueles que possuem "...diploma de nível superior e que percebam salário mensal igual ou superior a duas vezes o limite máximo dos benefícios do Regime Geral de Previdência Social" são fatores que contribuem para esse movimento de esvaziamento do sindicato. [862]

Conforme verificou Galvão,[863]o poder de negociação sindical recuou diante de problemas financeiros agravados com a reforma trabalhista:

> Quando o sindicato resiste a negociar, formas de flexibilização são implantadas unilateralmente pelas empresas. Para 54% dos entrevistados, as empresas estão implementando a reforma de forma unilateral e não por intermédio da negociação coletiva. O maior desrespeito aparece na homologação, cumprimento da jornada, terceirização e corte de vale refeição. Em relação ao conteúdo das negociações, os entrevistados corroboraram os dados levanta-

collectif. (...) les reflux des protections collectives laissera la palce nette à de nouvelles formes de normalisation et d'exploitation (dans et hors de l'entreprose). (...) ka fonction d'intégration économique et sociale qu'a toujours remplie le droit du travail, tend à ne plus jouer qu'au bénéfice d'une partie des salariés, tandis que pour l'autre partie ce droit est devenu um facteur supplémentaire d'exclusion." In: Supiot, Alain. **Pour quoi um droit du travail?** Op.cit.p. 490-491

[862] Artigo 444, parágrafo único da CLT.

[863] "Os impasses na negociação dizem respeito tanto à introdução de certas formas de contratação precárias quanto às saídas encontradas pelos sindicatos para contornar seus problemas financeiros. Essas considerações iniciais têm como fundamento informações divulgadas pela grande imprensa, pela imprensa sindical, por órgãos governamentais (como o sistema Mediador, do extinto Ministério do Trabalho) e institutos de pesquisa (como o Dieese). Também nos baseamos em uma pesquisa desenvolvida pela Rede de Estudos e Monitoramento Interdisciplinar da Reforma Trabalhista (Remir), que o presente capítulo se propõe a apresentar. O intuito dessa pesquisa foi o de identificar algumas tendências de mudança provocadas pela Lei 13.467/2017. Embora ela não seja conclusiva, corrobora os achados do Mediador e da pesquisa do Dieese junto aos Sindicatos da CUT (Dieese/CUT, 2018) a respeito da negociação coletiva4 , bem como dados relativos à queda na arrecadação e nas homologações realizadas pelos sindicatos, dentre outros."In: Galvão, Andréia. **Reforma Trabalhista: 7 efeitos e perspectivas para os sindicatos**. In: Krein, José Dari et al (org). Reforma trabalhista no Brasil: promessas e realidades. Campinas: Remir trabalho, 2019. p. 204

dos pelo Dieese, a partir do Mediador: a questão da jornada é o que aparece de forma mais recorrente nas convenções coletivas, tanto antes quanto após a reforma, com destaque para: compensação da jornada horária; banco de horas; jornada 12 por 36; fracionamento ou redução do intervalo intrajornada. Outras cláusulas mencionadas dizem respeito à terceirização, parcelamento de PLR e parcelamento de férias.[864]

Boltanski e Chiapello identificaram, a partir do contexto da realidade francesa, que o desemprego, a intensificação da concorrência entre os trabalhadores e o aumento das subcontratações (terceirizações e contratos temporários) exaurem o poder de barganha dos empregados e dos sindicatos, ampliando o manejo de negociações coletivas cujo objetivo seja a redução cada vez maior de direitos trabalhistas especialmente os concernentes à jornada de trabalho e ao salário.[865]

Portanto, a simples fixação da prevalência do negociado sobre o legislado não fortalece e nem mesmo incentiva as negociações coletivas. Igualmente, o artigo 611-A ao trazer a primazia das negociações sobre a lei não concretiza o princípio da liberdade sindical de modo a possibilitar, efetivamente, a paridade de armas nas negociações. Nesse ponto, Moraes Filho observa a presença da opressão e da usurpação em negociações realizadas no bojo de relações assimétricas:

> (...)a liberdade econômica é uma burla, é escandalosa mentira, quando se exerce no meio de tremendas desarmonias sociais, quando são sensivelmente desiguais o empregador e o empregado, o capitalista e o operário. A liberdade contratual do trabalho vem dar na organização pura e simples do domínio do mais forte. (...)Daí resulta este princípio:- dada a desigualdade de forças econômicas, a liberdade sem freio constitui causa fatal de usurpação e de opressão. E deste princípio surge a necessidade de se precisarem certas condições do trabalho assalariado, pondo de parte o respeito fetichístico da liberdade.[866]

Moraes também identifica que o individualismo, a atomização da classe trabalhadora e a quebra da solidariedade promovem desigualdade e opressão:

[864] GALVÃO, Andréia. **Reforma Trabalhista: 7 efeitos e perspectivas para os sindicatos**.p. 213

[865] BOLTANSKI, Luc; CHIAPELLO, Ève. .Op.cit.p. 271

[866] MORAES, Evaristo de. **Apontamentos de direito operário.** Op.cit..p. 15-17

De fato: – a liberdade individual somente poderia bastar para assegurar a harmonia coletiva, se não houvesse profundas desigualdades das forças individuais, a liberdade sem freio tornou-se uma causa fatal de usurpação e de opressão. O isolamento entre os assalariados foi o meio mais seguro de conduzi-los ao estado de inferioridade em que se encontram.".[867]

O incentivo e a promoção da negociação coletiva pressupõem um sindicato forte e, portanto, demandam uma reforma sindical substancialmente diferente da concretizada pela Lei nº 13.467/2017. Por certo os sindicatos fragilizados possuem um diminuto poder negocial na medida em que efetivamente não têm representatividade e, por derradeiro, não conseguem estabelecer a paridade de armas necessária para o exercício da autonomia privada.

Dessarte, sobrepujar a negociação coletiva em um cenário marcado pela fragilidade sindical retira a isonomia necessária das partes negociantes para o exercício pleno da liberdade sindical. Esse contexto estimula a formulação de normas coletivas precarizantes despidas de qualquer benefício ao empregado. A negociação coletiva, por fim, sucumbe diante do poder do capital de modo que o que se negocia é unicamente a manutenção de um emprego precarizado. Destarte, a reforma trabalhista, ao aprofundar o processo de fragilização dos sindicatos ao mesmo tempo em que introduz a prevalência do negociado sobre o legislado, permite a desconstrução do Direito Laboral.

Por último, é pertinente refletir, a partir da intersecção entre política, economia, ideologia e sindicato, até que ponto fatores exteriores acabam interferindo no redirecionamento dos objetivos das entidades sindicais. Nessa perspectiva, Luxemburgo,[868] considerando a dialética marxista e as origens da força sindical, identificou que o sindicato surge nas interações intrassociais que a dinâmica social imprime força ao espírito de luta da classe obreira, concebendo naturalmente a ideia de solidariedade.

A partir dessa constatação, verifica-se que o sindicato recebe os influxos do contexto histórico-social dominante. Transportando para a sociedade contemporânea, a racionalidade neoliberal também contribui para a reorientação da luta sindical que cada vez mais se afasta de uma atua-

867 Ibidem.p. 101

868 LUXEMBURGO, Rosa. **Greve de massas, partido e sindicato.** 1ªed.São Paulo:kairós livraria e editora, 1979.p.43-50

ção revolucionária, amoldando-se ao contexto contemporâneo que exige a manutenção da hegemonia da economia. Entretanto, é preciso avaliar essas influências externas à luz da essência do sindicalismo, qual seja, a união da classe trabalhadora revestida de poder e engajada na busca de melhorias sociais. Essa revisitação da gênese do sindicato trará o caminho a ser seguido.

4.4. Resgate da centralidade do Direito do Trabalho x construção de um novo Direito Laboral

Após essas digressões foi possível verificar que a Lei nº 13.467/2017 aprofundou o processo de desconstrução do Direito Laboral. Assim, nesse capítulo serão feitas algumas elucubrações com o fito de investigar como resgatar a centralidade do Direito do Trabalho. Para tanto, propõe-se analisar os novos rumos do Direito Laboral diante do avanço das mudanças sociais, econômicas e tecnológicas experimentadas na contemporaneidade. Nesse contexto, mostra-se relevante firmar algumas premissas inerentes ao Direito do Trabalho que são imutáveis. É imperioso estabelecer um diálogo entre os avanços tecnológicos e os direitos essenciais da pessoa, resgatando a importância da tutela do trabalho humano.

Como o trabalho é intrínseco à condição humana, ocupa um lugar central na sociedade. Essa questão é abordada por Antunes[869] que identifica a centralidade do trabalho humano desde a formação da sociedade. O trabalho, assim, dialoga com todos os seguimentos da sociedade, colocando-se como fundamento de existência da própria humanidade. Como a atividade laborativa é indissociável da pessoa, esse mesmo trabalho pode produzir a emancipação ou a exploração do homem. Portanto, o trabalho traz identificação ao próprio homem como também estrutura toda a sociedade, orientando-a em todas as suas facetas.

O trabalho possui ingente importância na organização do sistema econômico capitalista. Em razão disso, acaba se orientando pela racionalidade do mercado. Contudo, é preciso resgatar a sua centralidade, considerando a sua dimensão humana também. O trabalho, segundo Antunes[870], precisa ser gerido de modo a conduzir à emancipação do homem e à realização

[869] ANTUNES, Ricardo. **Os Sentidos do Trabalho: Ensaio Sobre a Afirmação e a Negação do Trabalho**. Op.cit.

[870] Ibidem.

de sua dignidade humana. Essa interface do trabalho entre o humano e o social/econômico revela a sua centralidade.

A centralidade do trabalho foi considerada pela estrutura normativa. Ora, a Constituição Federal, no artigo 6º, o inseriu como um direito social fundamental que se ampara na dignidade da pessoa humana. Ademais, o constituinte originário o erigiu como fundamento da República Federativa do Brasil a valorização do trabalho (artigo 1º, IV).

Antunes, criticando as diversas tentativas de desconstrução da centralidade do trabalho humano, defende que ele compõe a própria estrutura societal contemporânea.[871] A centralidade do trabalho é identificada na sua ambiguidade: afinal é simultaneamente um meio de civilizar e humanizar o homem ao mesmo tempo em que é uma forma de explorá-lo e escravizá-lo. Por meio de sua atividade o ser humano se impõe na sociedade e interage com ela. Nessa perspectiva, o labor é um elemento de identificação da pessoa humana, marcando a sua existência.

O Direito do Trabalho desponta nessa conjuntura. Assim, tem como função precípua conduzir o trabalho à emancipação do homem, limitando a sua exploração pelo sistema capitalista. O trabalho liga o ser humano natural à sociedade, de modo que, além de imprimir a identidade humana do ser, também promove uma identificação do homem enquanto ser social. Nesse sentido, o trabalho transcende o capital na medida em que é por meio dele que o homem se torna um ser social.[872]

Portanto, o Direito do Trabalho é dotado de centralidade, devendo intervir para, eficazmente, estabelecer a harmonia entre a pessoa humana e o capitalismo. Justamente por isso que toda alteração do Direito Laboral está condicionada à observância da dignidade da pessoa humana, da valorização do trabalho e da melhoria da condição social, devendo se orientar pela busca da isonomia material e da justiça social.

A crise contemporânea do Direito do Trabalho, iniciada especialmente a partir da década de 1970, com a profusão da globalização, do *just in time*, do avanço tecnológico e da ideologia neoliberal acaba refletindo na forma como o trabalho é analisado e tutelado.[873] O capital, ao se readaptar às novas tendências, trouxe uma intensificação da precarização do traba-

[871] Ibidem.p.13

[872] ANTUNES, Ricardo. **Os sentidos do trabalho: ensaios sobre a afirmação e a negação do trabalho.**Op.cit

[873] Ibidem

lho, da informalidade e do próprio trabalho, mediante o aumento da flexibilização da jornada.[874] Como consequência, emerge uma demanda por trabalhadores flexíveis, assim como a produção, realocando a força de trabalho como coisa/objeto do contrato. Nesse sentido, ocorre uma mercantilização da força de trabalho, afastando-se a consideração do elemento humano nesse movimento.

Portanto, é preciso repensar o trabalho humano considerando a sua centralidade. O trabalho transcende a ótica reducionista que o capitalismo propõe. A partir desse olhar, é preciso resgatar o humano inerente ao trabalho realizado. [875]Assim, o Direito do Trabalho deve se ordenar como um instrumento de aprimoramento das relações sociais. É necessário transcender a concepção de trabalho proposta pelo capitalismo, afinal é também inerente ao trabalho a identificação do próprio ser humano e sua interação com a sociedade. O trabalho executado, assim, contribui para (re) construção constante da sociedade, buscando a sua melhoria.

Antunes verifica que, diante da multiplicidade que envolve a atividade humana, o trabalho não será extirpado com o avanço tecnológico.[876]Propõe o afastamento da visão reducionista de trabalho sugerida pelo capitalismo contemporâneo, já que carregada da ideia "dessociabilização" do trabalho. Nesse sentido, identifica que os meios de produção, o dinheiro e os mercados (mediações de segunda ordem) acabam orientando a compreensão do trabalho e que nesse "metabolismo social,"[877]o aspecto humano essencial e responsável pela realização do trabalho termina por ser subjugado aos elementos despersonificados do capitalismo. Nesse sentido o doutrinador afirma:

> A inversão da lógica societal, ao se efetivar, consolidou, então, as mediações de segunda ordem, que passaram a se constituir como elemento fundante do sistema de metabolismo social do capital. Desprovido de uma orientação

[874] Ibidem.p.136

[875] Ibidem. p.180-181

[876] Ibidem.p 35

[877] "Sistema de metabolismo social do capital nasceu como resultado da divisão social que operou a subordinação estrutural do trabalho ao capital. Não sendo consequência de nenhuma determinação ontológica inalterável, esse sistema de metabolismo social é, segundo Mészáros, o resultado de um processo historicamente constituído, em que prevalece a divisão social hierárquica que subsume o trabalho ao capital". In: ANTUNES, Ricardo. **Os sentidos do trabalho: ensaios sobre a afirmação e a negação do trabalho.** Op. cit. p. 21

> humanamente significativa, o capital assume, em seu processo, uma lógica em que o valor de uso das coisas foi totalmente subordinado ao seu valor de troca. O sistema de mediações de segunda ordem passou a se sobrepor e a conduzir as mediações de primeira ordem. A lógica societal se inverte e se transfigura, forjando um novo sistema de metabolismo societal estruturado pelo capital.[878]

Antunes,[879]partindo da concepção de mediações primárias, aponta que o trabalho humano é revestido de um sentido diferente daquele criado artificialmente pelo metabolismo social inspirado no capitalismo. Assim, é preciso resgatar esse sentido primário do trabalho. Nesse sentido tece a seguinte análise:

> O trabalho tem, portanto, quer em sua gênese, quer em seu desenvolvimento, em seu ir- sendo e em seu vir-a-ser, uma intenção ontologicamente voltada para o processo de humanização do homem em seu sentido amplo. O aparecimento de formas mais complexificadas da vida humana, as posições teleológicas secundárias, que se constituem como momento de interação entre seres sociais, de que são exemplos a práxis política, a religião, a ética, a filosofia, a arte etc., que são dotadas de maior autonomia em relação às posições teleológicas primárias, encontra o seu fundamento ontológico-genético a partir da esfera do trabalho. (...)Tem-se, portanto, por meio trabalho, um processo que simultaneamente altera a natureza e autotransforma o próprio ser que trabalha. A natureza humana é também metamorfoseada a partir do processo laborativo, dada a existência de uma posição teleológica e de uma realização prática. (...)No novo ser social que emerge, a consciência humana deixa de ser epifenômeno biológico e se constitui num momento ativo e essencial da vida cotidiana. Sua consciência é um fato ontológico objetivo (...). E a busca de uma vida cheia de sentido, dotada de autenticidade, encontra no trabalho seu locus primeiro de realização. A própria busca de uma vida cheia de sentido é socialmente empreendida pelos seres sociais para sua autorre-

[878] Ibidem.p 19

[879] "Partindo dessas determinações ontológicas fundamentais, os indivíduos devem reproduzir sua existência por meio de funções primárias de mediações, estabelecidas entre eles e no intercâmbio e interação com a natureza, dadas pela ontologia singularmente humana do trabalho, pelo qual a autoprodução e a reprodução societal se desenvolvem (...)Nenhum desses imperativos de mediação primários necessitam do estabelecimento de hierarquias estruturais de dominação e subordinação, que configuram o sistema de metabolismo societal do capital e suas mediações de segunda ordem" In: Ibidem. p. 22

alização individual e coletiva. É uma categoria genuinamente humana, que não se apresenta na natureza.[880]

Portanto, as alterações no modelo de produção não podem levar a uma redução da classe trabalhadora. Diante desse cenário marcado pelo recrudescimento significativo de trabalhadores informais, subcontratados e precarizados o Direito do Trabalho precisa ampliar a sua tela protetiva.

Outro aspecto importante que é possível se inferir, ao considerar a perspectiva proposta por Antunes, é que a hegemonia da concepção reducionista do trabalho incrustada no metabolismo societal capitalista também produz o estranhamento e a alienação do trabalhador, rompendo a sua própria subjetividade. O ser humano é coisificado na dinâmica capitalista. Nessa interação, o trabalhador se torna um objeto e o capital o sujeito

> Sob a condição da separação absoluta do trabalho, a alienação assume a forma de perda de sua própria unidade: trabalho e lazer, meios e fins, vida pública e vida privada, entre outras formas de disjunção dos elementos de unidade presentes na sociedade do trabalho. Expandem-se, desse modo, as formas de alienação dos que se encontram à margem do processo de trabalho.[881]

Essa hegemonia da visão do trabalho circunscrita às exigências do mercado informado pela racionalidade neoliberal também é antidemocrática, porque procura neutralizar outras ideias e outros aspectos que integram a natureza humana. O neoliberalismo caminha em um sentido unívoco, qual seja, priorizar a busca da supremacia do mercado, desconsiderando, nesse movimento, as diferenças humanas.[882] Nesse diapasão observou Parras

> (...)talvez uma das facetas mais identificáveis do neoliberalismo seja justamente essa capacidade das classes dominantes de construir uma realidade na qual aparentemente só há um caminho a ser seguido. Gera-se, portanto, um consenso que destrói a dinâmica criativa da sociedade ao sufocar aque-

[880] Ibidem. p. 142-143

[881] ANTUNES, Ricardo. **Os sentidos do trabalho: ensaios sobre a afirmação e a negação do trabalho.**Op.cit 132

[882] PARRAS, Henrique Zoqui M. Destituição e criação: o direito à enunciação: resenha do livro os sentidos da democracia: políticas do dissenso e hegemonia global de Francisco de Oliveira e Maria Célia Paoli (orgs.).**Revista Plural- Sociologia USP.**São Paulo. 1º sem, 2000. p.131-136. p. 133

las iniciativas que mostram as contradições e as múltiplas possibilidades do tempo presente. Assim, a inexorabilidade apresentada para as ações neoliberais acaba finalmente por desresponsabilizar os seus sujeitos, uma vez que eles apenas realizam um destino da "natureza.[883]

Portanto, a racionalidade neoliberal que orientou a reforma trabalhista provoca rupturas também na democracia, reduzindo o olhar sobre a realidade, procurando explicar e estruturar o mundo objetivamente, desconsiderando nesse processo o elemento humano. A reflexão sobre a necessidade de construção de um novo Direito do Trabalho pressupõe, assim, o enfoque para o componente humano na relação laboral. Cardoso, resgatando a ideia de que o Direito do Trabalho tem como objetivo trazer civilidade às relações sociais, obtempera que esse ramo jurídico permite concretizar a solidariedade entendida como a união da humanidade em prol da realização da justiça social [884]

> Em nenhum lugar do mundo se fala a sério sobre esta possibilidade (...) exceto, talvez, no terceiro mundo, e certamente no Brasil da década de 1990. Talvez porque no mundo desenvolvido se tenha alguma noção dos riscos da profunda crise social decorrente da diluição dos laços de solidariedade associados ao direito do trabalho. Está equivocado (...)quem enxerga a solidariedade como o sentimento restrito de pertença a um grupo social ou classe social. A solidariedade que sustenta uma sociedade inteira é galvanizada por certa estabilidade nos encontros face a face, estabilidade que tem seu fundamento, dentre outras coisas, na certeza de que o outro não tem como objetivo último (...)tomar o meu lugar, ganhar os meus bens ou solapar a minha dignidade. [885]

Castel ao analisar a exclusão social observa que os abismos sociais e a intensificação das desigualdades, fomentados pela crescente precarização, produzem uma ruptura da noção do humano e, no aspecto político, trazem fissuras na ideia de cidadania. Isso acontece porque a precariedade desumaniza e consolida uma desagregação do grupo social, produzindo instabilidades no tecido social como um todo. Assim, independentemente de qualquer exigência social por mudanças, não se pode promover o dese-

[883] Ibidem.p. 133
[884] Cardoso, Antônio.Op.cit.p. 120
[885] Cardoso, Antônio.Op.cit.p. 120

quilíbrio no grupo social, sob pena de prejudicar a própria existência do indivíduo.[886]

Algum mecanismo de assistência deve se erguer para estabelecer o atendimento aos direitos fundamentais mínimos. Destarte, se a pretensão é reduzir as normas estatais na regulação trabalhista, a flexibilização e as fontes autônomas devem possibilitar a implementação dos direitos mínimos, sob pena de se estabelecer a desordem social e o caos. Segundo Acemglu e Robinson,[887] a verdadeira liberdade somente é realizada mediante a interação entre o Estado e os núcleos de poder societal. O Estado para manter o equilíbrio na sociedade deverá garantir a segurança, mediar conflitos sociais e munir a população de serviços primordiais ao bem-estar. Desta forma, a liberdade é alcançada, afastando-se as opressões política, econômica e social.

A capacidade do Estado de dirimir os conflitos fica prejudicada quando a hierarquia social se une à hierarquia política ou quando a elite econômica se utiliza do poder estatal para reproduzir uma exploração das camadas inferiores do estrato social. Essa promiscuidade entre as elites política e econômica provoca uma redução do Estado, uma perda da credibilidade nas instituições públicas e um enfraquecimento das possibilidades de coalizões entre os grupos sociais.[888]

Essa dinâmica é ainda mais pronunciada em países como o Brasil que se qualifica como a periferia do capitalismo. Nesses países, a efetivação do Estado social não conseguiu atingir sua plenitude. Essa situação leva ao abismo entre as diferentes classes sociais, aprofundando ainda mais as desigualdades e retroalimentando o subdesenvolvimento.[889]Assim, a apli-

886 Castel, Robert. **Op.cit.**p. 51

887 Acemoglu, Daron; Robinson, James Op.cit.

888 Ibidem.

889 "Mesmo tendo avançado consideravelmente no processo de industrialização durante o século XX, por exemplo, o Brasil não foi capaz de abandonar as principais características do subdesenvolvimento, tais como a disparidade na produtividade setorial e regional e a permanência de grande parte da população prisioneira de condições precárias de vida e trabalho. (...).Como se poderá verificar logo a seguir, o país não conseguiu combinar o crescimento econômico com a construção de uma sociedade justa, democrática e socialmente menos desigual. Isso ainda terminou sendo muito mais agravado pelo ingresso da economia brasileira numa fase de estagnação das atividades produtivas a partir de 1981. Sabe-se que a crise econômica internacional, acompanhada por uma série de ajustes promovidos nos países que compõem o centro do capitalismo, a partir da década de 70, impôs uma nova realidade aos países periféricos. Novamente uma crise que veio de fora gerou um novo vácuo político interno,

cação da reforma trabalhista e da proposta "modernizante" de amplificar as fontes autônomas e as flexibilizações intensificam essa desigualdade, agilizando o processo de desconstrução dos direitos sociais trabalhistas. Isso ocorre porque as buscas pela melhoria da condição social e pela justiça social ficam cada vez mais distantes.[890] Nesse cenário, o desafio é proporcionar o direito social a quem trabalha. É garantir o direito de todos a ter direito. Nesse sentido analisou Lafer:

> No mundo contemporâneo continuam a persistir situações sociais, políticas e econômicas que, mesmo depois do término dos regimes totalitários, contribuem para tornar os homens supérfluos e sem lugar num mundo comum. Entre outras tendências, menciono a ubiquidade da pobreza e da miséria; a ameaça do holocausto nuclear; a irrupção da violência, os surtos terroristas, a limpeza étnica, os fundamentalismos excludentes e intolerantes.(...).[891]

Arendt ao analisar a condição dos apátridas defendeu que o principal Direito Humano Fundamental e pressuposto para os demais é o direito de ser cidadão e de ter direitos. Essa mesma ilação pode ser aplicada no presente contexto. Ora, ao afastar o acesso aos direitos mínimos trabalhistas da multidão de precarizados, sublocados e trabalhadores informais opera-se uma aproximação dos apátridas.

Romagnoli aponta uma conexão entre cidadania e acesso aos direitos trabalhistas, enfatizando a imperatividade de se ampliar o alcance desses direitos, sob pena de se produzir uma categoria de não empregados ou de informais não cidadãos. Nessa perspectiva, defende uma cidadania trabalhista demarcada a partir da obtenção de direito laborais que possibilitem a inclusão social.[892]

que terminou sendo preenchido, lamentavelmente, por uma fase de estagnação produtiva e não pelo crescimento econômico no Brasil, conforme ocorrido nas experiências anteriores". In. POCHMANN, Márcio. **Proteção social na periferia do capitalismo: considerações sobre o Brasil.** Op.cit.

[890] Exemplos: O tratado de Versalhes de 1919, os atos de direitos sociais e civis de 1966 e as diretrizes de trabalho decente traçadas a partir de 1999 com a formulação do seu conceito.

[891] LAFER, Celso. **A reconstrução dos direitos humanos: a contribuição de Hannah Arendt**. Disponível em: https://www.scielo.br/j/ea/a/9Sr35XjVCx9L7Ws7QypPMrG/?lang=pt&format=pdf. Acesso em: 12 set.2021

[892] ROMAGNOLI, Umberto. **Ragionevoli utopie: cultura giuridica dela lavoro e cittadinanza sociale. Intervista di Giovanni Cazzetta.** Quaderni Fiorentini: per la storia del pensiero giuridico moderno. : Giuffre editore, 2017.p. 823-825

A cidadania se caracteriza pelo direito de ter acesso e fruição a "...todos os bens que a sociedade dispõe ou deve dispor..."[893]. Desta feita, "o termo cidadania exprime o conjunto de prerrogativas e de deveres que traduza a plena integração de uma pessoa no espaço social onde se encontre". Ser cidadão é ter direitos e deveres, podendo usufruir de direitos civis e políticos.

A OIT, em 1919, ao trazer a busca pela justiça social, ampliou o conceito clássico de cidadania restrito ao gozo e exercício de direitos políticos. A cidadania passa a compreender o gozo e acesso aos direitos sociais de forma a oportunizar uma vida digna.

A realidade contemporânea impõe repensar o Direito do Trabalho. A estruturação do Direito Laboral a partir da representação de vínculo de emprego, conforme definido pela CLT nos artigos 2º e 3º retroalimenta a exploração e a precarização, na medida em que restringe a incidência da tela protetiva, criando diferenças entre os trabalhadores. Nesse sentido, é primordial relembrar que os direitos sociais do trabalho são Direitos Humanos e Fundamentais extensíveis à toda a humanidade que trabalha. Essa releitura do Direito Laboral mais se impõe no atual contexto marcado pelo crescimento vertiginoso de trabalhos precários e informais.

Assim, a organização da proteção trabalhista centralizada na CLT, restringe o acesso aos direitos trabalhistas, consolidando um sistema pautado na discriminação. Conforme identificou Pochmann "...na realidade, foi estabelecido um sistema de proteção social de natureza meritocrática e particularista voltado tão somente aos trabalhadores assalariados com carteira assinada "[894]

Para o Brasil, que ocupa a periferia do capitalismo, a OIT, constatando a intensificação da precarização, a informalidade, a terceirização e a desarticulação do poder sindical, sugere a ampliação da tela protetiva para além dos confins da relação de emprego como forma de implementar o trabalho decente. [895]

[893] Oliveira, Paulo Eduardo Vieira de. **Direito do trabalho e cidadania**. Disponível em: http://www.portal.anchieta.br/revistas-e-livros/direito/pdf/direito14_4.pdf. Acesso em: 15 mai.2022.p 52

[894] Pochmann, Márcio. Proteção social na periferia do capitalismo: considerações sobre o Brasil. Op.Cit.

[895] OIT. **Documento final do centenário da OIT**. Disponível em: https://www.ilo.org/lisbon/publica%C3%A7%C3%B5es/WCMS_706928/lang--pt/index.htm. Acesso em: 23.06.21

Propõe-se, portanto, resgatar a centralidade do Direito do Trabalho que precisa ser reafirmado com mais força no atual contexto marcado pelas alterações produtivas e pelo avanço tecnológico. O direito social do trabalho precisa ser ampliado e não restringido, sob pena de se aprofundarem cada vez mais a precariedade e as desigualdades sociais. Assim, é preciso estabelecer um Direito do Trabalho, de fato, mais moderno e consentâneo com esse novo arranjo social, reafirmando os seus escopos, quais sejam: a redução das desigualdades sociais, a concretização da melhoria da condição social dos trabalhadores e a realização da justiça social mediante o progresso contínuo dos direitos trabalhistas. Nesse sentido, a proposta de trabalho decente concebida pela OIT a partir de 1999, coloca-se como importante diretriz. Essa amplitude do Direito do Trabalho é também tratada por Moraes Filho:

> A tendência atual do direito do trabalho é tornar-se cada vez mais amplo, abrangendo em seu campo de proteção todas as classes economicamente defectivas. É a instituição avançada, que primeiro caminha nesta direção, trazendo sempre maior número de pessoas para os merecedores de sua tutela, é a previdência social. Isto é, amplia-se o campo do direito do trabalho, trazendo para seu âmbito tutelar um número cada vez maior de pessoas, que vivem de salário ou que não disponham de renda própria, capaz de lhes assegurar uma autossuficiência frente aos riscos de uma vida normal na sociedade dos nossos dias. Por isso, em virtude de regular múltiplos aspectos da vida de quem trabalha, principalmente do trabalhador subordinado ou empregado, é que não podemos cingir a definição do direito do trabalho unicamente á disciplina da relação de trabalho. Antes que se conheçam concretamente as duas partes contratantes, já se preocupavam as normas do direito do trabalho com a pessoa do futuro empregado...e ainda continuarão a ocupar-se dele ou de sua família...quando não mais existir a relação jurídica ou ele próprio.[896]

A Lei nº 13.467/2017, entretanto, em sentido oposto procurou imprimir uma "modernização" do Direito Laboral mediante a desconstrução de suas bases principiológicas. Rompeu com a lógica da hipossuficiência do empregado estruturada no princípio da isonomia, deslocando a proteção para a empresa. Nesse sentido, a reforma procurou orquestrar uma verdadeira desconstrução não somente do Direito do Trabalho, mas do

[896] MORAES FILHO, Evaristo de. **Tratado elementar de direito do trabalho**. Op.cit. p. 28-29

ser humano em todas as suas facetas: social, física e psicológica. Procurou demover o ser humano do centro da sociedade, sujeitando-o às exigências do capitalismo.

A reforma trabalhista intentou legalizar o trabalho informal e precário, não se engajando na concreção do princípio da melhoria da condição social e, nem tampouco, na modernização do Direito do Trabalho. Ao tentar legalizar a precariedade, como por exemplo se identifica na regulamentação do trabalho intermitente[897] e na facilitação da flexibilização da jornada, mostrou claramente a intenção de imprimir uma desconstrução do direito social do trabalho.

É inegável a relação estreita do Direito do Trabalho com a economia, entretanto não pode a ela se subjugar, devendo emergir como instrumento de emancipação do ser humano. O argumento de que as mudanças sociais introduzidas pela globalização e pelo avanço tecnológico justificam a diluição dos direitos trabalhistas não merece respaldo, porque sempre houve mudanças nas relações trabalhistas. Nesse sentido refletiu Souto Maior:

> Há de se observar, todavia, que tanto a globalização quanto a revolução tecnológica, embora tenham, no momento atual, suas próprias feições, não representam uma novidade plena na história mundial. Já na antiguidade, na época do Império Romano, ou na Renascença, na época dos descobrimentos, a globalização era uma realidade, embora fosse identificada com outros nomes. A Revolução Industrial, por sua vez, causou o mesmo efeito que hoje provoca a revolução tecnológica.[898]

A globalização impacta até mesmo as noções de soberania e de poder do Estado. Indubitável que a desterritorialização e a intensificação das relações internacionais alteram o papel do Estado na perspectiva normativa, deslocando a função de regulamentação para os atores privados e mesmo

[897] Art. 443. O contrato individual de trabalho poderá ser acordado tácita ou expressamente, verbalmente ou por escrito, por prazo determinado ou indeterminado, ou para prestação de trabalho intermitente...§ 3º Considera-se como intermitente o contrato de trabalho no qual a prestação de serviços, com subordinação, não é contínua, ocorrendo com alternância de períodos de prestação de serviços e de inatividade, determinados em horas, dias ou meses, independentemente do tipo de atividade do empregado e do empregador, exceto para os aeronautas, regidos por legislação própria

[898] Souto Maior, Jorge Luiz. **Direito do Trabalho e desenvolvimento econômico: Um Contraponto à Teoria da Flexibilização.** Op.cit.p. 02

para as dimensões internacionais. Nesse cenário, como garantir a condição humana e o direito a ter Direitos Humanos e Fundamentais trabalhistas?

O aprofundamento da flexibilização da jornada engendrado pela reforma trabalhista, que se orientou pelo neoliberalismo, aliado à constante redução dos direitos trabalhistas, mostra uma espécie de totalitarismo. Nesse sentido, refletiu Arendt ao associar o totalitarismo ao conceito de universalidade:

> Nos capítulos precedentes, reiteramos o fato de que os métodos do domínio total não são apenas mais drásticos, mas que o totalitarismo difere essencialmente de outras formas de opressão política que conhecemos, como o despotismo, a tirania e a ditadura. Sempre que galgou o poder, o totalitarismo criou instituições políticas inteiramente novas e destruiu todas as tradições sociais, legais e políticas do país. Independentemente da tradição especificamente nacional ou da fonte espiritual particular da sua ideologia, o governo totalitário semp_re4Fansformou as classes em massas, substituiu o sistema partidário não por ditaduras ^unipartidárias, mas por um movimento de massa, transferiu o centro do poder do Exército para a polícia e estabeleceu uma política exterior que visava abertamente ao domínio mundial^ Os governos totalitários do nosso tempo evoluíram a partir de sistemas unipartidários; sempre que estes se tornavam realmente totalitários, passavam a operar segundo um sistema de valores tão radicalmente diferente de todos os outros que nenhuma das nossas tradicionais categorias utilitárias – legais, morais, lógicas ou de bom senso[899]

Brown afirma que o neoliberalismo trouxe ruínas na economia, aprofundando a precarização quando "...dispersou e deslocou comunidades, as regulamentações estatais desapareceram e muitas empresas locais foram substituídas por empresas globais. "E continua:

> Mas a ruína vai para muito além da economia. É a ruína de uma forma de organizar e governar que valorizava a moralidade tradicional como única forma possível de organização: os mercados e a moralidade tradicional. As formas livres e espontâneas de associação, a soberania dos povos, os projetos de justiça social e igualdade, tudo isso é demonizado pelo neoliberalismo, que não busca a liberdade, mas a imposição de um modelo de engenharia

[899] ARENDT, Hannah. **Origens do totalistarismo**. São Paulo: Cia das Letras. 1989.p. 512

social. O neoliberalismo é uma forma de totalitarismo. Assim, depois de quarenta anos dessas políticas econômicas e forma de raciocínio, temos, em muitas sociedades industrializadas, uma classe trabalhadora que se reconverteu a formas mais baratas de trabalho, os salários foram reduzidos. (...) Mas o neoliberalismo também é responsável pela perda da confiança na democracia. É um ataque à democracia em termos de justiça social, redistribuição, igualdade. [900]

A racionalidade neoliberal repousa na defesa da liberdade. Afirma-se, frequentemente, que a liberdade é o bem maior e que ninguém poderá retirá-la. Nisso se fundamenta a crítica ao Estado interventor. No entanto, a liberdade plena somente poderá ser atingida se vier acompanhada de outras garantias, como a justiça social e a igualdade. Nessa perspectiva, emerge, mais uma vez, a essencialidade do Direito do Trabalho. Polanyi argumenta nesse sentido:

> A liberdade jurídica e real pode se tornar mais ampla e mais geral do que em qualquer tempo; a regulação e o controle podem atingir a liberdade, mas para todos e não apenas para alguns. Liberdade não como complemento do privilégio, contaminada em sua fonte, mas como um direito consagrado, que se estende muito além dos estreitos limites da esfera política e atinge a organização íntima da própria sociedade. Assim, as antigas liberdades e direitos civis serão acrescentados ao fundo da nova liberdade gerada pelo lazer e pela segurança que a sociedade oferece a todos. Uma tal sociedade pode-se permitir ser ao mesmo tempo justa e livre. Entretanto, encontramos o caminho bloqueado por um obstáculo moral. O planejamento e o controle vêm sendo atacados como negação da liberdade. A empresa livre e a propriedade privada são consideradas elementos essenciais à liberdade. Não é digna de ser chamada livre qualquer sociedade construída sobre outros fundamentos. A liberdade que a regulação cria é denunciada como não-liberdade; a justiça, a liberdade e o bem-estar que' ela oferece são descritos como camuflagem da escravidão.[901]

[900] Brown, Wendi. **E agora, que o neoliberalismo está em ruínas?** In: DMT em debate: Gago, Verónica. Trad.PAZ, Simone. Publicado 31.12.2020. Disponível em: https://www.dmtemdebate.com.br/e-agora-que-o-neoliberalismo-esta-em-ruinas-entrevista-com-wendy-brown/. Acesso em: 30 abr2021

[901] Polanyi, Karl. Op. cit. p. 297

É preciso, considerando a centralidade do trabalho, rechaçar os contínuos processos de desconstrução do Direito do Trabalho. As mudanças contemporâneas nos modos de produção e nas formas de execução do trabalho não podem acarretar a destruição do Direito Laboral. Considerando a origem do Direito Laboral, seus escopos, bem como a orientação dos Direitos Humanos cujo fim precípuo é estabelecer a justiça social, por meio da progressividade dos direitos sociais, o Direito do Trabalho precisa se reconstruir orientado pela ideia de humanidade que está intrínseca e conexa a qualquer trabalho realizado.

A desvinculação do trabalho da lógica pura do mercado é condição inarredável para resgatar a condição humana do trabalhador e afastar a representação de que o trabalho é mera mercadoria.

O respeito ao Direito do Trabalho também traz impactos políticos na medida em que a garantia de acesso aos direitos fundamentais aos trabalhadores permite a realização da justiça social, reduzindo as exclusões sociais. Essa situação favorece a realização da democracia e o exercício da liberdade. Destarte, a efetivação do Estado Democrático de Direito implica a construção de uma sociedade arranjada em torno do respeito aos direitos fundamentais e humanos.

Romagnoli identifica que, mesmo no contexto atual e diante das mudanças significativas na dinâmica social, o Direito do Trabalho continua a existir e não há como se cogitar a sua desconstrução.

> A pergunta pretende ser provocativa; mas acredito que o direito do trabalho sempre existirá: depende do que se entende por direito do trabalho. Há uma maneira de entendê-la em uma chave puramente instrumental, e há uma maneira de entendê-la em uma chave político-cultural. De qualquer forma, o direito do trabalho é inerente às coisas. Mesmo os governantes atuais, que querem mudar, desconstruir, desconstruir o direito do trabalho herdado do século XX, produzem direito do trabalho, à sua maneira: sem interlocutor coletivo, ou com aquele que é domesticado, colocando o acento na individualização do a relação de trabalho, mas a relação existe e tem regras[902]

[902] Original: "La domanda vuole essere provocatoria; ma credo che il diritto del lavoro esisterà sempre: dipende da quello che si intende per diritto del lavoro. C'è un modo di intenderlo in chiave puramente strumentale, e c'è un modo di intenderlo in chiave politico-culturale. In ogni caso, il diritto del lavoro è ínsito nelle cose. Anche i governanti attuali, che vogliono cambiare, decostruire, destrutturare il diritto del lavoro ereditato dal Novecento, producono diritto del lavoro, a modo loro: senza interlocutore collettivo, o con uno che sia addomesticato,

A valorização das fontes normativas autônomas e das negociações coletivas depende da reafirmação do Direito do Trabalho e da sua principiologia, devendo ser afastadas alterações normativas que levem à sua desconstrução. Esse novo Direito do Trabalho precisa se realinhar aos Direitos Humanos e Fundamentais de modo a trazer o equilíbrio na relação trabalhista e implementar a justiça social. Nesse sentido, torna-se premente o fortalecimento dos sindicatos.

O Direito do Trabalho foi construído a partir das crises e dos conflitos. Nessa medida, a negociação coletiva, a participação sindical e a normatização autônoma são suas marcas indeléveis. Sob esse ponto de vista, Porta analisa que a mudança no Direito do Trabalho possui outros caminhos além das alterações legislativas, apontando as próprias negociações coletivas e a jurisprudência [903]

> Ter-se-á entendido que esse pluralismo de interpretações de mudanças no direito do trabalho não constitui um "modelo", nem mesmo um "paradigma". Está mesmo na origem novos conflitos e novas contradições dentro desse direito. Descansando avaliações externas, essas interpretações põem profundamente em causa a compartilhamento e consenso sobre o qual esse direito parecia ser construído e poderia ser descrito, esse conjunto de regulações específicas da sociedade assalariada (...) Consequentemente, alguns autores formularam propostas tendendo a reinterpretar o direito do trabalho com base em sua própria coerência, retornando ao entendimento interno. Assim, várias propostas têm em comum a inscrição em uma abordagem doutrinária análoga, que podemos, por causa de sua reflexividade e sua preocupação com o encerramento disciplinar, para se qualificarem como Trabalhistas, ainda que sejam às vezes opostos em seu conteúdo. Uma sugere uma descrição do direito do trabalho por meio de "princípios essenciais", outro de uma codificação e o terceiro de uma "retorno" aos direitos sociais internacionais e europeus.[904]

ponendo l'accento sulla individualizzazione del rapporto di lavoro, ma il rapporto c'è ed ha delle regole"In: Romagnoli, Umberrto. **Il diritto del lavoro, tra visione strumentale e nuove fronteire.** Disponível em: https://www.editricesocialmente.it/allegati/2_intervista-ERE-6-Umberto-Romagnoli.pdf. Acesso em: 23 ago.2021

903 Porta, Jérôme. Le droit du travail en changement: Essai d'interprétations. **Travail et Emploi.** nº158,2019. p.95-132 p. 97-98

904 Original: "On l'aura compris, ce pluralisme des interprétations des changements du droit du travail ne fait pas « modèle », ni même « paradigme ». Il est même plutôt à l'origine de nouveaux conflits et de nouvelles contradictions au sein de ce droit. Reposant sur des évaluations externes, ces interprétations remettent profondément en cause les partages et

Outrossim, a inserção do Direito do Trabalho no centro da regulamentação internacional se ergue como importante instrumento diante da globalização e do avanço tecnológico. Assim, a criação de um direito comum mundial do trabalho permitiria maior efetividade. Beck[905] ao analisar os efeitos da globalização no mundo traz algumas metas que devem ser perseguidas para a regulamentação contemporânea da sociedade. Entre essas diretrizes, aponta a necessidade de uma cooperação internacional mediante a utilização de normas internacionais e a flexibilização da soberania, impondo-se a responsabilidade social mundialmente.

A OIT, preocupada com o futuro do Direito do Trabalho, em 2017, criou a Comissão Mundial sobre o Futuro do Trabalho, produzindo um relatório em 2019 cujo teor alinha-se ao resgate da centralidade do trabalho. Silva nos seguintes termos explica o relatório

> O relatório produzido pela Comissão propõe "uma agenda centrada no ser humano para o futuro do trabalho", isto é, "uma nova abordagem que coloque as pessoas e o trabalho que fazem no centro da política econômica e social e da prática empresarial", o que representaria uma mudança de direção a reorientar a economia para um caminho de crescimento e desenvolvimento centrado no ser humano. Essa agenda, de acordo com o relatório, concentra-se em três pilares de ação que têm o objetivo de aumentar o investimento: (i) nas capacidades das pessoas para que elas possam adquirir habilidades, requalificações e melhores competências, apoiando-as nas várias transições que enfrentarão ao longo de sua trajetória de vida; (ii) nas instituições de trabalho para garantir um futuro de trabalho com liberdade, dignidade, segurança econômica e igualdade; e (iii) no trabalho decente e sustentável e moldar regras e incentivos para alinhar a política econômica e social e a prática empresarial com a agenda proposta[906]

les consensus sur lesquels semblait être bâti et pouvoir être décrit ce droit, cet ensemble de réglementations spécifiques à la société salariale (...). En conséquence, certains auteurs ont formulé des propositions tendant à réinterpréter le droit du travail au départ de sa propre cohérence, revenant à une compréhension interne. Plusieurs propositions ont ainsi en commun de s'inscrire dans une démarche doctrinale analogue, que l'on peut, en raison de leur réflexivité et de leur souci de la clôture disciplinaire, qualifier de travailliste, même si elles sont parfois opposées dans leur contenu. L'une suggère une description du droit du travail au moyen de « principes essentiels », une autre d'une codification et la troisième d'un « retour » aux droits sociaux internationaux et européens".In: Ibidem. PORTA, Jérôme.Op.cit.p 118

[905] BECK, Ulrich. Op. cit. p.227

[906] SILVA, Sayonara Grillo Coutinho . **A OIT E O futuro do trabalho: notas sobre a atuação da instituição e seus limites.** Disponível em: https://www.researchgate.net/

Outra atuação da OIT, que mostra seu engajamento na construção de um novo Direito do Trabalho, ocorreu em junho de 2022 quando a Conferência Internacional do Trabalho promoveu o direito à saúde no trabalho a um princípio fundamental, incorporando-o à Declaração de Princípios da OIT de 1998.[907]

O governo português, sensível às transformações no mundo do trabalho engajadas pela intensificação da tecnologia que trouxeram informações em massa (big data), o avanço da inteligência artificial, o *blockchain* e a internet das coisas, procurou assentar algumas diretrizes para o futuro do Direito Laboral. No denominado livro verde

aventou a necessidade de se aprofundar as negociações sindicais por meio do fomento ao diálogo social, seguindo as diretrizes da Comissão Europeia da OIT:

> A negociação coletiva e o diálogo social têm um papel de grande relevância a desempenhar na adaptação às transformações anteriormente descritas no mundo do trabalho(...)Tal relevância é patente desde logo na Resolução adotada pela Conferência da OIT em 2018, na qual é evidenciado o papel que o diálogo social desempenha na resposta aos desafios do futuro do trabalho. Também na Declaração do Centenário da OIT para o Futuro do Trabalho é salientado que o diálogo social, incluindo negociação coletiva e cooperação tripartida, é um elemento social para a adequação das políticas públicas. De modo mais geral, a Agenda do Trabalho Digno da OIT sublinha o papel fundamental do diálogo social e dos parceiros sociais a todos os níveis. [908]

Para tanto, defende-se o aprofundamento da representatividade dos atores envolvidos mediante o aumento da autonomia.[909]Entretanto, é importante pontuar que na dimensão da legislação portuguesa a negociação coletiva é orientada pelo princípio da melhoria da condição social.

publication/349304990_A_OIT_E_O_FUTURO_DO_TRABALHO_NOTAS_SOBRE_A_ATUACAO_DA_INSTITUICAO_E_SEUS_LIMITES. Acesso em: 28 out.2021

[907] NAÇÕES UNIDAS BRASIL. **OIT adiciona segurança e saúde aos direitos fundamentais no trabalho**
Disponível em: https://brasil.un.org/pt-br/186004-oit-adiciona-seguranca-e-saude-aos-direitos-fundamentais-no-trabalho, Acesso em: 28 jun.2022

[908] LIVRO VERDE. Disponível em: https://www.portugal.gov.pt/pt/gc22/comunicacao/documento?i=livro-verde-sobre-o-futuro-do-trabalho.Acesso em:26 abr.2022.p.118

[909] Ibidem.p.119

Ademais, o Direito do Trabalho precisa ser repensado para além dos limites da ideia de vínculo empregatício, afinal o trabalho é um direito fundamental pertencente a todos. Ora, no artigo 7ª o constituinte originário ao estabelecer os direitos utilizou a expressão "São direitos dos trabalhadores urbanos e rurais." As transformações do trabalho no cenário global contemporâneo clamam pela ampliação dos direitos trabalhistas. Nesse sentido, Dowbor verificou que no Brasil nunca teve o trabalho formal celetista como predominância no tecido econômico produtivo:

> É importante lembrar antes de tudo que o vínculo formal salarial nunca se firmou como dominante no Brasil. Isto é aparente na própria participação dos salários no Pib, que baixou de 45% do Pib no início dos anos 1990, para 37% no ano 2000. Como nos países desenvolvidos os salários se aproximam de 2/3 a ¾ do Pib, a diferença é imensa. Simplesmente, o trabalho assalariado não é a forma dominante de se ganhar a vida no Brasil, e a sua importância decresce rapidamente. No total de 85 milhões de pessoas que compõem a população ocupada do país (PEA menos desocupados, seguindo o critério estreito do IBGE) temos apenas 47 milhões de "empregados", 55% do total. Destes, 27 milhões estão formalmente registrados através da carteira de trabalho".[910]

Como a Constituição Federal erigiu o valor trabalho como fundamento da República Federativa do Brasil no artigo 1º, IV, a amplificação da tutela protetiva trabalhista se impõe. Desta forma, restringir os direitos trabalhistas nos limites da relação de emprego celetista, conforme o modelo atual, afasta o Direito do Trabalho da busca pela justiça social.

[910] Dowbor, Ladislau. **O que acontece com o trabalho?** 3ªED. São Paulo, 2006.p. 21

CONCLUSÕES

Após explorar o contexto social que marcou a construção do Direito do Trabalho, foi possível resgatar seus escopos, quais sejam: implementar o equilíbrio nas relações trabalhistas e concretizar a melhoria da condição social do trabalhador. Essas metas orientaram o processo de ruptura do Estado liberal e a eclosão do Estado de bem-Estar Social. Portanto, a partir da etiologia do Direito do Trabalho é razoável afirmar que a concretização de seus objetivos exige uma atuação estatal.

A flexibilização se qualifica como um instrumento que deve ser manejado para firmar, autonomamente, as normas que irão reger as relações de trabalho nos períodos em que o cenário econômico apresente flutuações. Como a flexibilização permite o afastamento da atividade estatal na normatização trabalhista, ela deve se sujeitar aos Direitos Humanos e Fundamentais. Nessa perspectiva, é inverossímil estabelecer normas autônomas que imprimam um retrocesso social, afinal os Direitos Humanos se orientam pelo princípio da progressividade albergado no Pacto Internacional de Direitos Econômicos e Sociais e na Convenção Interamericana de Direitos Humanos.

Nesse horizonte, a flexibilização da jornada de trabalho encontra limites ainda mais demarcados, uma vez que envolve o direito à saúde. Não há como legitimar, a partir dessa ilação, as negociações que sufraguem a redução do tempo de descanso, a ampliação da jornada ou mesmo a dispensa do adicional de horas extras, como ocorre com o banco de horas.

Häberle identifica uma forte tendência de recuo da hegemonia do Estado acompanhada de uma fissura na noção de soberania. Essas mudanças impulsionam os discursos favoráveis às flexibilizações e a sobrepujança das normas autônomas em detrimento das heterônomas. A globalização, o avanço tecnológico, as alterações na produção e a racionalidade neoliberal acentuaram a desterritorialização e a competitividade econômica. Essa interface, conforme investigado, alimenta gradativamente mais a necessidade de se estabelecer a primazia do negociado sobre o legislado, acentuando a plasticidade do Direito. Nesse sentido, as medidas flexibilizatórias emergem como importantes mecanismos para a concreção dos desideratos sociais e econômicos globais.

Essa disruptura da hegemonia do Estado promove um esvaziamento da sua atuação na dimensão social, ruindo com a democracia. Ora, como as relações trabalhistas são qualificadas pela assimetria das partes, a valorização das fontes autônomas leva à imposição dos propósitos visados pela parte mais forte na relação, prejudicando a concretização dos direitos fundamentais sociais. Portanto, a ampliação das normas negociadas trabalhistas pressupõe a isonomia das partes, sob pena de ruptura da liberdade plena negocial.

Conforme investigado, o sindicato ocupa uma posição de proeminência na dimensão das fontes autônomas trabalhistas na medida em que a sua participação nas negociações concretiza a isonomia das partes. Nesse sentido, a atuação sindical possibilita a realização da flexibilização alinhada às diretrizes dos Direitos Humanos e Fundamentais, pois viabiliza o diálogo social, a democracia, a isonomia e o exercício pleno da autonomia privada.

Nesse panorama, o fortalecimento sindical se coloca como primordial para o processo de construção de um Direito do Trabalho mais dialogado e consentâneo à nova realidade marcadamente mais flutuante e flexível. É preciso repensar o poder sindical, a partir da ruptura da racionalidade neoliberal, porque somente mediante o resgate da representatividade sindical é factível a defesa da prevalência do negociado sobre o legislado.

Embora o novo desenho socioeconômico e a racionalidade neoliberal reforcem a necessidade da flexibilização, os fundamentos inerentes aos direitos trabalhistas devem permanecer incólumes. Nesse cenário, a articulação da flexibilização pressupõe uma alteração da legislação trabalhista sindical. Impõe-se a necessidade de colmatar as estruturas corporativistas que ainda subsistem na legislação e que contribuem para o enfraquecimento do sindicato, tais como: organização sindical por categoria e unicidade sindical.

A racionalidade neoliberal conduziu a reforma trabalhista no que se remete à flexibilização do tempo de trabalho. A ampla permissibilidade de modulação da jornada de trabalho para atender às demandas do mercado aproxima a força de trabalho à noção de mercadoria. A admissibilidade do afastamento do adicional de horas extras por meio de mecanismos de compensação de jornada, como o banco de horas, dilui os direitos trabalhistas ao reduzir o valor da hora de trabalho extraordinária. Outrossim, a Lei nº 13.467/2017, ao autorizar a negociação bilateral da jornada, como nas hipóteses do banco de horas (artigo 59, § 5º da CLT) e do empregado hipersuficiente (artigo 444, parágrafo único da CLT), não contribui para o processo de modernização do Direito do Trabalho. É certo que, como as partes na relação laboral são marcadas pela assimetria, os acordos bilaterais levam à desconstrução da lógica do Direito do Trabalho.

A articulação da flexibilização nos moldes dos artigos 611-A e 611-B, ambos da CLT, associada à manutenção de uma estrutura sindical orientada pela lógica corporativista, nutre a precarização das relações de trabalho. Nessa perspectiva, a reforma trabalhista revela uma tentativa de desconstrução do Direito do Trabalho, produzindo rupturas na sua racionalidade protetiva. Somado a isso, impede que a flexibilização conduza à progressividade dos direitos fundamentais do trabalho e à consolidação da justiça social.

O diálogo entre o conceito de flexibilização e a Lei nº13.467/2017 evidenciou que o legislador da reforma se aproximou mais da ideia de desregulamentação, ao afastar, em diversos momentos, a participação sindical. Ora, é imanente ao conceito de flexibilização a atuação do sindicato, na medida em que a flexibilização pressupõe a observância do princípio da autonomia privada coletiva estabelecido no artigo 7º, inciso XXVI, da CF. Ademais, a participação do sindicato é obrigatória, de acordo com o artigo 8º, inciso VI, da Carta Magna, já que oportuniza a realização da paridade de armas necessária para o exercício pleno da autonomia privada. Portanto, autorizar negociações bilaterais, entre empregado e empregador marca uma tentativa de legalizar a desregulamentação e a precarização do trabalho

A Lei nº 13.467/2017 ao inserir os artigos 611-A, incisos I, II, III,VIII e 611-B, § único na CLT, procurou promover uma quebra dos limites da flexibilização, atropelando o princípio da indisponibilidade, visto que autorizou, irrestritamente, a flexibilização da jornada e dos intervalos intrajornada, afastando expressamente do rol das normas da natureza de normas de "..saúde, higiene e segurança do trabalho...". Contudo, é inconteste que as normas sobre duração do trabalho são fundamentadas no direito à saúde que possui natureza cogente. Destarte, as regras concernentes ao tempo de trabalho são revestidas de indisponibilidade absoluta, sendo infensas às negociações, ainda que coletivas, nas hipóteses em que se busca retirar patamares mínimos de direito.

Assim, o artigo 611-A da CLT, que estabeleceu a prevalência do negociado sobre o legislado, deve ser compreendido a partir da lógica do artigo 7º, XXVI, da CF. O exercício do direito à negociação coletiva não pode autorizar o afastamento de Direitos Humanos e Fundamentais. Ademais, o artigo 611-A, § 2º da CLT, ao possibilitar que as negociações coletivas eliminem e reduzam direitos trabalhistas, mesmo sem o estabelecimento de contrapartidas recíprocas, distancia-se do princípio da melhoria da condição social do trabalhador albergado no artigo 7º, caput da CF.

O STF, ao dar nova redação ao tema 1046 em junho de 2022, determinando que a negociação coletiva pode trazer a limitação e a retirada de direitos constitucionais, mesmo sem contrapartidas, devendo respeitar somente aos "direitos absolutamente indisponíveis"[911], trouxe insegurança jurídica para a demarcação dos limitações da flexibilização. Essa obscuridade poderá facilitar a fixação de negociações mais precarizantes.

Nesse cenário, é preciso trazer uma interpretação ao tema 1046 que se alinhe aos Direitos Humanos e Fundamentais. Ora, a partir do momento em que o STF expressamente determinou que os acordos e as convenções coletivas deverão seguir o princípio da adequação setorial negociada, é possível aferir que as bases da negociação deverão trazer um padrão de direitos mais elevado que o estatuído pelas normas heterônomas e envolver somente parcelas revestidas de indisponibilidade relativa. Nessa perspectiva, o entendimento que emerge é o de que o termo "direitos absolutamente indisponíveis" precisa ser interpretado como um sinônimo de direitos revestidos de indisponibilidade absoluta, conforme propõe o princípio do patamar civilizatório mínimo que deve orientar a flexibilização.

Diante da fundamentalidade das normas de duração do trabalho e de sua estreita relação com as normas relativas à saúde e medicina do trabalho, a flexibilização facilitada do tempo do trabalho pela Lei nº 13.467/2017, além de afrontar o direito à saúde, distancia-se do Direito Constitucional

[911] BRASIL. STF. Disponievel em: https://www.stf.jus.br/portal/jurisprudenciaRepercussao/verAndamentoProcesso.asp?incidente=5415427&numeroProcesso=1121633&classeProcesso=ARE&numeroTema=1046.

e dos Direitos Humanos. Somado a isso, o tempo de trabalho não pode ser objeto de negociação bilateral. Mesmo na dimensão da negociação coletiva, precisa haver o respeito aos limites constitucionais, ao direito às horas extras e à saúde. Isso deve ser assim porque são normas revestidas de ordem pública e estruturadas a partir do fundamento da dignidade da pessoa humana.

O modelo de flexibilização da jornada engendrado pela Lei nº 13.467/2017 é inconstitucional, porque rompe com o princípio da proteção, a vedação ao retrocesso social (artigo 7º, caput da CF), a dignidade da pessoa humana (art. 1º, III, CF), a valorização do trabalho (artigos 1º, IV, 170 da CF), a isonomia (art. 5º, CF) e a justiça social que é um dos objetivos não somente da OIT, mas também da República Federativa do Brasil (art. 3º, I, CF). Portanto, a flexibilização forjada pela reforma trabalhista desvia-se dos Direitos Humanos e Constitucional, visto que ambos dialogam com as ideias de proteção ao trabalhador, de progressividade e de busca pela justiça social.

Ao examinar a racionalidade neoliberal que informou a Lei nº 13.467/2017 é possível aferir que o objetivo almejado pelo legislador foi permitir que a empresa mantenha sua competitividade diante do mercado globalizado. Com efeito, buscou inverter a lógica protetiva inerente ao Direito do Trabalho, transferindo os riscos do empreendimento ao empregado em franca ruptura ao princípio da alteridade. A flexibilização, assim, desvirtua-se e passa a ser instrumento da economia e do mercado, promovendo a intensificação da precarização do trabalho.

A reforma trabalhista se ajusta aos desideratos desse novo capitalismo estruturado sobre a flexibilidade e competitividade globalizada. Procura-se diluir o Direito do Trabalho para trazer maior facilidade de movimentação do empregador nas condições do contrato. Essa situação aprofunda o processo de precarização do trabalho, promovendo uma notável alteração no próprio eixo principiológico até mesmo do Estado Democrático de Direito, na medida em que o Direito do Trabalho é estruturado em torno da noção de justiça social.

Por conseguinte, a reforma trabalhista facilitou a prevalência dos interesses econômicos em detrimento dos direitos trabalhistas ao favorecer a transição do empregador pelas condições do contrato. Com efeito, a preponderância do negociado sobre o legislado oculta a subjugação do sindicato e a sujeição do trabalhador à racionalidade econômica.

A flexibilização da jornada concertada pela reforma leva a um enraizamento da lógica precarizante, mormente quando aplicada no contexto contemporâneo. Decerto, a Revolução 4.0 impacta a produtividade, visto que permite a otimização dos recursos, levando à ruptura das barreiras territoriais, auxiliando a integração das empresas nas cadeias mundiais produtivas e a conexão entre tecnologia de informação e produção. Essa conjuntura, imprime maior flexibilidade ao trabalho, ao mesmo tempo em que reconstrói a noção de espaço físico de trabalho.

Em relação à pandemia da Covid -19 cabem as seguintes considerações tecidas na pesquisa. Ela eclodiu como mais um fator de desterritorialização do trabalho, ao estimular o teletrabalho, o home office e os trabalhos em plataformas digitais. Essas inovações na forma de produção intensificam cada vez mais a jornada de trabalho. Esse novo desenho produtivo aliado à facilitação da flexibilização estabelecida pela Lei nº 13.467/2017 contribui, significativamente, para o aprofundamento da precarização.

Esse movimento impulsiona o crescimento dos trabalhadores informais que são alijados de qualquer proteção. Além disso, fragiliza o sindicato à proporção que a categoria profissional se encontra dispersa e difusa, dificultando a coesão das classes trabalhadoras, quebrando a representatividade e o poder sindicais.

A partir do resgate da centralidade do trabalho humano sugerida por Antunes, foi proposta uma reflexão sobre a Lei nº 13.467/2017, bem como sobre a construção de uma reforma trabalhista congruente com a etiologia do Direito do Trabalho e com os direitos humanos cujos principais motes são: a busca pela progressividade dos direitos sociais e a concretização da justiça social. Qualquer movimento contrário a isso, descentraliza o trabalho humano e favorece a precarização, aprofundando as desigualdades sociais sobretudo no Brasil que integra a periferia do capitalismo.

Ademais, foi apontado que a globalização, ao produzir fissuras nas ideias de Estado e de soberania, permitiria a constituição de um Direito transnacional disruptivo. Nesse sentido, um Direito do Trabalho mais global, bem como um Direito Sindical internacional permitiriam um resgate da centralidade do trabalho humano, colocando-se como mecanismos importantes no processo de modernização do Direito Laboral.

A tecnologia, que passou a integrar os processos produtivos, aliada à intensificação da informalidade e à desterritorialização do trabalho facilita a restrição de fruição dos direitos fundamentais do trabalho. Tal conclusão resulta da consideração do atual modelo protetivo que pressupõe o vínculo empregaticio. Essa situação aprofunda a necessidade de reflexão sobre os critérios utilizados para reconhecimento da subordinação, um dos requisitos necessários para configurar a situação jurídica de empregando e para, consequentemente, ter acesso aos direitos trabalhistas. Ora, para garantir a centralidade do trabalho humano desponta como primordial a expansão da rede protetiva trabalhista, sob pena de despojar grande parte dos trabalhadores do acesso aos Direitos Humanos e Fundamentais. Ademais, a primazia da negcoiação coletiva sobre o legislado exige a atuação sindical que não deve se circusncrever aos trabalhadores inseridos formalmente como empregados.

O Direito do Trabalho deve se impor com maior intensidade diante dessas mudanças nas formas de trabalho e na dinâmica organizacional da empresa. Com efeito, segundo Moraes "O papel do direito do trabalho, a função que representa, consiste exatamente em conciliar...aquela sociedade estabelecida com a nova sociedade adaptativa, que muda, se transforma, evolui, caminha, alterando profundamente as relações humanas..." [912]

Assim, é preciso reafirmar o Direito do Trabalho, considerando os seus objetivos, quais sejam: equilibrar as relações de trabalho e buscar a justiça social. Nesse sentido, a reforma trabalhista deveria se orientar pela extensão dos direitos fundamentais do trabalho a todos o que exercem trabalho. Um dos caminhos é a construção de um Direito Laboral Internacional.

Portanto, a partir da etiologia e das características do Direito Laboral é possível aferir que a reforma trabalhista é inconstitucional, pois o Estado, por meio do Poder Legislativo não se alinhou aos Direitos Fundamentais. Decerto, o aprofundamento das fontes autônomas, mediante a autorização de concertos bilaterais se afasta da característica atávica aos próprios direitos sociais. O Estado precisaria se engajar na realização da isonomia e não relegar as negociações à mercê das próprias partes.

Contemporaneamente, conforme a investigação realizada, foi verificada uma mudança significativa nas formas de produção, fato que exige uma releitura do Direito do Trabalho. Todavia, nesse processo de adaptação do Direito Laboral não há como se apartar dos Direitos Fundamentais. Nesse movimento de reconstrução do Direito do Trabalho é preciso promover o diálogo entre a racionalidade neoliberal x demandas do capitalismo e

[912] MORAES FILHO, Evaristo de. **Mudança social e direito do trabalho.** Op. cit. 19

os Direitos Humanos e fundamentais. A primazia do negociado sobre o legislado exige um empoderamento do sindicato, mediante alterações na legislação trabalhista e também a desconstrução dos discursos que proclamam a individualidade em detrimento da solidariedade.

Destarte, considerando a ideia de centralidade do trabalho humano, é essencial reconstruir o Direito Coletivo, fortalecendo o sindicato para que possa estabelecer negociações efetivas diante dessas novas formas de estruturadas na sociedade atual. As negociações a as flexibilizações devem ser orientadas pelos escopos do Direito do Trabalho que devem se manter incólumes diante do novo arranjo social. Portanto, a busca pelo equilíbrio da relação trabalhista e pela concretização da justiça social devem orientar qualquer alteração nas normas trabalhistas para que seja assegurada a civilidade da relação laboral.

Desta forma, foi possível verificar que a Lei nº 13.467/2017, ao aprofundar a flexibilização da jornada de trabalho mediante a prevalência do negociado sobre o legislado e, também, ao incentivar concertos bilaterais, desviou-se dos Direitos Humanos e Constitucionais. Igualmente, a investigação mostrou que a reforma trabalhista que irrompeu em 2017 procurou agilizar o processo de desconstrução do Direito do Trabalho, visto que trouxe a primazia das fontes autônomas em detrimento das heterônomas, sem promover alterações normativas que propiciassem o fortalecimento do sindicato. Essa conjuntura reforça a dinâmica da precarização do trabalho ao mesmo tempo em que afasta a centralidade do valor do trabalho humano.

REFERÊNCIAS

Abílio, **Ludmila Costhek . O futuro do trabalho é aqui: uberização, autogerenciamento subordinado e modos de vida periféricos.** Disponível em: https://revistarosa.com/4/o-futuro-do--trabalho-e-aqui. Acesso em: 09 set.2021

Abramo, Laís. **Uma década de promoção do trabalho decente no Brasil: uma estratégia de ação baseada no diálogo social.** Genebra: OIT, 2015. Disponível em: https://www.ilo.org/wcmsp5/groups/public/---americas/---ro-lima/---ilo-brasilia/documents/publication/wcms_467352.pdf. Acesso em: 14 fev.2021.

Acemoglu, Daron e Robinson, James. **The Narrow Corridor: States, Societies, and the Fate of Liberty**. New York: Penguin Publishers, 2019

Adamovich, Eduardo Henrique Raymundo Von. **O vetor constitucional da isonomia em tempos de coronavírus** In: Direito do Trabalho na crise da Covid-19. Org. Belmonte, Alexandre A. Martinez, Luciano e Maranhão, Ney. Salvador: Editora JusPodivm, 2020

Agamben, Giorgio. **Estado de exceção**. 2. ed. São Paulo: Boitempo, 2004

Aguiar, Maria Herika Ivo. **Flexibilização das leis trabalhistas. Alternativa à crise de desemprego no Brasil?.** Revista Jus Navigandi, Teresina, ano 19, n. 4182, 13 dez. 2014. Disponível em: <https://jus.com.br/artigos/31250>. Acesso em: 17 dez.21.

Alexy, Robert. **Teoria dos direitos fundamentais**. São Paulo: Malheiros, 2006

Althusser, Louis. **A ideologia e os aparelhos Ideológicos de Estado**. 3ª ed. Lisboa: Editorial Presença/Martins Fontes, 1980.

Amado, João Leal. **O Direito do Trabalho, a crise e a crise do Direito do Trabalho.** Disponível em: < file:///C:/Users/Rita/Downloads/237-Texto%20do%20artigo-708-1-10-20170606.pdf > Acesso em: 20 set.2018.

Amaral Neto, Francisco dos Santos. **A autonomia privada como princípio fundamental da ordem jurídica. Perspectivas estrutural e funcional**. Revista de informação legislativa: v.26, n.102. abr./jun. 1989. Disponível em: 2https://www2.senado.leg.br/bdsf/bitstream/handle/id/181930/000444811.pdf?sequence=1&isAllowed=y. Acesso em: 13.abr.2022

Antunes, Ricardo. **Adeus ao trabalho? Ensaio sobre a centralidade no mundo do trabalho**. 11ª ed. São Paulo: Cortez, 2006.

________. **A Nova Morfologia do Trabalho, as Formas Diferenciadas da Reestruturação Produtiva e da Informalidade no Brasil.** Disponível em: https://vlex.com.br/vid/morfologia-diferenciadas-informalidade-503502902. Acesso em: 12.abr.2021

________. **O privilégio da servidão: o novo proletariado de serviços na era digital**. São Paulo: Boitempo, 2018

________. **Os sentidos do trabalho: ensaios sobre a afirmação e a negação do trabalho**. 2. ed. São Paulo: Boitempo, 2009

________; ALVES, Giovanni. As mutações no mundo do trabalho na era da mundialização do capital. **Educ. Soc.**, Campinas, vol. 25, n. 87, p. 335-351, maio/ago. 2004

ARENDT, Hannah. **Origens do totalistarismo.**São Paulo: Cia das Letras. 1989

ARRUDA, Hélio Mário de; MENDONÇA, Carlos Vinícius Costa de. **Oliveira Vianna. Ideologia social autoritária.** Disponível em: < https://periodicos.ufes.br/agora/article/view/1893> Acesso em: 18.fev.2020.

BACHUR, João Paulo. O Estado de bem-estar em Hayek e Luhman. **Tempo Social, revista de sociologia da USP. São Paulo.** v. 25, n. 2., Nov/2013.pp. 101-121.p.109

BARCELLOS, Ana Paula de. **A eficácia jurídica dos princípios constitucionais: o princípio da dignidade da pessoa humana.** Rio de Janeiro: Renovar, 2002

BARROS, Alice Monteiro de. **Curso de Direito do Trabalho.**10 ed.São Paulo:LTr,2016.p.50

BARROSO, Luís Roberto **Direito Constitucional e a efetividade das normas**. 5. ed. Rio de Janeiro, Renovar, 2001

BECK, Ulrich. **O que é Globalização? Equívocos do Globalismo, respostas a Globalização.** São Paulo: Paz e Terra, 1999

BENEVIDES, Camila Martins dos Santos, CARVALHO, Luis Fernando Silva de e GUNTHER, Luiz Eduardo. **A reforma trabalhista de 2017 e a legislação trabalhista de emergência à luz da convenção 98 da Organizaçaõ Internacional do Trabalho (OIT).** Organização internacional do trabalho e direitos sociais. Coordenadores: Luiz Eduardo Gunther, Nelson Mannrich. Organizadores: Jouberto de Quadros Pessoa Cavalcante, Marco Antônio César Villatore. Curitiba: Instituto Memória. Centro de Estudos da Contemporaneidade, 2021.

BIAVASCHI, Magda Barros. In: KREIN, José Dari. **Debates contemporâneos economia social e do trabalho. As relações de trabalho na era do neoliberalismo no Brasil.**v.8. FAGNANI, Eduardo (org.). São Paulo: LTr, 2013

BITTAR, Eduardo C. B. **Democracia, justa e direitos humanos: estudos de teoria crítica e filosofia do direito**. São Paulo: Saraiva, 2011

BOBBIO, Norberto. **A era dos direitos**. Rio de Janeiro: Elsevier, 2004

BOBBIO, Norberto; MATTEUCCI, Nicola; PASQUINO, Gianfranco. **Dicionário de política I.** Tradução Carmen C. Varriale et al.; Coord. tradução João Ferreira; rev. geral João Ferreira e Luis Guerreiro Pinto Cacais. 11. ed. Brasília : Universidade de Brasília, 1998

BOLTANSKI, Luc; CHIAPELLO, Ève. **O novo espírito do capitalismo**. São Paulo: Martins Fonte, 2009

BONAVIDES, Paulo. **Curso de Direito constitucional**. São Paulo, Malheiros, 2008.

________. **Do Estado Liberal ao Estado Social**. 10ª ed. São Paulo: Malheiros, 2011

BORGES, Camila de Oliveira. **O diálogo social na França após sua reforma trabalhista.**In: O Direito do Trabalho em Evolução no Brasil e na França. Aspectos Atuais do Direito Material, Processual e Coletivo. Coords. MALLET, Estevão e SANTOS, Enoque Ribeiro dos Org. Barbosa, Felipe de Mello e Colnago, Lorena de Mello Rezende Colnago. Publicação OAB/ESA, 2020. Ebook.

BRAGHINI, Marcelo. **Contrato de Trabalho de Emergência em Tempos de Crise (COVID-19): Análise da Reconstrução do Constitucionalismo Social pela Perspectiva do STF e os Reflexos no Contencioso Trabalhista**. São Paulo: JH Mizuno, 2020

BRASIL. **ANAMATRA**. Disponível em: https://www.anamatra.org.br/attachments/article/27175/livreto_RT_Jornada_19_Conamat_site.pdf. Acesso em: 22 out.2020.

BRASIL. **Câmara Legislativa**. Disponível em: https://www2.camara.leg.br/legin/fed/decret/1900-1909/decreto-1637-5-janeiro-1907-582195-publicacaooriginal-104950-pl.html. Acesso em: 28 out.2021

BRASIL. **Código Civil.** Disponível em: http://www.planalto.gov.br/ccivil_03/constituicao/constituicao24.htm. Acesso em: 29.out.2020.

BRASIL. **Consolidação das Leis do Trabalho.** Disponível em: http://www.planalto.gov.br/ccivil_03/decreto-lei/del5452.htm. Acesso em 03 nov.2020

BRASIL. **Constituição Federal.** Disponível em: http://www.planalto.gov.br/ccivil_03/constituicao/constituicao.htm. Acesso em 05 nov.2020

BRASIL. **Constituição de 1946.** Disponível em: http://www.planalto.gov.br/ccivil_03/constituicao/constituicao37.htm. Acesso em: 20.out.2020.

BRASIL. **Constituição de 1937.**Disponível em: http://www.planalto.gov.br/ccivil_03/constituicao/constituicao37.htm. Acesso em: 20.out.2020.

BRASIL. **Ministério do Trabalho e Previdência.** Relatórios dos grupos de estudos temáticos do GAET (grupo de altos estudos do trabalho). Disponível em: https://www.gov.br/trabalho-e-previdencia/pt-br/noticias-e-conteudo/trabalho/2021/arquivos/nota-de-apresentacao-dos-relatorios-final.pdf. Acesso em: 21.fev.2022

BRASIL. **Ministério do Trabalho e previdência.** Disponível em: https://www.gov.br/trabalho-e-previdencia/pt-br/noticias-e-conteudo/trabalho/2021/novembro/governo-federal-e-cnt-se-reunem-para-conhecer-propostas-do-gaet. Acesso em: 21 jan.2022

BRASIL. **MP nº 927/2020.** Disponível em: http://www.planalto.gov.br/ccivil_03/_ato2019-2022/2020/mpv/mpv927.htm. Acesso em: 11nov.2020.

BRASIL. **Planalto.** Disponível em: http://www.planalto.gov.br/ccivil_03/decreto/antigos/d0979.htm. Acesso em: 28 out.2021

BRASIL. **OIT**. Disponível em: https://www.ilo.org/brasilia/convencoes/WCMS_236162/lang--pt/index.htm. Acesso em: 18 out.20.

BRASIL. **Supremo Tribunal Federal.** Disponível em: https://www.stf.jus.br/portal/jurisprudenciaRepercussao/verAndamentoProcesso.asp?incidente=5415427&numeroProcesso=1121633&classeProcesso=ARE&numeroTema=1046. Acesso em: 23jun.22.

BRASIL. **Tribunal Regional do Trabalho da 4ª Região.** Disponível em: https://trt-4.jusbrasil.com.br/jurisprudencia/20555508/recurso-ordinario-ro-8303620105040015-

-rs-0000830-3620105040015. Acesso em: 11nov.20.

BRASIL. **Tribunal Superior do Trabalho**. Disponível em: https://tst.jusbrasil.com.br/jurisprudencia/620226581/recurso-de-revista-rr-14209720165120041/inteiro-teor-620226603. Acesso em: 01.nov.20.

BRAVERMAN, Harry. **Trabalho e capital monopolista: a degradação do trabalho no século XX**. 3ª ed. Rio de janeiro: Editora Guanabara, 1987BROWN, Wendy. **Nas ruínas do neoliberalismo: a ascensão da política antidemocrática no ocidente**. São Paulo: Editora Politeia, 2019

BROWN, Wendi. **E agora, que o neoliberalismo está em ruínas?**In: DMT em debate: GAGO, Verónica. Trad.PAZ, Simone. Publicado 31.12.2020. Disponível em: https://www.dmtemdebate.com.br/e-agora-que-o-neoliberalismo-esta-em-ruinas-entrevista-com-wendy-brown/. Acesso em: 30 abr2021

__________. **Nas ruínas do neoliberalismo: a ascensão da política antidemocrática no ocidente**. São Paulo: Editora Politeia, 2019

BUENO, Roberto. A **centralidade do argumento neoliberal em Von Mises, Hayek e Frideman: uma via para a crítica política contemporânea**.In: Ciências Sociais Aplicadas em Revista – UNIOESTE/MCR – v. 12 – n. 23 – 2º sem. 2012 – p. 9 a 34

CANOTILHO, José Joaquim Gomes. **Direito Constitucional e Teoria da constituição.** 7ªed. Coimbra-Portugal: Almedina, 2003

CARBONNIER, Jean. **Flexible Droit. Pour une Sociologie du Droit sans Rigueur**. 10ª ed. Paris: EJA, 2001

CARD, David e KRUEGER, Alan. **Minimum Wages and Employment: A Case Study of the Fast-Food Industry in New Jersey and Pennsylvania**. In: The american economic review, VOL. 84 NO.4, september, 1994.

CARDOSO, Adalberto Moreira. **A década neoliberal e a crise dos sindicatos no Brasil**. 1ed.São Paulo: Boitempo editorial, 2003

CARLESSO, Luciano Arlindo. **O princípio da prevalência dos direitso humanos**. Brasília : ESMPU, 2019.

CASSAR, Vólia Bomfim. **Curso de Direito do Trabalho**. 11ª ed. São Paulo: Método, 2015

CASTEL, Robert. **As metamorfoses da questão social.** Petrópolis: Vozes, 1998.

CASTELLS, Manuel. **A sociedade em rede**.v.1. ed.2ª. São Paulo: Paz e Terra, 1999

CASTELO, Jorge Pinheiro. **O direito do trabalho líquido: o negociado sobre o legislado, a terceirização e o contrato de curto prazo na sociedade da modernidade líquida**. São Paulo: Ltr, 2017

CASULO, Ana Celeste, ALVES, Giovanni. **Precarização do trabalho e saúde mental: O Brasil da era neoliberal**. 1ªed. Bauru: projeto editorial práxis, 2018

CAVALCANTI, Lygia Maria de Godoy Batista. **A flexibilização do direito do trabalho no Brasil: desregulação ou regulação anética do mercado?** São Paulo: LTr, 2008

CAVALINI, Marta. **Semana de 4 dias de trabalho: entenda como funciona nas empresas que já adotaram.** Disponível em: https://g1.globo.com/economia/concursos-e-emprego/noticia/2021/07/08/semana-de-4-dias-de-trabalho-veja-como-funciona-nas-empresas-que-ja-adotaram.ghtml. Acesso em: 13 mai.2022

CECATO, Maria Áurea Baroni. **Direitos humanos do trabalhador: para além do paradigma da declaração de 1998 da O.I.T.**In: SILVEIRA, Rosa Maria Godoy Et.Al (orgs.)Educação em Direitos Humanos: fundamentos teórico-metodológicos. João Pessoa: Editora universitária, 2007. P. 351-371

CERQUEIRA, Jackson B. A. de.**Uma visão do neoliberalismo: surgimento, atuação e perspectivas**. In: Sitientibus. Feira de Santana. n. 39. p.169-189. jul./dez. 2008.

CESARINO JUNIOR, Antônio F.**Direito social brasileiro**. 2ª ed. 1º v. São Paulo: livraria Martins, 1943

CHAUÍ, Marilena. **Considerações sobre a democracia e os obstáculos à sua concretização**. In: TEIXEIRA, Ana Cláudia Chaves (org). Os sentidos da democracia e da participação. São Paulo: instituto Pólis, 2005p. 23-30.

CHEVALLIER, Jaques. **Estado Pós-Moderno e Crise**. Belo Horizonte: Editora Fórum, 2009

CHIARELLI, Carlos Alberto**. O Trabalho e o sindicato: evolução e desafios** LTr, 2005

COIMBRA, Rodrigo. **Fundamentos e evolução da limitação constitucional da duração do tempo de trabalho no brasil**. In: E-Pública, revista eletrônica. Vol. 3 No. 1,Coimbra. Abril 2016. p. 184-206

COLOMBI, Ana Paula Fregnani; KREIN, José Dari. **A reforma trabalhista em foco: desconstrução da proteção social em tempos de neoliberalismo autoritário**. Disponível em: https://www.scielo.br/j/es/a/X9zPP8bXjjvTHTXK4wYqszk/?lang=pt. Acesso em: 30 jul.2021

COMPARATO, Fábio Konder. **Afirmação histórica dos direitos humanos**.10ºed. São Paulo: Saraiva, 2015

CONEXÃO TRABALHO: *Gerência Executiva de Relações do Trabalho*. **STF: Validade do desconto da contribuição sindical está condicionada a autorização individual e expressa do empregado.In: Conexão trabalho.** Disponível em: https://conexaotrabalho.portaldaindustria.com.br/noticias/detalhe/sindical/2geral/stf-validade-do-desconto-da-contribuicao-sindical-esta-condicionada-autorizacao-individual-e-expressa-do-empregado/#:~:text=Sindical%20Geral-,STF%3A%20Validade%20do%20desconto%20da%20contribui%C3%A7%C3%A3o%20sindical%20est%C3%A1%20condicionada%20a,individual%20e%20expressa%20do%20empregadoAcesso em: 28 jun.2022

CREPALDI, Joaquim Donizete. **O princípio de proteção e a flexibilização das normas do direito do trabalho**. São Paulo: Ltr, 2003

CUEVA, Mário de la. **El nuevo derecho mexicano del trabajo**. 4ªed. México: Editorial Porrua S/A, 1977

DALLARI, Dalmo de Abreu. **Elementos de teoria geral do Estado**. 2ª ed.São Paulo: Saraiva, 1998

________. **O futuro do Estado.** São Paulo: Saraiva, 1972

DAL ROSSO, Sadi de. **Mais trabalho! A intensificação do labor na sociedade contemporânea**. São Paulo: Boitempo Editorial, 2008

________. **O ardil da flexibilidade: os trabalhadores e a teoria do valor**. São Paulo: Boitempo, 2017.

DARDOT, Pièrre; LAVAL, Christian.**A nova razão do mundo: ensaio sobre a sociedade neoliberal**. São Paulo: Boitempo, 2016

DATHEIN, Ricardo. **Inovação e Revoluções Industriais: uma apresentação**

das mudanças tecnológicas determinantes nos séculos XVIII e XIX. Disponível em: https://lume-re-demonstracao.ufrgs.br/artnoveau/docs/revolucao.pdf. Acesso em: 23.jun.2022.

DEJOURS, Christophe. **A loucura do trabalho: estudo de Psicopatologia do Trabalho**. 5ª ed.São Paulo: Cortez-Oboré, 1992

DELGADO, Maurício Godinho. **Curso de direito do trabalho**.16 ed. São Paulo: LTr, 2017.

________; DELGADO, Gabriela Neves. **A reforma trabalhista no Brasil com os comentários da lei 13467/2017**.1ª ed. São Paulo: LTr, 2017

DE MASI, Domenico. **O ócio criativo**. 2.ed. Rio de Janeiro: Sextante, 2000

DIAS, Antônio Carlos. **A história das organizações sindicais**. Disponível em: https://www.arcos.org.br/artigos/a-historia-das-organizacoes-sindicais/. Acesso em: 20.abr.2021

DIAS, Everardo. **História das lutas sociais no Brasil**. 2. ed. São Paulo: Alfa Ômega, 1977

DOWBOR, Ladislau. **O capitalismo se desloca: novas arquiteturas sociais**. São Paulo: Edições Sesc, 2020

________. **O que acontece com o trabalho?** 3ªED. São Paulo, 200

DRUCK, Graça. **A precarização social do trabalho no Brasil: alguns indicadores**. In ANTUNES, Ricardo.(org.).Riqueza e Miséria do Trabalho no Brasil II. São Paulo: Boitempo, 2013

DURAN, Paul. **Traité de droit du travail**.v.3.Paris: Dalloz, 1947

DUTRA, Renata Queiroz e LIMA, Renata Santana. **Relações de Trabalho, Reformas Neoliberais e a Pandemia do Covid-19: as Políticas para o Trabalho no Epicentro da Estratégia de Saúde Coletiva**. In: Revista de Direito Público. Brasília, V. 17, n. 94, 465-492, jul./ago. 2020

EYDOUX, Anne. **Une société d'outsiders**. Disponível em: https://www.teseopress.com/lemondedescollectifs/chapter/une-societe-doutsiders-anne-eydoux/. Acesso em: 22.jan.2022

FARES, Lygia Sabbag. **A flexibilização é ruim para os trabalhadores em geral e ainda mais perversa para as mulheres, diz economista.** (entrevista concedida a Paula Quental. Brasil debate. Set/2020. Disponível em: https://brasildebate.com.br/a-flexibilizacao-e-ruim-para-todos-os-trabalhadores-e-ainda-mais-perversa-para-as-mulheres-diz-economista/. Acesso em: 09.abr.2021FERRAJOLI, Luigi. **A soberania no mundo moderno**. São Paulo: Martins Fontes, 2002.

FERRAJOLI, Luigi. **Constitucionalismo garantista e neoconstitucionalismo**. Trad. de André Karam Trindade. In: Academia brasileira de direito Constitucional: Anais do IX Simpósio Nacional de Direito Constitucional

FERREIRA, Antônio Casimiro. **Sociedade da austeridade e Direito do Trabalho de exceção**. Porto: Vida econômica, 2012

FIGUEIREDO, Tatiana Silva Poggi de. **Do liberalismo ao neoliberalismo:as influências do ideário liberal na conformação da Escola de Chicago**. Disponível em: https://www.eco.unicamp.br/images/arquivos/artigos/LEP/L15/04%20Tatiana%20Figueiredo.pdf. Acesso em: 15.mar.2020.

FLORES, Joaquín Herrera. **A (re) invenção dos direitos humanos**. Florianópolis:Fundação Boiteux, 2009

________. **Los derechos humanos como productos culturales: criticas del humanismo abstracto**. Madri: catarata, 2005

FONSECA, Francisco. Impactos do neoliberalismo ao estado de bem-estar e à democracia: Uma análise conceitual e empírica. **GIGAPP Estudios Working Papers.** Vol. 6. Núm. 117, 2019.pp. 114-130

FOUCAULT, Michel. **Nascimento da biopolítica**. São Paulo: Martins Fontes, 2008

FRANÇA. **Legifrance**.Disponível em: https://www.legifrance.gouv.fr/codes/texte_lc/LEGITEXT000006072050/. Acesso em: 22.jan.2022

FREDIANI, Yone e NAHAS, Thereza C. **Limites da negociação individual em tempos de coronavírus.** IN: Direito do Trabalho na crise da Covid-19. Org. Belmonte, Alexandre A. Martinez, Luciano e Maranhão, Ney. Salvador: Editora JusPodivm, 2020

FRETEL, Anne. **Réformes du marché du travail : que disent les « exemples » étrangers?. Disponível em:**https://www.cairn.info/revue-chronique-internationale-de-l-ires-2016-3-page-3.htm. Acesso em: 13 abr.2022

FRIEDMAN, Milton. **Capitalismo e liberdade**. São Paulo: Ltc, 2014

GALLART FOLCH, Alejandro. **El sindicalismo como fenómeno social y como problema jurídico**. Buenos Aires: Zavalia , 1957

GALVÃO, Andreia. **Neoliberalismo e Reforma Trabalhista no Brasil**. Tese de Doutorado, Campinas: UNICAMP, 2003.

________.et al.**Dossiê reforma trabalhista**. Campinas, Cesit/ie/Unicamp. Disponível em http://www.cesit.net.br/dossie-reforma-trabalhista/. Acesso em:14 ago.2021

________. et al; **Reforma trabalhista: precarização do trabalho e os desafios para o sindicalismo**. Disponível em: https://www.scielo.br/j/ccrh/a/mmnFbTSWxvFnP7n8LPnxnCz/?lang=pt&format=pdf. Acesso em: 09.jul.2021

________. **Reforma Trabalhista: 7 efeitos e perspectivas para os sindicatos**. In: KREIN, José Dari et al (org). Reforma trabalhista no Brasil: promessas e realidades. Campinas: Remir trabalho, 2019.

________ e VARELA, Paula. **Sindicalismo e direitos.** In: Politeia: História e Sociedade. Vitória da Conquista, v. 11.p. 241-257 jan.-jun. 2011GOUNET, Thomas. **Fordismo e toyotismo na civilização do automóvel**. São Paulo: Boitempo, 1999

GAULEJAC, Vincent. **Gestão como doença social: ideologia, poder gerencialista e fragmentação social.** 3ª ed. São Paulo: Ideias e letras, 2005

GHAI, Dharan. Travail décent: concept et indicateurs. **Revue Internationale du Travail**. Genève, v. 142, n. 2, p. 121-157, 2003

GOLDSCHMIDT, Rodrigo. **Flexibilização dos direitos trabalhistas**. São Paulo: LTR, 2009

________.**Flexibilização dos direitos trabalhistas: ações afirmativas da dignidade da pessoa humana como forma de resistência**. Florianópolis: UFSC, 2008. Disponível em: <https://repositorio.ufsc.br/bitstream/handle/123456789/91866/252613.pdf?sequence=1&isAllowed=y >. Acesso em: 08 jan.2020.

________ e FINCO, Suzane. **A flexibilização das normas trabalhistas sob uma perspectiva constitucional.** Disponível em: https://repositorio.ufsc.br/. Acesso em: 29 nov.2021

GOMES, Orlando; GOTTSHALK, Elson. **Curso de Direito do Trabalho**. 16ª ed. Rio de Janeiro: Forense, 2004

GOSDAL, Thereza Cristina. **Dignidade do trabalhador: um conceito construído**

sob o paradigma do trabalho decente e de honra. Tese de doutorado. Universidade Federal do Paraná, 2006.

Gramsci, Antônio. **Concepção Dialética da História**. Rio de Janeiro: Civilização Brasileira, 1978

Häberle, Peter **El Estado constitucional. Estudio introductorio Diego Valadés**. Traducción e índices Héctor Fix-Fierro. México: Universidad Autônoma de México, 2003. Disponível em: Acesso em: 03.mai.2021

Harvey, David. **O neoliberalismo: história e implicações.** São Paulo: Loyola. 2008

Hayek, Friedrich August von. **Direito, legislação e liberdade: uma nova formulação dos princípios liberais de justiça *e* economia política**. V. I e II.São Paulo: Visão, 1985.

________. **O caminho da servidão**. 6ª ed. São Paulo: Instituto Ludwig Von Mises Brasil

Hesse, Korand. **A força normativa da Constituição Federal**. Trad. Gilmar Ferreira Mendes. Porto Alegre: Fabris editor, 1991

Honneth, Alex. ***A Luta pelo reconhecimento – para uma gramática moral dos conflitos sociais.*** 1 ed. São Paulo: Edições 34, 2011

Ianni, Octávio. **A era do globalismo**. Rio de Janeiro: Civilização Brasileira. 2004

Jakobsen, Kjeld A; Santos, Artur Henrique S. **O trabalho nas atuais transformações da globalização capitalista**. In:Oliveira, Dalila Andrade e Pochmann, Márcio (orgs). A devastação do trabalho: a classe do labor na crise da pandemia.Brasília : Gráfica e Editora Positiva, 2020

Javillier, Jean Claude. **Manual de direito do trabalho**. Trad. Rita Asdine Bozaciyan. São Paulo, LTR, 1988.p.19

Jessop, Bob. **A globalização e o Estado nacional.** Disponível em: https://www.ifch.unicamp.br/criticamarxista/arquivos_biblioteca/artigo39Artigo1.pdf. Acesso em: 20.mar.2021

JOURNAL DU NET. **Droit à la déconnexion: ce que dit le Code du travail.**Disponível em: https://www.journaldunet.fr/management/guide-du-management/1201613-droit-a-la-deconnexion-code-du-travail-loi/#:~:text=Droit%20%C3%A0%20la%20d%C3%A9connexion%20dans%20le%20Code%20du%20-Travail,-La%20loi%20El&text=Pas%20plus%20que%20le%20Code,du%20droit%20%C3%A0%20la%20d%C3%A9connexion. Aceso em: 23. Set.2021

Kalil, Renan Bernardi. **Desvelar para proteger**. In: Revista rosa. Disponível em: https://revistarosa.com/4/desvelar-para-proteger. Acesso em: 09 set.2021

Knapik, Márcia Carneiro. **O Trabalho Humano: das sociedades comunais ao modo de produção feudal.** Caderno 2 da série "História Social do Trabalho". 2ª edição. Curitiba. 2005.Disponível em: < http://www.cefuria.org.br/files/2012/08/cartilha2.pdf>. Acesso em: 03 nov.2020.

Kant, Immanuel. **Metafísica dos Costumes**.Petrópolis, RJ: Vozes; Bragança Paulista, SP: Editora Universitária São Francisco, 2013

Kemmelmeier, Carolina Spack; SANTOS, Ronaldo Lima dos. **A saúde do trabalhador no âmbito da organização internacional do trabalho**. Disponível em: https://www.academia.edu/41775070/A_SA%C3%9ADE_DO_TRABALHADOR_NO_%C3%82MBITO_DA_

ORGANIZA%C3%87%C3%83O_INTERNACIONAL_DO_TRABALHO. Acesso em: 27abr.2021.

KREIN, José Dari. **Debates Contemporâneos Economia Social e do Trabalho: As relações de trabalho na era do neoliberalismo no Brasil**. São Paulo: LTr, 2013

________.O desmonte dos direitos, as novas configurações do trabalho e o esvaziamento da ação coletiva Consequências da reforma trabalhista. **Tempo Social, revista de sociologia da USP**. São Paulo. v. 30, n. 1 p. 107-104.

________;BIAVASCHI, Magda de Barros; **Brasil: os movimentos contraditórios da regulação do trabalho dos anos 2000** Cuadernos del CENDES. Universidad Central de Venezuela Caracas, Venezuela, vol. 32, núm. 89, maio-agosto, 2015, pp. 47-82. Disponível em: https://www.redalyc.org/articulo.oa?id=40344216004. Acesso e: 12.set.2020

________; OLIVEIRA, Roberto Véras de. **Os impactos da Reforma nas condições de trabalho. In: Reforma Trabalhista no Brasil: promessas e realidade**. Org: José Dari Krein, Roberto Véras de Oliveira, Vitor Araújo Filgueiras. Campinas: Curt Nimuendajú, 2019.

KRELL, Andreas. **Direitos sociais e o controle judicial no Brasil e na Alemanha: os (descaminhos) de um direito constitucional "comparado"**. Porto Alegre: Sergio Antônio Fabris, 2002

LAFER, Celso. **A reconstrução dos direitos humanos: a contribuição de Hannah Arendt**. Disponível em: https://www.scielo.br/j/ea/a/9Sr35XjVCx9L7Ws7QypPMrG/?lang=pt&format=pdf. Acesso em: 12 set.2021

LEITE, Carlos Henrique Bezerra. **Curso de Direito do Trabalho**. 9ª. ed. Curitiba: Juruá, 2018.p.728

LEVY, Pièrre. **O que é o virtual**. São Paulo: Ed. 34

LIMA, Liliane de. **Semana de 4 dias úteis: veja os países que já adotaram – e quais as chances de isso acontecer no Brasil.** Disponível em: https://www.seudinheiro.com/2022/empresas/semana-de-4-dias-uteis-quais-paises--empresas-adotaram-brasil-lils/. Acesso em: 13 mai.2022

LIMA, Vanderlei Schneider. **A dinâmica do processo de flexibilização do direito do trabalho nas últimas décadas: a ciranda nas esferas do poder**. Tese de doutorado. Ciências sociais aplicadas Universidade Estadual de Ponta Grossa, 2017

LUXEMBURGO, Rosa. **Greve de massas, partido e sindicato**. 1ª ed. São Paulo: kairós livraria e editora, 1979

MAGANO, Octávio Bueno. **Discurso do Professor Octávio Bueno Magano**. Disponível em: https://core.ac.uk/download/pdf/268355698.pdf. Acesso em: 22 mar.22

________. **O direito do trabalho em face da nova Constituição**. Revista LTr. São Paulo, v.52, n. 93, mar.1988

MANUS, Pedro Paulo Teixeira. **Negociação coletiva de contrato individual de trabalho**. São Paulo: Atlas, 2001

MARCELINO, Paula; GALVÃO, Andreia. **O sindicalismo brasileiro diante da ofensiva neoliberal restauradora**. Tempo Social, revista de sociologia da USP. São Paulo.v. 32, n. 1. Jan/abr, 2020. pp. 157-182.

MARTIN, Andréia Garcia e ZACHEO, César Augusto. **Uma análise sobre as reformas de flexibilização trabalhista à luz da eficácia horizontal dos direitos fundamentais.** In: Rev. do Dep. de Dir. do Trab. e da Seg. Soc., São Paulo v. 10 pp.185 – 209 jan./dez. 2019

MARTINEZ, Luciano. **Condutas antissindicais**. São Paulo: Saraiva, 2013

________. **Curso de direito do trabalho: relações individuais, sindicais e coletivas do trabalho**. 7ª. ed. – São Paulo: Saraiva, 2016.

MARTINS, Sergio Pinto. **Direito do Trabalho**. 28ªed. São Paulo: Atlas, 2012

________. **Flexibilização das condições de trabalho**. 4. ed. São Paulo: Atlas, 2009

MARUANI, Margaret et al. **La flexibilité en Italie / Débats sur l'emploi.** Paris, Syros/Alternative, 1989

MARX, Karl e ENGELS, Friedrich. **Manifesto comunista**. Org. de Osvaldo Coggiola. 4a reimpressão. São Paulo: Boitempo, 2005

MASSONI, Túlio de Oliveira. **Representatividade Sindical**. São Paulo: LTr, 2007

MEDEIRQS, Ricardo. **Flexibilização e Modernidade: Vetores da Enfermidade Social**. In: RÜDIGER, Dorothee Susanne (Coord.). Tendências do Direito do Trabalho para o Século XXI. Globalização, Descentralização Produtiva e Novo Contratualismo. São Paulo: LTr, 1999

MELLER, Fernanda. **A flexibilização das normas trabalhistas como uma tendência atual e a integridade do trabalhador como aspecto fundamental da personalidade**. Disponível em< http://www.r2learning.com.br/_site/artigos/curso_oab_concurso_artigo_798_A_flexibilizacao_das_normas_trabalhistas>. Acesso em: 27.dez.2021

MELLO FILHO, Luiz Philippe Vieira de e DUTRA, Renata Queiroz. **Desafios da tutela do trabalho no contexto da pandemia: desconstitucionalização, despublicização e desproteção**. In: A devastação do trabalho: a classe do labor na crise da pandemia. OLIVEIRA, Dalila Andrade e POCHMANN, Márcio (orgs. Brasília : Gráfica e Editora Positiva : CNTE – Confederação Nacional dos Trabalhadores em Educação e Grupo de Estudos sobre Política Educacional e Trabalho Docente, 2020

MÉSZAROS, István. **O poder da ideologia**. São Paulo: Ensaio, 1996.

MISES, Ludwing. **Liberalismo: segundo a tradição clássica**. 2ª ed.São Paulo: Instituto Ludwig von Mises Brasil, 2010.

MORAES, Evaristo. **Apontamentos de Direito operário**. 3ª ed. São Paulo: Ltr.19. **A natureza jurídica do Direito do trabalho**. Rio de Janeiro:1954

MORAES FILHO, Evaristo. **Direito do Trabalho e mudança social**. Rio de janeiro: Serviço de documentação do MTIC, 1958

________. **Direito do Trabalho no Estado de Direito.** Discurso proferido na VII Conferencia Nacional da Ordem dos Advogados do Brasil. Curitiba, 1978

________. **Estudos de Direito do trabalho**. São Paulo: LTR, 1971

________. **Justiça social e direito do trabalho**. Conferência Nacional do OAB. Florianópolis, 1982

________.**O problema do sindicato único no Brasil.** Rio de janeiro, 1952

________.**Tendências do direito coletivo do trabalho**.Disponível em: https://bvemf.files.wordpress.com/2014/08/tendencias_do_direito_coletivo_do_trabalho.pdf. Acesso em: 18.jun.2021

________.**Tratado elementar de direito do trabalho**.V.1. São Paulo: Livraria Freitas Bastos, 1960.

________; MORAES, Antônio Carlos Flores de. **Introdução ao direito do trabalho**. 11. ed.São Paulo : LTr, 2014

MORAES, Reginaldo;POCHMANN, Márcio. **Capitalismo, classe trabalhadora e luta política no início do século XXI:**

experiencias no Brasil, Estados Unidos, Inglaterra e França. São Paulo: Fundação Perseu Abramo, 2017

MOSSI, Thays Wolfarth;ROSENFIELD, Cinara. **Trabalho decente no capitalismo contemporâneo: dignidade e reconhecimento no microtrabalho por plataformas.** Disponível em: https://doi.org/10.1590/s0102-6992-202035030004. Acesso em; 17jun.2020

NAÇÕES UNIDAS BRASIL. **OIT adiciona segurança e saúde aos direitos fundamentais no trabalho**
Disponível em: https://brasil.un.org/pt-br/186004-oit-adiciona-seguranca-e-saude-aos-direitos-fundamentais-no-trabalho, Acesso em: 28 jun.2022

NASCIMENTO, Amauri Mascaro.**Curso de Direito do Trabalho**. 20. ed. São Paulo: LTr, 1997

________.**Curso de Direito do Trabalho: história e teoria geral do Direito do Trabalho; relações individuais e coletivas do trabalho**. 15. ed. São Paulo: Saraiva, 1998

________.**Compêndio de Direito Sindical**.7ªed.São Paulo: Ltr, 2012.

________; NASCIMENTO, Sônia Mascaro. **Curso de Direito do Trabalho**. 29ªed. São Paulo: Saraiva, 2014

NICOLADELI, Sandro Lunard. **A ambiência sócio-política dos "altos estudos" do GAET**. In: LIMA, Francisco Gérson Marques de (org). Direito do Trabalho em xeque: Contraponto às propostas de nova reforma trabalhista. Fortaleza: Grupe, 2021.

NORONHA, Eduardo Garuti. **O modelo legislado de relações de trabalho e seus espaços normativos**. Tese Doutorado em Ciências Sociais da Faculdade de Filosofia, Letras e Ciências Humanas, Universidade de São Paulo, São Paulo, 1998

NUNES, Rizzatto. **Manual de Introdução ao Estudo do Direito**. 14. ed.São Paulo : Saraiva, 2017

OLIVEIRA, Paulo Eduardo Vieira de. **Direito do trabalho e cidadania**. Disponível em: http://www.portal.anchieta.br/revistas-e-livros/direito/pdf/direito14_4.pdf. Acesso em: 15 mai.2022.

________. **O Direito do Trabalho no Estado Democrático de Direito**. Belo Horizonte: Editora Dialética, 2020

OLIVEIRA, Sebastião Geraldo de. **Proteção jurídica à saúde do trabalhador**. 6. ed. São Paulo: LTr, 2011

OLIVEIRA NETO, Alberto Emiliano de. **Contribuições sindicais: Modalidades de Financiamento Sindical e o Princípio da Liberdade Sindical- de acordo com a Lei n. 13.467/17**. 2ª ed. São Paulo: Ltr, 2019

ORGAZ, Cristina J. Orgaz. **O experimento na Espanha para reduzir jornadas de trabalho a 4 dias por semana.** Disponível em: https://www1.folha.uol.com.br/mercado/2021/05/o-experimento-na-espanha-para-reduzir-jornadas-de-trabalho-a-4-dias-por-semana.shtml?utm_source=mail&utm_medium=social&utm_campaign=compmail. Acesso em: 03 mai.2021

PAIM, Paulo. **Especialistas apontam muitos desafios para a classe trabalhadora neste 1º de Maio.** Entrevista concedida a Agência Senado. Senado Notícias. 30,abr,2021. Disponível em: https://www12.senado.leg.br/noticias/materias/2021/04/30/especialistas-apontam-muitos-desafios-para-a-classe-trabalhadora-neste-1o-de-maio. Acesso em: 13 mai.21

PAMPLONA FILHO, Rodolfo. **Pluralidade sindical e democracia**.2ª ed. São Paulo: LTr, 2013

PANDEY, Ashutosh. **Islândia melhora produtividade com jornada de quatro dias**. In: DW, 06.07. 2021.Disponivel em: https://www.dw.com/pt-br/isl%C3%A2ndia-melhora-produtividade-com-jornada-de-quatro-dias/a-58178823. Acesso em: 25 ago.2020.

PARRAS, Henrique Zoqui M. Destituição e criação: o direito à enunciação: resenha do livro os sentidos da democracia: politicas do dissenso e hegemonia global de Francisco de Oliveira e Maria Célia Paoli (orgs.).**Revista Plural- Sociologia USP**. São Paulo. 1º sem,2000.p.131-136

PAULANI, Leda Maria. **Neoliberalismo e Retórica: o capítulo brasileiro**. Disponível em: < http://www.anpec.org.br/encontro2004/artigos/A04A015.pdf>Acesso em: 26 set.2019.

PEREIRA, Leone. **Direito do Trabalho: Coleção Elementos do Direito**; V. 9. 4.ed. São Paulo: Revista dos Tribunais. 2014

PIOVESAN, Flávia. **Direito constitucional módulo V: Direitos humanos e direito constitucional internacional**. EMAGIS: TRF4, 2006PLÁ RODRIGUEZ, Américo. **Princípios de direito do trabalho**. 3. ed. São Paulo: LTr, 2000

________. **Direitos humanos e o direito constitucional internacional**. 13ªed. São Paulo: Saraiva, 2012.

POCHMANN, Márcio. Estremecimento do trabalho no Brasil. **Revista Labor**.v. 23, N. XX DOI: https://doi.org/10.29148/revista%20labor.v1i23.44481.p. 35-54

________. **Mal-estar ainda predomina no trabalho**. Folha de São Paulo, São Paulo, 24 mar. 2002. Especial 8. Disponível em: Acesso em: 15 set.2021

________. **Mundo do trabalho e organização dos trabalhadores**. In: Brasil: incertezas e submissão? São Paulo: Fundação Perseu Abramo, 2019

________.**Os trabalhadores na regressão neoliberal**. In: A devastação do trabalho: a classe do labor na crise da pandemia. OLIVEIRA, Dalila Andrade e POCHMANN, Márcio (orgs. Brasília : Gráfica e Editora Positiva : CNTE – Confederação Nacional dos Trabalhadores em Educação e Grupo de Estudos sobre Política Educacional e Trabalho Docente, 2020.

________. **Proteção social na periferia do capitalismo: considerações sobre o Brasil.** Disponível em: < https://www.scielo.br/j/spp/a/w7TFW3zmWHPwPQrQ4fZbbhh/?format=pdf&lang=pt> Acesso em: 26.set.2020.

POLANYI, Karl; **A grande transformação: as origens de nossa época**. 2ª ed. São Paulo: Campus, 2000

PORTA, Jérôme . Le droit du travail en changement: Essai d'interprétations**. Travail et Emploi.** nº158,2019.p.95-132

PORTO, Roberta Guasti;CARVALHO NETO, Antônio. **O esvaziamento da noção do ser coletivo e a reação sindical no Brasil do século XXI**. Disponível em: http://www.anpad.org.br/admin/pdf/EnGPR224.pdf. Acesso em: 14 nov.2021

PRIEB, Sérgio. **A classe trabalhadora diante da Terceira Revolução Industrial**. Disponível em: https://www.unicamp.br/cemarx/anais_v_coloquio_arquivos/arquivos/comunicacoes/gt4/sessao1/Sergio_Prieb.pdf. Acesso em: 23 jun.2022.

RAMOS, Adirson Antônio Glório de**. Coronavírus como fato legitimador da flexibilização de regras fundamentais sociais do trabalho.** In: A ressignificação do Direito a partir da pandemia do novo coronavírus. Revista online Fadivale, Governador Valadares, Edição Especial, 2020.p.01-15

RAMOS FILHO, Wilson. **Direito Capitalista do Trabalho. Uma crítica ao**

modelo de relações de trabalho no Brasil. Prelo, 2011

RAYMOND, Gregory. **Droit du travail : les clés pour comprendre la réforme Macron.** In: Capital. Pulicado em 19.mai.2017. Disponível em: https://www.capital.fr/economie-politique/droit-du-travail-les-cles-pour-comprendre-la-reforme-macron-1228681. Acesso em 23.ago.2021

RESENDE, Ricardo. **Direito do trabalho esquematizado.** 6ª ed. Rio de Janeiro: Forense: São Paulo: Método, 2016

RIGHETO, Thainara Stefany Haeck. A (in) constitucionalidade do novo modelo de supremacia do negociado sobre o legislado: reforma trabalhista e direitos fundamentais dos trabalhadores. **Revista do Departamento de Direito do trabalho e Seguridade Social.**São Paulo v. 10 p. 11 – 36 jan./dez. 2019

RIPERT, George. **O regime democrático e o direito civil moderno**. São Paulo: Saraiva, 1937

ROBERT, Alexy. **Teoria dos direitos fundamentais.** Trad. Virgílio Afonso da Silva. SP: Malheiros, 2008 (p. 31, capítulo 1

ROBORTELLA, Luiz Carlos A. **O moderno Direito do Trabalho**. São Paulo.: LTR, 1997.

________;PERES, Antônio Galvão. **Interpretação jurídica em tempos de pandemia.** In: Direito do Trabalho na crise da Covid-19. Org. Belmonte, Alexandre A. Martinez, Luciano e Maranhão, Ney. Salvador: Editora JusPodivm, 2020

RODRIGUEZ, Américo Plá. **Princípios do Direito do Trabalho.**3ª ed. São Paulo: Ltr, 2000.

RODRIGUES, Leôncio Martins. **Partidos e sindicatos**. São Paulo: Ática. 1990.

ROMAGNOLI, Umberrto. **Il diritto del lavoro, tra visione strumentale e nuove fronteire.** Disponível em: https://www.editricesocialmente.it/allegati/2_intervista-ERE-6-Umberto-Romagnoli.pdf. Acesso em: 23 ago.2021

________.**Ragionevoli utopie: cultura giuridica dela lavoro e cittadinanza sociale. Intervista di Giovanni Cazzetta.** Quaderni Fiorentini: per la storia del pensiero giuridico moderno.: Giuffre editore, 2017

ROMANO, Santi. **O Ordenamento jurídico**. Tradução por: Arno Dal Ri Júnior. Fundação Boiteux: Florianópolis, 2008

ROMITA, Arion Sayão. **A matriz ideológica da CLT**.Disponível em: https://andt.org.br/wp-content/uploads/2021/04/A_MATRIZ_IDEOLOGICA_DA_CLT1.pdf. Acesso em: 30.set.2021

________. **Arbitragem – Conciliação – Mediação nos conflitos coletivos trabalhistas.** São Paulo LTr, 2004

________. **Direitos fundamentais nas relações de trabalho**. 5. ed. São Paulo: LTr, 2013

________. **Subordinação no contrato de trabalho**. 1ªed. Rio de janeiro: Forense, 1979.

ROSENFIELD, Cinara L e PAULI, Jandir. Para além da dicotomia entre trabalho decente e trabalho digno: reconhecimento e direitos humanos. **Caderno CRH**. v.25.Maio/agosto, 2012

SAMPAIO, Plinio de Arruda. **Participação popular**. In: Os sentidos da democracia e da participação. São Paulo: Instituto Polis, julho de 2004

SANTOS, Adelson Silva dos. **Fundamentos do direito ambiental do trabalho**. São Paulo: Ltr, 2010.p.

SANTOS, Boaventura de Sousa. **Os processos da globalização**. Disponível em: https://www.eurozine.com/os-processos-da-globalizacao/?pdf. Acesso em: 10.abr.2021.

SANTOS, Enoque Ribeiro dos. **O direito coletivo do trabalho em tempos de coronavirus**. GenJurídico, São Paulo, 18 mar. 2020. Disponível em: http://genjuridico.com.br/2020/03/18/direito-coletivo-do-trabalho-coronavirus/. Acesso em: 27.jun.2021

SANTOS, J.A.B. et al. **Cidadania, trabalho e direitos humanos: Breve análise acerca da flexibilização trabalhista no sistema capitalista**. Disponível em: http://www.congressods.com.br/quarto/index.php/trabalhos-aceites/gt-03-direitos-humanos. Acesso em: 31jan.2022

SANTOS, Milton. **Por uma outra globalização: do pensamento único à consciência universal**.6ªed. Rio de Janeiro: Record, 2001

SARDENHA, Miguel Angel. **O novo direito do trabalho**. Disponível em: https://ambitojuridico.com.br/cadernos/direito-do-trabalho/o-novo-direito-do-trabalho/. Acesso em: 05.fev.2020

SARLET, Ingo Wolfgang. **A eficácia dos direitos fundamentais: uma teoria geral dos direitos fundamentais na perspectiva constitucional.** 11ª ed. Porto Alegre: livraria do advogado, 2012

________.**Dignidade da pessoa humana e direitos fundamentais na constituição federal de 1988**. Porto Alegre: Livraria do Advogado, 2002

________.**Notas sobre a assim designada proibição de retrocesso social no constitucionalismo latino-americano**.In: Rev. TST, Brasília, vol. 75, no 3, jul/set 2009. pp.116-149

________.Os direitos fundamentais sociais na constituição. **Revista diálogo jurídico**. Ano I.v. I,n º. 1. Salvador: Bahia. Abril/2001

SCHERER, Clóvis. **Diálogo e proteção social: a negociação coletiva após a Reforma**. In: Reforma Trabalhista no Brasil: promessas e realidade. Org: José Dari Krein, Roberto Véras de Oliveira, Vitor Araújo Filgueiras. Campinas: Curt Nimuendajú, 2019

SCHWAB, Klaus. **A quarta Revolução industrial**.1ª ed. São Paulo: Edipro, 2016

SENNETT, Richard. **A corrosão do caráter: consequências pessoais do trabalho no novo capitalismo**. 16ªed. Rio de Janeiro: Editora Record, 2015

SIEYÈS, Emmanuel Joseph. **A Constituinte Burguesa**. Rio de Janeiro: Editora Lumen Juris, 4ª edição, 2001

SILVA, Ana Letícia e PARRA, Mariana. (coords). **Empresas e Direitos Humanos na Perspectiva do Trabalho Decente: marco de referência**. Instituto ethos. Disponível em: https://www.ethos.org.br/wp-content/uploads/2012/12/04_Empresas-e--Direitos-Humanos-na-Perspectiva--do-Trabalho-Decente-%E2%80%93--Marco-Referencial.pdf. Acesso em: 13jul.2021

SILVA, José Afonso da. **Curso de direito constitucional positivo**. 25ª ed. São Paulo: Malheiros, 2005

SILVA, Otávio Pinto e. **A Contratação Coletiva Como Fonte do Direito do Trabalho.** São Paulo: LTr, 1998

________. **A revolução de 1930 e o direito do trabalho no Brasil.** Revista da Faculdade de Direito, Universidade de São Paulo.v. 95,p. 177-190, 2000. Disponível em: https://www.revistas.usp.br/rfdusp/article/view/67462. Acesso em: 23 jun. 2022.p. 177.190.

________.**O Brasil precisa de uma reforma sindical?** In: SANTOS, Enoque Ribeiro dos; SILVA, Otavio Pinto e (coord.). Temas controvertidos do direito coletivo do trabalho no cenário internacional. S. Paulo: LTr, 2006

_________.**Subordinação, autonomia e parassubordinação nas relações de trabalho**. São Paulo: Ltr, 2004

SILVA, Reinaldo Pereira e. **O mercado de trabalho humano: a globalização econômica, as políticas neoliberais e a flexibilidade dos direitos sociais no Brasil**. São Paulo: LTr, 1998

SILVA, Sayonara Grillo Coutinho. **A OIT E O futuro do trabalho: notas sobre a atuação da instituição e seus limites.** Disponível em: https://www.researchgate.net/publication/349304990_A_OIT_E_O_FUTURO_DO_TRABALHO_NOTAS_SOBRE_A_ATUACAO_DA_INSTITUICAO_E_SEUS_LIMITES. Acesso em: 28 out.2021

SILVA, Walküre Lopes Ribeiro da. **Autonomia privada coletiva.** In: Revista da Faculdade de Direito da Universidade de São Paulo.v. 102. jan./dez. 2007. p. 135 – 159

SILVA NETO, Manoel Jorge. **Curso de direito constitucional do trabalho**. São Paulo: Malheiros editores, 1998

SILVEIRA, C. B. **O que é a Indústria 4.0 e como ela vai impactar o mundo**. Citisystems. 2017. Disponível em:<https://www.citisystems.com.br/industria-4-0/>. Acesso em: 10 jun. 2018.

SLOBODIAN, Quinn. **Globalists:The Birth of Neoliberalism and the End of Empire**. Cambridge: Harvard University Press, 2018

SOUTO MAIOR, Jorge Luiz. **A Fúria**. Disponível em: https://www.jorgesoutomaior.com/uploads/5/3/9/1/53916439/a_furia.pdf. Acesso em: 14.set. 2021

_________. **Direito do Trabalho e desenvolvimento econômico: Um Contraponto à Teoria da Flexibilização.** Disponível em: https://www.jorgesoutomaior.com/uploads/5/3/9/1/53916439/direito_do_trabalho_e_desenvolvimento_econ%C3%94mico..pdf. Acesso em: 16.jul.2021.p. 03

_________.**O STF (no ARE 1.121.633) não fixou tese de que o negociado prevalece sobre o legislado, para o efeito de eliminar direitos trabalhistas.** Disponível em: https://www.dmtemdebate.com.br/o-stf-no-are-1-121-633-nao-fixou-tese-de-que-o-negociado-prevalece-sobre-o-legislado-para-o-efeito-de-eliminar-direitos-trabalhistas/. Acesso em: 24.jun.2022

SOUZA, Alexandre. M. **Proteção e flexibilização das normas**. Revista Visão Jurídica. V.50. São Paulo, 2010

STREECK, Wolfgang. **Tempo comparado: a crise adiada do capitalismo democrático**. Lisboa: Actual, 2013

SUPIOT, Alain. **Critique du droit du travail**. Paris: Presses Universitaires de France, 1994

_________.**Pourquoi um droit du travail?**Droit social.nº 06, 1990. pp.485-492.p. 485

SURIAN, Eduardo. **O grande feito da reforma trabalhista foi o aumento do desemprego e a volta da fome. In: Carta Capital.** Disponível em: https://www.cartacapital.com.br/justica/o-grande-feito-da-reforma-trabalhista-foi-o-aumento-do-desemprego-e-a-volta-da-fome/. Acesso em: 13.jan.2022

SUSSEKIND, Arnaldo. **Curso de direito do trabalho**.3ed. Rio de janeiro:Renovar, 2010

_________; Et al. **Instituições de direito do trabalho**. V. 2. 16ª. ed., São Paulo : LTr, 1996

TEIXEIRA, Marilane Oliveira. **Redução da jornada de trabalho: um debate necessário.** Disponível em: https://fsindical.org.br/artigos/reducao-da-jornada-de-

-trabalho-um-debate-necessario, acesso em: 22 jun.2021

TEODORO, Luiz Carlos de Almeida. A reforma trabalhista do governo Temer: Inspiração neoliberal e o desmanche dos direitos sociais. In: TEODORO, L. C. A.A reforma trabalhista do governo temer: Inspiração neoliberal e o desmanche dos direitos sociais. **Revista Serviço Social em Perspectiva**. Montes Claros, Edição Especial, março de 2018. pp.578-590.p. 580

TEODORO, Maria Cecília Máximo. **A Síndrome de Patrão**. Disponível em: https://www.migalhas.com.br/arquivos/2017/5/art20170503-05.pdf. Acesso em: 27.nov.2021

________. **O princípio da Adequação Setorial Negociada no Direito do Trabalho.** Editora: Ltr – São Paulo, 2007

TILLY, Charles. Globalization Threatens Labor's Rights.**International Labor and Working-Class History.** Disponível em: https://www.cambridge.org/core/journals/international-labor-and-working-class-history/article/abs/globalization-threatens-labors-rights/7CFCB98EFB80965E6A29C234AB40B97C.Acesso em: 30 mai.2021.

TRÓPIA, Patrícia Vieira. **A adesão da Força Sindical ao neoliberalismo**. In: Ideias – Revista do Instituto de Filosofia e Ciências Humanas -UNICAMP, Campinas (SP), nº 9, 2002

URIARTE, Oscar Ermida. **A flexibilidade**. São Paulo: LTr, 2002

________.**Crítica de La libertad sindical** – in Revista de La Facultad de Derecho de PUCP, n. 68, p. 33-61. Lima: Fondo Editorial, 2012

VALE, Silvia Isabelle Ribeiro Teixeira do. **As decisões trabalhistas no STF: a nossa era Lochner**. Revista do TST. São Paulo, vol. 86, nº 2. p. 262-279 abr/jun 2020

VALIM, Rafael. **Estado de exceção: a forma jurídica do neoliberalismo**. São Paulo: Contracorrente, 2017

VAZ, Andréa Arruda et al. O Direito do trabalho em tempos de reforma trabalhista e retrocesso social: O Direito do trabalho é o grande vilão da economia brasileira? **Revista do Departamento. de Direito do Trabalho e da Seguridade Social**. São Paulo.v. 10 pp.149-168. jan./dez. 2019

VIANA, Márcio Túlio. Da greve ao boicote: os vários significados e as novas possibilidades das lutas operárias.**Revista da Faculdade de Direito da UFMG**. Belo Horizonte, nº 50, jan/ jul., 2007. p. 239-264.

________.**O sindicato e a proteção ao emprego**. Em: Direito Coletivo do Trabalho em uma Sociedade Pós-Industrial. Coords: VIDOTTI, Tárcio José; GIORDANI, Francisco Alberto da Motta Peixoto. São Paulo: Ltr, 2003

VIANNA, Luiz Werneck. **Liberalismo e sindicato no Brasil.** 4. ed. Belo Horizonte: UFMG, 1999

VIEIRA, Rogério Henrique. **A negação dos direitos humanos dos trabalhadores**. Disponível em: https://www.eduvaleavare.com.br/wp-content/uploads/2014/07/negacao.pdf. Acesso em: 22.jul.21

VIÑA, Jordi Garcia. **Derecho Sindical: cuestiones actuales em Espanã**. Lisboa: Editorial Juruá, 2013